suhrkamp taschenbuch
wissenschaft 1366

Zeitwelten – das sind Geschichten, die erzählt werden, und Geschehnisse, um die es immer stumm bleiben wird; das sind die entgänglichen Augenblicke, in denen sich unsere Erfahrung der Zeit schmerzhaft schärft, und die unendlichen Räume, in deren Durchquerung sich jedes Zeitgefühl verliert. Zeitwelten sind Prozesse des natürlichen Werdens und Vergehens ebenso wie Prozesse der menschlichen Entscheidung im Blick auf das Vergangene und Zukünftige, das Richtige und Falsche, das Gute und das Böse. Zeitwelten sind zugleich Ewigkeitswelten: Welten der Zeit, durch die sich die Risse des Ewigen ziehen.

Reiner Wiehls Untersuchungen schlagen eine Brücke zwischen Kosmologie und Anthropologie der Zeit. An den Rändern von Natur und Geschichte, über die die phantasielose Trennung von theoretischer und praktischer Philosophie hinwegsieht, zeigt sich eine Reihe ungesehener Kombinationen und Permutationen im Zeitbegriff. Sie theoretisch zu entfalten schließt ein, unsere Praxis der Zeit zu bedenken.

In systematischen Abhandlungen – über »Reflexionsprozesse und Handlungen«, »Die Zeitlichkeit der Verantwortung«, »Kultur und Vergessen« – sowie systematisch pointierten Auslegungen – u. a. zur Zeitlehre Alfred North Whiteheads und zum Ewigkeitsdenken Franz Rosenzweigs – geht es so jeweils darum, Klarheit über die Bedeutung zu gewinnen, die wir der Zeit als konstitutiv-limitativer Bedingung von Welten für unsere selbstverantwortliche Weltorientierung im Denken und Handeln zuzuerkennen haben.

Reiner Wiehl, geb. 1929, ist o. Professor für Philosophie an der Universität Heidelberg. In der Reihe suhrkamp taschenbuch wissenschaft hat er zuletzt veröffentlicht: *Metaphysik und Erfahrung. Philosophische Essays* (stw 1245).

Reiner Wiehl

Zeitwelten

Philosophisches Denken
an den Rändern
von Natur und Geschichte

Suhrkamp

Die Deutsche Bibliothek – CIP-Einheitsaufnahme
Wiehl, Reiner:
Zeitwelten : philosophisches Denken an den Rändern
von Natur und Geschichte / Reiner Wiehl. –
1. Aufl. – Frankfurt am Main :
Suhrkamp, 1998
(Suhrkamp-Taschenbuch Wissenschaft ; 1366)
ISBN 3-518-28966-7

suhrkamp taschenbuch wissenschaft 1366
Erste Auflage 1998
Suhrkamp Verlag Frankfurt am Main 1998
Suhrkamp Taschenbuch Verlag
Alle Rechte vorbehalten, insbesondere das
des öffentlichen Vortrags, der Übertragung
durch Rundfunk und Fernsehen
sowie der Übersetzung, auch einzelner Teile.
Druck: Wagner GmbH, Nördlingen
Printed in Germany
Umschlag nach Entwürfen von
Willy Fleckhaus und Rolf Staudt

1 2 3 4 5 6 – 03 02 01 00 99 98

Inhalt

Einleitung: Zeitwelten. Philosophisches Denken
an den Rändern von Natur und Geschichte   7

I.

Zeit und Zeitlosigkeit in der Philosophie Whiteheads . . .   29

Prozesse und Kontraste. Überlegungen zur Ästhetik . . .   69

Whiteheads Kosmologie der Gefühle
zwischen Ontologie und Anthropologie   96

II.

Nietzsches Anti-Platonismus und Spinoza   129

Das jüdische Denken von Hermann Cohen und Franz
Rosenzweig. Ein neues Denken in der Philosophie des
20. Jahrhunderts   150

Die Hoffnung zwischen Zeit und Ewigkeit.
Zum Ewigkeitsdenken Franz Rosenzweigs   170

III.

Reflexionsprozesse und Handlungen   184

Die Zeitlichkeit der Verantwortung   242

Kultur und Vergessen   263

Nachweise   293

Für Anita

Einleitung
Zeitwelten
Philosophisches Denken
an den Rändern von Natur und Geschichte

I.

Zeitwelten: Das sind nicht nur die ungezählten fremden und unbekannten Welten, von denen wir nichts wissen oder nichts wissen können; Welten im Großen und im Kleinen, Makrokosmen und Mikrokosmen, die unserem Bewußtsein jetzt oder für immer verborgen sind. Zeitwelten sind ebenso auch die vielen vertrauten und wohlbekannten Welten, die sich gelegentlich unserer Aufmerksamkeit aufdrängen oder auch aus diesem oder jenem gewohnten oder ungewohnten Anlaß dem Bewußtsein entschwinden. Wie diese Welten, so sind auch die zu ihnen gehörenden Zeiten für uns extrem verschiedene mögliche und wirkliche Gegebenheiten. Die Zeiten jener Welten sind teils ferne und fernste Zeiten, die uns wegen ihrer unverhältnismäßigen Distanz überhaupt nicht berühren; teils sind es nur nahe oder nächstliegende Zeiten, die wir aufgrund dieser Nähe nicht umgehen können und die uns bisweilen unverhältnismäßig betreffen – im Guten oder im Schlechten. Die Sache der Zeitwelten ist aber keineswegs notwendig das eine oder das andere Extrem. Zeitwelten gibt es auch in den normalen Maßen ausgewogener Vertrautheiten und durchschnittlicher Entfernungen.

Zeitwelten sind subjektive Eigenwelten. Diese erste Definition will sagen, daß in einer jeweils bestimmten Zeitwelt eine jeweils einzigartige Welt mit einer je einmaligen Zeit und einem je einzigen Subjekt verbunden ist. Eine Zeitwelt ist in dieser Verbindung ein Individuum: eine einmalige, einzigartige, einzige Verbindung von Welt, Zeit und Subjekt. Die Komponenten dieser Verbindung gehören untrennbar zusammen. Keine hat außerhalb ihrer Verbindung ein eigenständiges Sein. Eine Zeitwelt hat demnach einen bestimmten Charakter, durch den sie sich von anderen Welten und deren Zeiten unterscheidet. Aufgrund der gegebenen definitorischen Beschreibung ist sie vor allem von solchen Welten unterschieden, die als *gemeinsame Welten* für verschiedene Subjekte existieren. Diese Welten sind keine Eigenwelten im soeben erläuterten Sinne. Denn ein Subjekt, das gemeinsam mit bestimmten anderen Subjekten einer gemeinsamen Welt angehört, kann darüber hinaus sehr wohl in noch anderen Welten mit wieder anderen Subjekten existieren. Insofern besteht zwischen einer gemeinsamen Welt und den ihr angehörenden Subjekten nicht jene einzigartige und einmalige Verbindung, wie sie Zeitwelten auszeichnet. Menschliche Subjekte gehören in der Regel verschiedenen gemeinsamen Welten an. Eine gemeinsame Welt verbindet uns zum Beispiel mit Angehörigen, mit Freunden und Bekannten. In ihr bewegt sich, zumindest teilweise, unser Privatleben. Eine andere gemeinsame Welt ist für uns die des Berufslebens, in der wir mit anderen in Form der Kollegialität und der Kooperation verbunden sind. Von solchen gemeinsamen Welten ist eine Zeitwelt nicht nur hinsichtlich der Beziehung von Welt und Subjekt, sondern auch hinsichtlich des Zusammenhangs dieser beiden Elemente mit dem Element der Zeit unterschieden. So wenig die Eigenwelt eines Subjektes die gemeinsame Welt verschiedener Subjekte ist, so wenig ist die subjektive Eigenzeit die allgemeine Zeit einer gemeinsamen Welt. Die Subjekte, die miteinander in einer gemeinsamen Welt leben, haben mit deren Gemeinsamkeiten auch die allgemeine Zeit gemeinsam, wie unterschiedlich sie sich auch immer zu dieser verhalten. Aber es kommt ein Zweites hinzu: sofern es Subjekte gibt, die als solche oder gemeinsam mit anderen nicht nur in einer, sondern in verschiedenen gemeinsamen Welten existieren, haben sie auch an verschiedenen allgemeinen Zeiten teil, wie immer sie ihr Verhalten zu diesen verschiedenen Zeiten regulieren. Uns allen ist es vertraut, daß wir in verschiedenen gemeinsamen Welten und in entsprechend verschiedenen Zeiten existieren, bald mit diesen, bald mit jenen anderen verbunden. Es ist nicht so, daß wir diese Existenz in verschiedenen gemeinsamen Welten und Zeiten immer mühelos bewältigen. Aber die Frage nach der Einheit der je eigenen Subjektivität ist primär eine praktische Frage, lange ehe sie zu einer theoretischen Frage der Philosophie wird.

Eine Zeitwelt ist als eine subjektive Eigenwelt nun freilich nicht mit einer Privatwelt zu verwechseln, obwohl es nicht leicht ist, diese beiden begrifflich verschiedenen Welten in der Erfahrung auseinanderzuhalten. Eine private Welt ist eine kleine gemeinsame Welt, in der die menschlichen Subjekte miteinander durch persönliche Bekanntschaft und Vertrautheit verbunden sind. Die Welt der

Familie, der Freunde und der nächsten Bekannten. Eine solche Welt des Privaten gehört wiederum in den Rahmen einer gemeinsamen Welt, die über jene hinaus die große Welt des öffentlichen Lebens mit umfaßt. Die Frage, wieweit die private Welt am Ende doch eine subjektive Eigenwelt ist und wie sich die eine Welt von der anderen unterscheidet, ist durch Wittgensteins *Philosophische Untersuchungen* zu einer zentralen Frage der zeitgenössischen Philosophie geworden, die insbesondere als Frage nach der Möglichkeit einer Privatsprache diskutiert wird. Aber diese Frage ist nur ein sehr spezieller Aspekt des allgemeinen Problems der Beziehung zwischen subjektiven Eigenwelten und den gemeinsamen Welten von Subjekten, und zwar unter besonderer Berücksichtigung der entsprechenden Unterschiede der Zeiten. Der Ausdruck »Zeitwelt« ist ein von mir in diesem Zusammenhang eingeführtes Kunstwort. Es dient hier als philosophischer Terminus. Termini werden gewiß in unterschiedlicher Absicht gebildet und in mannigfachen Funktionen verwendet. Immer aber zielt ein Terminus auf die Klärung eines Sachverhaltes. Die einfachste Funktion eines Terminus besteht demnach in der Klärung einer Ausdrucksbedeutung, genauer in der Klärung eines Unterschieds in einer Ausdrucksbedeutung. Vorausgesetzt ist dabei allerdings, daß der fragliche Unterschied in einem gegebenen Kontext philosophisch besonders wichtig ist. Manchmal dient eine solche Klärung wichtiger Bedeutungsunterschiede allein der Konsequenz in der Fortsetzung des Gedankens hinsichtlich seines engeren und weiteren begrifflichen Umfeldes; manchmal auch der Fortsetzung einer endgültigen Bestimmung innerhalb eines gesamten Bedeutungszusammenhanges, wie etwa in den großen terminologischen Systemen Aristoteles' und Hegels. Manchmal verlangt der sprachliche Kontext die Reduktion der mannigfachen Bedeutungen eines Ausdrucks auf eine einzige maßgebliche Bedeutung, manchmal macht die Entdeckung einer Vielfalt unverzichtbarer Bedeutungen eine terminologische Differenzierung des gegebenen Ausdrucks notwendig. Prinzipien und Kategorien bilden in der klassischen Philosophie der Antike und der Moderne die wichtigsten Produkte terminologischer Bildungsprozesse.

Der Terminus »Zeitwelt« läßt sich nicht ohne weiteres als Prinzip oder Kategorie im herkömmlichen Sinne verstehen. Sein terminologischer Gebrauch ist dem Anspruch nach bescheidener. Die primäre Funktion besteht hier zunächst in der Klärung der Differenz gegenüber dem, was eine »gemeinsame Welt« genannt wurde. Eine solche Klärung verlangt sowohl eine Explikation der jeweiligen Eigenbedeutungen der beiden verschiedenen Begriffe, wie auch eine Untersuchung der Zusammenhänge, die zwischen den entsprechenden unterschiedlichen Sachverhalten bestehen. Die Verwendung der beiden Termini »Zeitwelt« und »gemeinsame Welt« enthält so die philosophische Voraussetzung, daß es mehr als nur eine einzige bestimmte Beziehung zwischen Zeit, Welt und Subjekt, also eine Vielheit solcher Beziehungen gibt, deren Unterschiede zu erhellen zu den Funktionen der genannten Termini und anderer Begriffe in ihrem Gefolge gehört. Diese philosophische Voraussetzung impliziert ihrerseits eine sachliche und methodische Kritik philosophischer Theorien, die eine und nur eine maßgebliche Grundbeziehung zwischen Zeit, Welt und Subjektivität gelten lassen wollen, wie zum Beispiel Heideggers Fundamentalontologie in *Sein und Zeit.*

Die Klärung des Bedeutungsunterschiedes zwischen zwei Begriffen macht den Gebrauch zusätzlicher Begriffsbestimmungen unvermeidlich. In dieser Funktion wird hier nun die provisorische Bestimmung einer *geschichtlichen Welt* verstanden. Eine geschichtliche Welt ist eine gemeinsame Menschenwelt in einem bestimmten und ausgezeichneten Sinne. In ihr sind nicht nur verschiedene menschliche Subjekte in einer gemeinsamen Welt zusammen. In dieser Welt existieren diese Subjekte nicht nur miteinander und nebeneinander, ihr Tun und Lassen ist nicht nur als ein zusammenhängendes Geschehen des wechselseitigen Gebens und Nehmens vorhanden, derart, daß sich Freude und Schmerz unter der Bedingung einer grundlegenden Gemeinsamkeit unterschiedlich verteilen. Eine geschichtliche Welt im eminenten Sinne der Geschichtlichkeit sei die gemeinsame Menschenwelt, in der die menschlichen Subjekte einander als mögliche und wirkliche Handlungssubjekte begegnen und einander als solche direkt oder indirekt anerkennen. Eine geschichtliche Welt ist demzufolge *eine gemeinsame personale Menschenwelt.* Eine solche Welt setzt Bedingungen möglicher und wirklicher Handlungsfreiheit voraus. Nicht jede gemeinsame Menschenwelt ist vom Verhalten der menschlichen Subjekte her beurteilt eine geschichtliche Welt in dem hier umschriebenen Sinn. Nicht jedes Verhalten in einer gemeinsamen Welt kann als eine Handlung gelten. Nicht immer ist in einer solchen Welt die Forderung auf Anerkennung der

Person allgemein erfüllt. Es ist jeweils eine offene Frage, wieweit eine solche Welt den Bedingungen einer geschichtlichen Welt entspricht.

Die Zeit der geschichtlichen Welt ist die Zeit der Handlungen und die Zeit ihrer Beurteilung, das heißt die Zeit der Anerkennung der Handlungssubjekte als Personen. Sie ist eine *Zeit der Freiheit*. Zeitwelten, gemeinsame Welten und geschichtliche Welten stellen demnach verschiedene Weisen der Welthaftigkeit, verschiedene Weisen des Subjektseins und der Zeitlichkeit dar. Sie bilden unterschiedliche Relations- und Wertgefüge von Zeit, Welt und Subjektivität. Die Eigenzeit ist verschieden von der gemeinsamen Zeit wie von der geschichtlichen Zeit. Und ein eigenzeitliches Subjekt ist eine Welt, anders als die Subjekte, die in einer gemeinsamen Welt mit ihrer allgemeinen oder mit einer spezifisch geschichtlichen Zeit existieren. Der Mensch befindet sich nicht im Zentrum der Welt. Seine Besonderheit als menschliches Subjekt besteht vielmehr darin, daß er zugleich in den drei verschiedenen Weisen der Welthaftigkeit existiert: in der Weise von Zeitwelten, in der Weise des Seins in einer gemeinsamen Welt und in der Weise des Seins in einer geschichtlichen Welt. Der Mensch steht nicht im Zentrum dieser Welten, sondern er bewegt sich in diesen Welten in den entsprechenden Weisen der ihm eigenen Subjektivität. So wie ein Mensch in verschiedenen gemeinsamen Welten existieren kann, so ist ihm durchaus auch ein Sein in verschiedenen geschichtlichen Welten möglich. In Gedanken vermag der Mensch die Verstorbenen und die Ungeborenen als Handlungssubjekte und als Personen anzuerkennen. Seine geschichtliche Welt ist keineswegs notwendig auf die Zeit der Gegenwart und der Zeitgenossenschaft lebender Personen beschränkt. Die Zeit der geschichtlichen Welt ist eine ausgezeichnete Zeit. Sie ist, wie gesagt, eine Zeit der Freiheit. Einer solchen Zeit der Freiheit entspricht ein geschichtliches Bewußtsein der Handlungssubjekte der betreffenden geschichtlichen Welt. Personen sind insofern durch ein geschichtliches Bewußtsein ausgezeichnet. Dieses Bewußtsein ist ein Bewußtsein der Zeit der Freiheit. In diesem Bewußtsein ist ein Wissen um den zeitlichen Zusammenhang gegeben, der zwischen der Zeit der Freiheit und der Zeit der Handlungen und der Personen besteht. Ein geschichtliches Bewußtsein ist nicht zwangsläufig ein historisches Bewußtsein. Die Differenz zwischen diesen beiden Gegebenheitsweisen des Bewußtseins ist in der philosophischen Hermeneutik Heideggers und H.-G. Gadamers relativiert worden. Von Heidegger aus der Perspektive einer gemeinsamen Welt, von Gadamer aus dem Blickwinkel der historischen Welt. Hier wie dort aber ist die Unterscheidung zwischen den beiden Welten nicht zuletzt wegen einer fehlenden Idee der Zeitwelten dunkel geblieben. Die Weltgeschichte ist für die heutige Menschheit nicht mehr bloße Idee, sondern reale Gegebenheit der Erfahrung. Ihr Begriff mag manchem dem einer Zeitwelt zum Verwechseln ähnlich sehen. Die Welt der Weltgeschichte scheint wie eine Zeitwelt eine Eigenwelt zu sein mit einer ihr und nur ihr eigenen Zeit: der Zeit der Welt. Hegels Idee einer philosophischen Weltgeschichte stellt die berühmteste Verwechslung zwischen einer Zeitwelt und der Weltgeschichte dar. In Wahrheit sind Zeitwelten und die Weltgeschichte grundverschiedene Formgebilde und dementsprechend grundverschiedene Realitäten. Denn es fehlt der Weltgeschichte die wichtigste Bestimmung einer Zeitwelt: die ihr eigene Subjektivität. Die Welt der Weltgeschichte denken wir als Menschenwelt, nicht als die Welt alles Seienden überhaupt, also nicht als Kosmos, nicht als das Universum in seinem Entstehen und Vergehen. So betrachtet, ist die Welt der Weltgeschichte das einheitliche Ganze aller gemeinsamen Welten. Aber die Eigenzeit dieser Weltgeschichte ist nur die allgemeinste Zeit aller gemeinsamen Zeiten und nicht etwa das All aller geschichtlichen Welten in ihrer Geschichtlichkeit. Die Eigenzeit der Weltgeschichte ist nicht zwangsläufig geschichtliche Eigenzeit. Denn nicht jede gemeinsame Welt, die einen Bestandteil der Weltgeschichte ausmacht, ist zwangsläufig auch eine geschichtliche Welt. Wir haben keine Gewißheit, daß Menschen zu allen Zeiten Handlungssubjekte sind und einander als Personen anerkennen. Eher erkennen wir in der Erfahrung die entgegengesetzten Realitäten. Die Realität der Weltgeschichte ist daher voller Verzweiflungen und voller Hoffnungen der Menschen im Blick auf den Menschen. Die Weltgeschichte ist Realität und Idee zugleich. Sie stellt einen Zusammenhang zwischen einem *ens metaphysicum* und der Erfahrung dar, ebenso wie die Zeitwelten, die gemeinsamen Welten und die spezifisch menschlichen geschichtlichen Welten. Jede dieser Welten weist als eine Welt der Erfahrung zugleich über sie hinaus.

Indessen fungieren die hier verwendeten Begriffe der Zeitwelt, der gemeinsamen Welt und der geschichtlichen Welt nicht als fundamentalontologische Bestimmungen. Es geht in ihrem Gebrauch nicht um die Grundlegung einer neuen Metaphysik, sondern um eine philosophische Heuristik. Insoweit werden die genannten Begriffe hier auch dazu verwendet, auf eine philosophisch entscheidende Gemeinsamkeit jener ansonsten durchaus verschiedenen Philosophien hinzuweisen, die für das hier vorgelegte Buch von Bedeutung sind. Zur Kennzeichnung dieser Gemeinsamkeit greife ich am besten auf jene Charakterisierung zurück, die Franz Rosenzweig von seinem Denken gegeben hat, das ihm selbst als ein »neues Denken« galt und dessen Eigentümlichkeit er zentral darin sah, Erfahrungsdenken und also Zeitdenken zu sein. Der Terminus »Zeitdenken« soll hier über Rosenzweigs Selbstinterpretation hinaus zur Charakterisierung der Gemeinsamkeit im übrigen recht unterschiedlicher Gedankenwelten in der Philosophie unseres Jahrhunderts und einiger ihrer wichtigsten Vorläufer dienen. Und eben hier haben die Begriffe der Zeitwelt, der gemeinsamen Welt und der geschichtlichen Welt eine wichtige heuristische Aufgabe, die die Explikation ihrer unterschiedlichen Eigenbedeutungen ergänzt.

Blicken wir etwa auf A. N. Whiteheads spekulative Kosmologie, so verdient diese wie wohl kaum eine andere philosophische Gedankenwelt, als Zeitdenken charakterisiert zu werden. Und doch scheint von Whitehead aus zunächst kein Weg zum Denken Franz Rosenzweigs zu führen, in welchem es um den Versuch einer radikal neuen Philosophie der Religion aus dem Geist der jüdisch-christlichen Tradition jenseits des Denkens »von Ionen bis Jena« geht. Die Philosophie der Begegnung zwischen Ich und Du, zwischen Mensch und Mitmensch, zwischen Gott und dem Menschen, in der Rosenzweig Hermann Cohens späte Religionsphilosophie weiterdenkt, scheint zunächst unendlich weit entfernt von dem naturphilosophischen Ansatz Whiteheads. Ähnliches gilt für Karl Jaspers' Philosophie der existentiellen Kommunikation, deren zeitphilosophische Dimension in der Frage nach der Beziehung zwischen Schuld und Verantwortung besonders klar hervortritt. Indessen muß man bedenken: Whiteheads Philosophie der Natur ist Kosmologie *und* Theologie, Rosenzweigs Denken über Gott und den Menschen ist Theologie *und* Kosmologie. Und hinter beiden steht unausdrücklich und ausdrücklich Nietzsches Philosophie der Werte, – ein wesentliches Stück Zeitdenken, mit kosmologischen wie betont antitheologischen Konnotationen. Hier wie in den übrigen der genannten Gedankenwelten bewegen sich philosophische Überlegungen im Spielraum zwischen verschiedenen Welten, verschiedenen Zeiten und verschiedenen Subjektivitäten. Das neue Zeitdenken in der Philosophie unseres Jahrhunderts ist ein Denken an den Rändern von Zeit und Ewigkeit. Unter diesem Gesichtspunkt wird freilich auch Spinoza an den Philosophen des neuen Zeitdenkens zu rechnen sein. Nietzsche hat in Spinoza in Sachen der Wertfrage wie der Ethik seinen Vorgängen gesehen. Die Betrachtung von Zeit und Ewigkeit, die uns in Spinozas *Ethik* entgegentritt, zielt nicht auf die absolute Trennung von Diesseits und Jenseits im Zeichen absoluter Zeitunterschiede. Zeit und Ewigkeit sind dort vielmehr Charakteristika der Dinge, entspringend aus den verschiedenen Betrachtungs- und Erkenntnisweisen des Menschen. Die Ewigkeit, um die es in Spinozas *Ethik* geht, ist eine Ewigkeit, die sich der ausgezeichneten menschlichen Erkenntnisform der Intuition verdankt, und die es erlaubt, die Dinge, auch und gerade die vergänglichen Dinge, im Licht der Zeitlosigkeit zu sehen. Das Philosophische Denken an den Rändern von Zeit und Ewigkeit unterscheidet so nicht nur verschiedene Welten und Zeiten und die ihnen entsprechenden Weisen des Subjektseins. Vielmehr entsprechen den verschiedenen Weisen der Zeitlichkeit Weisen des Unzeitlichen und des Überzeitlichen: Augenblicke der Vollendung des Vergänglichen und Augenblicke eines spontanen Wechsels, aber auch Ewigkeit in der Dauer und hinsichtlich der Dauer. Diese Ewigkeit ist die Zeit einer inneren Zeitlosigkeit. Sie kann, von außen betrachtet, ebenso von kurzer wie von langer Dauer sein. Aber selbst eine endlos scheinende Dauer ist nicht zwangsläufig ewig. Das Unaufhörliche und das Immerwährende sind nicht identisch.

Zeit und Zeitlosigkeit sind für das neue Zeitdenken mannigfache Zeiten und Ewigkeiten: Zeiten und Ewigkeiten der Unbeirrbarkeit, der Erneuerung und der Freiheit. Diese Drei wiederum sind Zeiten und Ewigkeiten der Wahrheit. Das Denken an den Rändern von Zeit und Ewigkeit gibt auch der Wahrheit ihren Ort. Auch sie gehört für dieses Denken sowohl unter die vergänglichen wie unter die ewigen Dinge. Wo die Wahrheit nicht ist, da bestimmen Unwahrheit, Lüge und Betrug den Lauf der Dinge. Wo die Wahrheit in ihrer Unvergänglichkeit ist, da gibt es einen zeitlosen Grund wahrer Unbeirrbarkeit, wahrer Erneuerung und wahrer Freiheit. Wie die Wahrheit selbst, so sind auch ihre Modi, die Unbeirrbarkeit, die Erneuerung und die Freiheit, der Vergänglichkeit unterworfen und der Zeitlosigkeit zugänglich. Die Wahrheit ist dem neuen Zeitdenken eine Weltbegebenheit. Sie ist eine ausgezeichnete Begebenheit in einer Zeitwelt, in einer gemeinsamen Welt oder in einer geschichtlichen Welt der Menschen. Als eine solche Weltbegebenheit betrifft sie so oder so auch die entsprechenden Subjekte, die zu der betreffenden Welt gehören. Der Wahrheit entsprechend sind Unbeirrbarkeit, Erneuerung und Freiheit Weltbegebenheiten, eine jede unterscheidbar entsprechend der Verschiedenheit der Welten, zu denen sie gehört. Freiheit ist *per definitionem* die Begebenheit der Wahrheit in einer geschichtlichen Welt. Unser Ewigkeitsdenken orientiert sich, wenn nicht an dem Wort »ewig«, so doch an Ausdrücken wie »immer« und »allezeit«. Es sucht den Sinn des Ewigen in dem, was diesen Ausdrücken der Sache nach möglicherweise entspricht. Die Suche nach dem Sinn des Ewigen geht insofern immer über die gegebenen sprachlichen Ausdrücke hinaus. Die Zeit der wahren Freiheit ist die Zeit einer gewissen Wahrheit. Als solche ist sie die Zeit einer gewissen Ewigkeit. Diese Zeit des Ewigen läßt sich nicht zureichend von der Zeit eines immer Seienden aus verstehen. Denn die Freiheit ist nicht immer und für alle Zeit anwesend. Auch sie ist eine der vergänglichen Weltgegebenheiten. Es mag als ein Paradox erscheinen, daß die Zeitlichkeit einer geschichtlichen Welt die Zeitlichkeit einer gewissen Ewigkeit ist. Aber man darf hier nicht die Freizeit eines Menschen mit der Zeit menschlicher Freiheit verwechseln. Die psychologische Freiheit ist eine andere als die ethisch-politische. Von Nietzsche stammt der berühmte Satz, der besagt, daß alle Lust Ewigkeit wolle. Diesen Satz hätte er zweifellos auch dem Spinoza zugeschrieben. Aber dieser Satz ist geeignet, die Verwechslung zwischen Freizeit und Zeit der Freiheit zu befördern. Denn er sagt für sich nichts darüber, was der Wille wollen muß, wenn er wahre Lust in Ewigkeit soll wollen können. Es genügt nicht, die eigene Freizeit zu wollen, wenn man die wahre Lust der wahren Ewigkeit will. Die gewisse Ewigkeit einer geschichtlichen Menschenwelt ist an die Weltbegebenheit der Wahrheit in einer solchen Welt gebunden. Diese Weltbegebenheit ist es, welche eine gegebene gemeinsame Menschenwelt zu einer geschichtlichen Welt im eminenten Sinne macht. Diese Weltbegebenheit ist immer dort gegeben, wo Menschen einander als Personen achten und ehren, wo Menschen einander als Mitmenschen in menschlicher Zuwendung begegnen.

2

Es gibt zahlreiche, in einem gewissen Sinn unzählige geschichtliche Menschenwelten. Denn wir Menschen vermögen wegen der
Kürze unserer Lebensdauer nicht in allen geschichtlichen Welten,
nicht mit allen Menschen überhaupt in personaler Gemeinschaft
zu leben. Außerdem gibt es unzählige Umgangsformen, in denen
Menschen ihre Achtung vor der Würde des Menschen zum Ausdruck bringen können. Und es gibt unzählige Formen, dem Anderen, dem Mitmenschen in menschlicher Zuwendung zugetan zu
sein. Diese ungezählten geschichtlichen Menschenwelten stehen
freilich alle unter der Bedingung der Wahrheit. Achtung vor der
Menschenwürde und menschliche Zuwendung müssen ungeachtet
der Unterschiede ihrer Ausdrucksform dieser Grundbedingung
der Wahrheit genügen. Unter dieser Voraussetzung bilden die
ungezählten geschichtlichen Menschenwelten eine Einheit. Aber
diese Einheit hat nicht den gewöhnlichen Charakter einer gemeinsamen Welt. Denn es gibt kein menschliches Subjekt, welches jeder
dieser Welten angehört. Die Philosophie hat dieser Welt daher die
Bezeichnung eines Reiches gegeben: sie spricht vom Reich der
Vernunft oder, in religionsphilosophischer Ausdrucksweise, vom
Reich Gottes. Die Zeit dieses Reiches ist den Zeiten der geschichtlichen Welten entsprechend die wahre Zeit der Ewigkeit. Aber, um
es noch einmal zu betonen: Diese Zeit ist nicht die Zeit der Weltgeschichte. Vom Standpunkt der Weltgeschichte aus sind die Welten des Reiches Gottes ins Unendliche zerstreut. Kein menschlicher Blick vermag diese Welten in der Einheit einer Einsicht zu
versammeln.

Das philosophische Denken an den Rändern von Zeit und Ewigkeit ist ein Denken an den Rändern von Natur und Geschichte.
Dieses Denken hat etwas von dem traditionellen Bedeutungsgehalt bewahrt, wie ihn die Philosophie des Idealismus, vor allem die
Philosophie Schellings als späte Umformung desselben, geprägt
hatte. In diesem Bedeutungsgehalt ist nun aber die Bestimmtheit
einer absoluten Differenz verschiedener Welten verlorengegangen.
Die Geschichte ist nicht mehr nur die Nachwelt der Natur, die
Natur nicht mehr nur die Vorwelt der Geschichte. Nicht, daß dem
Denken an den Rändern von Natur und Geschichte die Grenze
zwischen dem einen und dem anderen verschwömme oder sich
in einer existenzphilosophischen bzw. hermeneutischen Zwei-

deutigkeit verlöre. An den Rändern von Natur und Geschichte zeigt sich dem Denken vielmehr, wie sich die Grenzen zwischen dem einen und dem anderen ständig verschieben; wie sie von einer Welt zur anderen immer neu gezogen werden. Dieses Denken läßt sich infolgedessen nicht mittels herkömmlicher Begriffsschablonen wie »Naturalismus« und »Antinaturalismus«, wie »Historismus« und »Antihistorismus« begreifen, selbst dann nicht, wenn es sich um so radikal verschiedene Gegenpositionen handelt wie etwa die von Nietzsche und Hermann Cohen. Das philosophische Denken an den Rändern von Natur und Geschichte denkt ebenso über den einen wie über den anderen Bereich hinaus. Es überschreitet die Grenze in der Natur ebenso wie die Grenzen der Geschichte in der einen oder anderen Richtung. Aber dieses Denken stellt keine bestimmten Verbindungslinien zwischen den beiden Bereichen her. Es verweist nicht direkt von einem bestimmten Ort des einen Bereiches auf einen bestimmten Ort des anderen.

Die Verweisungen, die das philosophische Denken an den Rändern von Natur und Geschichte zwischen den beiden Bereichen herstellt, bleiben notwendig indirekt. Sie enthalten in sich keine zwingende Gewähr dafür, im Ausgang von dem einen Bereich an einem bestimmten Ort des anderen Bereiches anzukommen. Der Grund für die Unmöglichkeit einer solchen direkten positiven Verbindung ist nicht in einer absoluten und unüberbrückbaren Differenz, nicht in der Antinomie von Naturnotwendigkeit und geschichtlicher Freiheit des Menschen zu suchen, wie dies die Metaphysik der frühen Neuzeit meinte. Noch Kant teilte diesen Irrtum und in seiner Nachfolge in der Philosophie unserer Zeit Karl Jaspers, der seine tiefgründige Lehre von den Grenzsituationen unnötigerweise auf jene Antinomie gründete. In dem hier versuchsweise zur Sprache kommenden neuen Zeit- und Weltdenken haben Notwendigkeit und Freiheit den Charakter der absoluten Gegensätzlichkeit verloren. Was an die Stelle dieses Gegensatzes tritt, ist aber nicht die populäre, gelegentlich verbreitete Ansicht, daß ebenso wie das Reich der geschichtlichen Welten auch die Natur ein Reich der Freiheit sei. Vielmehr treten hier an die Stelle der Antinomie Unterschiede, die das Verhältnis von Wahrscheinlichkeit und Unwahrscheinlichkeit im Blick auf mannigfache Weltbegebenheiten betreffen. Und der Grund für die unvermeidliche Indirektheit in den Verweisungszusammenhängen von Natur und Geschichte ist in einem dritten Bereich zu suchen, der sich zwischen die beiden Bereiche schiebt, sie teilweise verdeckt und einen direkten Brückenschlag unmöglich macht. Dieser dritte Bereich ist der Bereich der Kultur. In allen gemeinsamen Menschenwelten bestimmt eine Kultur den Charakter dieser Welt. Kultur ist die allgemeine Form der Gemeinsamkeit menschlicher Welten. Sie bestimmt auch die Form der jeweils gemeinsamen Zeit einer solchen Welt. Wieweit auch immer die Menschen in einer solchen Welt Macht und Einfluß über die von ihnen bewohnte Erde hinaus erstrecken, immer ist Kultur mit Natur einerseits und mit Geschichte andererseits verwoben. Auch hier gibt es keine endgültigen Grenzen, weder zwischen Kultur und Natur noch zwischen Kultur und Geschichte. In der menschlichen Wahrnehmung, im emotionalen Leben, auch im Denken und Erkennen sind Natur und Kultur miteinander vermischt, auch wenn die Erkenntnis dies nicht wahrhaben will oder Versuche unternimmt, das eine vom anderen methodisch zu trennen. Ähnlich liegen die Dinge hinsichtlich der Zusammenhänge zwischen der Kultur und der Geschichte gemeinsamer Menschenwelten: Die mannigfachen Weisen, in denen Menschen einander ihre Mitmenschlichkeit und ihre Zuwendung zu verstehen geben, sind stets durch eine bestimmte Kultur geprägt. Auch die Bereiche der Kultur und der Geschichte decken sich nicht. Verschiedene geschichtliche Welten können durch eine gemeinsame oder durch mehrere verwandte Kulturen geprägt sein. Umgekehrt gibt es zahllose geschichtliche Welten, durch die die Risse unterschiedlicher, einander womöglich bekämpfender Kulturen hindurchgehen. Dies sind die Fälle, in denen sich das Prinzip geschichtlicher Welten, die Wahrheit menschlicher Freiheit bewähren muß. Sie hat ihre Hauptaufgabe im Dienst der Humanität.

Aus der Sicht des philosophischen Zeitdenkens sind die unbestimmten Ränder zwischen Natur, Kultur und Geschichte aus menschlichen Gegebenheiten gewebt, aus Begebenheiten und Verhaltensweisen in Zeitwelten und gemeinsamen Kultur- und Geschichtswelten. Was der menschlichen Kultur fehlt, ist die Form der Autonomie. Dieser Mangel unterscheidet sie wesentlich von Natur und Geschichte. Die erste ist der Form nach autonom gegenüber Kultur und Geschichte. Die Geschichte ist autonom gegenüber Kultur und Natur. Die erste Autonomie ist die der Realität, die letzte die einer bestimmten Idealität. In der Heteronomie der Kulturformen sind die autonomen Formen der Natur und der Geschichte enthalten. Diese Heteronomie bedeutet: keine Kultur ohne Natur und ohne Geschichte. Die Natur bildet auf unendlich vielfältige Weise den tragenden Realgrund der Kultur, wie weit auch immer sich die Techniken und Wissenschaften der Naturbeherrschung und der Naturerkenntnis entwickeln mögen. Die Realität der Natur und ihrer Gesetzmäßigkeiten beeinflußt auch die Techniken ihrer Beherrschung und die Wissenschaften ihrer Erkenntnis. Ebenso gilt: ohne Geschichte in dem hier beschriebenen Sinne gibt es keine Kultur. Ohne die Elemente der Humanität, ohne die Spuren der Mitmenschlichkeit und der mitmenschlichen Zuwendungen versinkt eine Kultur in Barbarei. Diese Elemente der Humanität, diese Spuren der Mitmenschlichkeit sind das Bewahrende, das Rettende einer Kultur. Die Kulturform der Heteronomie ist die Form vergänglicher Wahrheiten und Unwahrheiten. Der Mangel der Autonomie ist der Mangel der Ewigkeit. Vergängliche Wahrheiten und Unwahrheiten betreffen die Natur, wo diese auf die eine oder andere Weise mit der Naturerkenntnis verbunden, also in Verbindung mit der menschlichen Kultur und unter Kulturbedingungen gegeben ist. Sie betreffen ebenso aber auch die Geschichte, wo diese in Berührung mit der Kultur tritt. In dieser Berührung ist die Kultur Wahrheit und Lüge im außermoralischen und im moralischen Sinne. Wo Wahrheit ist, kann auch Unwahrheit sein. An Stelle der Unbeirrbarkeit kann in einer Kultur Verstocktheit, Roheit und Konsequenz in der Bosheit treten. Wo sich scheinbar eine wahre Erneuerung ereignet, kann in Wahrheit eine Haltung oder ein Vorhaben sich in zahllosen Neuerungen verlieren. An die Seite wahrer verantwortlicher Freiheit können Verantwortungslosigkeit und Gewissenlosigkeit treten. Angesichts der Vergänglichkeit der Wahrheiten und Unwahrheiten der Kultur gehören diese und ihre Kritik zusammen. Kultur impliziert immer auch Kulturkritik. Denn vergängliche Wahrheiten und Unwahrheiten rufen andere vergängliche Wahrheiten und Unwahrheiten auf den Plan, die mit ihnen konkurrieren. Kultur und Kulturkritik entfalten auf diese Weise ein Wechselspiel vergänglicher Bejahungen und Verneinungen, vergänglicher Wahrheiten und Unwahrheiten. Ein solches Wechselspiel kann auf eine bestimmte Kulturwelt beschränkt bleiben. Es kann aber auch auf andere Kulturwelten übergreifen und den Zusammenhang mit diesen zusätzlich bestimmen.

Dieses Wechselspiel vergänglicher Bejahungen und Verneinungen betrifft die Wahrheit und die Unwahrheit der Werte der jeweils vorliegenden Kulturwelt. Diese Werte wiederum betreffen im Prinzip jede mögliche Gegebenheit dieser Welt. Vorrangig sind es Werte, die die menschlichen Angelegenheiten in dieser Welt, menschliche Begebenheiten betreffen. Unter diesen Werten sind aber auch Werte, die von Natur gegeben sind und als natürliche Gegebenheiten Kulturbedeutung gewonnen haben. Bejahungen und Verneinungen von Kulturwerten sind von den Zeiten der betreffenden Kulturwelten abhängig. Die Zeit aber stellt ihrerseits in einer Kulturwelt einen wichtigen Wert dar. Dieser Wert wird am Maß der richtigen Zeit bemessen, das insbesondere in der Beurteilung menschlichen Glücks und Unglücks eine zentrale Rolle spielt. Die Bejahungen und Verneinungen, die in ihre Bewertung eingehen, sind so vergänglich, wie jede Bejahung und Verneinung einer Kulturwelt überhaupt. Die menschlichen Kulturwelten sind angesichts der Vergänglichkeit der Wertbejahungen und Wertverneinungen Welten des Vielleicht, um Franz Rosenzweigs Ausdruck in einem verwandten Kontext zu verwenden. Eine Welt des Vielleicht ist eine solche, in der nicht endgültig entschieden werden kann zwischen der Wahrheit und Unwahrheit ihrer Bejahungen und Verneinungen. Das Ganze aller menschlichen Kulturwelten stellt einen Bereich des Vielleicht dar. Dieser Bereich des Vielleicht ist aber keineswegs ausschließlich ein Bereich der Indifferenz und der Vieldeutigkeit. Eher noch ist es ein Bereich der übertriebenen Betonungen und Enthusiasmen. Die Kulturwelten des Vielleicht sind Welten der Deutung. Gedeutet aber werden nicht nur vergängliche Wahrheiten und Unwahrheiten, sondern auch deren Bejahungen und Verneinungen. Nicht jede Deutung stellt sich in den Dienst eines friedlichen Ausgleichs unterschiedlicher Bewertungen, in den Dienst der Schlichtung von Konflikten zwischen Bejahung und Verneinung durch ein relativierendes »Insofern« oder »in dieser Hinsicht«. Viele Deutungen tragen zur Schärfung von Wertkonflikten bei, auch durch Verhüllung dessen, was eine Befriedung schon aufgewiesen hatte.

Welten der menschlichen Kultur sind, sofern sie in der geschichtlichen Welt der Freiheit gründen, moralische Welten. Als solche hören sie nicht auf, Welten der menschlichen Kultur zu sein. Als solche partizipieren sie an den Charakteren der Kulturwelten. Sie sind diesen entsprechend Welten vergänglicher Wahrheiten und

Unwahrheiten, Welten entsprechender vergänglicher Bejahungen und Verneinungen. Dem Wechselspiel von Kultur und Kulturkritik entspricht das Wechselspiel von Moral und Moralkritik. Der Mannigfaltigkeit der verschiedenen Kulturwelten korrespondiert eine Vielfalt von moralischen Welten. Doch auch diese Korrespondenz hat nicht die Form einer eindeutigen Zuordnung. Es ist durchaus möglich, daß eine einheitlich moralische Welt in verschiedenen Kulturwelten präsent ist. Wie die Welten der Kultur, so sind auch die verschiedenen moralischen Welten Ordnungen des »Vielleicht«. Und auch hier hat dieses »Vielleicht« viele Gesichter und viele Stimmen, moralische und unmoralische. Nietzsches radikale Moralkritik ist weit hinausgegangen über eine bloße Relativierung der Geltungsansprüche und der Gültigkeit der Moral. Gewiß, die Annahme, daß mit der Verschiedenheit der Kulturen auch eine Vielheit von Moralen gegeben sei, verschärft die Vorstellung einer solchen Relativierung um ein wesentliches Stück. Aber ihre eigentliche Schärfe gewinnt die Kritik durch den experimentierenden Gedanken, daß die Moral nicht mehr als ein Symptom der Schwäche, der Ohnmacht sein könnte, – schlimmer noch, vielleicht sogar eine Lebenslüge, ein Ausdruck der Verlogenheit einer Kultur. Aber andererseits ist Nietzsche wie kein anderer ein Denker des Vielleicht gewesen. Seine radikale Moralkritik ist insofern im eminenten Sinn Kulturkritik: Sie ist Moralkritik um der Kritik der eigenen zeitgenössischen Kultur willen. Vielleicht hat Nietzsche mit dieser moralischen Kulturkritik einen philosophischen Beitrag zur Unterscheidung zwischen zwei Grundformen der Moralkritik geleistet. Man kann darüber streiten. In unserem Zusammenhang aber drängt sich eine solche Unterscheidung auf: die Unterscheidung zwischen einer kulturkritischen Moralkritik und einer Moralkritik im Lichte des Reiches der Vernunft bzw. im Lichte des »Geistes des Reiches Gottes«. Einfache Beispiele gelebter Mitmenschlichkeit, Erfahrungen der Verletzungen der menschlichen Würde sind stärkere Argumente für und gegen eine Moral als kulturkritische Argumentationen im allgemeinen.

Das neue Zeitdenken an den Rändern von Natur und Geschichte ist ein neues metaphysisches Denken. Es unterscheidet sich von der traditionellen Metaphysik, vor allem auch von der Metaphysik der Neuzeit darin, daß ihm »das Metaphysische« in erster Linie ein *Wie* des Denkens ist. Es unterscheidet sich von der überlieferten

Metaphysik im Blick auf das Denken und die Erfahrung. Die bekannte Charakteristik dieses Denkens als anti-idealistisch betrifft vor allem den Ort des Denkens. Dieser Ort ist nicht der himmlische Ort platonischer Ideen, aber auch nicht der Ort eines bestimmten Gegenüber angesichts eines besonderen oder allgemeinen Gegenstandes. Der Ort dieses neuen metaphysischen Denkens ist bestimmt als Ort in einer Welt. Dieses Denken ist in einer Welt auf der Suche nach einem Weg durch die verschiedenen Welten. Dies, daß dieses Denken nicht an einen bestimmten Ort gebunden ist, kann man auch so umschreiben: Das neue metaphysische Denken ist ein Denken ohne Ontologie. Darin unterscheidet es sich auch von Kants Transzendentalphilosophie, die das System ihrer Kategorien und Grundsätze der Gegenstandserkenntnis auf ein traditionelles System der formalen Logik aus aristotelischer Tradition gründet. Aber wieweit auch immer in dieser Transzendentalphilosophie und ihren Spielarten die erkenntniskritischen Ansprüche gesteckt sein mögen: ein jegliches System der Logik muß zwangsläufig in seinem kategorialen und ontologischen Erkenntnisgebrauch dogmatisch werden, wenn es sich absolut setzt.

Die traditionelle Ontologie beruht auf einer solchen Setzung irgendeines Systems der Logik als absolut gültiger Erkenntnisinstanz. Ihr Dogmatismus liegt in der unwillkürlichen oder auch ausdrücklichen Leugnung der Herkunft aus einer bestimmten Welt und deren natürlicher oder künstlicher Sprache. Das neue metaphysische Denken an den Rändern von Natur und Geschichte ist ein Welt-Denken, aber nicht nur ein Denken von Welten, sondern ein Denken *in* Welten, nicht nur ein Denken von Zeitwelten und gemeinsamen Welten in Natur, Kultur und Geschichte, sondern auch ein Denken in diesen Welten und ein Denken von diesen Welten aus. Dieses Denken ist auch ein Sprachdenken, aber ein Sprachdenken, sofern die Sprache eine Weltgegebenheit ist, allerdings eine Gegebenheit in verschiedenen Welten. Das neue metaphysische Denken denkt in der Gewißheit, mehr zu können, als eine bestimmte Form der Logik zu erkennen gibt. Die Vielfalt seiner Möglichkeiten und Fähigkeiten geht über die Gegebenheiten einer oder mehrerer Sprachwelten hinaus. Eben darin liegt die Bedingung der Möglichkeit der Sprachkritik. Und nicht nur die Wissenschaft, auch die Moral und die Moralkritik setzen Sprachkritik voraus. Die Welten des metaphysischen Denkens sind Erfahrungswelten: Dieses Denken ist insofern ein Denken von Erfahrungen aus, ein Denken in Erfahrungen und ein Denken auf Erfahrungen hin. Es ist ein suchendes Denken. Es ist auf der Suche nach metaphysischen Wahrheiten in der Erfahrung. Im Unterschied zur traditionellen Metaphysik ist ihm die Grundlegung einer Erfahrung eine zweitrangige Angelegenheit. Nicht weil Grundlegungen unlogisch wären, sondern weil sie oft genug bei der Wahrheitssuche nicht förderlich sind. Im Gegensatz zur traditionellen Metaphysik ist die Metaphysik des hier verfolgten Denkens kein wohlorganisiertes Ganzes verschiedener philosophischer Disziplinen, nicht das System aller Vernunfterkenntnisse. Sie ist nicht nur das *Was* einer bestimmten Erfahrungsgegebenheit, sondern auch das *Wie* und das *Wovonher* und das *Woraufhin*. Dieses metaphysische Denken hat es freilich auch nicht nur mit einem chaotischen Datengemenge zu tun. Die traditionellen metaphysischen Disziplinen Kosmologie, Anthropologie (Psychologie) und Theologie sind in dieser Betrachtungsweise Modi des metaphysischen Denkens geworden, bestimmte Weisen unserer verschiedenen Erfahrungswelten zu betrachten.

3.

Wie eingangs gesagt, sind Zeitwelten einmalige, einzigartige, je einzige Verbindungen von Welt, Zeit und Subjektivität. Zeitwelten sind in dieser Einmaligkeit, Einzigartigkeit und Einzigkeit jeweilige Singularitäten. Wie diese Singularitäten so enthalten auch die Allgemeinheiten der gemeinsamen Welten spezifische Zeitmomente; so die Allgemeinheit von Wiederholungen, die Allgemeinheit der Gestaltung von Vielfalt und die Allgemeinheit verschiedener Einheiten. Singularität und Allgemeinheit sind für das neue Zeitdenken komplexe Bestimmungen von Welten.

Eine Zeitwelt kann in ihren wichtigen Differenzen gegenüber einer gemeinsamen Welt auf metaphysisch unterschiedliche Weise gedacht werden. Wir können eine Zeitwelt, ebenso auch eine gemeinsame Welt, kosmologisch, anthropologisch und theologisch betrachten. Diesen verschiedenen Betrachtungs- und Denkweisen entsprechen bestimmte Erfahrungen von Gegebenheiten der Natur, der Kultur und der Geschichte in gegebenen Welten. Dabei gilt aber: Es gibt hier keine ein-eindeutigen Zuordnungen.

Die kosmologische Betrachtung ist nicht zwangsläufig auf die Erkenntnis der Natur begrenzt. Die anthropologische Weltbetrachtung ist nicht notwendig Kulturanthropologie. Und wo die theologische Betrachtung ins Spiel kommt, da bleibt diese nicht auf die Geschichtlichkeit der Menschenwelten beschränkt, sondern erstreckt sich ebenso auch auf die Bereiche der Natur und der Kultur. In dieser Weise gibt es keine ein-eindeutigen Zuordnungen zwischen bestimmten metaphysischen Denkweisen und bestimmten menschlichen Erfahrungsbereichen. Deswegen ist die »Logik« der Metaphysik nicht nur eine Logik der Bestimmtheiten, sondern auch eine Logik der Unbestimmtheiten. Deswegen spielt im metaphysischen Denken die Negation eine so hervorragende heuristische Rolle. Zwischen der metaphysischen Betrachtung der Dinge und den menschlichen Erfahrungen gibt es zahlreiche Längs- und Querverbindungen, also mehr als nur einen Weg der Erkenntnis. Dies verurteilt jene Denk- und Betrachtungsweise aber keineswegs zu einem reinen Nicht-Wissen. In ihren Längs- und Querverbindungen werden die Gegebenheiten des Denkens und der Erfahrung vielmehr klarer. Die metaphysische Betrachtung führt keineswegs auf eine universale Metaphorik der Dinge. Denn durch ihr Denken geht sie hinter die Assoziationen der Sprache zurück.

Und ebenso: wenn sich die in einer solchen Betrachtung entdeckten Längs- und Querverbindungen zur Entdeckung neuer Zusammenhänge gebrauchen lassen, so entspricht ein solcher Gebrauch nicht ohne weiteres einem systemtheoretischen Funktionalismus. Denn in einer solchen Betrachtung geht es nicht um die Entdeckung funktionaler Abhängigkeiten und Zusammenhänge als solcher, sondern um die Einsicht in das, was solchen Interdependenzen zugrunde liegt und sich nicht restlos in Funktionen auflösen läßt. In der metaphysischen Denkungsart lassen sich weder das Denken noch die Erfahrung restlos in Funktionen auflösen. Dies schließt eine funktionale Denkungsweise innerhalb jener Betrachtung nicht aus. Aber Funktionen setzen Gegebenheiten voraus, deren Funktion sich nicht darin erschöpft, jene Funktionen zu ermöglichen. Funktionales Denken stößt immer irgendwann einmal an eine Grenze. Das metaphysische Denken ist eine bestimmte Kulturform des natürlichen menschlichen Denkens, soweit es diesem darum zu tun ist, durch Vergleichung des Verschiedenen, durch Reflexion Zusammenhänge klarer zu erkennen. Die spekulative Metaphysik Whiteheads, die in den ersten drei Beiträgen dieses Buches ausführlich zur Sprache kommt, gilt in diesem Zusammenhang daher nicht als Ontologie und auch nicht als allgemeine Systemtheorie. Sie ist dem Selbstverständnis Whiteheads entsprechend eine kosmologische Betrachtung der Realität. Diese Betrachtung überschreitet von Fall zu Fall die Grenzen der Naturerkenntnis und damit den eigentlichen Gegenstandsbereich einer Kosmologie des Seins der Natur. Diese gelegentliche Grenzüberschreitung ist unvermeidlich immer dort gegeben, wo der Mensch zum Gegenstand der Betrachtung wird. Grundsätzlich vollzieht sich diese gelegentliche Grenzüberschreitung im Bewußtsein, daß philosophische Kosmologie und Naturwissenschaft einer gemeinsamen Menschenwelt angehören und damit auch unter den Zeitbedingungen einer solchen Welt stehen. Whiteheads kosmologisches Denken ist ein Zeitdenken im eminenten Sinne. Die beiden wichtigsten kategorialen Grundbegriffe dieses Denkens, die aktualen Entitäten und die *nexus*, entsprechen in ihrer begrifflichen Bedeutung weitgehend den hier eingeführten Termini der Zeitwelten und der gemeinsamen Welten. So sind aktuale Entitäten nicht nur elementare kosmische Ereignisse bzw. Prozesse. Vielmehr stellt jede solche Entität eine Zeitwelt in dem zuvor beschriebenen Sinne dar. Sie ist eine subjektive Eigenwelt in einer gemeinsamen Welt. Im Unterschied jedoch zu Whiteheads kosmologischer Beschreibung dieser ursprünglichen konkreten Gegebenheiten des kosmischen Geschehens wird hier stärker der Weltcharakter derselben betont. Aktuale Entitäten bilden die prozessualen Bauelemente eines *nexus*. Ein solcher *nexus* ist seinerseits eine Gesellschaft, eine spezifische Verbindung solcher aktualer Bauelemente gemäß einer bestimmten Ordnung. Der Charakter einer solchen Ordnung verdankt sich zwei wesentlich verschiedenen Faktoren: zum einen der Aktivität, die von den Mitgliedern der betreffenden Gesellschaft unter- und gegeneinander ausgeübt wird, zum anderen geht die in Rede stehende Ordnung auf Aktivitäten zurück, die von außen auf die Verbindung ihrer Bauelemente ausgeübt werden. Beide Ordnungstypen lassen sich nach verschiedenen Aspekten unterscheiden, zunächst im Blick auf Formen und Grade der Abstraktion, die aus der Gestaltung einer einheitlichen Verbindung hervorgehen, ferner hinsichtlich unterschiedlicher Bewertungen, die in erster Linie Einschätzungen von Möglichkeiten und Wirklichkeiten der Realisierung von etwas sind. Die gewichtigste unter allen Abstraktionen, die im gesellschaftlichen Gefüge einer solchen Verbindung auftreten, ist die Abstraktion von dem Eigencharakter, der Eigenheit einer ursprünglichen Aktualität, und das heißt: einer Zeitwelt und der ihr eigenen Subjektivität. Die wichtigsten Formen der Bewertung wiederum sind: Anpassung an gegebene Möglichkeiten sowie Umwertung und Transformation derselben um der Gewinnung neuer Realisierungsmöglichkeiten willen. Die kosmologische Betrachtung sucht daher in den Gebilden der Erfahrung die mannigfachen Typen und Formen der Abstraktion um der Möglichkeit neuer Erfahrungen willen. Sie betrachtet insbesondere das Verhalten der verschiedenen Bauelemente sozialer Komplexionen gegeneinander und im Blick auf ihre Verbindung im Lichte einer solchen kategorialen Typologie. Dabei trifft die kosmologische Betrachtung in mannigfacher Weise auf Verhaltensdifferenzen, die wir gewöhnlich in den gemeinsamen Welten menschlicher Kultur lokalisieren.

Die Verhaltensdifferenz zwischen konformem und nicht-konformem Verhalten in der ganzen Bandbreite ihrer Variationen und Kombinationen exemplifiziert besonders schlagend die Grenzüberschreitungen zwischen den Bereichen der Natur und der Kultur und das Zusammenspiel von Kosmologie und Anthropologie in der metaphysischen Betrachtung. Whitehead hat in seiner spekulativen Kosmologie zunächst und vor allem den Entwicklungen der Physik in unserem Jahrhundert Rechnung tragen wollen. So suchte er nach einem einheitlichen Begriffsrahmen zur allgemeinen Beschreibung der Grundzüge der Elektrodynamik, der Quantenphysik und der Relativitätstheorie. In seiner Begriffsbestimmung der aktualen Entitäten als Elementarprozesse war es ihm vor allem darum zu tun, der Komplementarität von Welle und Korpuskel zu entsprechen. Aber diese kosmologische Betrachtung wurde unversehens zur anthropologischen. Denn Whitehead war daran gelegen, alle Dualismen in der Erfahrung zu überwinden, sei es durch Relativierung, sei es durch Einführung einer neuen Perspektive. Und so ging es neben der Überwindung des Dualismus von Welle und Korpuskel zumindest ebenso gewichtig um die Aufhebung des cartesischen Dualismus von Materie und Geist, Körper und Seele, insbesondere im Blick auf Physiologie und Psychologie. Dabei war für Whitehead Spinoza der wichtigste Vorgänger. Aus dieser Sicht finden wir in dessen *Ethik* Ansätze zu einem Zeitdenken im Blick auf manigfache Gegebenheiten der menschlichen Erfahrung, so insbesondere im Blick auf die Bestimmung der Wahrnehmung und der menschlichen Affekte. Zeitwelten sind bei Spinoza endliche Einzeldinge, bei Whitehead aktuale Entitäten, also Geschehnisse, Prozesse, endliche und begrenzte Vorgänge. In jedem solchen Geschehen sind Entstehen und Vergehen untrennbar verbunden. Mit dem Beginn eines solchen Geschehens ist bereits sein Ende anfänglich gesetzt. Ein Geschehen endet, wenn geschehen ist, was während des Geschehens zunächst geschieht. Ein jegliches Geschehen ist ein Geschehen von etwas. An diesem Etwas hat das Geschehen seine Bestimmung, so wie umgekehrt das geschehene Etwas seine Bestimmtheit an seinem Geschehen hat. Zeitwelten entstehen und vergehen. Aber es gibt hier kein Entstehen aus nichts und kein Vergehen in nichts. Zeitwelten entstehen aus Zeitwelten und sie vergehen in Zeitwelten. Zeitwelten haben so einen zweifachen Anfang und ein zweifaches Ende. Der eine Anfang und das eine Ende: dies sind der Anfang und das Ende einer Zeitwelt in ihrem Eigensein, in der ihr eigenen Subjektivität. Aber diesem Anfang gehen viele Anfänge voraus, wie dem Ende zahllose andere Zeitwelten nachfolgen. Anfang und Ende einer Zeitwelt bewegen sich zwischen Unbestimmtheit und Bestimmtheit. Eben dies gilt auch für das Subjekt, das die Eigenheit einer solchen Zeitwelt bildet. Daß die anfänglichen und sich vollendenden Grenzen eines Subjektes in seiner Eigenheit sich nicht genau bestimmen lassen, tut dem Eigensein eines solchen Subjektes keinerlei Abbruch.

Eine Zeitwelt ist demnach das Werden eines Subjektes in seinem einmaligen, einzigartigen und inzigen Eigensinn. Es ist ein Werden aus ferneren und näheren Anfängen, ein Vergehen in nähere und fernere Wirkungen und Wirkungslosigkeiten, ein Werden im Blick auf fernere und nähere Umgebungen, deren Abstände und Bedeutungen nicht von vornherein festgelegt sind, die sich vielmehr in diesem Geschehen erst bilden. Dieses Werden eines bestimmten Eigenseins einer Zeitwelt ist die Selbstwerdung eines Subjektes, das in seinen Anfängen ein anderes ist im Vergleich zu seinem Ende. Die Unbestimmtheit seines Anfangs und seines Endes besagt zum einen: Das Subjekt befindet sich in seinem Werden in einem offenen Spielraum gegenüber seiner Umgebung, gegenüber anderen Zeitwelten. Die Unbestimmtheit bedeutet aber auch: Das Subjekt ist immer irgendwie schon vor seinem Anfang Subjekt wie nach seinem Ende, wenn es dies auch nicht in jedem Moment seines Werdens ist und sein kann. Es ist die Zeitlichkeit der Subjektivität, die in ihren verschiedenen Aspekten über die kosmologische und anthropologische Betrachtung hinaus die theologische Denkungsweise herausfordert. Sie klingt in dem vorliegenden Buch dort an, wo die kosmologische Betrachtung der Natur überschritten wird. Das Werden eines Subjektes kann als Selbstverwirklichung begriffen werden. Aber gerade dieser Begriff leidet bei seinem heute weit verbreiteten Gebrauch an einer Vermengung der unterschiedlichsten Betrachtungsweisen. Selbstverwirklichung ist in unserem Zusammenhang etwas ganz anders als die willkürliche Inanspruchnahme vermeintlicher eigener Rechte, ohne Rücksicht auf die Rechte anderer und ohne Besinnung auf wahre Ziele möglicher Realisierung. Die Selbstwerdung des Subjektes kann andererseits als Selbstorganisation gedacht werden. Doch ist auch dieser meta-biologische und systemtheoretische Begriff hier nicht am Platze. Zum einen nämlich geht es im Falle des Denkens der Zeitwelten nicht einfach um Selbsterhaltung, sondern um Selbstwerdung. Was aus einem anfänglichen Subjekt wird, was mit einem solchen Subjekt geschieht, läßt zahllose Möglichkeiten offen. Der Begriff der Selbstorganisation ist aber noch aus anderen Gründen schief und irreführend. In seinem Gebrauch ist die Verkennung der Unterschiede metaphysischer Betrachtungsweisen besonders irreführend. Das einzelne Menschenleben im Ganzen seines Gelebtseins ist ein sehr komplexes Beispiel für eine Zeitwelt. Wenn irgendwo, so gilt hier, daß dieses Leben die Eigenwelt eines Subjektes ist, in dem Zeit, Welt und Subjekt in einmaliger, einzigartiger und einziger Weise verbunden sind. Wenn irgendwo, so gilt hier, daß die ersten Anfänge und die letzte Enden sich im Dunkeln verlieren. Hier hat Goethes bekannter Satz seinen angemessenen Ort: Nur der Mensch vermag das Unmögliche. Solches Tun ist jedoch nicht Sache einer Selbstorganisation. Der Begriff der Selbstorganisation ist in der kosmologischen Betrachtung der Dinge sehr nützlich. Auch in der anthropologischen Betrachtung des menschlichen Sozial- und Kulturlebens kann er vielfältige hilfreiche Verwendung finden. Aber gerade das gelebte menschliche Leben ist mittels dieses Begriffes nicht angemessen zu begreifen. Es bedarf hier des Blicks auf eine bestimmte geschichtliche Welt. Und dafür sind, so scheint es, die kosmologische und die anthropologische Betrachtung allein nicht hinreichend.

Zeit und Zeitlosigkeit
in der Philosophie Whiteheads

1. Einleitung: Zeiterklärung und Zeiterfahrung

Die philosophische Frage nach dem, was Zeit ist, ist zunächst eine Wesensfrage. Damit ist aber nicht gesagt, daß die Zeit ein eigenes selbständiges Wesen sei oder ein eigenes unabhängiges Wesen besitze, etwa im Unterschied zum Wesen der Bewegung[1] oder einer bestimmten exemplarischen und ausgezeichneten Bewegungsart. Es ist damit auch nicht schon gesagt, daß die philosophische Frage nach der Zeit dieselbe nur einfach in Gestalt einer bestimmten gegebenen Vorstellung vor Augen haben müsse, um sie dann als solche beschreiben, bestimmen und erklären zu können. Es könnte sein, daß eine Erörterung des Wesens der Zeit sich von dem Gesuchten nicht nur vorläufig entfernen müßte, wie es sonst gewöhnlich die Wesenserörterung zu tun pflegt, die auf dem Weg über mehr und weniger entlegene Sachverhalte und deren Erkenntnis zum Ziel zu gelangen sucht. Es könnte sein, daß die Wesenserörterung der Zeit von dem Gesuchten von Anfang an für immer so entfernt ist, daß sie nie direkt von dem Gesuchten reden kann; vielmehr immer nur indirekt und in einer dem Gesuchten fremden und unangemessenen Sprache; in der Sprache des Zeitlosen, nämlich des Allgemeinen und des Begriffes, welche die Sprache der Wesenserörterung ist. Die Aussagen über die Zeit wären dann in einem ganz bestimmten Sinne metaphorisch. Diese Metaphorik würde eine Kontinuität von Analogieschlüssen erfordern, welche die eine Logik, die des Zeitlosen, irgendwie in eine andere Logik, die der Zeit, übersetzte. Tatsächlich ist die Frage, ob die Sprache der Wesenserörterung und des Begriffes dem Wesen der Zeit angemessen sei oder angemessen werden könne, so alt wie die Frage nach Zeit und Bewegung selbst.[2]

Es kann weiterhin sein, daß das Wesen der Zeit unter Bedingungen

---

1 Vgl. Aristoteles, *Physik* 218 a ff., 251 b 10.
2 Platons Dialog *Kratylos* ist hierfür ein beredter Beleg. Man vergleiche aber auch die kritischen Äußerungen des Theodoros im *Theaitetos* 179 e f. über die Versuche der Heraklitäer, das Wesen des Flusses aller

und Zwecken steht, die von vornherein und überhaupt nicht mit diesem Wesen verknüpft werden können, demselben vielmehr äußerlich und widersprechend bleiben, auch wenn sie sich in die Gestalt des Begriffes bringen lassen, und sich in Gestalt praktischer Interessen gegenüber einem bestimmten Wesen der Zeit bemerkbar machen würden. Ein Gegenstand praktischen Interesses zu sein, gehört tatsächlich zu den Wesensbestimmungen der Zeit.[3] Es kann also auch sein, daß das Wesen der Zeit sich nicht einfach in Bestimmungen und Begriffe definitiv und kategorisch auflösen läßt, daß also die Zeit nicht in bestimmten Kategorienverhältnissen ihrer selbst und des Nicht-Zeitlichen aufgehen könnte: nicht in Kategorienverhältnissen des Seienden, nicht in Beziehungen von Etwas und Anderem, von Dingen und Eigenschaften, Funktionen dieser und jener Art. Möglicherweise führt ihre Erörterung immer wieder auf offene Fragen und Aporien, die nicht dadurch, daß sie sich letztlich als unlösbar erweisen, bedeutungslos würden, sich vielmehr in dieser unauflösbaren Form unter die Wesensbestimmungen der Zeit einordnen und mit diesen in ein Verhältnis setzen lassen müßten. So kann es zum Beispiel sein, daß die Einheit der Zeit nicht nur ein bestimmtes, notwendiges Wesensmerkmal der Zeit ausmacht, sondern ebenso auch zu ihren aporetischen Eigentümlichkeiten gehört. Es kann sein, daß die Zeit überhaupt und zumindest im Ganzen, wenn auch vielleicht nicht in jedem ihrer Einzelzüge einen Aporetischen Gegenstand darstellt, dessen Erkenntnis eine Logik des aporetischen oder eine entsprechende Metaphorik der Logik des Kategorischen und Bestimmten erfordern würde. In einem solchen Fall würde nicht nur die Erkenntnis gesetzter Bestimmungen und Voraussetzungen, sondern ebenso die Erkenntnis notwendiger Erkenntnisenthaltungen eine wesentliche methodische Rolle zu spielen und sich mit der Einsicht in die vorausgesetzten Setzungen zu verbinden haben. Soweit ein Zusammenhang zwischen aporetischen Gegenständen und Gegenständen des praktischen Interesses besteht, würde ein bestimmter Zusammenhang dieser Art auch für die Zeit in Anspruch zu nehmen sein. So könnte zum Beispiel gerade die Einheit der

Dinge durch eine eigentümliche, verrätselnde Aussageform widerzuspiegeln.

3 Vgl. Kant, *Kritik d. r. V.,* Transz. Dialektik, Von dem Interesse der Vernunft bei diesem ihrem Widerstreit, A 462 ff.

Zeit einen Gegenstand praktischen Interesses ausmachen. Schließlich könnte sich gerade im Hinblick auf die Zeit die Frage stellen, inwieweit überhaupt die Vorstellung von Wesenheiten und der Begriff eines Wesens sinnvolle Setzungen sind. Tatsächlich kann ja der Sinn und die Wahrheitsfunktion der Setzung von Wesenheiten überhaupt nur auf dem Weg über die Erörterung des Wesens von diesem oder jenem Etwas in den Blick rücken, und es wird dabei stets zunächst das jeweils auf sein Wesen hin betrachtete Etwas sein, von dem aus eine jeweilige Deutung des Wesensbegriffes möglich wird. Es kann sein, daß die Zeit zu den Gegenständen gehört, die in besonderem Maße geeignet sind, die Vorstellung von Wesenheiten in Frage zu stellen, wie es umgekehrt sein kann, daß der Wesensbegriff eine besonders negative Affinität zur Vorstellung der Zeit hat, indem er diese als ein Wesenloses und Nichtiges erscheinen zu lassen fähig scheint.[4] Welcher Art auch immer die Affinität der Zeit zum Wesensbegriff sein mag, in irgendeiner der hier genannten möglichen Formen wird sie sich mit ihm auseinandersetzen, derart, daß diese Auseinandersetzung sich unter ihre eigenen Wesensbestimmungen subsumiert.

Zunächst scheint allerdings die Setzung eines Wesens überhaupt um der Frage nach dem Wesen der Zeit willen keine andere Bedeutung haben zu können, als all das vorläufig zusammenzufassen, was einerseits allgemein zur Erkenntnis eines Wesens überhaupt, andererseits im besonderen zur Erkenntnis des einzelnen bestimmten Wesens erforderlich sein und erforderlich werden könnte. Der Wesensbegriff enthält an ihm selbst also im Hinblick auf ein bestimmtes Etwas die Möglichkeit der Unterscheidung von Allgemeinheit und Besonderheit, von Form und Inhalt, von Begriff und Gegenstand des Erkennens. Tatsächlich verhält sich nicht jedes Etwas zum Begriff des Erkennens und zur Erkennbarkeit gleichermaßen, auch wenn es andererseits als Etwas und als Gegenstand der Erkenntnis mit allen anderen Dingen vor dem Erkenntnisbegriff irgendwie gleich sein muß.[5] In diesem differenten, sich in sich selbst unterscheidenden Verhalten der Erkenntnisgegenstände gegenüber dem Begriff des Erkennens gründet die Relevanz der betreffenden Gegenstände als Gegenstände philosophischer Erkenntnis. So ist die Grundkategorie der Ontologie, die

4 Vgl. Platon, *Theaitetos* 152 d, 157 a ff.
5 Vgl. Platon, *Sophistes* 227 a-d.

Kategorie des Etwas, eine philosophische Kategorie, sofern sie ebensowohl ein Verhältnis der Gleichheit wie der Verschiedenheit des Erkennens zu dem von ihr Bezeichneten ins Spiel bringt. (Auf diese Identität des Verhältnisses von Gleichheit und Verschiedenheit gründet sich der Begriff einer Freiheit des Erkennens.) Angesichts eines solchen, je verschiedenen Verhältnisses des Erkennens zu dem jeweils zu erkennenden Etwas wird auch die Vermittlung und Darstellungsform einer bestimmten Erkenntnis nicht beliebig sein können, sondern sich dem Charakter des betreffenden Etwas anmessen müssen. So sagen wir etwa von der Zeit, daß sie einerseits das Bekannteste, andererseits aber auch wiederum das Unbekannteste und am schwersten zu Begreifende und zu Erkennende sei. In diesem extremen Gegensatz eines Bekannt-Seins und Unbekannt-Seins wird ein bestimmtes Verhältnis der Zeit zum Begriff des Erkennens, wenn auch nur formal und in der Form der Quantität ausgesprochen.

Die Vorstellung der Zeit hat, ungeachtet einer grundsätzlichen Verschiedenheit, eines mit der Vorstellung einer Farbempfindung gemeinsam, weswegen sie wie diese zu den Vorstellungen der Sinne gerechnet wird[6]: man kann in einem bestimmten Sinne ihre Erfahrung nicht sinnvoll mitteilen oder lehren wollen. Deswegen gibt es gewissermaßen auch keine sinnvolle Erklärung von ihr. Wenn die Erklärung eines Sachverhaltes darin besteht, eine mehr oder weniger unbekannte Sache durch bekanntere und zugänglichere Sachverhalte und durch deren Erklärungen zu ersetzen, so kann man Gegenstände der Erkenntnis daraufhin unterscheiden, wieweit sie sich diesem Gesetz des Erklärens fügen[7], wieweit also ihre Erklärung durch die Erklärung anderer Sachverhalte sinnvoll ersetzt werden kann, das heißt, ohne daß das Zu-Erklärende gerade durch die Zurückführung auf Anderes wegerklärt wird. Wie die Farbvorstellungen, so scheinen auch die Vorstellungen der Zeit zu den Gegenständen zu gehören, die einen gewissen Grenzfall in Beziehung auf den Bereich möglicher Erklärungen darstellen. Denn, sofern es wahr ist, daß sie das Bekannteste sind, erfüllt sich an ihnen das Gesetz der Erklärung offensichtlich nur so,

---

6 Über die Zeit als Vorstellung des inneren Sinnes vgl. Kant, *Kritik d. r. V.* A 33 ff.

7 Vgl. die dialektische Darstellung des »Gesetzes des Erklärens« in Hegels *Phänomenologie des Geistes*, ed. Hoffmeister, S. 118-129.

daß sie aus ihnen selbst und durch sie selbst erklärt werden müssen; oder aber so, daß der Begriff der Erklärung, wenn er nicht sinnlos werden will, einen veränderten Sinn annimmt, der auch die Möglichkeit in sich begreift, das Bekannteste durch gleichermaßen Bekanntes oder aber durch Unbekanntes zu erklären, derart, daß dessen Erklärung die einzig mögliche Erklärung des anderen ist. Allerdings bleibt die Vorstellung der Zeit der erstgenannten und nächstliegenden Form des Erklärens unterworfen, wofern es sich um begrenzte unbekannte Aspekte derselben handelt; oder wofern der Sinn für die Zeit momentan oder überhaupt abhanden kommt, daß die Vorstellung derselben nicht länger als das Bekannteste gelten kann.

Um bei dem Vergleich mit der Vorstellung einer bestimmten Farbe zu bleiben, so bedarf etwa ein Wesen, welches momentan oder überhaupt keinen Sinn für Farben hat, eines anderen Zuganges zur Erklärungsmöglichkeit der Farbe »rot«, als ein momentan oder aber ganz und gar reines Geistwesen (dessen Begriff nicht schlechthin unmöglich ist); und wieder eines anderen Zuganges als ein Wesen, welches augenblicklich oder überhaupt keinen Sinn für dieses bestimmte Rot hat. Aber sein Zugang zu der möglichen Erklärungsart des Roten unterscheidet sich auch wiederum von der eines Wesens, welches für ein bestimmtes Rot eine besondere Sensibilität im Guten oder im Schlechten entwickelt hat, derart, daß die betreffende Vorstellung angenehme oder unangenehme Empfindungen auslöst, und so, daß im Vergleich dazu andere Farben oder auch andere Sinnesqualitäten im allgemeinen in den Hintergrund treten, oder schließlich sogar »alles Andere« überhaupt. Solche für eine ganz bestimmte Farbnuance sensiblen Wesen unterscheiden sich wiederum durch Reichtum und Tiefe dieser Sensibilität, also durch deren qualitativen und intensiven Charakter und die daraus folgenden möglichen Allergien. Wie auch immer die genannten verschiedenen Wesen zur Möglichkeit einer Erklärung der betreffenden Vorstellung stehen, ob sie selbst aus dem einen oder anderen, hier nicht näher zu bestimmenden Grunde ein Bedürfnis nach Erklärung der betreffenden Vorstellung entwickeln oder ob ihnen eine solche Erklärung von außen angetragen werden muß, in jedem Falle unterscheiden sie sich durch verschiedene Zugangsmöglichkeiten zu einer solchen Erklärung. Man kann auch sagen: Für jedes dieser Wesen gibt es näher und ferner liegende Erklärungsmöglichkeiten (wenn auch vielleicht keine schlechthin nächstliegende oder entfernteste). So wird in einem Falle die Erklärung den Bereich des Farbigen verlassen müssen, im anderen Falle den Bereich des Sinnlich-Wahrnehmbaren überhaupt; wieder in einem anderen Falle kann die Erklärung immerhin auf andere Farben zurückgreifen und von dieser oder jener Farbe aus und auf diese oder jene Farbe hin eine Deutung und Erklärung versuchen. Was schließlich jenes Wesen mit der extremen Sensibilität gegen die genannte Vorstellung betrifft, so ist es fraglich, ob dasselbe überhaupt auf eine Erklärung hin ansprechbar ist und sich nicht vielmehr aus mangelnder Neigung oder aus Furcht, in seinen angenehmen Empfindungen gestört zu werden, auf nichts anderes einläßt. (Anders liegt der Fall, wenn eine negative, unangenehm empfundene Affinität zu der betreffenden Vorstellung besteht.) Gesetzt aber, ein solches Wesen ist auf eine Erklärung hin ansprechbar, so wird die ihm zugänglich gemachte Erklärung mit der einen oder anderen der für die anderen Wesen bestimmten Erklärungen übereinstimmen müssen: etwa mit der Erklärung, die für das farbblinde Wesen bestimmt ist oder für das gegen Sinneswahrnehmungen überhaupt unempfindliche Wesen. Ein Wesen, welches überhaupt nur für ein *einziges* Etwas sensibel ist, hat ein extremes Verhältnis zu möglichen Erklärungsarten desselben: entweder verschließt es sich jeder Erklärung überhaupt, oder aber es ist zunächst für jede mögliche Erklärungsart gleichermaßen aufgeschlossen, weil es sich von ihr die Wegerklärung der gegebenen Vorstellung erhofft. (Hierin liegt die logische Bedeutung der Kategorie der Einzigkeit.) Insofern sich für die genannten verschiedenen Wesen eine gemeinsame, ihnen allen zugängliche Erklärungsart finden läßt, wird jedes von ihnen mit dieser allgemeinen Erklärung einen je verschiedenen Sinn verbinden, sich selbst die betreffende Erklärung auf eine ihm eigentümliche Weise erklären, nämlich von der ihm nächstliegenden Erklärung aus. Die allgemeine Form der verschiedenen Erklärungen der betreffenden Vorstellung bildet das für diese Vorstellung gültige Kategoriensystem. Ein Kategoriensystem ist also zunächst bezogen auf eine bestimmte gegebene Vorstellung, und erst von hier aus stellt sich die Frage nach einem universalen, auf Vorstellungen als solche überhaupt bezogenen Begriffssystem.

Eine analoge Überlegung wie die über die Farbvorstellung kann nun auch im Hinblick auf die Vorstellung der Zeit angestellt werden: auch hier gibt es momentane ebenso wie dauerhaftere und grundsätzliche Ausfälle (στερήσεις) der Sensibilität, Blindheiten, momentan, vorübergehend oder bleibend wie die entsprechenden Überempfindlichkeiten. Es kann hier dahingestellt bleiben, wie Wesen beschaffen sind, die für die Zeit, für die Veränderung und Vergänglichkeit der Dinge überhaupt keinen Sinn besitzen, etwa schlechthin geistige, aus Raum und Zeit entfernte, absolute Wesen. Momentane und vorübergehende Unempfindlichkeiten gegenüber der Zeit sind als Phänomene der Zeitvergessenheit allgemein bekannt (im Zusammenhang mit intensiven Tätigkeiten und Erlebnissen, die allerdings ein wesentliches Verhältnis zur Zeit gerade einschließen). Ebenso bildet auch die momentane und vorübergehende oder sogar dauerhafte Empfindlichkeit gegenüber der Zeit eine bekannte Erscheinung: wenn etwa in mehr oder weniger kurzer Zeitspanne eine Entscheidung getroffen oder eine dringliche Aufgabe erledigt werden muß, deren Erledigung zum Kampf gegen die Zeit und zur Aufgabe der Bewältigung der Zeit selbst werden kann; oder wenn in Erwartung angenehmer oder unangenehmer Ereignisse der Blick mehr oder weniger gebannt am Uhrzeiger hängt. Dieser Gegensatz einer mangelnden Empfindlichkeit und einer entsprechenden Überempfindlichkeit gegenüber der Zeit kann auf die Form eines einfachen Gegensatzes zwischen erfüllter und leerer Zeit gebracht werden, demgegenüber die Zeit gewöhnlich als mehr oder weniger dicht empfunden wird. (Doch dient jener einfache Gegensatz auch zur Wegerklärung der Zeit.) Ebenso gibt es auch die relativen und bedingten Unempfindlichkeiten und Überempfindlichkeiten gegenüber dem Vergangenen, Gegenwärtigen oder Zukünftigen im allgemeinen, und entsprechend verschiedene Zugangsmöglichkeiten zur Erklärung der Zeit unter diesem Gesichtspunkt, ebenso auch verschiedene Bedürfnisse nach Erklärung und Wegerklärung des einen durch das andere, oder durch die beiden anderen jeweils zusammen. In diesen Bereich gehört die Erklärungsart der Zeit durch den Raum (welche der Erklärung einer Farbvorstellung durch das Zusammenspiel der anderen Sinnesvorstellungen insgesamt analogisiert werden kann). Raumvorstellungen dienen zur Erklärung der Zeit, wenn Vergangenheit, Gegenwart oder Zukunft auf Kosten voneinander ausgeblendet werden, und in Abhängigkeit von der Art und Intensität einer solchen Ausblendung hat der Raum einen entsprechenden zeitlichen Charakter. (Den Raum ohne irgendein Verhältnis zur Zeit vorzustellen ist kaum möglich.)

Schließlich gibt es aber auch noch – analog zu den Unempfindlichkeiten gegenüber einer bestimmten Farbnuance – das entsprechende Verhalten gegenüber dieser oder jener vereinzelten Zeit,
gegenüber diesem oder jenem Ereignis, mag diese nun der Vergangenheit, Gegenwart oder Zukunft angehören, wofern es überhaupt ein Bedürfnis nach Erklärung in sich enthält. (Verdrängun-
gen sind Wegerklärungen unangenehmer Ereignisse und stellen
insofern einen Spezialfall im Bereich möglicher Erklärungen dar,
von dem her sie selbst eine Erklärung finden können.)
Wie im Falle der verschiedenen Erklärungsmöglichkeiten einer
bestimmten Farbvorstellung bzw. der verschiedenen Zugangsmöglichkeiten zu ihrer allgemeinverbindlichen Erklärung, so
gibt es auch für die verschiedenen Verhältnisse zur Vorstellung
der Zeit eine einheitliche Form der Erklärung, welche das Kategoriensystem im Hinblick auf die Vorstellung der Zeit ausmacht.
Wenn dieses System mit dem anderen im Hinblick auf Farbvorstellungen wesentliche Gemeinsamkeiten und Analogien aufweist,
so kommt darin zum Ausdruck, daß auch Farbvorstellungen und
Zeit- bzw. Raumvorstellungen durcheinander erklärbar sind, derart, daß im Hinblick auf beide Vorstellungsarten ein gemeinsames
Kategoriensystem möglich wird.

11. Whiteheads Theorie des Werdens

Whiteheads spekulative Philosophie[8] unternimmt den Versuch, die
allgemeine menschliche Grunderfahrung einer wesentlichen
Wahrheit in entsprechend allgemeinen Begriffen und Kategorien
darzustellen, nämlich die Wahrheit der Zeit und des Zeitlichen:
»That all things flow, is the first vague generalisation which the
unsystematized, barely analysed intuition of men has produced ...
Without doubt, if we are to go back to that ultimate integral
experience whose elucidation is the final aim of philosophy, the
flux of things is one ultimate generalisation around which we must
weave our philosophical system.« (*PR* 317) Dieses philosophische
System ist ein Kategoriensystem, welches primär auf die Vorstel-

8 Whiteheads philosophisches Hauptwerk *Process and Reality* wird im
 laufenden Text und in den Fußnoten fortan unter der Abkürzung *PR*
 zitiert nach der Ausgabe New York 1960.

lung und Erfahrung der Zeit bezogen ist und dessen Zweck die Erklärung eines bestimmten Zeitcharakters, nämlich des Flusses aller Dinge ist. Diese allgemeine Erfahrung vom Flusse aller Dinge wird durch dieses System nicht wegerklärt, sondern in eine Form gebracht, wie sie absoluter und uneingeschränkter nicht vorgestellt werden kann. Der Begriff der All-Bewegung bildet daher nicht einfach einen methodisch-dialektischen Ausgangspunkt, einen Anfang, dessen Wahrheitsfunktion allein darin besteht, sich schließlich seiner eigenen Unmöglichkeit durch eine *reductio ad absurdum* zu versichern. Auch geht die Absicht nicht dahin, die unendliche Absolutheit des Zeitflusses zu limitieren und die All-Bewegung mittels allgemeiner Begriffe und Kategorien (Quantität, Qualität) in die Form verschiedener Bewegungsarten (Ortsbewegung, Veränderung) und verschiedener Bewegungsfiguren (z. B. die Kreisbewegung) zu kanalisieren, um dann schließlich die gleichbleibende Verschiedenheit dieser Arten und Figuren, und damit das Wesen der Gleichheit als ein Beweisstück für die Wahrheit eines zeitlosen und unvergänglichen Seins der Dinge zu gebrauchen. Dieser methodische Weg macht zwar, im Unterschied zur *reductio ad absurdum*, den anfänglichen Begriff der All-Bewegung nicht schlechthin unmöglich, wohl aber unbestimmt und in seiner Wahrheitsfunktion zweideutig. Denn es wird auf diese Weise fraglich, ob es sich bei ihm um einen zwar möglichen Begriff handelt, dem aber unmöglich eine wahre Realität entsprechen kann, oder aber etwa um den Begriff einer wahren Realität.[9] Im Unterschied zu diesen verschiedenen möglichen dialektischen Anwendungen des anfänglichen Begriffes der All-Bewegung geht Whiteheads Kategoriensystem auf die unmißverständliche Darstellung desselben als der grundlegenden Wahrheit: »The ancient doctrine that no one crosses the same river twice is extended: no thinker thinks twice; and to put the matter more generally: no subject experiences twice.« (*PR* 43) In anderen Worten: nichts, was wahrhaft ursprüngliche Realität hat, wiederholt sich; und umgekehrt: was sich wiederholt, hat keine wahre und grundlegende Realität. Realität ist absolut einmalig und Einmaligkeit eine Grundform alles Seienden. Was nicht von dieser Form ist, kann

---

9 Diese Zweideutigkeit ist charakteristisch für jede dialektische Auseinandersetzung zwischen dem Anfang einer Bewegung und der Bewegung.

nur eine abgeleitete und sekundäre Daseinsweise besitzen. Einzigkeit hat primär die Form der Einmaligkeit.

Man kann nun ebenso nach der näheren Charakteristik des Einmaligen und Unwiederholbaren wie nach den Gründen der Wahrheit und Gewißheit jener Grunderfahrung vom Flusse aller Dinge fragen. Beide Fragen führen in die gleiche Richtung einer möglichen vorläufigen und bedingten Antwort: Wenn Einmaligkeit und Unwiederholbarkeit zur Wahrheit und zum Maß aller Dinge hinsichtlich der wahren Realität derselben erhoben werden, so gibt es allerdings ein Wesen, welches diesem Wahrheitskriterium am ehesten gerecht wird, und dies ist das reine Wesen der Zeit, die Zeit an ihr selbst oder die reine Bewegung; und zwar diese Bewegung abgesehen und getrennt von einer möglichen Differenzierung in verschiedene Bewegungsarten und Bewegungsfiguren. Denn das Verhältnis dieser Arten und Figuren ist so lange ideell vorhanden und außer der Zeit, wie diese verschiedenen Bewegungen nicht ihrerseits ununterbrochen ineinander übergehen und in dieser Bewegung des ständigen Übergehens ineinander als bestimmte Arten und Gestalten teils ineinander vergehen, teils auseinander entstehen. Sofern sich aber hier die gleichen Bewegungsarten wiederholen, handelt es sich nicht um die unwiederholbare Zeit, nach deren ursprünglichem Wesen hier gefragt ist. Wo wiederholte Bewegungen und Wiederholbarkeit, ja wo überhaupt nur *dauernde* Gleichheit oder *gleichbleibende* Verschiedenheit vorgestellt wird, da muß auch eine nie wiederkehrende Zeit vorgestellt werden; und dasselbe gilt auch im Hinblick auf die Vorstellung einer sich wiederholenden Gleichheit, die nur eine andere Ausdrucksgestalt der gleichbleibenden Verschiedenheit ist. Ohne die Vorstellung der nie wiederkehrenden Zeit wird also weder ein Dauern des Gleichen noch ein Gleichbleiben des Verschiedenen vorgestellt. Damit stellt sich die Frage, welcher Art die gesuchte reine Zeit ist. Sie muß eine wahre Realität haben, wenn die Dauer und die Wiederholung, das Gleiche und das Verschiedene eine wahre Realität haben sollen. Das reine Wesen der Zeit kann daher nicht nur eine zwar mögliche, wenn auch leere Vorstellung bilden, der keine Realität entspricht, und die Leerheit ihres reinen Wesens kann daher auch nicht nur die Leerheit einer Vorstellung sein. Im Gegenteil: Wenn die reine Zeit den Realgrund dauernder Gleichheit ebenso wie den gleichbleibender Verschiedenheit bildet und als ein solcher Grund ein Substantiale ist, so kann sie nicht das Leere (τὸ κενόν) selbst ein; nämlich dann nicht, wenn das Leere nichts anderes ist als entweder eine ganz bestimmte Art von dauernder Gleichheit, nämlich eine gleichbleibende Leerheit, oder aber eine ganz bestimmte Art von gleichbleibender Verschiedenheit, nämlich der gänzlich unbestimmte und daher leere Wechsel des Einen in das Andere. Vielleicht muß sich an ihr und durch sie gerade erst zwischen dem Leeren und dem Realen unterscheiden lassen.

Unter diesen Gesichtspunkten hat es zunächst einen guten Sinn, wenn in Whiteheads Kategoriensystem die reine Zeitlichkeit in Gestalt des reinen Werdens (becoming, process of becoming) zur grundlegenden Kategorie erhoben und die Realität dieses Werdens als die wahre und primäre Existenz gesetzt wird. Das Werden tritt damit ausdrücklich an die Stelle der Kategorie der Substanz, also an die Stelle der Grundkategorie der rationalen Metaphysik, auf deren große Systeme (Descartes, Spinoza, Leibniz) sich Whiteheads kosmologisches System ausdrücklich und in der Form der Kritik bezieht: »The notion of substance is transformed into that of actual entity«. (*PR* 28) Diese Transformation ist absolut: an die Stelle einer Pluralität dauernder, zeitloser und unvergänglicher (und darum beziehungsloser) Substanzen (die Monaden des Leibniz)[10] tritt eine Pluralität einmaliger und unwiederholbarer Augenblicks- und Werde-Wesen, die nicht in der Zeit dauern, die vielmehr den letzten Grund von Dauer, Gleichheit und Verschiedenheit bilden und die an ihnen selbst durch und durch Unruhe (unrest), Werden und Bewegtheit sind. Diese reinen Werde-Wesen nennt Whitehead »actual entities« oder auch »actual occasions«. Der Terminus »actual« charakterisiert diese Wesen zunächst negativ in dem Sinne, daß es sich bei ihnen um keine leeren Entitäten handelt, sondern um konkrete Wesen und um deren inhaltsreiches, erfülltes Werden, um ihre je sich erfüllende Zeit. Im Terminus »entity« ist der grundlegende, individuelle Charakter dieser Wesen stärker hervorgehoben; im Terminus »occassions« stärker der Charakter der Momentaneität.[11] Im Hinblick auf diesen momentanen Charakter kann von diesem reinen Werde-Wesen auch als von Er-

10 Leibniz, *Monadologie* §§ 3-7, § 11.
11 Genauer bestimmt Whitehead den verschiedenen Gebrauch der beiden Termini so, daß die Bezeichnung »actual entity« sowohl das unendliche Wesen Gottes als auch jedes endliche Werde-Wesen umfaßt, während die Bezeichnung »actual occasion« nur gebraucht wird, wenn Aussagen über Gott dabei ausgeschlossen werden. (Vgl. *PR* 135; auch S. 28, 46 f.)

eignissen gesprochen werden; aber nicht von Ereignissen, die *in* der Zeit stattfinden, sondern von Ereignissen, die sich ereignen und die insofern als Substanzen im uneigentlichen Sinne, oder besser als Nicht-Substanzen eine Reflexionsstruktur besitzen und sich auf sich beziehen.

Diese Reflexionsstruktur darf freilich nicht mit der Reflexionsstruktur der Substanzen im Sinne von dauernden oder unvergänglichen Dingen verwechselt werden, also auch nicht mit dem Reflexionsverhältnis eines Dinges und seiner Eigenschaften. Für Reflexionen dieser Art ist es gerade charakteristisch, daß sie die Zeitlichkeit und das reine Werden aufgehoben haben. Selbst wenn ein Ding nicht im absoluten Sinne dauert (sowenig wie etwa irgendeine seiner Eigenschaften), so dauert es doch offensichtlich so lange, wie seine wesentlichen Eigenschaften die *seinen* bleiben; und umgekehrt dauern Eigenschaften als solche offensichtlich zumindest so lange, wie sie Eigenschaften des einen oder des anderen Dinges bleiben. Diese Reflexion eines Dinges und seiner Eigenschaften versetzt daher Ding und Eigenschaften in einem bedingten Sinne aus der Zeit und aus dem reinen Werden heraus in eine allgemeine Zeitlosigkeit, eine bedingte Ewigkeit. Der Wechsel von Eigenschaften berührt diese bedingte Ewigkeit nicht oder erst dann, wenn das Ding Schritt um Schritt seine wesentlichen Eigenschaften verliert, wenn also der Wechsel von Eigenschaften, seien sie wesentlich oder unwesentlich, für es diese Folge hat und zu einer wesentlichen Eigenschaft an ihm wird. Der bloße Wechsel von Eigenschaften im Sinne einfacher Veränderungen ohne derartige Konsequenzen berührt jene Aufhebung des Werdens überhaupt nicht. Dasselbe gilt nun in noch stärkerem Maße für die Reflexion von Substanzen ineinander, gleichgültig ob diese nun als vergängliche Dinge und ihre Wechselwirkung als die solcher Dinge genommen wird oder ob sie wie auch ihre Wechselwirkung als schlechthin zeitlos und unvergänglich betrachtet werden.

In jedem Falle bilden sie Systeme, in welchen die Dinge und Substanzen dauern durch ihr Verhältnis zu ihren Eigenschaften und durch ihre Wechselwirkungen, wie umgekehrt sich der Wechsel von Eigenschaften und die Wechselwirkung von Substanzen

---

Ich muß hier der Einfachheit wegen diese Differenz weitgehend außeracht lassen.

durch die dauernde Existenz der Dinge und Substanzen erhält. Für alle Reflexionsverhältnisse dieser Art gilt also: Sofern eine solche Reflexion im Hinblick auf ihre Momente eine wahre Realität hat, sofern sie selbst also die Wirklichkeit hinsichtlich der Dinge und Substanzen ist, die sie reflektiert, ist an ihr das Werden und die reine Zeit allem Anschein nach verschwunden. Sofern sie selbst also nicht die bloße Abstraktion eines erkennenden Begriffes darstellt, dem als wahre Realität das Reflektierte gegenüberstünde, zwischen dem die Reflexion eine zeitlose Relation herstellt, ist das Entstehen ebenso aus dem Reflektierten verschwunden wie das Vergehen, und es ist so, als wären beide, Entstehen und Vergehen, nie in den Dingen und in den Substanzen gewesen. Was auch immer das reine Werden wäre, es wäre dies nur als aufgehobenes, nie gewesenes Werden. Sofern solche Reflexionen wirklich sind, haben sie an ihnen den Schein einer gewissen realen Ewigkeit. Diesen Schein verbreiten sie aber nicht nur über ihre Momente, über die Dinge und ihre Eigenschaften, über die Substanzen und ihre Wechselwirkungen. Vielmehr dehnt sich dieser Schein aus, überschreitet den begrenzten Spielraum eines solchen geschlossenen Reflexionssystems, pflanzt sich nach allen Richtungen fort, um sich schließlich fest an das Ganze der Welt zu heften. Die Frage ist daher, ob diese Reflexionen eine wahre Wirklichkeit besitzen oder nur den Schein einer Realität, derart, daß dann der von ihnen ausgehende Schein einer gewissen realen Ewigkeit trügerisch wäre und in Wahrheit die Dinge mitsamt ihren Eigenschaften, die verschiedenen Systeme der in Wechselwirkung stehenden Substanzen, und schließlich die Welt im Ganzen ebenso dem Entstehen wie dem Vergehen absolut unterworfen wären. Diese Frage ist die nach dem Entstehen und Vergehen von Reflexionen und daher die Frage nach dem Wahrheitsgrund und Wirklichkeitscharakter der Reflexion selbst. Whiteheads Auseinandersetzung mit Bradley bewegt sich, wenn auch unausgesprochen, im Spielraum dieser Frage.[12]

Die Frage ist hier zunächst nicht die nach der Differenz der Reflexionsverhältnisse: der Verhältnisse von Dingen und Eigenschaften

12 Vgl. Whiteheads eigene Stellungnahme zur Philosophie Bradleys *PR* u. a. 304-305; auch in dem kleinen, mit dem Hauptwerk gleichnamigen Aufsatz »Process and Reality« zuerst abgedruckt in *Symposium in Honor of the Seventieth Birthday of A. N. Whitehead*, 1932; hier zitiert nach *Essays in Science and Philosophy*, London 1948, S. 88–89.

einerseits und von Substanzen und ihren Wechselwirkungen andererseits; auch nicht die Frage nach der erwähnten Ausdehnung von Reflexionen über den begrenzten Spielraum ihrer Wirklichkeit hinaus bis schließlich hin auf die Welt im Ganzen als ein mögliches absolutes Reflexionsverhältnis.[13] Die Frage ist hier vielmehr die nach der Reflexion eines sich ereignenden Ereignisses, einer »actual occasion«. Daß sich deren Reflexion von der Reflexionsweise von Dingen und Eigenschaften wesentlich unterscheidet, ist in ihrem Begriffe gesetzt, der die Forderung einer absoluten Transformation von bleibender, gleichbleibender Substantialität in ein reines Werden enthält (s. o.). Andererseits ist ein solches sich ereignendes Ereignis (actual occasion) oder Werde-Wesen (actual entity) *reflexiv.* Denn einerseits *ist* es etwas, was etwas *wird,* und in diesem Werden immer auch etwas, was *war.* Es muß etwas sein und gewesen sein, um etwas werden zu können, und es muß daher, wenn es in seinem Sein etwas war, in seinem Gewesen-Sein zugleich immer auch ein werdendes Etwas sein, wenn es etwas soll werden können. Ein solches Ereignis ist infolgedessen eine Reflexion und Spiegelung *seines* Gewesenseins, seiner unmittelbaren Gegenwart und seines Sein-Werdens, eine Reflexion *seiner* Vergangenheit, Gegenwart und Zukunft in die Einheit *seines* Werdens. Whitehead spricht von dieser Reflexion des Werde-Wesens als von einer Subjekt-Superjekt-Struktur (*PR* 43) und meint damit, daß das Werde-Wesen ebenso der Real-Grund wie auch die Folge und das Resultat (the outcome of the process) seines Werdens ist: »An entity is actual, when it has significance for itself. By this it is meant that an actual entity functions in respect to its own determination. Thus an actual entity combines self-identity with self-diversity«; und: »An actual entity by functionning in respect to itself plays diverse rôles in self-formation without losing its self-identity. It is self-creative; and in its process of creation transforms its diversity of rôles into one coherent rôle ...«[14] Die Frage ist also: Wenn die

13 Die unübertroffene Darstellung der Ausdehnung der realen Reflexion von einem begrenzten dinglichen Verhältnis auf das Ganze der Welt gibt Hegel in der *Phänomenologie des Geistes* im Abschnitt über Kraft und Verstand.

14 *PR* 38: Die beiden Sätze formulieren dort zwei »Categories of Explanation« (xxi, xxii). Auf das schwierige Verhältnis dieser »Categories of Explanations« zu den »Categoreal Obligations« kann ich hier nicht eingehen.

verschiedenen Momente des Werdens eines Werde-Wesens in eine Einheit reflektiert sind, wie kommt es, daß diese Reflexion der verschiedenen Momente diese nicht so ineinander spiegelt, daß sie am Ende doch schließlich in die Einheit eines Seienden, eines unmittelbaren Etwas reflektiert sind, aus dem das reine Werden verschwunden zu sein scheint, so als wäre es nie gewesen? Wie kommt es also, daß die Reflexion des Werde-Wesens nicht gegen dessen Werden unmittelbar genau so wirkt wie an den Dingen im Verhältnis zu ihren Eigenschaften, am Verhältnis der Substanzen und ihrer Wechselwirkungen, wo sie jede Art von Entstehen und Vergehen in die unbestimmte Ewigkeit zeitloser Verhältnisse von Momenten zu verdampfen scheint? Enthält nicht Whiteheads Charakteristik der Reflexion des reinen Werde-Wesens mittels der Reflexionsbestimmungen der Selbstidentität (self-identity) und Selbstverschiedenheit (self-diversity) eine Bestätigung dessen, daß das Werden auch aus dem einfachen Werde-Wesen immer schon verschwunden und dieses Wesen immer schon ein einfaches, mit sich identisches Etwas geworden sein muß? Ist also nicht ein solches Wesen als ein immer schon gewordenes Etwas nur eine besonders einfache und elementare Art von Ding oder Substanz, etwas, aus dem die Verhältnisse der Dinge und Eigenschaften, der Substanzen und ihrer Wechselwirkungen zusammengesetzt zu denken sind?[15] Ist also ein solches Etwas nicht wie ein Ding einerseits mit sich identisch, andererseits von sich unterschieden, sofern es sich verändert, und insofern wie Dinge und Substanzen dem Entstehen und Vergehen entnommen, dafür ebenso wie jene der Veränderung in Gestalt eines immerwährenden Wechsels von

---

15 Tatsächlich wiederholt sich eines der schwierigsten Probleme der Leibnizschen *Monadologie,* nämlich das des Verhältnisses der einfachen und zusammengesetzten Substanzen, in Whiteheads Kategoriensystem, allerdings unter anderen kategorialen Bedingungen. Hier stellt sich die Frage nach dem Unterscheidungsgrund einfacher Ereignisse und komplexer Ereignisverbände (nexus, societies, events etc.), und zwar, sofern diese Daten eines neuen Ereignisses bilden. Whitehead hat offensichtlich die Anwendbarkeit des Begriffes eines einfachen Ereignisses als bedingt durch einen komplexen Teilungsprozeß angesehen, den er als »extensive division« beschreibt. Dies hat W. A. Christian in seiner ausgezeichneten Whitehead-Interpretation m. E. nicht genügend beachtet. Vgl. *An Interpretation of Whitehead's Metaphysics,* New Haven 1959, S. 67 ff.

Bestimmungen ausgesetzt? Oder wie sonst ist es möglich, daß ein solches Werde-Wesen ebenso ein Werden wie ein gewordenes Etwas ist, wenn Reflexion eine Bedingung seines Werdens ist? Whitehead hat diese Schwierigkeit sehr wohl gesehen. Ja, man kann sagen, daß ihre Überwindung das Hauptthema seiner Theorie des Werdens ausmacht: »No one has ever touched Zeno without refuting him«, schreibt er in einem kleinen Aufsatz, der den Grundgedanken seines philosophischen Hauptwerkes *Process and Reality* erläutert.[16] An der gleichen Stelle unterscheidet er seine Theorie nachdrücklich von zwei anderen, entgegengesetzten Positionen: auf der einen Seite von einer solchen, welche den Charakter des Werdens für illusionär und das Werden selbst für schlechthin nichtig und nichtseiend im Vergleich zum Seienden und dessen Sein erklärt. (Diese Positionen sieht er in den Systemen Hegels und Bradleys verwirklicht.) Auf der anderen Seite unterscheidet er seine Theorie des Werdens von der Bergsons, und zwar unter dem Gesichtspunkt, daß diese dem menschlichen Verstand die Fähigkeit bestreitet, das reine Werden als solches erfassen und durch dessen verräumlichte Figuren hindurch auf sein wahres Sein blicken zu können. Zwar ist für Whitehead die Urteilsform in Gestalt der Satzstruktur von Subjekt und Objekt ein ungeeignetes Instrument zur Beschreibung des reinen Werdens. Aber die menschliche Sprache schließt in seinen Augen die Möglichkeit nicht aus, sie im philosophischen Gebrauch über ihren ursprünglich begrenzten Anwendungsbereich hinaus zu erweitern und sie zur Beschreibung von Wirklichkeiten fähig zu machen, auf die sie ursprünglich nicht zugeschnitten ist: »Every science must devise its own instruments. The tool required for philosophy is language. Thus philosophy redesigns language in the same way that in physical science preexisting appliances are redesigned« (*PR* 16). Unter diesem Gesichtspunkt muß es auch möglich sein, die Sprache und die sprachliche Logik der philosophischen Aussagen in ein Affinitätsverhältnis zum Charakter des reinen Werdens zu bringen: Whitehead hat ein sehr abstrakt-allgemeines Schema angegeben, nach welchem die sprachliche Logik bei der allgemeinen Beschreibung des reinen Werdens zu verfahren hat, ein Schema der Logik des Werdens. Dieses abstrakte Schema entbehrt einer paradoxalen Struktur nicht: Ein Werde-Wesen (actual occasion),

16 In *Essays in Science and Philosophy*, S. 87.

44

unter dem formalen Aspekt eines bloßen Etwas betrachtet, gehört ebensowohl zu einer Vielheit von Etwas, wie es andererseits ein Etwas außerhalb derselben Vielheit ist. »The ultimate metaphysical principle is the advance from disjunction to conjunction creating a novel entity other than the entities given in disjunction. The novel entity is at once the togetherness of the many which it finds, and also it is one among the many which it leaves; it is a novel entity disjunctively among the many which it synthesizes. The many become one and are increased by one« (*PR* 32). Ein Werde-Wesen, unter dem formalen Gesichtspunkt seines Etwas-Seins betrachtet, ist also 1. ein Etwas innerhalb einer Einheit von Vielem, also Eines unter Vielem. Es ist aber 2. dasselbe Etwas die vielen Etwas, von denen es eines ist, und es ist zugleich die Einheit dieser Vielen. So ist dieses Etwas also eine Vielheit und die Einheit dieser Vielheit und ebenso ein Moment dieser Einheit und Vielheit, und also auch eines unter den Vielen. Eben dasselbe Etwas ist schließlich aber 3., oder schon 4., ein Etwas außer den Vielen, unter denen es eines ist und deren Einheit und Vielheit es ist.[17] Die paradoxale logische Form eines Werde-Wesens, unter dem Aspekt seines Etwas-Seins betrachtet, erschöpft sich also nicht darin, daß es an ihm selbst Eines und Vieles zugleich ist. Die Bedeutung seines drei- und vierfachen Andersseins gegenüber seiner Selbigkeit verweist vielmehr auf eine drei- bzw. vierfache verschiedene Funktion, die es im Hinblick auf sich selbst und auf das Andere ihm gegenüber im Prozeß seines Werdens ausübt. Diese seine verschiedene Funktion sich selbst und dem Anderen seiner selbst gegenüber bedarf zu

17 Vgl. die wegen ihrer Dunkelheit berühmte Stelle in Platons *Sophistes* 253 d, auf die unter diesem Aspekt ein zusätzliches Licht fallen könnte. Es könnte ein Grund dafür gefunden werden, daß Platon die Differenz der von ihm formulierten verschiedenen Verhältnisse des Einen und Vielen absichtlich unbestimmt hält. Einen Versuch zur Entwicklung der Kategorien unter dem Gesichtspunkt dieser paradoxalen Struktur habe ich in meiner Dissertation *Der Begriff in den Anschauungsformen der Mittelbarkeit und Unmittelbarkeit* (Maschinenmanuskript) unternommen. Whitehead hat sich für seine Theorie des Werdens auf Plato, insbesondere auf die Plato-Deutung Taylors berufen: vgl. *PR* 67–70; und sein Aufsatz »Immortality« zuerst veröffentlicht in *The Library of Living Philosophers* III (ed. P. Schilpp): *The Philosophy of A. N. Whitehead*, 1941. Ich zitiere diesen Aufsatz hier nach *Essays in Science and Philosophy*, S. 65–69.

ihrer Auslegung und Erklärung verschiedener Kategorien. Ja, es wird sich sogar umgekehrt zeigen, daß in Whiteheads Theorie des Werdens eine Verschiedenheit von Kategorien allererst aus der beschriebenen verschiedenen Funktion eines Werde-Wesens entspringt.

Das andere zur Beschreibung eines Werde-Wesens unentbehrliche Moment ist die Bestimmung des Vergehens (perishing). Whitehead ist der Auffassung, daß die Bedeutung dieses Momentes in den traditionellen Theorien des Werdens verkannt wurde und daß hier der Grund dafür zu suchen ist, wenn das reine Werden immer wieder in Sein und Etwas-Sein umschlägt: »Philosophers have taken too easily the notion of perishing. There is a trinity of three notions, being, becoming and perishing. The world is always becoming and as it becomes, it passes away and perishes ... Almost all of *Process and Reality* can be read as an attempt to analyse perishing on the same level as Aristotle's analyse of becoming«.[18] Wie hängen nun diese drei Momente des reinen Werdens zusammen, und zwar im Hinblick auf die genannte Drei- und Vierfaltigkeitsstruktur des Werde-Wesens? Und wie ist insbesondere das Verhältnis des Vergehens gegenüber den beiden anderen Momenten, dem Sein und dem Entstehen zu bestimmen? Was die letztere Frage betrifft, so scheint Whiteheads Theorie des Werdens zunächst auf die Betonung des anderen Extrems hinauszulaufen, nämlich auf die Betonung des Neuen. Neuheit (novelty) und Schöpfungsmächtigkeit (creativity) bilden das Grundprinzip in Whiteheads Theorie des Werdens (The category of the ultimate[19]). Diese Theorie ist aber nicht schon durch die Betonung dieses Grundprinzips interessant, noch auch durch den der Bergsonschen Theorie entgegengesetzten Versuch, Werden und Neuheit verständlich und erklärbar zu machen. Sie gewinnt eigentliches Interesse erst dadurch, daß sie die beiden Grundbegriffe zum Prinzip der Rationalität selbst macht. Vernunft (reason) ist durch eine ausgezeichnete Affinität zum Wesen des Neuen, zum Werden desselben bestimmt. So stehen etwa in *The Function of Reason* die folgenden Sätze: »Reason is a factor in experience which directs and criticizes the urge towards the attainment of an end in imagination, but not in fact ...« Und: »In the stabilized life there is no

18 *Essays*, S. 89.
19 *PR* 31-32.

room for reason. The methodology has sunk from a method of novelty into a method of repetition. Reason is the organ of emphasis upon novelty«.[20] Daß das Werden (process of becoming) ein Entstehen von *Neuem* ist, bedeutet in Whiteheads Theorie mehr als nur den Ausdruck einer allgemeinen Beobachtung über die Natur der Dinge, mehr auch als nur die deskriptive Formulierung einer Ansicht, die sich so wiedergeben ließe: daß nichts dauern und bleiben könne, wenn es nicht den Keim einer inneren Selbsterneuerung in sich trage, und daß also, was nur noch und ausschließlich dauere und sich gleich bleibe, sich also nicht mehr fortentwickle, bereits angefangen habe unterzugehen und den Keim des Todes in sich trage. Die Funktion des Begriffes der Neuheit geht über all das hinaus und erhebt hier den Anspruch, das Prinzip aller rationalen Erklärung überhaupt in sich zu enthalten; zunächst, was Dauer und Sich-gleich-Bleiben betrifft: daß ein solches gleichbleibendes Dasein ebensowenig wie ein gleichbleibender Wechsel ohne Begriff einer Neuwerdung begriffen werden kann. Deswegen kann Whitehead von den Begriffen des Neuen und der Neuschöpfung als von dem Begriff aller Begriffe, dem Universale aller Universalien sprechen: »Creativitiy is the universal of universals characterising ultimate matter of fact. It is the ultimate principle by which the many which are the universe disjunctively, become the one actual occasion which is the universe conjunctively. It lies in the nature of things that the many enter into complex unity. Creativity is the principle of novelty ... Thus production of novel togetherness is the ultimate notion embodied in the term concrescence ... These ultimate notions of »production of novelty« and of »concrete togetherness« are inexplicable either in terms of higher universals or in terms of the components participating in the concrescence ...« (*PR* 32). Das Neue und die Neuheiten sind hier also nicht durch allgemeinere Abstraktionen erklärbar. Vielmehr sind umgekehrt alle anderen Bestimmungen, alle anderen Bestimmtheiten durch Kategorien, allererst aus dem Begriff einer jeweils neuen Synthesis (togetherness, concrescence) zu deuten und zu erklären. Die Frage ist, unter welchen Bedingungen eine solche Erklärung soll möglich sein können.

In welchem Verhältnis stehen die drei Grundbegriffe des Seins (being), des Entstehens (becoming) und des Vergehens (perishing)

---

20 *The Function of Reason*, Oxford 1929, S. 9.

unter diesem Aspekt des Neuen und des Werdens von Neuem? Offensichtlich scheint in diesem Begriff des Werdens von Neuem mehr enthalten als in dem relativ einfachen Begriff des Werdens von Etwas. Daß das Entstehen ein Entstehen oder Werden von Etwas ist, scheint notwendig vorausgesetzt und impliziert, wenn vom Entstehen von *etwas* Neuem die Rede ist. Tatsächlich fällt an Whiteheads Theorie des Werdens auf, mit welcher Selbstverständlichkeit das Entstehen nicht nur als ein Entstehen von Etwas, sondern darüber hinaus als ein Entstehen von etwas absolut Bestimmtem gesetzt ist. Ein Werde-Wesen (actual entity) ist, sofern es geworden ist und als Resultat seines Werdens, vollkommen bestimmt. Und zwar gilt diese gewordene vollkommene Bestimmtheit eines Werde-Wesens ebenso im Hinblick auf dessen eigene Entstehungsgeschichte wie auch im Hinblick auf es selbst als Gegenstand (objective datum) anderer Entstehungsgeschichten, die nicht mehr seine eigenen sind, in die es aber als ein notwendiges Element eingeht. Deswegen ist ein Werde-Wesen als Resultat seines Werdens, als Gewordenes, schließlich in einem dritten Sinne vollkommen bestimmt, nämlich hinsichtlich seines Verhältnisses zu jedem Moment der Welt, aus der es selbst hervorgegangen ist (its actual world) und die es selbst verwandelt und als eine verwandelte Welt weitergibt. (Vgl. *PR* 38: the xxv[th] Category of Explanation; u. a. auch loc. cit. 66, 130, 136, 227, 234, 323.) Daß ein Werden von Etwas ein Werden von etwas vollkommen Bestimmtem in dem genannten dreifachen Sinne sei, scheint auf den ersten Blick alles andere als selbstverständlich. Man ist eher geneigt anzunehmen, daß die Wirklichkeit, unter der Kategorie des Werdens verstanden, nicht nur jeweils das Werden eines je vollkommen Bestimmten ist, sondern daß sie außerdem durchsetzt ist mit einer Mannigfaltigkeit von Unbestimmtheiten, die nie endgültig Wirklichkeit werden, deren subjektive Entsprechung unsere Wünsche und Hoffnungen sind, die getrennt neben den verwirklichten Möglichkeiten im allumfassenden Raume des Wirklichen einen Platz finden müssen. Aber man wird andererseits dagegen argumentieren: Wenn die Wirklichkeit, unter der Kategorie des Werdens verstanden, das letzte Erklärungsprinzip für alles Seiende überhaupt abgeben soll, »the universal of universals«, so muß sie als ein vollkommen Bestimmtes gesetzt werden, gleichgültig und unabhängig, ob nun die unverwirklichten Möglichkeiten neben den verwirklichten bestehen bleiben und mit diesen zusammen die Einheit einer bestimmten Wirklichkeit ausmachen oder nicht. Unverwirklichte Möglichkeiten können ohnehin nur im Verhältnis zu einer bestimmten Wirklichkeit und im Kontrast zu dieser sein und erkannt werden, so daß also solche Möglichkeiten entweder Momente des Werdens und nicht des Gewordenen sind, oder aber Momente des Gewordenen, welche dieses innerlich oder äußerlich transzendieren.

Werden erscheint unter dem Aspekt der vollkommenen Bestimmtheit als ein Entstehen solcher Bestimmtheit und Vergehen als ein Vergehen von Unbestimmtheit, und zwar soweit jenes Entstehen dieses Vergehens notwendig bedarf. Nicht alle Unbestimmtheit schlechthin muß vergehen, sondern dies nur soweit, wie ein bestimmtes Werde-Wesen dessen bedarf. Gerade deswegen braucht auch das Unbestimmte, aus dem das vollkommen Bestimmte wird, kein absolut Unbestimmtes zu sein. (Im Gegenteil. Das Werden eines Bestimmten scheint überhaupt nur so weit begreifbar, wie es ein Werden aus Bestimmtem ist.) Whitehead hat den Charakter der werdenden Bestimmtheit und der vergehenden Unbestimmtheit des näheren als ein Verhältnis von Inkohärenz und Kohärenz bestimmt: »An actual entity is self-creative; and in its process of creation transforms its diversity of rôles into one coherent rôle. Thus becoming is the transformation of incoherence into coherence, and in each particular instance ceases with this attainment«. (*PR* 38: xxii[nd] Category of Explanation.) Inkohärenz und Kohärenz sind hier von Widersprüchlichkeit und Widerspruchsfreiheit im Sinne logischer Inkonsistenz und Konsistenz dem Begriffe nach klar unterschieden, wenn auch zwischen den beiden Differenzen ein wesentliches Bedingungsverhältnis herrscht. Auf der einen Seite scheint, Whiteheads Angaben zufolge, das Prinzip der Kohärenz weiter und tiefer zu reichen als das der logischen Konsistenz.[21] Kohärenz läßt sich von ihrem Gegensatz, der Inkohärenz,

---

21 *The Function of Reason*, S. 53 enthält außerordentlich wichtige Ausführungen Whiteheads zur philosophischen Methode, welche das entsprechende erste Kapitel über »Speculative Philosophy« in *Process and Reality* wesentlich ergänzen. Whitehead stellt dort fest, daß die von der spekulativen Philosophie zu entwickelnden Kategoriensysteme überflüssig wären, wenn unsere Erkenntnis folgende Verhältnisse und Bedingungen der Rationalität immer und prinzipiell verwirklichen könnte: 1. Übereinstimmung (conformity) unserer Begriffe und Vorstellungen mit unmittelbaren Erfahrungen und Evidenzen. 2. Klarheit

her folgendermaßen bestimmen: Inkohärenz heißt Beziehungslosigkeit und Isolierung von Elementen oder Momenten in einer Weise, daß die Beziehungslosen in dieser Beziehung der Beziehungslosigkeit bedeutungslos (meaningless) sind. Kohärent ist im Unterschied dazu eine Beziehung, in welcher an die Stelle der Beziehungslosigkeit ein Zusammenhang getreten ist, in welchem die aufeinander bezogenen Momente allererst Bedeutung haben. Kohärenz ist daher nichts Geringeres als die negativ formulierte Eigenschaft einer Beziehung, in jedem ihrer Momente, und damit als ein Ganzes, bedeutungsvoll zu sein. Logische Konsistenz (und sogar logische Inkonsistenz) scheint dagegen immer schon ein Feld von Bedeutungen und von Bedeutungsverhältnissen zugrunde liegen zu haben. Auf der anderen Seite allerdings ist logische Konsistenz eine wesentliche Bedingung für die Bildung von kohärenten Zusammenhängen. In Gestalt zweier »kategorialer Obligationen« hat Whitehead diese Rolle der logischen Konsistenz formuliert, als Bedingung objektiver Identität und objektiver Verschiedenheit. Objektive Identität heißt, daß jedes Element eines Werde-Wesens eine selbst-konsistente Funktion im Prozeß dieses Werdens besitzen muß, d. h., daß es nicht als ein gedoppeltes in diesem Prozeß auftreten kann. (»Logic is the general analysis of self-consistency«.) Objektive Verschiedenheit heißt, daß die verschiedenen Elemente eines Werde-Wesens nicht dieselbe bzw. nicht die genau gleiche Funktion im Prozeß dieses Werdens ausüben können. (*PR* 39: categoreal obligation II und III.) Die beiden Bedingungen sind einerseits die Voraussetzungen zur Ermöglichung einer rationalen Analyse eines Werde-Wesens, darüber hinaus die rationalen Bedingungen des Werde-Wesens und seines Werdens selbst.

Kohärenz ist in Whiteheads Kategoriensystem das Prinzip der Rationalität schlechthin, in dessen Anwendung er so weit geht zu fordern, daß letzten Endes »no entity can be conceived in

und eindeutige Bestimmtheit der Satzinhalte (clarity of propositional content). 3. Innere und 4. Äußere logische Konsistenz im Sinne logischer Widerspruchslosigkeit. Kategoriensysteme sind also nur soweit sinnvoll, wie diese Bedingungen unerfüllt und unerfüllbar sind. Sie stellen Schemata zu möglichen Interpretationen primär vorhandener Interpretationen dar. Sie selbst erfüllen an ihnen selbst die genannten Bedingungen auch nicht eindeutig. Wohl aber müssen sie primär anwendbar, adäquat und kohärent sein.

complete abstraction from the system of universe, and that is the business of speculative philosophy to exhibit this truth« (*PR* 5). Und noch bestimmter ist unter Kohärenz verstanden, daß nicht nur alles Seiende überhaupt in irgendeiner Verbindung steht, was angesichts der Mannigfaltigkeit möglicher Beziehungen und angesichts der Beziehung der Beziehungslosigkeit als einer möglichen Beziehung nur wenig besagen würde; vielmehr ist im Begriff der kohärenten Beziehung die *wesentliche Relevanz* der Momente der Beziehung hinsichtlich des ganzen Universums vorgestellt: »It will be presupposed that all entities or factors in the universe are essentially relevant to each other's existence«.[22] Aus dieser Voraussetzung folgt dann notwendig jene vorher genannte nähere Bestimmung der vollkommenen Bestimmtheit eines Werde-Wesens in dem Sinne, daß jedes seiner Momente eine bestimmte Beziehung zu jedem Element des Universums besitzen müsse. So hat auch jede Aussage, jeder Satz als eine Entität Bedeutung und Wahrheit allererst vor dem Hintergrund des ganzen Universums, unabhängig davon, ob dieser »universale Horizont« der Sinngebung und der Einheitsstiftung sich in eine Mannigfaltigkeit von Begriffsbestimmungen und Begriffsverhältnissen auflösen läßt oder nicht. Eine solche absolute Auflösbarkeit wird von Whitehead ausdrücklich verneint.[23] Andererseits ist eine solche absolute Auflösung keine notwendige Bedingung für das Funktionieren der Kohärenz im Sinne eines rationalen Prinzips. Unter dem Aspekt der werdenden Kohärenz ist nun von einem Werde-Wesen zu sagen: sofern ein solches Wesen ein Werden aus inkohärenten Elementen in die Einheit eines Zusammenhanges kohärenter Momente ist, ist ein Werde-Wesen das Werden eines Sinnganzen,

22 »Immortality«, in *Essays*, S. 60.
23 »The notion of the complete self-sufficiency of any item of finite knowledge is the fundamental error of dogmatism. Every such item derives its truth, and its very meaning from its unanalysed relevance to the background which is the unbounded universe. Not even the simplest notion of arithmetic escapes this inescapable condition for existence ... Even in arithmetic you cannot get rid of a subconscious reference to the unbounded universe«; in: »Mathematics and the Good«, *Essays*, S. 78-79. Dort auch die Stellungnahme zu *Principia Mathematica*, zu der man die nicht weniger interessante Äußerung B. Russells über Whiteheads naturphilosophische Arbeiten vergleiche (»Logical Atomism«, in *Logical Positivism*, ed. Ayer) S. 33 f.).

dessen Momente nur in diesem Ganzen Bedeutung haben: »An entity is actual, when it has significance for itself« (*PR* 38: xxi[st] Category of Explanation). Die Einheit eines je einzelnen Werdens eines Ereignisses ist nur als Einheit eines für sich bedeutsamen Sinnganzen faßbar. Und sofern ein Ereignis (actual occasion) ein Werden von Neuem ist, ist zu sagen: die kohärente Einheit, die im Werden eines Werde-Wesens entsteht, stellt eine neue einmalige und unwiederholbare Verbindung gegebener Momente dar. Diese Momente mögen an ihnen selbst schlechthin neu sein, also selbst reale Ereignisse und insofern kohärente Einheiten darstellen. Doch wird es in diesem wie in jedem anderen Falle solcher Kategorien bedürfen, die imstande sind, den inkohärenten Zustand gegebener Momente zu beschreiben. In allgemeinster Form erfüllt die Kategorie der Mannigfaltigkeiten (Multiplicities, or Pure Disjunctions of Diverse Entities) diese Funktion. Eine Mannigfaltigkeit ist also eine gegebene Einheit inkohärenter Momente, die sowohl von gleichem als auch von verschiedenem Kategorien-Typus sein können (vgl. xvi[th] Category of Explanation: *PR* 36).[24]

Wie schon gesagt, ist in Whiteheads Theorie des Werdens Einzigkeit unter das Primat der Einmaligkeit gesetzt. Jede Einzigkeit ist primär die Einmaligkeit eines je einmaligen Ereignisses. Jede Art von Einzigartigkeit gründet zuletzt in einer solchen Einmaligkeit eines oder mehrerer Ereignisse bzw. in deren realem Zusammenhang. Diesen prinzipiellen Sachverhalt bezeichnet Whitehead als ontologisches Prinzip: »This ontological principle means that actual entities are the only reasons so that to search for a reason is to search for one or more actual entities« (*PR* 36-37) (xviii[th] Category of Explanation). Dieses Prinzip bildet die Grundvoraussetzung von Whiteheads »Onto-Kosmologie«[25], in

---

24 Sofern das anfängliche Datum eines Ereignisses selbst nur ein einziges Ereignis ist, liegt die Inkohärenz des Anfangszustandes im Verhältnis dieses gegebenen Ereignisses zum unendlichen Wesen und einem von diesem herrührenden ewigen Objekt. Näheres zu dieser Theorie der »primary feelings« *PR* 361-390.

25 Whiteheads Metaphysik kann allerdings ebenso auch als Onto-Psychologie wie als Onto-Theologie bezeichnet werden. Er selbst charakterisiert sie immer als *Kosmologie*, und zwar unter dem Gesichtspunkt, daß diese von einer einzigen Gattung elementarer Wesen handle, welche die Bausteine der Welt bilden: »The presumption that there is only one genus of actual entities constitutes an ideal of cosmological theory

welchem er selbst die wesentliche Differenz seiner Metaphysik gegenüber den Ontologien und Kosmologien der philosophischen Tradition sieht (vgl. *PR* 27). Jede Art von Erklärung, Bestimmung oder Begründung einer Wirklichkeit ist daher letzten Endes auf diesen universalen Hintergrund realer Ereignisse und auf deren kategoriale Form zurückzubeziehen. Die realen Ereignisse oder Werde-Wesen bilden den Seinsgrund und ontologischen Ort für jede Art von Begründung (vgl. xx[th] Category of Explanation, *PR* 38). Des näheren hat dies den Sinn, daß solche Ereignisse in der Konkretion ihres Werdens, ihres Zusammenwachsens (concrescence) zu kohärenten Einheiten die konkretesten Konkreta darstellen, derart, daß alles andere, dem solche Ereignisform abgeht, als abstrakt anzusehen ist und im Sinne einer Abstraktion bzw. als Resultat der Analyse eines gegebenen Ereignisses gedeutet werden muß. Die verschiedenen Kategorien des Whiteheadschen Systems unterscheiden sich unter diesem Gesichtspunkt teils nach Graden und Gestalten der Abstraktheit (Categories of Existence), teils sind sie Bedingungen der Analysierbarkeit realer Ereignisse (Categories of Explanation), teils Prinzipien zur Prüfung und kritischen Vergleichung verschiedener Analysen (Categoreal Obligations). Die Aufgabe der Philosophie heißt unter dem Gesichtspunkt des ontologischen Prinzips nicht Erklärung und Begründung des Konkreten, sondern: »Its business is to explain the emergence of the more abstract things from the more concrete things ... Philosophy is explanatory of abstraction and not of concreteness«. Das Konkrete durch schrittweisen Aufbau aus dem Abstrakten erklären zu wollen, hält Whitehead für ein Mißverständnis philosophischer Erklärungsmöglichkeiten: »Each fact is more than its forms« (*PR* 30). So gibt es konsequenterweise nicht nur eine, sondern unbestimmt viele Möglichkeiten, ein Ereignis zu analysieren: »Each actual entity is analysable in an indefinite number of ways. In some modes of analysis the component elements are more abstract than in other modes of analysis« (*PR* 28).

Tatsächlich ist über die Neuheit einmaliger Erlebnisse nicht mehr zu sagen als dies, daß jedes Ereignis neu, einmalig und unwiederholbar im Verhältnis zu allen anderen Ereignissen ist, zu denen es als solches in einem realen Verhältnis eines Ereigniszusammen-

to which the philosophy of organism endeavours to conform« (*PR* 168).

hanges stehen kann. Darüber hinaus ist es erst der näher bestimmte Begriff des Werdens einer kohärenten Einheit aus inkohärenten Gegebenheiten, welcher dem Begriff des Neuen einen bestimmteren Sinn gibt, nämlich den der Neuheit und Einzigartigkeit einer *Verbindung* gegebener Momente. In diesem Sinne spricht Whitehead von der subjektiven Form eines Ereignisses, in welcher die Einzigartigkeit eines einmaligen Ereignisses gesucht werden muß (»The subjective form is the immediate novelty«, vgl. *PR* 350 ff.). Jede Analyse, jede aus einer bestimmten Analyse resultierende Bestimmtheit ist auf diese subjektive Form als die *innere,* unwiederholbare Eigentümlichkeit des betreffenden Ereignisses zu beziehen. Von dieser Form getrennt, behält die Analyse eines Ereignisses nur allgemeine Charakteristika übrig, die nicht nur für das vorliegende analysierte Ereignis gelten, sondern die für eine Mannigfaltigkeit gegebener Ereignisse gültige Bestimmungen sind und die daher nicht erkennen lassen, wieweit sie überhaupt für das vorliegende Ereignis als solches charakteristisch und wesenseigentümlich sind. Jede, aus der Analyse eines gegebenen Ereignisses resultierende Bestimmtheit ist, von der subjektiven Form dieses Ereignisses abstrahiert, nur eine äußerliche und abstrakte Bestimmung.

Es muß als selbstverständlich erscheinen, daß der Begriff des konkretesten Konkretums (des Wirklichen) in irgendeinem Sinne den Gegenbegriff der Abstraktion und des Abstrakten, ja schließlich insbesondere den eins abstraktesten Abstraktums erfordert, genauso, wie der Begriff des schlechthin Einmaligen und absolut Unwiederholbaren den Gegenbegriff eines Immer-Seienden, eines Immer-Gewesenen notwendig macht, wenn auch mit jenen erstgenannten Begriffen, wie gefordert, überhaupt etwas (und sogar alles) soll begriffen und erklärt werden können. Dies wird am Begriff der subjektiven Form eines Ereignisses als der konkreten, einzigartigen und unwiederholbaren Verbindung eines zuvor Gegebenen deutlich. Denn das, woraus etwas wird, kann nicht, auch wenn es selbst wird und dem Werden unterworfen ist, in demselben Sinne werden wie dasjenige, welches aus ihm wird und sofern es aus ihm wird. So wie die beiden erstgenannten Momente, absolute Konkretion und Einmaligkeit, in Whiteheads Kategoriensystem zum Begriff einer bestimmten grundlegenden kategorialen Existenz, dem eines Ereignisses oder Werde-Wesens (actual entity) vereinigt sind, so sind auch die korrespondierenden Gegenmomente, absolute Abstraktheit und Immer-Gewesen-Sein in einem anderen, dem entgegengesetzten kategorialen Grundtypus verknüpft: Ein solches Wesen, welches immer gewesen und immer seiend und von äußerst abstrakter Natur ist, nennt Whitehead ein *ewiges Objekt* (eternal object). Ewige Objekte befinden sich nicht nur durch ihre Abstraktheit und ihr Immer-Gewesen-Sein, sondern auch dadurch, daß sie wesentlich Objekte sind, im Gegensatz zu den konkreten Werde-Wesen, welche primär Subjekte, nämlich Subjekte ihres eigenen Werdens sind, die zwar *auch* als Subjekte Objekte *werden* können, nicht aber ausschließlich nur als Objekte Existenz haben. Was ein solches ewiges Objekt – trotz seines entgegengesetzten Charakters mit einem Werde-Wesen gemeinsam hat, ist seine Bestimmung durch die Kategorien des Einen und Vielen. Ein ewiges Objekt besitzt, unbeschadet seines absolut abstrakten Wesens, eine ihm eigentümliche, individuelle Natur. Es ist – im Verhältnis und Unterschied zu anderen ewigen Objekten – eine bestimmte Qualität, besitzt also eine gewisse qualitative Bestimmtheit. (Das bevorzugte Beispiel für ewige Objekte sind in *Process and Reality* die einfachen Sinnesdaten.) Ebenso steht der Begriff der ewigen Objekte unter der Kategorie der unbestimmten Vielheit. So wie es unzählige Ereignisse gibt, so auch unbestimmt viele ewige Objekte. Damit wird dem Gedanken Rechnung getragen, daß sich das Neue, das jeweils Einmalige und Unwiederholbare sowenig in eine einzige bestimmte Gestalt oder in einige ausgewählte Gestalten pressen läßt wie das Immer-Gewesene, das Immer-Seiende und Wiederkehrende. Insbesondere ist der Begriff einer Pluralität des Immerseienden von der größten Bedeutung, um hervorzuheben, daß auch dieses Immer-Gewesene nicht im Begriff einer einzigen, immer wiederkehrenden Figur sich fassen läßt.

Die Pluralität der ewigen Objekte hat wie die der Ereignisse schon unter formalem Gesichtspunkt einen doppelten Aspekt: Sowenig es einen Sinn hat, ein einzelnes Ereignis mit einem anderen Ereignis daraufhin zu vergleichen, welches von ihnen das konkretere ist, so hat es auch keinen Sinn, ewige Objekte, als einzelne Wesen betrachtet, einer analogen Vergleichung hinsichtlich ihrer Abstraktheit zu unterziehen. So wie jene schlechthin konkret und als konkreteste Konkreta gleichursprünglich sind, so sind diese schlechthin abstrakt und entsprechend gleichursprünglich. Andererseits sind die ewigen Objekte – in ihrer Pluralität für sich betrachtet – durch die Notwendigkeit bestimmt, sich zu ewigen Objekten zu verbinden[26], so wie analog ein Ereignis als konkrete Beziehung auf andere Ereignisse und Ereigniszusammenhänge angesehen werden muß. Ein ewiges Objekt, schlechthin isoliert und für sich gesetzt, ist ebenso bedeutungslos wie ein absolut isoliertes, jedem Ereigniszusammenhang entnommenes Ereignis. Hier wie dort wird durch eine solche Isolierung das rationale, sinngebende Prinzip der Kohärenz verletzt. Ein ewiges Objekt muß daher ebensowohl als für sich seiend wie auch als notwendige Verbindung von ewigen Objekten angesehen werden. Insofern ist ein ewiges Objekt, an ihm selbst betrachtet, notwendig vieldeutig und unbestimmt. Für sich ist es schlechthin abstrakt. Als Verbindung von ewigen Objekten ist es dagegen konkreter als diejenigen ewigen Objekte, welche die Bestandteile dieser Verbindung bilden. Ein ewiges Objekt ist daher, auf die Mannigfaltigkeit ewiger Objekte bezogen, abstrakter und konkreter sowohl im Hinblick auf es selbst als auch im Hinblick auf die anderen ewigen Objekte, und zwar in Gestalt jeder möglichen Verbindung, die es mit anderen ewigen Objekten eingeht.[27]

Ein analoges Verhältnis gilt, wenn auch in der umgekehrten Beziehung, für die konkreten Ereignisse. Einerseits ist ein Ereignis als konkretestes Konkretum konkreter als jede konkrete Beziehung, in welcher es zu den Ereignissen steht, die seine wirkliche Welt bilden und mit denen es einen konkreten Ereigniszusammenhang (nexus) eingegangen ist. Andererseits ist ein Ereignis gar nicht anders zu bestimmen als durch konkrete Beziehungen auf die anderen Ereignisse, mit denen es einen Wirklichkeitszusammenhang bildet, solange es nicht einfach durch Qualitäten, durch ewige Objekte bestimmt wird. Unter dem Gesichtspunkt seiner Bestimmung durch konkrete Ereignisbeziehungen hat es keinen Sinn, den Unterschied zwischen einem Ereignis und seiner Ereignisbeziehung als einen Unterschied des Konkreten und des Abstrakten zu bestimmen. Im Gegenteil: Wenn die deskriptive Bestimmung von

26 Die detaillierte und in *Process and Reality* nicht weiter ausgeführte Charakteristik der Beziehungen der ewigen Objekte aufeinander hinsichtlich ihres möglichen Eintritts in die Welt des Werdens enthält das 10. Kap. von *Science and the Modern World* unter dem Titel »Abstractions« (Cambridge 1929, S. 195 ff.).

27 Eine Mannigfaltigkeit inhaltlicher Möglichkeiten zu solcher Selbstunterscheidung eines Eidos führt Platon in seinem *Parmenides* vor.

Ereignissen nicht auf abstrakte und unwesentliche Charaktere führen, wenn damit ihre angemessene Beschreibung nicht von vornherein unmöglich werden soll, so bedarf es eines solchen Begriffes, in welchem sich die wesentlichen Züge eines Ereignisses als konkrete Züge desselben reproduzieren, auch wenn das betreffende Ereignis sich nicht auf eine einzige oder auf einige Ereignisbeziehungen beschränken läßt, vielmehr gegen jede solche Beziehung seinen absoluten Charakter geltend macht. Whitehead bezeichnet die konkrete Beziehung eines Ereignisses auf die Ereignisse der Welt, der es selbst ebenso wie diese angehört, als Erfassung (prehension) dieser Ereignisse durch jenes Ereignis. Prehensionen sind daher vergleichsweise konkret wie die Ereignisse, enthalten deren wesentliche Züge, insbesondere den Grundzug der Beziehung auf eine Ereigniswelt (*PR* 28-29). In anderen Worten: Ein Ereignis und seine konkrete Weltbeziehung verhalten sich – *logisch* – wie Substanz und Attribut, nicht wie Ding und Eigenschaft. Keine Verbindung ewiger Objekte ist bestimmt und konkret genug, um von sich aus ein konkretes Ereignis und seine konkrete Weltbeziehung zu bestimmen. Jede noch so komplexe und daher vergleichsweise konkrete Verbindung ewiger Objekte bleibt einem Ereignis oder Ereigniszusammenhang gegenüber abstrakt. Umgekehrt ist keine konkrete Erfassung (prehension) von Ereignissen durch ein Ereignis abstrakt genug, um sich in die Form einer mehr oder weniger komplexen qualitativen Bestimmtheit pressen zu lassen. Qualität (Sein) und Werden in der Mannigfaltigkeit ihrer Erscheinungen, ewige Objekte und reale Ereignisse sind so beschaffen, daß sie mit Notwendigkeit aufeinander verweisen. Andererseits ist ihre kategoriale Struktur so verschieden, daß ihr Verhältnis notwendig ein äußerliches bleibt und sie daher außerstande sind, sich von sich aus miteinander zu vermitteln und ihre Gegensätze, ihr Sein und ihr Werden, ihre Abstraktheit und ihre Konkretheit miteinander vollkommen auszugleichen: »The fundamental types of entities only express, how all entities of the two fundamental types are in community with each other, in the actual world« (*PR* 37: XIXth Category of Explanation). Die Welt, unter dem Gesichtspunkt eines solchen Elementargegensatzes zwischen Immer-Gewesenem und Immer-Neuem betrachtet, bietet die eigentümliche Erscheinung eines Doppelgesichtes, dessen eine Seite das Spiegelbild und die Nachahmung des anderen ist, derart, daß jeder Zug der einen Welt sein Gegenstück (counterpart) in der anderen Welt hat (»Temporal personality in one world involves immortal personality in the other«).[28]

Im Hinblick auf die Welt der ewigen Objekte erscheint die Welt als eine Wiederholung und immerwährende Wiederkehr des Gleichen; was sich verändert, ist nur ein Schwanken der Intensität, die rhythmische Artikulierung des Seienden. Im Hinblick auf die reinen Werde-Wesen, auf die Welt der Ereignisse ist die Welt eine ununterbrochene Gestaltung von Neuem und Unwiederholbarem. Wie aber hängen die beiden Welten näher zusammen, wenn man über dieses einfache Weltmodell eines Elementargegensatzes hinausgeht? Kann der Begriff der Neuwerdung überhaupt aus dem einfachen Gegensatz gegen das Immer-Seiende und Immer-Gewesene begriffen werden? Als Entstehen von etwas Neuem ist Werden mehr als nur das Entstehen von etwas Anderem. Ein solches Werden von etwas Anderem ist die Veränderung. In einer Veränderung wird etwas ein Anderes. Was dabei ein Anderes wird, ist etwas Anderes in Beziehung auf Etwas. Dabei ist nicht ausgeschlossen, daß das Andersgewordene schon einmal das war, was es nun geworden ist, derart, daß sich eine gewesene Qualität wiederholt hat, eine frühere Bestimmtheit wiedergekehrt ist. Eine Veränderung enthält keine mögliche Entscheidung über die Möglichkeit oder Unmöglichkeit einer Wiederholung des Gewesenen. Eine solche Entscheidung, gegen die sie indifferent, wenn auch nicht ganz unaufgeschlossen für dieselbe ist, überschreitet ihre Begriffsgrenzen. Deswegen bezeichnet eine Veränderung ein Begrenztes und absolut Bedingtes. In Whiteheads Theorie sind es die ewigen Objekte, die Qualitäten, welche Veränderungen erleiden, nicht die unsubstantiellen Substanzen, die realen Ereignisse. Die Möglichkeit zu solcher Veränderung liegt in ihnen, sofern sie an ihnen den wesentlichen Unterschied einer abstrakteren und konkreteren Natur haben. Die Wirklichkeit ihrer Veränderung liegt aber in der Wirklichkeit realer Ereignisse. Veränderung ist nicht ein Anderssein von qualitativer Bestimmtheit, sondern »difference between actual occasions comprised in some determinate event« (*PR* 114), also eine Differenz von Ereignissen in einem Ereignisverband (society), welcher durch die relationale Funktion eines

---

28 »Immortality«, *Essays*, S. 69. Zur Kritik der Kategorien Qualität, Etwas etc. als Kategorien der Subjektivität, vgl. K. Löwith, *Das Individuum in der Rolle des Mitmenschen* II, 2, §§ 12-14.

ewigen Objektes bestimmbar ist. Ein konkretes Ereignis – an ihm selbst betrachtet – verändert sich dagegen nicht. Sein Begriff – ein einfaches Werden von Etwas zu sein und etwas selbst zu werden – schließt die Wiederholbarkeit aus. Ein neues Ereignis ist in diesem Sinne ein Anderes, welches zwar ein Gewesenes werden kann und ein solches werden muß, nicht aber ein wiederholtes Gewesenes und wiederkehrendes Gleiches sein kann. Ein Ereignis ist unter diesem Gesichtspunkt ein absolut Anderes, wenn auch kein schlechthin Absolutes, sondern bedingt durch Gründe seines eigenen Seins und Werdens, die zugleich die Gründe der Unmöglichkeit seiner Wiederholung sind. Diese Gründe seines Seins und Werdens liegen in dem, woraus es wird: teils in anderen Ereignissen, nämlich in denjenigen, die seine reale Welt ausmachen, teils in ihm selbst. Keine zwei Ereignisse entstehen aus ein und derselben Welt, »though the difference between the two universes only consists in some actual entities, included in one and not in the other, and in the subordinate entities which each actual entity introduces into the world« (*PR* 33-34: vth Category of Explanation). Die Ereignisse, aus denen ein Ereignis wird, können nicht schlechthin dieselben sein wie diejenigen, die aus diesem Ereignis werden.

Ein Ereignis verändert sich nicht: es vergeht. Es geht unter. Und zwar ist das, was vergeht, das Sein des *Werdens* von Etwas. Welcher Art aber ist die Verbindung zwischen Entstehen und Vergehen, und insbesondere: welcher Art ist das Sein (being), an welches Entstehen und Vergehen gebunden sind und welches diese beiden in der Einheit eines Wesens zusammenhält. Was unterscheidet das Sein dieses Wesens vom Sein einer Qualität oder Bestimmtheit und was seine Verbindung des Entstehens und Vergehens von der entsprechenden Verbindung, welche von einem Sich-Verändernden überhaupt dargestellt wird, sofern dieses dem Entstehen und Vergehen unterworfen ist? Inwiefern ist das Sein der Ereignisse ein reales und konkretes Sein im Unterschied zum abstrakten Sein ewiger Objekte, deren abstraktes Wesen sich überhaupt nur als Möglichkeit einer konkreten Realisierung in einem Ereignis bestimmen läßt? (*PR* 33: viith Category of Explanation.) Entstehen und Vergehen können in einem Werde-Wesen nicht schlechthin dieselbe Bewegung sein. Denn wenn diese Bewegung die des Entstehens ist, so ist immerwährendes Entstehen, aber kein Entstehen von Etwas. In irgendeinem Sinne ist ein Vergehen eine

Bedingung des Werdens von Etwas. Umgekehrt kann jene Bewegung aber auch nicht ausschließlich eine Bewegung des Vergehens sein. Denn in diesem Falle ist das Vergehende schon ein Gewordenes und nie ein Werdendes. Sofern etwas aus etwas entsteht und in etwas vergeht, können diese logischen Örter des Woraus und Wohinein nicht schlechthin dieselben sein. Deswegen ist ein Werden unbegreiflich, wenn es als Entstehen aus Nichts und als Vergehen in Nichts begriffen wird. Denn zwischen einem Nichts und einem anderen Nichts ist kein Unterscheidungsgrund. (Das schließt nicht aus, daß ein theoretisches oder praktisches Bedürfnis nach diesem unbegreiflichen Begriff entstehen kann.) Auf der anderen Seite können im Hinblick auf ein Werde-Wesen, ein Ereignis (actual entity), Entstehen und Vergehen auch nicht verschiedene, voneinander getrennte Bewegungen sein, derart, daß mit dem Ende des Entstehens das Vergehen allererst anfinge und das Sein gleichsam die Pause zwischen Entstehen und Vergehen ausfüllte; oder aber, daß das Sein sich gleichförmig durch Entstehen und Vergehen hindurch in Richtung auf den Anfang der ersteren und das Ende der letzteren Bewegung erstreckte, um schließlich jenen Anfang und dieses Ende gleichermaßen zu umspannen. Denn unter diesem Gesichtspunkt wäre das betrachtete Wesen wiederum von der Beschaffenheit, die es – seinem gesetzten Begriffe nach – nicht besitzen soll: entweder wäre es ein zeitloses Etwas überhaupt, in dessen Sein Entstehen und Vergehen durch ihre Reflexion ineinander verschlungen sind; oder eine Substanz, ein Gegenstand, aus zwei Grundeigenschaften bestehend, die ineinander umschlagen oder übergehen und die in ihrem Übergang ineinander andere Eigenschaften freisetzen, die nun ihrerseits ineinander umschlagen und übergehen und deren Übergänge ineinander den Vordergrund für jenes hintergründige Geschehen des Entstehens und Vergehens abgeben: die vordergründige Bewegung der Veränderung. Sofern Entstehen und Vergehen nicht verschiedene, voneinander getrennte Bewegungen sein können, kann auch die Differenz des Seins und des Nichts kein angemessenes Prinzip zur Bestimmung des Verhältnisses der beiden Bewegungen abgeben, solange das Sein und das Nichts selbst als absolut unterschiedene, voneinander getrennte Prinzipien genommen werden.

Entstehen und Vergehen sind irgendwie dieselbe Bewegung und zugleich nicht dieselbe Bewegung (und so wären Sein und Nichts als ihre Prinzipien dasselbe und nicht dasselbe). Dieses Verhältnis der Selbigkeit und Verschiedenheit bestimmt sich näher durch ein analoges Verhältnis der Selbigkeit und Verschiedenheit des Anfanges dieser Bewegungen und der Bewegungen selbst. Der Anfang der Entstehung eines Werde-Wesens ist nicht gleichermaßen der Anfang seines Vergehens, auch wenn andererseits mit dem Entstehen zugleich auch das Vergehen gesetzt ist und mit dem Entstehen das Vergehen bereits begonnen hat. Sofern aber andererseits kein Unterschied zwischen dem Anfang einer Bewegung und dieser Bewegung selbst vorhanden ist – und die Kreisbewegung lehrt, wie eine Bewegung diesen Unterschied an ihr selbst zum Verschwinden bringt –, ist zu sagen, daß ein Werde-Wesen einen zweifachen Anfang, d. h. einen doppelten Entstehungsgrund hat. (Gründe des Seins und des Werdens entstehen allererst in der Aufhebung der Differenz zwischen einer Bewegung und ihrem Anfang durch die Bewegung)[29]. Ein Werdendes *ist* zunächst nicht vom Anderen unterschieden, sondern es wird eine solche Unterscheidung seiner selbst vom Anderen, indem es selbst allererst wird. Wie aber wird ein Werdendes, sofern es überhaupt etwas wird, ein solches, welches sich von Anderem unterscheidet? Einerseits ist das, woraus das Werdende wird, das Andere. Dieses Andere, aus dem das Werdende wird, ist dessen Welt, bestehend aus einer Mannigfaltigkeit konkreter Ereignisse nach Art des Werdenden selbst. Insofern hat das Werdende seinen Ursprung in der Welt des Werdens, in einer Welt von Ereignissen, der es selbst angehört, indem es eines von diesen ist. In dieser seiner Welt geht das Werdende zunächst auf. An ihm selbst betrachtet, ist es diese Welt, indem es ein gänzlich unmittelbares, aber auch entsprechend unbestimmtes Verhältnis zu dieser bildet. Whitehead spricht im Hinblick auf dieses unmittelbare, undifferenzierte Weltverhältnis eines Ereignisses davon, daß dieses seine Welt physisch aufnimmt (physical prehension). Es spürt (feels) seine Welt. Diese konkretesten Verhältnisse bezeichnen also die primären, ursprünglichen Verhältnisse eines Werdenden zur Welt des Werdens: die Ursprünge desselben im Werden. Aber sofern das Werdende hier ganz in der gegebenen Ereigniswelt aufgeht, zu der es selbst ge-

---

29 Diese Bewegung des Grundes kann hier nicht dargestellt werden. Ich verweise für diese Zusammenhänge auf Hegels *Wissenschaft der Logik,* insbesondere auf das dort gesetzte Verhältnis der Logik des Seins und des Wesens.

hört, ist es gerade nicht von dieser unterschieden. Es selbst, in seinem Verhalten zu ihr, unterscheidet sich nicht von ihr. Unter diesem negativen Gesichtspunkt muß das Werdende noch einen anderen Ursprung, und neben der ursprünglichen Beziehung auf die Welt des Werdens noch eine weitere ursprüngliche Beziehung auf etwas haben. Dieser andere Ursprung kann daher nur ein Ursprung im Zeitlosen und die zweite ursprüngliche Beziehung nur eine solche auf die Welt des Zeitlosen, die Welt der ewigen Objekte sein. Das Werdende bezieht sich in dieser seiner zweiten ursprünglichen Beziehung also nicht unmittelbar und unbestimmt auf seine gegebene Welt überhaupt, sondern – vermittelt[30] – auf eine für es gegebene qualitative Bestimmtheit, ein gegebenes ewiges Objekt. Diese Beziehung kann aber nicht auf ein in der Welt ewiger Objekte schlechthin isoliertes und insofern beziehungsloses ewiges Objekt gehen. Denn eine solche in sich isolierte Bestimmtheit ist, wie gesagt, bedeutungslos. Sie verletzt das Prinzip der Kohärenz. Ebensowenig kann es sich bei dieser Beziehung des Werdenden auf die zeitlosen Qualitäten um ein undifferenziertes Verhältnis gegenüber der ganzen Welt ewiger Objekte handeln. Denn in dieser undifferenzierten Form beziehen sich die ewigen Objekte gleichermaßen auf alle Ereignisse überhaupt, die seienden und die nichtseienden[31], indem sie einen inneren Ordnungszusammenhang unter diesen bestimmen. Damit ein Werde-Wesen sich auf ein bestimmtes ewiges Objekt beziehen kann, bedarf es also einer Vorherbestimmung der Welt ewiger Objekte im Hinblick auf das betreffende Werdende. Die ewigen Objekte haben unter diesem Aspekt im Hinblick auf jedes neue Werdende eine eigene innere Bewegtheit und Veränderung. Die Ordnung der Welt unterliegt so einer ständigen Veränderung. Ein Werde-Wesen nimmt ein solches für es gegebenes und bestimmtes ewiges Objekt auf. Im Hinblick auf diesen zweiten Ursprung eines Werdenden, seinen Ursprung im Zeitlosen und seine ursprüngliche Beziehung auf ein Zeitloses spricht Whitehead von der begrifflichen Aufnahme (conceptual prehension) eines ewigen Objektes durch ein Werdendes.

30 Daß Whitehead diese Vermittlung in eine Doppelnatur Gottes setzt, halte ich für keine überzeugende Lösung. Es wird dadurch der Begriff des Zeitlosen ohne jeden Grund theologisiert.

31 »The eternal objects are the same for all actual entities« (PR 34, Category of Explanation v); und: »there are no novel eternal objects« (PR 33: Category of Explanation iii).

Das Zeitlose hat also durch eine doppelte Bewegung Eintritt (ingression) in die Welt des Werdens, nämlich durch eine eigene innere Bewegung, welche ein bestimmtes Objekt zur Aufnahme durch ein Werdendes vorbestimmt, und die Aufnahmebewegung durch das Werdende selbst. Und entsprechend wird das Werdende durch eine doppelte Bewegung: durch sein Werden aus der gegebenen Welt und sein Werden aus zeitlosem Ursprung.

Diese beiden ursprünglichen Beziehungen, die auf die Welt des Werdens und die auf seinen zeitlosen Ursprung, bilden also die beiden zusammengehörigen und aufeinander bezogenen Momente eines werdenden Werde-Wesens. Sofern dessen Unterschied gegenüber seiner gegebenen Welt im Verlauf seines Werdens allererst *wird,* ist das werdende »es selbst« im Unterschied zum Anderen offenbar das Spätere gegenüber seinem Sein und Werden im Anderen und aus dem Anderen: das Spätere also gegenüber dem unmittelbaren Sein in seiner gegebenen Welt und seinem Werden aus derselben. Insofern ist die unmittelbare physische Aufnahme (physical prehension) der gegebenen Ereigniswelt das Frühere gegenüber der begrifflichen Aufnahme (conceptual prehension) einer qualitativen Bestimmtheit, im Hinblick auf welche das werdende Wesen allererst »es selbst« wird und sich auf diese Weise vom Gegebenen unterscheidet. Das aufgenommene ewige Objekt spielt dabei als Moment des Werdens des Werdenden notwendig eine andere Rolle als im Hinblick auf ein Seiendes und Gewordenes, dessen qualitative *Beschaffenheit* es zu charakterisieren vermag. Als Moment des Werdens eines Werdenden dagegen übernimmt es zunächst die Aufgabe einer Bestimmung[32]. Indem ein Werdendes ein ihm vorgegebenes und also vorbestimmtes ewiges Objekt aufnimmt, erhält sein Werden ein inneres, ihm und nur ihm eigentümliches Ziel (subjective aim), welches dem Werden seine Richtung gibt. Dieses subjektive Ziel bestimmt die Tendenz des Werdens und zeichnet dem Werdenden ein Ideal seines eigenen möglichen Selbstseins und seiner Unterscheidung vom Anderen vor. Dieses Ideal der Selbstunterscheidung ist ein Ideal intensiven eigenen Daseins. (Vgl. *PR* 41: Categoreal Obligation VIII: The

---

32 Ich gebrauche hier die Kategorien *Beschaffenheit* und *Bestimmung* in Anlehnung an die klare Darstellung, die Hegel in seiner *Wissenschaft der Logik* diesen Kategorien gibt, um die verschiedene Funktion des ewigen Objektes als einer Qualität des Werdenden auszudrücken.

Category of Subjective Intensity.) Mit der Erreichung dieses Zieles ist das Werden des Werdenden in sich gesättigt, der Werde-Prozeß des bestimmten Werde-Wesens hat seine Befriedigung (satisfaction) gefunden.

Als Moment eines Werde-Wesens ist ein ewiges Objekt eine *reale* Möglichkeit der bestimmten Verwirklichung eines Gegebenen. Durch die Realität dieser Möglichkeit unterscheidet sich sein Status im Werdenden von seinem abstrakten Status im Bereich der ewigen Objekte überhaupt. Diese reale Möglichkeit kann daher nicht ohne Beziehung auf die gegebene Welt sein. Die gegebene Welt muß eine solche Möglichkeit ihrer eigenen neuen Verwirklichung durch ein neues Ereignis in sich enthalten. Insofern ist der zeitlose Ursprung des Werdenden auf dessen Ursprung in der Welt des Werdens bezogen, und insofern sind die beiden Ursprünge nicht nur gleichursprünglich, der zeitlose Ursprung des Werdenden ist nicht nur ein Ursprung im Zeitlosen, sondern auch ein zeitloser Ursprung im Werden, und insofern gegenüber dem Werde-Ursprung im Werden der spätere. Deswegen kann Whitehead sagen, daß die Aufnahme eines ewigen Objektes (conceptual prehension) in eine spätere Phase des Werdens eines Werdenden fällt als die unmittelbare und unbestimmte physische Aufnahme der ganzen gegebenen Werde-Welt (physical prehension). Die Möglichkeit eines bestimmten Werde-Wesens, aus einer gegebenen Welt hervorzugehen und sich von dieser zu unterscheiden, hat ihren Grund nicht ausschließlich im Bereich der Möglichkeiten überhaupt, die, für sich betrachtet, abstrakt bleiben, sondern in dem Spielraum, den die gegebene Werde-Welt für die Möglichkeit des Werdens von etwas Neuem offenhält. Deswegen kann Whitehead sagen, daß ein Werde-Wesen im Verlauf seines Werdens seine Bestimmung aus seinem unmittelbaren physischen Verhältnis zur Werde-Welt der Ereignisse entwickelt bzw. »ableitet« (*PR* 39: Categoreal Obligation IV: The Category of Conceptual Valuation.).

Ein Werdendes ergreift eine der Möglichkeiten, die der Spielraum der gegebenen Welt offenläßt. Es ist daher ein unmittelbares physisches Weltverhältnis im Hinblick auf eine solche Möglichkeit. Insofern sind die beiden ursprünglichen Verhältnisse des Werdenden zur Welt des Werdens, sein physisches und sein begriffliches Verhältnis zu dieser Welt, gleichursprünglich. Tatsächlich ist in einem Sinne das Verhältnis des Werdenden zu seiner Bestimmung das primäre. Denn indem das werdende Werde-Wesen die gegebene Werde-Welt unmittelbar spürt, hat sein Werden im Hinblick auf seine Bestimmung, die Realisierung seines subjektiven Zieles bereits begonnen. Im Hinblick auf diese seine Bestimmung unterscheidet sich daher sein Werden vom Werden seiner gegebenen Werde-Welt, auch und gerade, sofern es in dieser gegebenen Welt zunächst aufgeht, um aus ihr selbst zu werden. Allerdings: dadurch, daß die Welt des Werdens eine gegebene Welt für ein neues Werde-Wesen ist, hat sie nicht schon aufgehört, eine Welt des Werdens zu sein.[33] Aber als Werden eines neuen Werdenden ist ihr Werden nicht mehr nur ihr eigenes. Sie ist vielmehr ein selbstunterschiedenes Werden geworden. Als Werden eines neuen Werdenden ist ihr Werden das Werden ihres Gewesenseins. Das Werden eines solchen Gewesenseins einer gegebenen Werde-Welt ist zugleich das anfängliche Werden eines neuen Werde-Wesens. Die gegebene Werde-Welt wird an ihr selbst eine vergangene, sofern sie Gegenwart für ein neues Werde-Wesen gewinnt. Und dieses Vergehen im Gegenwärtig-Werden für ein neues Werdendes ist zugleich das anfängliche Werden dieses neuen Werdenden. Indem die gegenwärtige Werde-Welt vergeht und in diesem Vergehen für sich noch Gegenwart hat, hat sie zugleich Gegenwart für das neue Werdende, an welchem dieses eine eigene Vergangenheit, Gegenwart und Zukunft gewinnt. Unter diesem Gesichtspunkt hat es einen guten Sinn, daß Whitehead die Werde-Wesen in Kategorien der Subjektivität beschreibt und die Analogie der menschlichen Subjektivität dabei methodisch anwendet.[34] Denn die Werde-We-

---

33 Es macht die Hauptschwierigkeit bei der Lektüre von *Process and Reality* aus, daß die gegebene Mannigfaltigkeit (intial data) eines Werdenden selbst in ständiger Bewegung und immer in anderer Funktion im Werdensprozeß dargestellt wird, also nicht nur das Werdende in immer anderer Funktion gegenüber der Welt, aus der es, als einer gegebenen, wird.

34 J. Dewey hat Whitehead gegen die Kritik am analogischen Gebrauch der Kategorien der Subjektivität verteidigt, die aus dem Bereich der menschlichen Subjektivität auf den Bereich alles Seienden übertragen sind. Er hat zugleich aber auch die Gefahr, die in solcher Analogisierung liegt, hervorgehoben: nämlich die der Verwechslung von Korrespondenzen verschiedener Funktionen und Gleichheiten eines Inhaltes, in: *The Philosophy of Whitehead (The Library of Living Philosophers*, Bd. 3, *The Philosophy of A. N. Whitehead*, [2]1951, S. 653, 660).

sen sind nicht einfach von außen zu betrachtende Objekte, zu denen sich andere Objekte entweder als vergangene oder als gleichzeitige oder zukünftige verhalten. Auf diese Weise wird das Werden in das Nebeneinander eines Nacheinander und in das Nacheinander eines Nebeneinander aufgelöst und so ganz veräußerlicht. In Wahrheit ist das Werden so beschaffen, daß jedes einzelne Werdende sich zwar *auch* als ein Objekt auf Werdendes und Seiendes bezieht, welches zu ihm ein objektives Verhältnis des Vergangenen und Gegenwärtigen besitzt. Aber sein eigenes Werden hat ein Werdendes erst darin, daß ihm in dieser objektiven Beziehung eine eigene, innere Vergangenheit, Gegenwart und Zukunft entsteht, die seine innere Welt gegenüber der äußeren Welt ausmacht.

Die zeitlose, qualitative Bestimmtheit, das ewige Objekt, welches von dem Werdenden als innere Bestimmung seines Werdens aufgenommen wird, unterscheidet sich nunmehr in seiner Funktion gegenüber den inneren Unterschieden des Werdenden, die dieses in seinem Verhältnis zu seiner gegebenen Werde-Welt gewonnen hat. Als subjektives Ziel bestimmt jenes ewige Objekt die Zukunft eines Werdenden. In dem Maße aber, in dem das Werden des Werdenden sich der Verwirklichung seines Zieles nähert, wird jene Bestimmung eine realisierte qualitative Bestimmtheit, welche die gegenwärtige Vergangenheit des Werdenden, und damit die vergegenwärtigte vergangene Werde-Welt objektiv qualifiziert. Die Realisierung der subjektiven Bestimmung ist also nichts anderes als deren Verwandlung in die objektive Beschaffenheit eines Vergegenwärtigten. Das Werdende selbst also ist es, welches durch sein Werden seine Bestimmung in eine Beschaffenheit »transformiert« (vgl. *PR* 40: Categoreal Obligation VI: The Category of Transmutation). In dieser Verwandlung seiner subjektiven Bestimmung in eine objektive Beschaffenheit liegt für das Werdende die Möglichkeit seiner Selbstunterscheidung vom Gegebenen und seiner eigentlichen Subjekt-Werdung. Denn entweder hält es die ursprünglich aufgenommene Bestimmung, ungeachtet ihres Umschlages in eine Beschaffenheit, als seine Bestimmung fest, so daß es selbst nur die Beschaffenheit des Gegebenen in sich reprodu-

In dieser Gefahr scheinen mir die Beziehungen, die J. Wahl zwischen Whiteheads Kosmologie und Heideggers Fundamentalontologie in *Vers le concret*, De Vrin 1932, hergestellt hat.

ziert; oder es entwickelt eine neue Bestimmung im Kontrast zu der ursprünglichen Bestimmung, indem es aus dieser, Beschaffenheit gewordenen Bestimmung eine neue eigene Bestimmung, also aus dem ursprünglich aufgenommenen ewigen Objekt ein anderes ewiges Objekt ableitet. (Vgl. *PR* 40: Categoreal Obligation v: The Category of Conceptual Reversion.) Ein Werdendes, welches sich nicht mit der unmittelbaren, primären Synthesis seiner Bestimmung mit der gegebenen Welt begnügt, sondern eine darüber hinausgehende subjektive Bestimmung entwickelt, ist damit bereits höher entwickelt und von komplexerer Struktur als das erstgenannte. Aus ihm lassen sich noch komplexere und höhere Formen der Subjektivität entwickeln. Diese können hier nicht im einzelnen dargestellt werden.

Das Werden eines Werdenden ist das Werden einer einzelnen Innerlichkeit im Unterschied zur äußeren Welt. Insofern hat die Selbstunterscheidung des Werdenden vom Vorhandenen nicht die Form des Verhältnisses eines Etwas zu einem Anderen, sondern die eines Inneren zu einem Äußeren. Dieses Werden eines Inneren ist aber nicht das Entstehen leerer Hohlräume im äußeren Fluß der Zeit, sondern das Werden einer erfüllten Innerlichkeit: das Werden einer privaten inneren Gegenwart und Vergangenheit im Hinblick und Verhältnis auf das äußerlich Vergangene und Gegenwärtige. In diesem Sein und Werden der inneren Gegenwart und Vergangenheit ist immer schon Zukunft als Bestimmung des Werdenden mitvorhanden als das, was in jenem Entstehen vergeht. Im Hinblick auf dieses Entstehen innerlicher Vergangenheit (Erinnerung) muß Zukunft eine andere Art von Genesis haben. Dieser Unterschied der Genesis von Zukunft und Vergangenheit gründet in der Differenz des doppelten Ursprungs eines Werde-Wesens: seines Ursprungs im Zeitlosen und in der Welt des Werdens. Das Entstehen und Vergehen eines Werdenden sind verschiedene und nichtverschiedene Bewegungen im Hinblick auf Einheit und Verschiedenheit von Vergangenheit, Gegenwart und Zukunft. Das Werden eines Inneren im Unterschied zur äußeren Welt ist das Werden eines Subjektes. Sofern das Entstehen von Vergangenheit und das Vergehen von Zukunft zusammengehören und Vergangenheit in dem Maße zunimmt, wie Zukunft abnimmt, ist das Ende des einen das Ende des anderen. Das Vergehen eines Werdenden ist das Vergehen des Entstehens von Vergangenheit und des Vergehens von Zukunft. Was an einem Werdenden vergeht, ist die werdende Innerlichkeit und Subjektivität. Was in diesem Untergang entsteht, ist seine Objektivität, sein Wiedereintritt in eine äußere und objektive Werde-Welt, aus der das Werdende nur herausgetreten war, um in die Innerlichkeit und Intensität eines Selbstseins einzukehren, ohne dadurch die Beziehung auf die äußere Werde-Welt zu verlieren. Whitehead spricht im Hinblick auf diesen Untergang des Werdenden von seiner objektiven Unsterblichkeit (objective immortality). Damit ist gemeint, daß das Werdende im Untergang seiner Innerlichkeit Bestandteil einer äußeren Werde-Welt geworden ist, deren Neuwerdung in jenem Untergang aber bereits begonnen hat. Der kurze Augenblick einer inneren Erfüllung ist erloschen, um aber in unaufhörlicher Folge in der äußeren Welt des Werdens neu aufzublitzen. Aus diesem Werde- und Untergang eines Werdenden folgt, daß es nicht allein durch seine Rolle als werdendes Subjekt beschrieben werden kann, sondern zu seiner angemessenen Darstellung einer Beschreibung seiner Funktion als eines möglichen Objektes anderer Subjekte bedarf: »Two descriptions are required for an actual entity: (a) one which is analytical of its potentiality for ›objectification‹ in the becoming of other actual entities, and (b) another which is analytical of the process which constitutes its own becoming«. (*PR* 34: VIIIth Category of Explanation.)

Prozesse und Kontraste
Überlegungen zur Ästhetik

Im folgenden geht es mir um die Klärung der Bedeutung der Grundbegriffe ›Prozeß‹ und ›Kontrast‹ für die Bereiche des Ästhetischen und der Kunst, um die Funktionsbestimmung dieser Begriffe als Kategorien einer allgemeinen philosophischen Ästhetik und Kunsttheorie. Vorausgesetzt wird dabei, daß zwischen jenen Allgemeinbegriffen und dem Begriff der Kategorie keine prinzipielle Unverträglichkeit herrscht; ferner, daß die Idee einer allgemeinen philosophischen Ästhetik und Kunsttheorie, die aller partikularen Interpretation und Kritik ästhetischer Gebilde zugrunde liegt, sinnvoll und wichtig ist. An diesen beiden elementaren Voraussetzungen läßt sich unmittelbar ablesen, daß es sich bei einer solchen Bedeutungsanalyse keineswegs nur um ein spezielles Begriffs- und Kategorienproblem handelt; daß vielmehr bei seiner Erörterung grundsätzliche Fragen ins Spiel kommen: die Frage nach einer allgemeingültigen Kategorienlehre und nach deren möglichen Anwendungen und Spezifikationen; die Frage nach einer allgemeingültigen Theorie des Ästhetischen und der Kunst, nach den Bedingungen der Möglichkeit derselben, nach der Bestimmtheit ihres theoretischen Status und nach ihrem möglichen Erkenntnis- und Wahrheitsgehalt.

Die folgenden Überlegungen orientieren sich vor allem an dem spekulativen Begriffssystem, das A. N. Whitehead in seinem philosophischen Hauptwerk *Process and Reality* entwickelt hat. Sie tun dies in dem Bewußtsein, hier einen besonders geeigneten und interessanten Begriffsrahmen zur provisorischen Begrenzung eines unendlich weitverzweigten Untersuchungsfeldes zu finden, wie im Bewußtsein einer auffälligen Affinität dieses Rahmens zu einer allgemeinen philosophischen Ästhetik. Die Rede von Prozessen und Kontrasten bezieht sich daher im folgenden direkt oder indirekt auf Whiteheads entsprechende Begriffsbestimmungen und auf deren begrifflichen Kontext. Kohärenz ist für Whitehead zu Recht eine der fundamentalsten Bedingungen und Kriterien der Rationalität. Ihre Realisierung verlangt nicht nur, die Definitionen aller Grundbegriffe in eine interne Beziehung zueinander zu brin-

gen, sondern damit auch entsprechende Kriterien und Regeln im
Gebrauch dieser Grundbegriffe unter Berücksichtigung ihrer kohärenten Bestimmtheit. Insofern geht nicht nur die Definition
dieser und jener Grundbegriffe, sondern das ganze ›kategoriale
Schema‹ und die ihm zugrundeliegende Ontologie in diese Orientierung ein. Das Prinzip der Kohärenz gilt – zumindest in abge-
schwächter Form – auch für den Zusammenhang zwischen allgemeiner Kategorienlehre, Ontologie und Metaphysik; das heißt,
es gibt keine Kategorienlehre, die nicht – implizit oder explizit –
eine gewisse Beziehung zu einer allgemeinen Ontologie und Metaphysik enthält. Das muß nicht heißen, daß die Philosophie
immer dann, wenn sie von allgemeinen Kategorien Gebrauch
macht, durch diesen Gebrauch zwangsläufig zur Metaphysik
wird, sondern zunächst nur dies, daß durch einen solchen Gebrauch die Beziehung zu einer bestimmten Metaphysik mehr oder
weniger ausdrücklich betont wird. Das bekannteste Beispiel für
eine solche metaphysische Bindung einer unmetaphysischen
Theorie in der Philosophie der Neuzeit ist eigentümlicherweise
das einer ästhetischen Theorie, nämlich die von Kant entwickelte
Lehre von der ästhetischen reflektierenden Urteilskraft. Diese
Lehre setzt die allgemeinen Kategorien einer Metaphysik der
Natur und der Freiheit voraus, ohne selbst Metaphysik zu sein.
Die folgenden Gedanken können durchaus als Anwendungen
Whiteheadscher Begriffe und im Sinne der Prüfung ihrer Anwendbarkeit verstanden werden. Die Prüfung der Anwendbarkeit eines
metaphysischen Begriffssystems bedeutet Vergewisserung hinsichtlich seiner realen und potentiellen Erfahrungsgehalte. Sie ist
ein Test seiner empirischen Rationalität. Allerdings: eine sinnvolle
Anwendung geschieht im allgemeinen nie allein um der angewandten Theorie willen. Deswegen ist es auch nicht damit getan, daß
bestimmte Daten als partikulare Instanzen des allgemeinen Be-
griffs- und Kategorienschemas der Theorie benannt werden und
daß durch deren Terminologie eine brauchbare theoretische Sprache zur Verfügung gestellt wird. Zur Idee der sinnvollen Anwendung einer Theorie gehören Möglichkeiten der Verallgemeinerung
und der Spezifikation sowie sonstige Möglichkeiten ihrer Verbesserung ebenso hinzu wie Möglichkeiten eines verbesserten Ver-
ständnisses der Gegenstände des Anwendungsbereiches. Ob eine
bestimmte Anwendung wirklich ein besseres Verständnis der fraglichen Sache hervorbringt, muß sich an einem jeweiligen Vorver-

ständnis bemessen lassen, welches unmittelbar vorgegeben, aber auch durch eine konkurrierende angewandte Theorie vermittelt sein kann.

1. Whiteheads philosophische Ästhetik

»Metaphysik« ist ein vager Ausdruck für höchst unterschiedliche Theorien, deren Gemeinsamkeit zunächst und vor allem die philosophische Frage nach den sogenannten »letzten Dingen«, nach dem ursprünglich und wahrhaft Seienden ist. Den mannigfachen möglichen Ideen von diesem Seienden entsprechend unterscheiden sich jene Theorien sowohl dem Inhalt als auch der Form nach und daher auch hinsichtlich der Form ihrer Anwendbarkeit. Der Begriff der Anwendbarkeit spielt in Whiteheads Metaphysik eine wichtige Rolle. Whitehead hat die Anwendbarkeit zu den fundamentalen Bedingungen und Kriterien der metaphysischen Rationalität gerechnet. Allerdings hat er jenen Begriff so fragmentarisch und vereinfachend bestimmt, daß auf diese Weise der falsche Eindruck einer höchst unproblematischen metaphysischen Anwendungspraxis entstanden ist.[1] Tatsächlich bedarf die Prüfung der Anwendbarkeit einer Theorie durch konkrete Anwendung immer notwendig der Berücksichtigung aller anderen Rationalitätsbedingungen wie etwa der Konsistenz, der Kohärenz und der Adäquanz. Die wichtigsten Stichworte zur allgemeinen Charakteristik seiner Metaphysik hat Whitehead selbst vorgegeben: Spekulative Kosmologie, Philosophie des Konkreten, Philosophie des Organismus. Diese Stichworte sind auch für die Frage nach einer allgemeinen philosophischen Ästhetik relevant. Die ihnen entsprechenden Charakteristika gehören untrennbar zusammen. Sie teilen einander wechselseitig ihre jeweilige Eigentümlichkeit mit. Als

---

1 Selbst die bedeutendste mir bekannte Arbeit über Whiteheads philosophische Ästhetik und Kunsttheorie, die von D. W. Sherburne, ist nicht frei von diesem Mangel. Zu Recht wird hier einerseits zwischen Ästhetik und Kunsttheorie unterschieden. Andererseits aber werden Whiteheads Kategorien unmittelbar von jenem Bereich auf diesen so angewandt, daß dabei wie selbstverständlich eine eindeutige Beziehung zwischen spekulativer Kategorie und Exempel in Anspruch genommen wird. Vgl. D. W. Sherburne: *A Whiteheadian Aesthetics. Some Implications of Whiteheads Metaphysical Speculation*, 2. Aufl. New Haven 1970.

spekulative Kosmologie ist jene Metaphysik eine universale Theorie des Universums in spekulativen Begriffen. Das Universum enthält neben einer Reihe uns bekannter Züge eine Fülle unbekannter Aspekte. Die kosmologische Theorie muß beidem Rechnung tragen, sowohl durch ihre theoretischen Elemente als auch durch die Bestimmung der Grenzen des eigenen Universalitätsanspruches. Als spekulativ werden philosophische Grundbegriffe bezeichnet, die dementsprechend dem Bekannten und dem Unbekannten Rechnung tragen. Die spekulative Kosmologie begreift das Universum – im bewußten Gegensatz zu den monistischen Systemen des Idealismus – als offen und pluralistisch. Sie betont die reale Mannigfaltigkeit des Seienden ebenso wie seine Einheit. Das bedeutet die Anerkennung einer unendlichen Vielzahl von offenen, unabgeschlossenen Welten von je spezifischem Einheitscharakter. Whitehead spricht im Blick auf diese Welten von einem kosmologischen Ideal und von einem entsprechenden ontologischen Prinzip. Demzufolge gehört zur spekulativen Hypothese einer unendlichen Vielzahl offener Welten als Bedingung der Möglichkeit ihres kosmologischen Begriffes die Annahme einer entsprechenden unendlichen Mannigfaltigkeit elementarer gleichursprünglicher aktualer Entitäten von durchweg gleichem Typus. Sinn und Wesen einer Welt bestimmen sich jeweils im Blick auf eine solche ursprüngliche und elementare Entität oder im Blick auf eine Entität eines analogen ursprünglichen Typus. Die spekulative Kosmologie hat es mit diesen Entitäten, mit den Formen und Modalitäten ihrer Einheit, mit ihren mannigfachen inneren und äußeren Beziehungen zu tun, mit den Bedingungen der Konstitution ihrer jeweiligen aktualen Welt und deren möglicher Ordnung und Unordnung, sowie schließlich mit den Entwicklungsmöglichkeiten und den Formen der Bildung höherer und komplexerer aktualer Entitäten aus den relativ einfachen und elementaren. Diese Kosmologie gibt sich selbst die Bestimmung einer Philosophie des Konkreten. Und es ist diese Bestimmung, durch die bestimmte Begriffe des Konkreten und des Abstrakten, ihrer Beziehung und fortschreitenden Differenzierung möglich werden. Die Philosophie des Konkreten ist insofern auch eine Philosophie des Abstrakten. Sie ermöglicht die Beschreibung und Erklärung abstrakter Entitäten im Blick auf ein jeweiliges Konkretes, und zwar hinsichtlich der Form und Funktion seiner Abstraktheit angesichts der Konstitution des Konkreten. Zugleich macht die

Philosophie des Konkreten verborgene Abstraktionen sichtbar und trägt auf diese Weise bei zu einer grundsätzlichen Kritik an einer Metaphysik, die sich durch ihre überholte Form immer neu in Verwechslungen des Konkreten mit dem Abstrakten verstrickt.

Umgekehrt ist Whiteheads Philosophie des Konkreten und Abstrakten als spekulative Kosmologie bestimmt. Das heißt, es sind die spekulativen Grundbegriffe dieser Kosmologie, die angeben, was als konkret und was als abstrakt zu gelten hat. So sind in erster Linie die ursprünglichen und elementaren aktualen Entitäten (*actual entities*) für sich und in ihrer Konstitution ihrer je eigenen aktualen Welt als konkret anzusehen; damit aber auch die internen Beziehungen dieser Entitäten zu denjenigen anderen Entitäten, die sie als je eigentümliche Komponenten ihrer je eigenen relativen und subjektiven Welt erfassen (*prehension*). Und es gelten schließlich als konkret auch diejenigen ursprünglichen Ganzheiten (*nexus*), die durch die einzelnen aktualen Entitäten aufgrund ihrer wechselseitigen internen Beziehungen und konkreten Auffassungen gebildet werden. Alle anderen Entitäten, die nicht diesen kategorialen Typen entsprechen, gelten als vergleichsweise abstrakt. Es gibt nun eine Fülle abstrakter Entitäten von verschiedenem kategorialen Typus, unter denen Entitäten eines bestimmten Typus sich durch ihre extreme Abstraktheit auszeichnen. Whitehead hat diese nach Platos Ideen und im Blick auf eine gewisse Analogie der Funktionsbestimmung in seinem System »ewige Objekte« genannt und diese bevorzugt durch einfache Sinnesdaten wie ›rot‹ oder ›grün‹ exemplifiziert. So wie die aktualen Entitäten mehrere Begriffe des Konkreten an die Hand geben, so sind auch diese ewigen Objekte in mehr als einer Hinsicht extrem abstrakt. Sie sind einmal abstrakt als vereinzelte Objekte, die vom Gesamtzusammenhang aller anderen ewigen Objekte abstrahiert sind; ferner als abstrakte Möglichkeiten der Realisierung verschiedener aktualer Entitäten in Abstraktion von den spezifischen Gegebenheiten dieser Entitäten und von den jeweiligen Bedingungen ihrer spezifischen Konstitution. Und sie sind schließlich abstrakt als unspezifische Bestimmungen eines konkreten Zusammenhanges aktualer Entitäten, die von der ausgezeichneten Individualität dieser Entitäten abstrahieren. Whiteheads Theorie konkreter und abstrakter Entitäten stellt ein vieldimensionales und vielschichtiges Gedankengebilde dar. An ihm gemessen erweist sich die Idee einer eindimensionalen Hierarchie der Abstraktionen als unzulässige theoretische Vereinfachung. Die Vorstellungen des Konkreten und des Abstrakten lassen sich nicht auf einen einfachen und wohldefinierten Begriff reduzieren. Und es bedarf deswegen auch verschiedener Typen von Entitäten, in denen sich Konkretion und Abstraktion verbinden und die sich deswegen dazu eignen, verschiedene Beziehungen zwischen dem Konkreten und dem Abstrakten herzustellen. Whiteheads kosmologische Theorie des Konkreten und Abstrakten bezeichnet sich selbst als Philosophie des Organismus. Durch diese Bestimmung wird dem Konkreten in seinen vielfältigen Typen die organismische Form und dem Abstrakten eine dieser Form entsprechende Funktionalität zugeschrieben. So sind die konkreten aktualen Entitäten (*actual entities*) und die durch ihre internen Verbindungen miteinander gebildeten konkreten Ganzheiten (*nexus*) Organismen in einem ursprünglichen, wenn auch kategorial zu unterscheidenden Sinne; und ihre internen Beziehungen, die konkreten Auffassungen (*prehensions*) der einen Entitäten durch die jeweils anderen, sind als ursprüngliche, der organismischen Form entsprechende konkrete Aktivitäten zu begreifen. Zum Begriff des Organismus gehört die Idee einer optimalen Verwirklichung der Vernunft in Form einer allseitigen und allumfassenden Kohärenz, das heißt, die Formidee einer relativ vollkommenen Anpassung der Teile des organismischen Ganzen aneinander und an das Ganze, und einer entsprechend perfekten Abstimmung ihrer Funktionen aufeinander. In Whiteheads Kosmologie organismischen Daseins sind die ursprünglichen konkreten Bestandteile des Organismus nicht primär gewisse substantielle Organe, sondern konkrete organismische Aktivitäten, die ihrerseits erst unter bestimmten kategorialen Bedingungen tätige Organe bilden. Jede einzelne unter diesen vielfältigen Aktivitäten zielt auf die Konstitution des ganzen Organismus, zu dem sie als einer seiner ursprünglichen konkreten Bestandteile gehört. Ihr Ziel ist das des übergeordneten Ganzen. Sie liefern einen wohlbestimmten Beitrag zu seiner Realisierung. Dieser Beitrag enthält unter anderem: die Aufnahme der äußeren Gegebenheiten in einer ganz spezifischen Weise, die Bewertung und Gewichtung dieser Gegebenheiten, eine Auswahl unter diesen hinsichtlich ihrer Integrierbarkeit in das zu konstituierende Ganze und einen bestimmten Beitrag zur Bildung der subjektiven Form der Einheit des sich konstituierenden Organismus. Abstraktionen sind ebenso wie die durch sie gegebenen abstrakten Entitäten in Verbindung mit den konkreten organismischen Aktivitäten unter dem Gesichtspunkt der Konstitution des organismischen Ganzen zu begreifen.

Whiteheads spekulative Kosmologie organismischen Daseins bringt ein vieldimensionales und vielschichtiges System von Kategorien konkreten und abstrakten Daseins ins Spiel, die für eine allgemeine philosophische Ästhetik von großer Bedeutung sind, mehr noch: Sie ist selbst in einem ausgezeichneten Sinne eine universale Theorie des Ästhetischen, nämlich als spekulative Psychologie. Die durch die spekulative Kosmologie gesetzten aktualen Entitäten sind als ursprüngliche konkrete Organismen mit einer je spezifischen Reflexivität und Innerlichkeit begabt und demgemäß als konkrete, singuläre Elementarsubjekte mit einem je eigenen inneren Wertgefühl zu denken, welches die organismische Tätigkeit der Selbstkonstitution steuert. Diese wertbesetzten Elementarsubjekte weisen als solche und hinsichtlich ihrer konkreten organismischen Tätigkeit elementare psychische bzw. mentale Züge auf. Diese finden sich mit Hilfe sprachlicher Ausdrücke beschrieben, die der elementaren Erlebnis- und Erfahrungssphäre des Menschen entnommen sind, Ausdrücke wie: »Spüren von etwas«, »begriffliches Erfassen von etwas«, »Hinwendung zu etwas«, »Abwendung von etwas«, »Wahrnehmen« etc. Die Begriffssprache einer solchen Kosmo-Psychologie ist zwangsläufig metaphorisch. Denn selbst die ursprünglichsten in unserem Bewußtsein nachweisbaren psychischen Komponenten und Verhaltensweisen lassen sich nicht unmittelbar und ohne Voraussetzungen mit den Verhaltensweisen kosmologischer Elementarsubjekte identifizieren. Die spekulative Philosophie läßt hier bewußt einen theoretischen Abstand zwischen ihren Grundbegriffen und entsprechenden möglichen empirischen Instanzen. Man mag die spekulative Philosophie Begriffsdichtung nennen.[2] Sie ist darum nicht schon

---

2 Whitehead selbst hat, vor allem in seinem späten Werk: *Modes of Thought*, New York 1938, auf die Verwandtschaft zwischen spekulativer Philosophie und Poesie hingewiesen, welche die Differenz zwischen beiden keineswegs verleugnet; vgl. ebd. S. 84 und 160. – Es entbehrt übrigens nicht der Pointe, sich zu erinnern, daß der kritische Ausdruck »Begriffsdichtung« keineswegs zuerst von einem Positivisten und auch keineswegs zuerst gegen die Metaphysik erhoben worden ist. So richtet vielmehr ein Denker wie Herder den Vorwurf der »kunstreichen Buch-

sinnlos und hoffnungslos vieldeutig. Sie vermag vielmehr eine Systematik möglicher Analogien zu entwickeln, die in heuristischer und kritischer Funktion gebraucht werden können. Ihre Kritik trifft vor allem den Dogmatismus der absoluten Bestimmtheit im Verhältnis von Begriff und Erfahrung, und damit den einseitigen Rationalismus ebenso wie den komplementären Empirismus. Die leitende Idee der spekulativen Kosmo-Psychologie ist die der Unerschöpflichkeit der Realität. Diese Unerschöpflichkeit ist: Unerschöpflichkeit der Schöpfung in sich und in jedem einzelnen ihrer Geschöpfe. Durch diese Unerschöpflichkeit und angesichts der Fülle verwirklichter und unverwirklichter Möglichkeiten transzendiert sie die Realität jeder ihrer partikularen Analysen und Bestimmungen, und zwar sowohl als Ganzes wie auch als einzelner konkreter Organismus. Zum Begriff einer endlichen Analyse und begrenzten Bestimmung gehört daher nicht nur die Idee der Unerschöpflichkeit der Schöpfung und ihrer Geschöpfe, sondern auch die komplementäre Idee einer unendlichen Analyse und unerschöpflichen Bestimmung. Diese beiden Ideen sind wiederum untrennbar mit der Idee der Kohärenz verbunden. Das Vernunftprinzip der Kohärenz gilt nicht nur für den Zusammenhang der konkreten organismischen Geschöpfe untereinander, auch nicht nur für die Beziehung zwischen den Grundbegriffen, die als universale Bedingungen möglicher Analyse und Bestimmung jeder einzelnen Analyse und Bestimmung zugrunde liegen. Sie gilt dem zuvor für das Grundverhältnis zwischen Schöpfung und Geschöpf. Die Schöpfung ist unerschöpflich in jedem einzelnen ihrer Geschöpfe; und jedes einzelne konkrete Geschöpf ist unerschöpflich angesichts der ganzen Schöpfung, die sich in ihm auf einmalige und einzigartige Weise konkretisiert.

Die Ideen der Unerschöpflichkeit und der Kohärenz verbinden sich in Whiteheads spekulativer Kosmo-Psychologie zu einem einheitlichen Vernunftprinzip rationaler Metaphysik. Dieses Grundprinzip gestaltet sich in den spekulativen Grundbegriffen und kategorialen Bedingungen möglicher Analysis und Bestimmung des Realen. Die Verletzung dieses Prinzips erzeugt zwangs-

stabendichtung« und der »Abstraktionendichtung« gegen die für ihre Begriffsstrenge berühmte »Kritik der reinen Vernunft« von Kant (in den Vorreden zu seinen gegen Kant gerichteten Schriften *Verstand und Erfahrung. Eine Metakritik zur Kritik der reinen Vernunft* und *Kalligone*).

läufig den falschen Schein einer vollständigen Erschlossenheit und Transparenz der Realität, einer endlichen und doch vollkommenen adäquaten und evidenten Analyse, einer absoluten und endgültigen Bestimmtheit. Und es ist dieser trügerische Schein, aus dem die ständige Verwechslung des Konkreten und Abstrakten, dieser Grundirrtum philosophischen Denkens, entspringt. So gesehen ist Whiteheads spekulative Metaphysik für eine allgemeine philosophische Ästhetik nicht nur dadurch bedeutsam, daß sie ähnlich wie ihre philosophischen Vorgänger in der vorkritischen rationalen Metaphysik, die Systeme des Spinoza und Leibniz, grundlegende ästhetische und ethische Werte evoziert: Werte des Schönen und Guten in Form von Harmonie und Gleichgewicht, von friedlichem Ausgleich und Verantwortung des Einzelnen für ein umfassendes Ganzes. Ihre Bedeutung in ästhetischer Absicht erschöpft sich aber auch nicht in der Aufstellung eines vielschichtigen und vieldimensionalen Begriffsgefüges konkreter und abstrakter Entitäten und in deren Funktionsbestimmung. Wenn dieses Begriffssystem, wie gesagt, den Reflexionsabstand zwischen Kategorie und Erfahrung bewußt offenhält und ein Gefüge von Analogien zur möglichen Interpretation dieses Zwischenraumes bereitstellt, so geschieht dies im Blick auf die Unerschöpflichkeit und die Kohärenz des Realen. Hier vor allem ist die Bedeutung der spekulativen Ästhetik Whiteheads zu suchen. Diese Bedeutung gewinnt noch an Gewicht durch die Folgerungen, die sich aus jenem Vernunftprinzip für den Bereich des menschlichen sinnlichen Bewußtseins und seiner ästhetischen Erfahrungen ergeben. Wichtige philosophische Kunsttheorien der Gegenwart stimmen überein in ihrer Kritik am ästhetischen Bewußtsein und an der sinnlich-ästhetischen Erfahrung.[3] Dieser Kritik zufolge taugen die entsprechenden Begriffe weder als Grundbegriffe der Philosophie überhaupt noch als Grundbegriffe der philosophischen Ästhetik und allgemeinen Kunsttheorie. Diese Kritik hat häufig – nicht zuletzt wegen einer fehlenden methodischen Fundierung – dazu

3 So vor allem M. Heidegger in seinem Aufsatz: *Der Ursprung des Kunstwerkes*, Frankfurt a. M. 1957, und an ihn anknüpfend H.-G. Gadamer: *Wahrheit und Methode*, Tübingen 1960, S. 39 ff. – Schon J. B. Cobb Jr. und vor allem D. W. Sherburne haben sich nachdrücklich gegen eine subjektivistische Interpretation der Whiteheadschen Ästhetik gewandt. Vgl. Sherburne, a.a.O., S. 134 ff.; dort auch eine Kritik an Cobbs Ansatz, dem Sherburne mangelnde Konsequenz in der Durchführung vorhält.

geführt, die Idee einer allgemeinen philosophischen Ästhetik auf-
zugeben und Kunstphilosophie auf partikulare Praxis der Interpretation von Kunstwerken zu reduzieren. Demgegenüber ermöglicht Whiteheads spekulative Ästhetik eine Kritik an den abstrakten Vorstellungen eines sinnlich-ästhetischen Bewußtseins und
seiner sinnlich-ästhetischen Daten, ohne mit dieser Kritik den
Boden einer allgemeinen philosophischen Ästhetik zu verlassen.
Dieser Kritik zufolge ist der Schein der unmittelbaren Gegebenheit dieser Daten in einem der Gegenwart verhafteten Bewußtsein
trügerisch und die Erscheinungsweise dieser Daten als ursprüngliche, einfache und klare Gegebenheiten irreführend. Denn in
Wahrheit beruhen diese Gegebenheiten auf einem komplexen
und im Grunde unerschöpflichen konkreten Wirkungszusammenhang, in den sie eingebettet sind und von dem im Hinblick auf sie
abstrahiert ist, ohne daß diese Abstraktion dabei selbst zu un-
mittelbarem Bewußtsein kommt. Diese Abstraktion stellt ihrerseits ein komplexes, im Grunde unerschöpfliches Gefüge dar. Zu
diesem gehört die Reduktion eines umfassenden und tiefgreifenden Zeitgeschehens auf die abstrakte Gegenwart unmittelbaren
Bewußtseins und vor allem die Abstraktion von der komplexen
psychophysischen Realität des menschlichen Organismus, dem
die fraglichen Bewußtseinsdaten auf die eine und andere Weise
zuzurechnen sind. Diese Abstraktion schließt einmal die Abstraktion von der unerschöpflichen Vielfalt der singulären konkreten
Mikroorganismen ein, welche den menschlichen Leib als einen
konkreten Makroorganismus konstituieren; und zum anderen die
Abstraktion von all jenen Mikro- und Makroorganismen, die mit
dem psychophysischen Geschehen des menschlichen Leibes in
einem Zusammenhang organismischer Aktivität stehen. Die Kritik
der Whiteheadschen spekulativen Ästhetik an dem irreführenden
Schein abstrakter Bewußtseinsdaten gilt nicht nur deren inadäqua-
ter Erscheinung als konkrete, ursprüngliche und einfache Gegebenheiten, sondern auch all jenen rationalistischen und empiristischen Bewußtseinstheorien, die von dem zugrundeliegenden Gefüge der Abstraktionen keinen oder nur einen unzulänglichen
Begriff geben und damit den falschen Schein der Unmittelbarkeit
des Gegebenen begünstigen.
Unerschöpflichkeit und Kohärenz bestimmen also nicht nur die
Schöpfung als ein Ganzes in sich und in jedem einzelnen ihrer
konkreten organismischen Geschöpfe, sondern im Grunde jedes

psychophysische Datum, welches innerhalb eines organismischen Geschehens vorkommt. Sie bestimmen damit auch jenes spezifische Gefüge von Abstraktionen, welches innerhalb eines konkreten psychophysischen Geschehens für die Herausbildung abstrakter Gegebenheiten verantwortlich ist. Abstraktionen besitzen sowohl synthetische als auch analytische Funktion. Sie tragen ebenso zur Konstitution konkreter Organismen wie zur Analyse dieser Konstitution bei. Dementsprechend gelten die Prinzipien der Unerschöpflichkeit und der Kohärenz sowohl für die eine wie für die andere Funktion der Abstraktionen. Beide Funktionen aber setzen ihrerseits ein weiteres Prinzip voraus, welches das der bestimmten Negation bzw. Abstraktion genannt werden kann und welches eng verwandt ist mit dem dialektischen Prinzip der doppelten Negation, welches unter dem bekannten Terminus ›Aufhebung‹ begriffen wird.[4] Dieses Prinzip stellt sicher, daß die Bestimmtheit des Negierten, die Bestimmtheit dessen, von dem abstrahiert wird, auf dem Wege über die jeweilige negierende und abstrahierende Tätigkeit in die Konstitution des konkreten negierenden und abstrahierenden Subjektes eingeht und in diesem den konstitutiven Zusammenhang der konkreten und abstrakten Komponenten bestimmt. Sinnlich-ästhetische Gegebenheiten setzen sowohl als bewußte wie auch als unbewußte Daten die Geltung und Funktion dieses Prinzips der Abstraktion voraus. Daher tragen auch die scheinbar unmittelbarsten sinnlich-ästhetischen Bewußtseinsdaten die Spuren eines im Grunde unerschöpflichen Abstraktionsgefüges an sich. Diese Spuren sind, auch wenn sie meistens unbemerkt bleiben oder nur inadäquat verstanden werden, nicht weniger real als die

---

4 Auf diese formale Gemeinsamkeit zwischen Hegels Theorie der dialektischen Aufhebung und Whiteheads Theorie der Prehensionen hat zuerst G. L. Kline im »Vorwort« zu der von ihm herausgegebenen Aufsatzsammlung: *A. N. Whitehead. Essays on His Philosophy*, Englewood Cliffs (N. J.) 1963, S. 3, hingewiesen. Mit der Hervorhebung dieser Gemeinsamkeit ist noch keine Vorentscheidung über das Verhältnis zwischen den beiden spekulativen Theorien, auch nicht über deren tiefgreifende Differenzen getroffen. Während G. Vlastos in: »Organic Categories in Whitehead«, in: ebd. S. 139, die Differenz zwischen einer homogenen (Hegel) und einer heterogenen (Whitehead) Dialektik betont, betone ich hier stärker die Differenz zwischen ontologischem Monismus und Pluralismus. Aber beide Differenzen beschreiben eine Grunddifferenz nur von verschiedenen Seiten.

Daten, an denen sie haften. So vereist eine einmalige und einzigartige Stimmung oder Färbung – sei sie Datum oder Spur – auf einen konkreten Abstraktionszusammenhang, dessen Analyse zu einem adäquaten Verständnis jener scheinbar unmittelbaren und ursprünglichen Gegebenheiten beitragen kann. Whiteheads spekulative Ästhetik bewährt sich demnach als Philosophie des Konkreten nicht zuletzt im Blick auf die unerschöpfliche Mannigfaltigkeit möglicher Formen und Funktionen im Bereich konkreter sinnlich-ästhetischer Aktivität.[5] Denn zum einen beruht jede bestimmte sinnlich-ästhetische Gegebenheit auf einem für sie charakteristischen, sie bedingenden konkreten Abstraktionszusammenhang, innerhalb dessen sie als dieses bestimmte Datum gegeben ist. Zum anderen bringt jede einzelne konkrete Analyse dieses Zusammenhanges ihr eigenes, sie bestimmendes Abstraktionsgefüge mit sich. Zwischen diesen beiden Abstraktionsgefügen besteht keineswegs notwendig eine vollkommene Übereinstimmung. Vielmehr lassen sich zwischen beiden mannigfache Möglichkeiten der Übereinstimmung und Nichtübereinstimmung vorstellen, und zwar nicht nur hinsichtlich der hier und dort vorkommenden Formen und Funktionen der Abstraktion, sondern auch hinsichtlich der Werte, die sich in den Abstraktionen selbst, aber auch in den durch sie bedingten Gegebenheiten realisieren. Es ist eine unzulässige Vereinfachung, die Beziehung zwischen solchen verschiedenen Abstraktionsgefügen als eine erkenntnistheoretische Grundbeziehung zu interpretieren und einem bestimmten Begriff von Erkenntnistheorie entsprechend zu fixieren. Weder die synthetische Funktion der Abstraktion, welche die reale, interne Konstitution einer aktualen Entität bedingt, noch die entsprechende analytische Funktion, durch die sich eine bestimmte interne Verbindung einer solchen Entität mit einer anderen herstellt, hat notwendig von vornherein den Charakter einer bestimmten Erkenntnisfunktion. Es gibt vielmehr – so Whitehead – sehr viele ursprüngliche und elementarere Formen und Funktionen der Abstraktion, die jeder möglichen Erkenntnisfunktion als Bedingung ihrer Möglichkeit zugrunde liegen.

5 Whitehead selbst spricht von einer unendlichen Vielzahl kategorialer Formen, in: *Process and Reality. An Essay in Cosmology,* Corrected Edition, hrsg. von D. R. Griffin und D. W. Sherburne, New York 1978; ferner in *Modes of Thought,* S. 95.

II. Die Grundbegriffe ›Prozeß‹ und ›Kontrast‹ als Kategorien einer philosophischen Ästhetik und Kunsttheorie

Whiteheads spekulative Ästhetik begründet ihren grundsätzlichen ontologischen Charakter gegenüber jeder sich kritisch verstehenden Erkenntnistheorie im Blick auf die sehr viel ursprünglicheren sinnlich-ästhetischen Werte, die sich in der realen Konstitution konkreter Entitäten mittels Abstraktion verwirklichen. Dabei genügt sie den Ideen der Unerschöpflichkeit und der Kohärenz auf mannigfache Weise: durch die methodische Sicherung des offenen Spielraums zwischen universalem Begriff und konkreter Erfahrung als eines Bereiches möglicher Hypothesen; durch die kohärente Bestimmung der kategorialen Funktionen der spekulativen Grundbegriffe und durch das Grundprinzip dieser Bestimmung, das als Prinzip der Kreativität das höchste und universalste Prinzip dieser ästhetischen Theorie bildet. Dieses Prinzip ist das der Einmaligkeit und Einzigartigkeit jedes einzelnen konkreten Geschöpfs. Die einzelnen kosmo-psychologischen Grundbegriffe gewinnen ihre jeweilige kategoriale Funktion durch dieses Prinzip der Kreativität, dessen Grundfunktion auf diese Weise seinerseits kategorial spezifiziert wird. Die kategoriale Funktion der universalen Grundbegriffe ist nun keineswegs nur die von universalen und notwendigen Prädikaten, die allem Seienden als solchem zukommen. Sie erschöpft sich aber auch nicht in der Funktion von universalen und notwendigen Bedingungen der möglichen Analyse und Bestimmung gegenständlicher Gegebenheit als solcher. Zu ihrer Funktionsbestimmung gehört darüber hinaus die Einbettung jeder endlichen und in sich erschöpften Gegebenheit in den Gesamtzusammenhang einer unerschöpflichen Schöpfung. Daher gelten jene Universalbegriffe insbesondere für den konkreten Zusammenhang zwischen Unendlichkeit und Endlichkeit, zwischen Unerschöpflichkeit und Erschöpfung der einzelnen Geschöpfe. Sie sind gleichermaßen Funktion der Rationalität und der Kreativität. Zur Kreativität aber gehört notwendig das eine wie das andere: die Unerschöpflichkeit ebenso wie die Erschöpfbarkeit und die Erschöpfung, die Entfaltung kreativer Tätigkeit ebenso wie deren kreatürliches Erlöschen in der Erreichung der eigenen Zielbestimmung und die Bewahrung gewisser Spuren dieser Tätigkeit für mannigfache Überlieferungen. Kreativität ist so universal wie Rationalität. Aber sie ist nicht für sich das Eine und Absolute. Insofern wird der traditionelle Begriff der Emanation kontinuierlichen Geschehens aus einer einzigen unerschöpflichen Quelle der Wirklichkeit ihrem Wesen nicht gerecht. Kontinuität ist nur eine Außenseite ihres Wesens. In Wahrheit ist sie monadologisch strukturiert. In anderen Worten: Kreativität und Atomismus gehören in dieser spekulativen Ästhetik zusammen. Keine universale Kreativität ohne je vereinzelte, singuläre Kreatur; keine singuläre Kreatur ohne universale Kreativität. Kreativität ist das Universale in jeder singulären Kreatur. Sie ist nicht vor aller Kreatur und nicht unabhängig von irgendeiner bestimmten Kreatur gegeben. Erschöpfbarkeit und Erschöpfung des Kreatürlichen bilden die notwendigen Bedingungen möglicher Kreativität, so wie umgekehrt unerschöpfliche Kreativität die Bedingung der Möglichkeit singulärer Kreatürlichkeit und kreatürlicher, sich erschöpfender Aktivität ist. Kreativität ist das Prinzip des Neuen und der Erneuerung. In ihr verbinden sich Selbsterneuerung und Erneuerung des anderen und im anderen. Sie ist Erholung und Wiederbelebung aus der Erschöpfung heraus, Wiedergeburt im Erlöschen einer je eigenen singulären Vollendung. Dementsprechend ist die ursprüngliche Erscheinungsform dieser universalen Kreativität die Schwingung, die Vibration, das Auf und Ab organismischen Geschehens. Whitehead hat wiederholt auf die Verwandtschaft zwischen spekulativer Philosophie und Poesie hingewiesen. Diese Verwandtschaft beruht auf der internen Zusammengehörigkeit von universaler Vernunft und universaler Kreativität. Verwandtschaft besteht hier hinsichtlich eines ausgezeichneten Ausdrucksgeschehens, nämlich des ausdrucksvollen Zusammenspiels von Kreativität und Kreatur, von unerschöpflicher Unendlichkeit und sich erschöpfender Unendlichkeit, von andeutender Vagheit und ausschließender Prägnanz.

Whiteheads spekulative Ästhetik beruht auf der These von der Einheit universaler Rationalität und Kreativität. Diese Einheit ermöglicht die Vertiefung und Erweiterung des Vernünftigen sowie die Bildung des Chaotisch-Schöpferischen zu Form und Gestalt. Philosophische Begriffsdichtung arbeitet mit dem Stoff, der aus universalen Begriffen gewebt ist. Sie gibt diesen Begriffen die Funktion universaler, kategorial bestimmter Ausdrucksformen für das Zusammenspiel von Kreativität und Kreatur, von Vernunft und Form. Das Prinzip der Kreativität fungiert als Prinzip einer grundsätzlich unerschöpflichen Vielfalt kategorialer Ausdrucksformen. Diese Formen verweisen auf Möglichkeiten kreativer Subtilität und Differenziertheit, aber auch auf Möglichkeiten kreativer Evolution. Das Prinzip verleiht jedem einzelnen Grundbegriff der spekulativen Ästhetik die Funktion einer einzelnen universalen Ausdrucksform für jenes Wechselspiel zwischen Unerschöpflichkeit und Erschöpfung. So ist etwa eine aktuale Entität (*actual entity*) eine tätige, organismisch organisierte Kreatur, deren kreatürliche Aktivität sich in der Verwirklichung ihrer eigenen inneren Bestimmung erschöpft, in deren Selbstverwirklichung und Selbstbestimmung sich aber zugleich die Unerschöpflichkeit der Schöpfung auf einmalige und einzigartige Weise ausdrückt. Und so ist etwa ein ewiges Objekt (*eternal object*) die endliche und exklusive Bestimmung eines kreatürlichen Ganzen oder die einer bestimmten kreatürlichen Aktivität. Aber zugleich kommt in einem solchen Objekt die unerschöpfliche Fülle seiner möglichen Realisierung als Bestimmung, wenn auch in unbestimmter Weise, zum Ausdruck. Je komplexer der kategoriale Grundbegriff, desto komplexer die entsprechende universale Ausdrucksform, und desto vielfältiger die Möglichkeiten für Subtilität, Differenziertheit und Komplexität.

Das Prinzip der Kreativität in seiner Verbundenheit mit dem Prinzip der Vernunft ist es nun auch, welchem die beiden hier thematischen Grundbegriffe »Prozeß« und »Kontrast« ihre jeweilige Funktion als Kategorien der philosophischen Ästhetik und Kunsttheorie verdanken. Denn wo Kreativität ist, da ist aktives Geschehen und tätiges Werden; und wo Vernunft ist, da ist Differenz und Differenzierung, Abhebung und Abgrenzung des einen vom anderen. Dem entsprechen die kategorialen Formen »Prozeß« und »Kontrast«. Prozesse sind ursprüngliche Einheiten aktiven Geschehens und tätigen Werdens, Kontraste ursprüngliche Einheiten des Differenten, Sich-Unterscheidenden. Diese ursprünglichen Gegebenheiten in der Form von Prozessen und Kontrasten bringen demgemäß das Zusammenspiel der beiden komplementären Seiten der Kreativität, die Unerschöpflichkeit und die Erschöpfung allen kreatürlichen Daseins, zu ursprünglichem Ausdruck. Prozesse und Kontraste sind demnach unerschöpfliche und doch sich erschöpfende Gegebenheiten. Die in der spekulativen Kosmo-Psychologie und Ästhetik zugrunde gelegten ursprünglichen aktualen Entitäten sind daher durch die kategorialen Formen »Prozeß« und »Kontrast« zu begreifen. Dabei gilt es aber, verschiedene zusammengehörige Begriffe von Prozeß und von Kontrast im Blick auf jene Entitäten zu unterscheiden.

Als Prozesse in einem ursprünglichen Sinne haben zunächst die konkreten organismischen Kreaturen selbst zu gelten. Bei diesen Organismen handelt es sich also um kreativ-kreatürliche Prozesse von organismischer Struktur; und zwar teils um Prozesse der Konstitution des eigenen Selbst, teils um Prozesse der Vergegenständlichung eines solchen organismischen Prozesses in einem anderen; also um das kreative Werden einer organismischen Kreatur, die sich aus einer vorgegebenen Welt dank einer Form von anfänglicher Subjektivität zu einem Wesen mit einer definitiven eigenen Innerlichkeit entwickelt, und um die Objektivierung dieses definitiven Subjektes in anderen Prozessen. Prozesse sind aber nicht nur die kreatürlichen Organismen in ihrer vollen Konkretion. Als vereinzelter Prozeß hat analog auch jede einzelne partielle Aktivität (*prehension*) eines solchen Organismus zu gelten, und zwar nicht nur, sofern dieselbe an dem sie umfassenden ganzen organismischen Prozeß partizipiert, sondern auch als je partielle Aktivität und Tätigkeit, welche sich dank ihrer spezifischen Form hinsichtlich ihrer Daten im Blick auf ihr zu realisierendes Ziel entfaltet. Schließlich ist aber noch in einem weiteren ursprünglichen Sinne von Prozessualität zu reden, nämlich hinsichtlich der abschließenden Einheit der mannigfachen partiellen Aktivitäten eines organismischen Ganzen, in welcher sich die ganze Aktivität dieses Organismus erschöpft, er selbst sich in seiner Befriedigung vollendet. Auch dieser Prozeß abschließender Vollendung läßt sich wie die anderen zuvor genannten Prozesse unter der Bedingung seiner Vergegenständlichung in anderen Prozessen und durch deren Tätigkeit denken.

Kontraste sind ebenfalls schon auf der elementarsten Reflexionsstufe zu unterscheiden. So kontrastiert im Prinzip jeder vereinzelte organismische Prozeß jedem anderen und jeder Verbindung anderer Prozesse. Und so finden wir auch Kontraste zwischen einem bestimmten Prozeß in seiner vollen Konkretion und jeder seiner partiellen Aktivitäten sowie Kontraste zwischen verschiedenen Tätigkeiten innerhalb eines identischen Prozesses und zwischen verschiedenen Prozessen. Kontraste sind zwischen beliebigen Entitäten möglich, und zwar sowohl zwischen Entitäten des gleichen wie des verschiedenen kategorialen Typus. Ein besonders einfacher und häufig vorkommender Kontrast ist der zwischen ewigen Objekten, wie zum Beispiel ein bestimmter Farbkontrast oder ein Kontrast zwischen verschiedenen Qualitäten aus unterschiedlichen Sphären der Sinnlichkeit. Komplexere Kontraste sind die zwischen einer bestimmten Wirklichkeit und gewissen entsprechenden Möglichkeiten oder zwischen einer bestimmten Wirklichkeit und gewissen Unmöglichkeiten. Whitehead hat Kontraste definiert als »Modes of Synthesis of Entities in one prehension, or patterned entities«.[6] Dieser Definition zufolge ist ein Kontrast notwendig an die spezifische und einheitliche Aktivität eines konkreten organismischen Prozesses gebunden. Diese einheitliche organismische Aktivität ist dabei mitdefiniert als eine solche der tätigen Synthesis einer gegebenen Mannigfaltigkeit von Entitäten. Die innerhalb einer solchen spezifischen Mannigfaltigkeit gegebenen Entitäten sind im Hinblick auf eine entsprechende mögliche Kontrastbildung teils von gleichem, teils von unterschiedlichem kategorialen Typus. Ein bestimmter Kontrast unterscheidet sich von der ihm vorgegebenen spezifischen Mannigfaltigkeit von Entitäten durch die spezifische Art und Weise, diese zu einer Einheit zu verbinden, sowie durch die Bindung an eine spezifische einheitliche Aktivität und an die spezifischen Bedingungen der Einheit derselben. Ein Kontrast unterscheidet sich aber auch von Formen der Verbindung, durch die es zur Verschmelzung der vorgegebenen Entitäten zu einer anderen, in sich homogenen und unstrukturierten Einheit kommt. Zu einem Kontrast gehört vielmehr die Bewahrung gewisser Differenzen im Blick auf die differierenden Entitäten der vorgegebenen Mannigfaltigkeit. Daher ist ein Kontrast immer ein strukturiertes Ganzes, wie wenig ausgeprägt auch immer seine Struktur sein mag. Als ein solches Ganzes ist er immer auch mehr und anderes als ein Gefüge von abstrakten Relationen. Das Beispiel eines einfachen Farbkontrastes kann dies leicht illustrieren: Weder handelt es sich dabei um ein indifferentes Nebeneinander von verschiedenen Farben noch

---

6 *Process and Reality*, S. 22. Vgl. auch den funktionalen Zusammenhang, auf den Whitehead hinweist, zwischen der Kategorie Kontrast und der unendlichen Vielzahl von Kategorien der Existenz; wichtig für unseren Zusammenhang ist ferner Whiteheads Hinweis, daß »propositions« in gewisser Hinsicht Kontraste sind, ebd. S. 24.

um deren Mischung und Verschmelzung zu einer neuen, in sich homogenen Farbganzheit, noch auch um das bestimmte Beziehungsgefüge zwischen farblichen Gegenständen. Kontraste setzen je spezifische Mannigfaltigkeiten als notwendige Bedingungen für ihre eigene mögliche Bildung voraus; und sie sind ihrerseits je spezifische Grundlagen und Voraussetzungen für mögliche allgemeine Strukturen und Beziehungsgefüge. Sie sind keine Prozesse, aber sie partizipieren durch ihre Bindung an jeweils konkrete spezifische Aktivitäten an deren spezifischer Prozessualität sowie an der konkreten Prozessualität des entsprechenden ganzheitlichen organismischen Prozesses. Damit sind die in einem Prozeß involvierten Kontraste aber dem System derjenigen Bedingungen unterworfen, denen die verschiedenen partiellen Aktivitäten des organismischen Gesamtprozesses genügen müssen. Es sind dies in erster Linie Bedingungen der wechselseitigen Anpassung und der Koordinierung der verschiedenen organismischen Teilprozesse hinsichtlich des konkreten einheitlichen Ganzen. Kontraste setzen daher spezifische Bedingungen der Einheit der speziellen synthetischen Aktivität voraus, zu der sie gehören; ferner spezifische Bedingungen der Koordination dieser Aktivität mit anderen partiellen Aktivitäten. Zugleich aber gehören sie selbst zu dem System der Bedingungen, denen die verschiedenen Aktivitäten hinsichtlich des einheitlichen Gesamtprozesses genügen müssen. Demnach ist die ästhetische und kunsttheoretische Bedeutung der Kontraste eine mindestens dreifache. Sie haben in diesem Bereich ihre besondere Bedeutung als spezifische Einheitsformen sowie als spezifische Bedingungen der Koordination partieller Aktivitäten zwecks Organisation eines prozessualen Ganzen. Und schließlich sind sie spezifische Gegebenheiten, die ihrerseits zu ihrer Bildung besondere Bedingungen voraussetzen. Zugleich aber ergibt sich: Diese ästhetische und kunsttheoretische Bedeutung der Kontraste setzt eine entsprechende Relevanz zugrundeliegender Prozesse und Aktivtäten voraus.

Organismische Prozesse und Kontraste sind auf mannigfache Weise und ihrem je spezifischen Charakter entsprechend im realen Geschehen involviert und geben diesem von Fall zu Fall ein spezifisches Gepräge. Immer aber gehören, Whiteheads Theorie zufolge, zu einem konkreten Prozeß notwendig zwei komplementäre Seiten: Jeder Prozeß ist ein Werden und zugleich ein Übergang, ein bestimmtes Werden in sich und ein bestimmter Übergang zu anderem und in anderes.[7] Jeder einzelne Prozeß ist zum einen ein Prozeß der subjektiven Aneignung und der Verinnerlichung äußerer Daten, ein konkretes Entwicklungsgeschehen, in dessen Verlauf ein anfängliches und unentwickeltes Subjekt sich durch die Verwirklichung seiner selbsteigenen internen Zielbestimmung zu einem erfolgten und gewissermaßen endgültigen Wesen entfaltet. Und zugleich ist ein Prozeß durch seine spezifische Aktivität immer auch ein Vorgang der Entäußerung und der Objektivation für andere Prozesse, und damit ein bestimmtes äußeres Kausalgeschehen, welches zu den mannigfachen kausalen Bedingungen anderer sich konstituierender Prozesse einen spezifischen Beitrag liefert. Ohne Objektivation gibt es also keine Subjektwerdung und ohne Selbstkonstitution und Subjektivität keine Objektivation und kein äußeres Kausalgeschehen. Dabei handelt es sich aber keineswegs nur um ein logisches Bedingungsverhältnis, sondern vielmehr um einen je bestimmten konkreten Wirkungszusammenhang, an dem mehrere organismische Prozesse durch ihre organismischen Aktivitäten beteiligt sind. Dabei wirkt innerhalb eines solchen Zusammenhanges jeder einzelne Prozeß auf mindestens zweifache Weise: nämlich einmal als teleologischer Prozeß, der seine spezifischen Anfangs- und Ausgangsdaten und seine spezifische Zielsetzung hat; und zum anderen durch seine Objektivation als bestimmender äußerer Kausalfaktor, der an der Veranlassung anderer sich konstituierender Prozesse beteiligt ist. Organismische Prozesse wirken demnach innerhalb eines prozessualen Gesamtgeschehens als Wirk- und Zweckursachen. Sie fungieren als ursächliche Bedingungen anderer Prozesse und sind zugleich Ursachen ihrer selbst. Es ist eine zulässige methodische Vereinfachung, von zwei einzelnen zusammenwirkenden organismischen Prozessen und ihren jeweiligen Funktionen der Subjektivierung und der Objektivation auszugehen. Dabei ist aber nicht außer acht

7 Angesichts dieses fundamentalen Doppelcharakters der Prozesse wird eine einseitige Anwendung des Prozeß-Begriffes auf die künstlerische Produktion der Bedeutung der Whiteheadschen Ästhetik ebensowenig gerecht wie eine nicht weniger einseitige Beschränkung auf die ästhetische Rezeption. Zu Recht hat D. W. Sherburne in diesem Zusammenhang auf die »performer arts« hingewiesen (a.a.O. S. 113), allerdings damit auch verdeckt, was Adorno in seiner *Ästhetische Theorie*, Ges. Schriften, Bd. 7, Frankfurt a. M. 1970, S. 262, den »immanenten Prozeßcharakter des Kunstwerks« genannt hat.

zu lassen, daß in der Regel in einen konkreten Wirkungszusammenhang unzählige organismische Prozesse verwickelt sind, die durch ihre unterschiedlichen Aktivitäten mannigfache Funktionen in Beziehung aufeinander ausüben. Ein kausales Wirkungsgeschehen hat, wie gesagt, viele Dimensionen und enthält neben seinen konkreten Komponenten eine Fülle abstrakter Elemente. Der Fall eines Geschehens, in dem sich schrittweise Prozeß an Prozeß reiht, jeder hinsichtlich seines Vorgängers und Nachfolgers in seiner Doppelfunktion einer Zweck- und Wirkursache eindeutig bestimmt, kann keineswegs für allgemein gelten, so nützlich auch gelegentlich die in dieser Form gelegene methodische Vereinfachung für die Analyse vielschichtiger Zusammenhänge sein mag. In Wirklichkeit sind konkrete Wirkungszusammenhänge keineswegs von vornherein und in jeder Phase ihrer Entwicklung immer so wohlgeordnet, daß alle vorkommenden organismischen Aktivitäten hinsichtlich ihrer Funktion und hinsichtlich ihrer jeweiligen Zuordnung zu den einzelnen Prozessen eindeutig bestimmt sind. Denn die Objektivation und die Selbstkonstitution eines organismischen Prozesses vollzieht sich keineswegs immer auf eine und nur eine wohlbestimmte Art und Weise und nur durch eine einzige Art von organismischer Aktivität. Die auftretenden unterschiedlichen Aktivitäten gehören dabei auch nur teilweise dem objektivierten und sich konstituierenden Prozeß an. Vielmehr wirken unzählige andere Prozesse durch ihre Aktivitäten der Objektivation und der Selbstkonstitution an der Objektivation und Selbstkonstitution der anderen Prozesse mit. Auch ist das äußere Geschehen in seiner Vielfalt und als gegebene Mannigfaltigkeit für die Kontrastbildungen innerhalb eines Prozesses keineswegs von der umgreifenden prozessualen Entwicklung ausgenommen. Einem Subjekt, das es selbst werden will, kann seine Welt nicht stillstehen. Vielmehr entwickelt sich diese mit ihm, um mit seiner Vollendung seine bestimmte, in einer bestimmten Perspektive gegebene Welt geworden zu sein.

Wie immer ein konkreter Wirkungszusammenhang hinsichtlich der an ihm beteiligten Prozesse, ihrer partiellen Aktivitäten und deren kausalen Funktionen bestimmt sein mag, immer enthält ein solcher ursächlicher Zusammenhang neben mehr oder weniger ausgeprägten Zügen von Ordnung auch entsprechende Züge von Unordnung. Beides gehört zusammen und macht in dieser Zusammengehörigkeit die konkrete Wertbestimmtheit eines solchen Zusammenhanges aus. Jeder einzelne konkrete Prozeß ist ein Entwicklungsgeschehen nicht nur hinsichtlich von Bestimmtheit und Unbestimmtheit, sondern auch hinsichtlich von Ordnung und Unordnung. Jener Grundunterschied fällt mit diesem keineswegs zusammen. Aber hier wie dort handelt es sich um relative und relationale Differenzen. So wie einem Mehr an Bestimmtheit ein Weniger an Unbestimmtheit und einem Mehr an Unbestimmtheit ein Weniger an Bestimmtheit entspricht, so einem Mehr oder Weniger an Ordnung ein Weniger oder Mehr an Unordnung. Und was in einer bestimmten Hinsicht gilt, muß damit nicht schon in jeder Hinsicht gelten. Die Rede von der Vieldimensionalität und Vielschichtigkeit eines konkreten Wirkungszusammenhanges von Prozessen besagt unter diesem Gesichtspunkt: Es gibt nicht nur einen einzigen Entwicklungsprozeß und nicht nur einen einzigen absoluten Wertgegensatz mit absoluten Extremwerten hinsichtlich eines oder mehrerer Entwicklungsprozesse. Weder steht am Anfang eines vereinzelten Prozesses das absolute Chaos noch an seinem Ende die absolut vollkommene Ordnung. Noch auch nimmt die Entwicklung den entgegengesetzten absoluten Verlauf. Die mannigfachen Prozesse, die in einem ursächlichen Wirkungszusammenhang verwickelt sind, kennen hinsichtlich ihres jeweiligen Anfanges und Endes immer nur eine je relative Ordnung und Unordnung. Und ihre spezifische Entwicklung ist die aus einer Form der Ordnung in eine andere. Der Unterschied zwischen der einen und der anderen Ordnung, der anfänglichen und der endgültigen, hat immer neben der inhaltlichen auch eine formale Seite, welche den Grad und die Intensität der jeweiligen Ordnung betrifft. Zugleich gilt aber auch, daß dort, wo wir einen einheitlichen Gesamtprozeß von einzelnen seiner Teilprozesse unterscheiden können, die eine und die andere Entwicklung nicht immer und unter allen Umständen in der gleichen Richtung verlaufen muß. Oft verwirklicht sich eine bestimmte Gesamtordnung nur auf Kosten einer entsprechenden Ordnung in bestimmten Teilbereichen. Deswegen sind Ordnungen immer mehr oder weniger stabil bzw. unstabil. Jede Entwicklung von Ordnung und Unordnung bewegt sich notwendig innerhalb eines je bestimmten und nicht unbegrenzten Spielraums von Entwicklungsmöglichkeiten. Dieser jeweils bestimmte Spielraum ist bestimmt durch den jeweiligen Ordnungszustand der Mannigfaltigkeit von Daten, von deren Gegebenheit die Entwicklung jeweils ausgeht; ferner durch die bestimmte Zielsetzung des jeweiligen Prozesses hinsichtlich des Gegebenen, sowie schließlich durch die Möglichkeiten seiner internen Aktivitäten, diese Zielsetzung in Form eines einheitlichen Ganzen zu verwirklichen. Whitehead hat hinsichtlich dieses Spielraumes eines Prozesses und des Prozesses selbst von einem Zusammenhang von kausaler Determination und Freiheit gesprochen. Wesentlich ist dabei, daß dieser Zusammenhang selbst Prozeßcharakter hat. Sowenig ein Prozeß im Verlauf seiner Entwicklung stillsteht, sowenig tut dies sein Spielraum. Vielmehr entwickelt sich dieser im Einklang mit dem Prozeß, dessen Spielraum er ist. Insofern gilt: das Verhältnis von Kausalität und Freiheit ist ein je vereinzeltes im Hinblick auf einen jeweils bestimmten singulären Prozeß und hat wie dieser geschichtlichen Charakter. Das heißt nicht nur: er steht innerhalb einer Geschichte, sondern auch: er hat selbst eine je eigene Geschichte mit einem je spezifischen Verlauf. Nicht immer handelt es sich um eine kontinuierliche Verengung von Spielräumen bis zur Erschöpfung aller Freiheitsmöglichkeiten. Gelegentlich kommt es auch zu gegenläufigen Erweiterungen dieser Spielräume, ehe schließlich alle Entwicklungsmöglichkeiten des jeweiligen Prozesses endgültig erschöpft sind. Es folgt nun aus alledem, daß ursächliche Wirkungszusammenhänge von mannigfachen Spielräumen für Ordnung und Unordnung durchsetzt sind, die in ihrer Vielfalt der der beteiligten konkreten Prozesse entsprechen.

III. Die kategoriale Funktion der Prozesse und Kontraste angesichts der Differenz zwischen philosophischer Ästhetik und Kunsttheorie

Die Spielräume ursächlicher Wirkungszusammenhänge enthalten ebenso wie die konkreten Prozesse selbst, deren Spielräume sie sind, Werte und Wertbeziehungen. Daher sind die konkreten ursächlichen Wirkungszusammenhänge ihrerseits im Blick auf die beteiligten Prozesse und deren Spielräume als Zusammenhänge von Werten und von Wertbeziehungen anzusehen. Und dementsprechend erstreckt sich die fragliche kategoriale Funktion der Prozesse und der Kontraste keineswegs nur auf die ursächlichen Wirkungszusammenhänge hinsichtlich ihrer äußeren Kausalität, sondern auch hinsichtlich ihrer Spielräume von Kausalität und Freiheit und auf das damit gegebene Wert- und Ordnungsgefüge. Wie Bestimmtheit und Unbestimmtheit, so setzen auch Ordnung und Unordnung vorgegebene Werte und Wertzusammenhänge voraus. Und so wie jene, so sind auch diese selbst Werte, die ein bestimmtes Wertgefüge bilden. Und ebenso wie Bestimmtheit und Unbestimmtheit, so stehen auch Ordnung und Unordnung unter der Bedingung allgemeingültiger Kategorien, Gefüge von Ordnung und Unordnung treten uns in mannigfachen Erscheinungen entgegen. Als Formen solcher Erscheinungen unterscheiden wir etwa: Prägnanz und Redundanz, Übereinstimmung und Unverträglichkeit, Eindeutigkeit und Ambiguität. Diese und ähnliche Formen spielen in der Ästhetik und in der Kunsttheorie eine wichtige Rolle. Fragen wir nach diesen Erscheinungen und ihren Gründen, so stoßen wir zunächst auf sehr allgemeine, einander entgegengesetzte Bedingungen ihrer Möglichkeit, die in ihrer Gegensätzlichkeit alle geeignet sind, sowohl in die eine als auch in die andere Richtung zu wirken, in Richtung wachsender Ordnung ebenso wie in Richtung wachsender Unordnung. Zu diesen allgemeinen Bedingungen zählen unter anderem: die Erweiterung des jeweiligen Bereiches vorgegebener Daten sowie die Beschränkung und Einengung eines solchen Bereiches; ferner die Abstraktion von der konkreten Fülle interner Aktivitäten und die Bildung abstrakter Komponenten sowie umgekehrt die Konkretisierung abstrakter Daten durch deren Einbindung in die konkrete Aktivität eines bestimmten Prozesses; schließlich die Vereinfachung komplexer Gegebenheiten innerhalb einer Datenmannigfaltigkeit sowie die Bildung höherer Komplexe aus relativ elementaren Gegebenheiten. Diese verschiedenen Wege führen bald in die eine, bald in die andere Richtung, in Richtung wachsender Prägnanz oder Redundanz, wachsender Übereinstimmung oder Unverträglichkeit, wachsender Eindeutigkeit oder Ambiguität. Diese allgemeinen Bedingungen spezifizieren sich durch zusätzliche Bedingungen, ohne damit schon auf die eine oder andere Entwicklung festgelegt zu sein. Prozesse und Kontraste sind einmal und vor allem ontologische Orte für Werte und Wertzusammenhänge. Werte sind selbst in Form von Prozessen und Kontrasten gegeben, als Wertentwicklungen und als Wertkontraste. Aber die kategoriale Funktion der Prozesse und Kontraste erschöpft sich nicht in dieser unmittelbaren Bestimmung. Zu ihrer Funktion gehört vielmehr auch die kategoriale Bestimmung der beschriebenen allgemeinen Bedingungen möglicher Wert- und Ordnungszusammenhänge. Aber nicht nur dies. Ob solche allgemeinen Bedingungen in Form von Prozessen oder von Kontrasten in Richtung auf wachsende Ordnung oder Unordnung wirken, hängt von den spezifischen Spielräumen mannigfacher Prozesse, von diesen selbst und von deren spezifischen Aktivitäten ab. Insofern sind Prozesse und Kontraste vor allem je spezifische kategoriale Bedingungen der Konkretisierung jener allgemeinen Bedingungen möglicher Wert- und Ordnungsgefüge. Das heißt, sie liefern nicht nur einen jeweiligen allgemeinen Beitrag zu einer bestimmten Erweiterung oder Einengung eines vorliegenden Datenbereiches; nicht nur einen allgemeinen Beitrag zur Bildung abstrakter und konkreter Komponenten anderer Prozesse bzw. einen entsprechenden Beitrag zu deren Vereinfachung oder Komplexitätsentwicklung. Vielmehr ist ihr jeweiliger Beitrag immer und vor allem ein singulärer Beitrag zum Wert- und Ordnungsgefüge des ursächlichen Wirkungszusammenhanges, an dem sie partizipieren, und zwar durch die Entwicklung einer internen, subjektiven und selbsteigenen Wertbestimmtheit.

Whitehead hat über seine spekulative kosmopsychologische Ästhetik hinaus keine ausgeführte Philosophie der Kunst im eigentlichen Wortsinne vorgelegt. Ausführungen in seinen Schriften, die in die Richtung einer Philosophie der Kunst weisen, etwa über Harmonie, Ausgleich und Schönheit, bleiben prinzipiell an den Kontext seiner spekulativen Ästhetik gebunden und wirken, von diesem Kontext abgelöst, relativ trivial. Whiteheads Ästhetik ist eine formale Ästhetik. Sie teilt mit anderen formalen Theorien der Ästhetik die allgemeine Eigenschaft, daß ihr Verhältnis zu einer möglichen Philosophie der Kunst offen und unbestimmt ist. Das Verhältnis zwischen philosophischer Ästhetik und Kunstphilosophie läßt sich sowohl als Verhältnis der Analogie wie der Spezifikation und unter spezifischen Bedingungen der Exemplifikation denken. In dieser Unbestimmtheit und Offenheit liegt das Problem der Applikationen einer Ästhetik auf die Phänomene der Kunst. Aus ihr ergeben sich die Stärken und Schwächen jeder bestimmten Anwendung. Dieses Problem betrifft dementsprechend auch die jeweilige Geltungsweise der beiden komplementären Grundprinzipien der Kreativität und der Rationalität und deren Instantiierung im Zusammenwirken von Imagination und

Vernunft in beiden Bereichen. Auch für diese Grundprinzipien gilt, daß ihre Geltung und Wirkung hier und dort teils als analog, teils als spezifiziert und unter spezifischen Bedingungen der Exemplifikation von Differenz gesehen werden muß. Immer aber gehören dabei Imagination und Vernunft zusammen. Die Analogie im Verhältnis von philosophischer Ästhetik und Kunsttheorie zeigt sich in ihrer Problematik unter anderem in folgendem: Sachverhalte gelten, ungeachtet ihrer Differenz, im allgemeinen hier wie dort gleichermaßen. Zugleich aber verbergen sich grundlegende Differenzen in der Bestimmung von Bedeutungen und Funktionen hinter gleichlautenden sprachlichen Ausdrücken und beschreibenden Termini. So gilt für die formale Ästhetik wie für die Philosophie der Kunst gleichermaßen, daß ihre allgemeinen formalen Wertbegriffe wie die der Ordnung und Unordnung, der Bedeutsamkeit und Trivialität etc. ursprüngliche, im Singulären konkretisierte Wertgehalte als Grundlage und als Bedingung ihrer Anwendung voraussetzen; ferner, daß es keinen allgemeinverbindlichen, universal gültigen Konstitutionszusammenhang zwischen den konkretisierten, vereinzelten Wertgehalten und allgemein formalen Wertbegriffen von diesen Gehalten gibt. Aber ebenso gilt auch, daß wir diese vereinzelten Wertgehalte ebenso wie die formalen Wertbegriffe in beiden Bereichen mit den gleichen sprachlichen Ausdrücken beschreiben, ohne im allgemeinen angeben zu können, ob diese Ausdrücke hier und dort dasselbe bedeuten oder nicht. Hier wie dort greifen ontologische und normative Charaktere auf schwer zu durchschauende Weise ineinander. Besonders deutlich zeigt sich dieses Ineinandergreifen ontologischer und wertender Charakteristika in den Unterschieden des Einzelnen und Allgemeinen. Alle Probleme des Verhältnisses zwischen philosophischer Ästhetik und Kunstphilosophie kristallieren sich vorrangig in dieser Wechselbeziehung des Einzelnen und Allgemeinen. Hier ist denn auch eine besonders wichtige kategoriale Funktion der Prozesse und Kontraste zu suchen. Prozesse und Kontraste sind zunächst als kategoriale Differenzierungen des Einzelnen und Allgemeinen zu begreifen. So sind Prozesse hinsichtlich ihrer konkreten internen Selbstkonstitution singuläre und einmalige Gegebenheiten. Dagegen sind sie hinsichtlich ihrer externen Objektivation wiederholbar; und sie wiederholen sich in denjenigen anderen Prozessen, für die sie als Daten und kausale Faktoren fungieren. Ihre Allgemeinheit liegt in dieser Wiederholbarkeit und Wiederholung sowie in der abstrahierenden Aktivität der Prozesse, in denen sie sich objektivieren. Entsprechend haben auch Kontraste ihre spezifische Form der Einzelheit und Allgemeinheit. Ihre Einzelheit ist kategorial bestimmte Einzigartigkeit, ihre Allgemeinheit dagegen Gewöhnlichkeit, bedingt durch Wiederholung, Gewöhnung und Abstraktion. Kontraste sind einzigartig, sofern sie in die singuläre Aktivität einmaliger Prozesse eingebunden und insofern als Modi der Synthesis der Daten unter je einmaligen Bedingungen der Realisierung gegeben sind. Sie sind einzigartig als Kontraste dieser und nur dieser Komponenten, die so und nicht anders konstrastieren. Zugleich aber sind Kontraste auch gewöhnliche Gegebenheiten, sofern sie unter anderen Bedingungen, unter der Bedingung anderer Prozesse und deren abstrahierender Aktivität sich wiederholen. Kontraste sind gewöhnlich hinsichtlich ihrer Wiederholungen. Als solche unterscheiden sie sich von einzigartigen Kontrasten durch eine mehr oder weniger ausgeprägte Struktur. Gewöhnliche Kontraste lassen sich untereinander hinsichtlich ihrer Komponenten und Strukturen vergleichen. Strukturen setzen Wiederholungen und Abstraktionen voraus.

Das Grundverhältnis des Singulären und Allgemeinen ist in allen seinen kategorialen Spezifikationen ein ontologisches Grundverhältnis, und so auch in seiner Spezifikation durch Prozesse und Kontraste. In diesem Sinne sind Einmaligkeit und Einzigartigkeit, Wiederholung und Gewöhnlichkeit ontologische Grundbestimmungen. Es gehört nun aber zur Eigentümlichkeit des Gegebenen im Bereich der philosophischen Ästhetik und Kunsttheorie, daß sich diesen ontologischen Charakteren gleichnamige Wertbestimmungen in schwer durchschaubarer Weise überlagern. Besonders deutlich tritt dies an einer der maßgeblichen Grundbestimmungen der neuzeitlichen Ästhetik und Kunstphilosophie hervor, an der Bestimmung der Singularität und Originalität von Kunstwerken. Die hier offenkundige Verschränkung von Seins- und Wertbestimmung ist der Ausgangspunkt des bekannten Problems der Bestimmung des ontologischen Status von Kunstwerken. Tatsächlich wird dieser Problemzusammenhang unzulässig verkürzt, wenn man die Frage durch eine fixierende Bestimmung dieses Status, etwa als Möglichkeit im Verhältnis zur Wirklichkeit zu lösen versucht. Ein Kunstwerk ist nicht nur Möglichkeit im Verhältnis zu einer ganz anderen Wirklichkeit, nicht nur eine Wirklichkeit im

Kontrast zu einer ganz anderen Möglichkeit; es ist auch immer ein Kontrast von Wirklichkeit und Möglichkeit im Kontrast zu einem ganz anderen Kontrast von Wirklichkeit und Möglichkeit.[8] Es ist insofern ein Kontrast eines Kontrastes. Die eigentümliche Überlagerung von Seins- und Wertbestimmungen hängt mit der zuvor erwähnten eigentümlichen Verschränkung zwischen singulären inhaltlichen Werten und allgemeinen formalen Wertbestimmungen zusammen. Hier ist auch eine Lösung der Verflechtung des ontologischen und normativen Charakters von Einzelheit und Allgemeinheit zu suchen. Die kategoriale Funktion der Prozesse und Kontraste erschöpft sich aber nicht in der Spezifikation dieses ontologisch-normativen Verhältnisses. Zu dessen Explikation bedarf es der weiteren Untersuchung spezieller kategorialer Formen und ihrer Funktionen, nämlich von 1) Kontrasten zwischen Prozessen, 2) Kontrasten als Prozessen, 3) Prozessen als Kontrasten. Diese drei Typen von Kontrasten weisen eine Gemeinsamkeit auf: Nach den bisherigen Betrachtungen sind Kontraste verglichen mit der Konkretion von Prozessen abstrakte Entitäten, die auf Abstraktion beruhen. In den genannten speziellen Kontrasten scheinen nun Abstraktion und Konkretion selbst in einer eigentümlichen und schwer durchschaubaren Weise zu kontrastieren. Mit der Aufgabe der Analyse dieser speziellen Kontraste erreichen wir die Grenze des Geltungsbereiches der Whiteheadschen spekulativen Ästhetik. Wir sind an dem Punkt, wo die Prinzipien der Differenz zwischen einer solchen Ästhetik und einer Philosophie der Kunst sichtbar werden.

8 Indem D. W. Sherburne den ontologischen Status des Kunstwerkes als »proposition« bestimmt (a.a.O. S. 98 ff.), gelingt es ihm, den ästhetischen Subjektivismus zu vermeiden. Allerdings ist die Frage nach jenem ontologischen Status damit nicht endgültig beantwortet. Vor allem fragt es sich, welchen theoretischen Status eine solche Antwort hat angesichts der fundamental wichtigen These, daß »ästhetisch« keine allgemeine Eigenschaft von Objekten sein kann. (So Sherburne in seiner Kritik an Cobb zu Recht, a.a.O. S. 138 ff.)

Whiteheads Kosmologie der Gefühle
zwischen Ontologie und Anthropologie

1. Das Einheitsprinzip von Kreativität und Rationalität
und der vierfache Dualismus
der neuzeitlichen Metaphysik

Whiteheads spekulative Philosophie der Gefühle (*feelings*) ist von
ihrem Autor ausdrücklich in den Überlieferungszusammenhang
der europäischen Metaphysik, vor allem der Metaphysik der Neuzeit, gestellt worden. Sie ist von ihrem Verfasser eindeutig als eine
Metaphysik der Subjektivität ausgewiesen worden. Einer ihrer
Kernsätze lautet: Eine aktuale Entität ist äußerlich frei und innerlich determiniert. Dieser Satz unterstreicht, daß in dieser Metaphysik ein Beitrag zur Klärung jenes Problemkreises von Determination und Indetermination, von Determination und Freiheit,
von Ontologie und Anthropologie zu suchen ist. Whitehead hat
seine Metaphysik der Subjektivität als Kosmologie bezeichnet. Sie
ist eine Kosmologie der Gefühle, sofern Gefühle und Empfindungen die elementaren Verhaltensweisen konkreter Subjekte sind.
Eine Kosmologie der Gefühle: – Dies klingt befremdlich und
nach Panpsychismus, verliert aber einiges von seiner Befremdlich-
keit, wenn man sich auf Whiteheads Idee einer spekulativen Kosmologie einläßt. Diese unterscheidet sich weitgehend von jener
speziellen Metaphysik, die als reine Vernunftlehre von der Welt im
ganzen zwar der neuzeitlichen Metaphysik angehört, aber eben
doch nur als ein Teil derselben, zu dem als weitere Teile die reinen
Vernunftlehren von Gott und der menschlichen Seele hinzutreten,
sowie ein weiterer allgemeiner Teil, die Ontologie oder reine
Vernunftlehre vom Seienden als Seiendem. Demgegenüber ist
Kosmologie hier ein anderer Name für die Metaphysik im ganzen
und als einheitliches Ganzes. Sie ist hier – in Anlehnung an die
ursprüngliche Bedeutung des griechischen Wortes Kosmos – als
umfassende Ordnungslehre begriffen, als philosophische Vernunftlehre von den Bedingungen möglicher Wohlordnung und
Unordnung hinsichtlich der Mannigfaltigkeit des Seienden und
seiner wirklichen und möglichen Welten. Diese Ordnungslehre ist

eine Prinzipienlehre – das Wort Prinzip im klassischen Sinne verstanden. Das universalste aller Prinzipien dieser spekulativen Kosmologie heißt *Einheit:* Einheit aus dem Mannigfaltigen, Einheit im Mannigfaltigen und Einheit des Mannigfaltigen. In jeglicher Einheit wirken dank des Einheitsprinzips Kreativität und Rationalität zusammen. Diese beiden Mächte der Bildung und Gestaltung sind aber keine getrennten Prinzipien, sondern sie gehören in ihrer prinzipiellen Wirksamkeit untrennbar und einander ergänzend zusammen. Man sieht, was für die Philosophie und die Wissenschaften der Neuzeit seit der Trennung zwischen Ontologie und Theologie und seit der Verselbständigung der Erkenntnis- und Wissenschaftslehre zunehmend als gegensätzlich und unvereinbar galt, wird hier in Whiteheads Kosmologie wieder als vereinbar und als komplementär angesehen. Kreativität ist Einheit in der Mannigfaltigkeit unter dem Gesichtspunkt des Werdens und der Entwicklung, der Neuschöpfung und der Neugestaltung; Rationalität ist Einheit in der Mannigfaltigkeit unter dem Gesichtspunkt des Seins und des Gewordenseins, der Bewahrung und Erhaltung von Einheit – Bewahrung gegenüber allen auflösenden und destruktiven Einflüssen. Kreativität und Rationalität wirken nicht nur überhaupt, sondern sowohl im Hinblick auf dieselben wie im Hinblick auf die verschiedenen Einheiten zusammen.

Whitehead selbst hat Kreativität als das universalste aller universalen Prinzipien bezeichnet und ihr damit in gewisser Hinsicht Vorrang vor der Rationalität eingeräumt. Man kann so argumentieren: Eine Einheit muß allererst entstehen und entstanden sein, um als entstandene und so und so bestimmte Einheit erhalten werden zu können. Der Vorrang der Kreativität vor der Rationalität ist, so gesehen, ein Vorrang des Werdens und der Entwicklung vor dem Geworden-Sein und der Erhaltung. In welchem Sinne aber gilt dieser Vorrang? In gewisser Hinsicht entspricht ihm ein Vorrang des Subjektes vor dem Objekt, und zwar in dem Sinne, daß ein Subjekt immer etwas Lebendiges, in Entwicklung und im Werden Begriffenes, ein Objekt dagegen ein Gewordenes und als ein solches Erhaltenes ist. Allerdings: Im Geworden-Sein, im gewordenen Etwas, berühren sich Entwicklung und Erhaltung, fallen Subjektivität und Objektivität zusammen. Im Gewordensein von Etwas macht die Kreativität der Rationalität Platz.

Das Einheitsprinzip der Kreativität und Rationalität hat für eine philosophische Theorie der Gefühle eminente Bedeutung. Nicht nur, daß von ihm her die Unangemessenheit einer verkürzten Rationalität ebenso zutage tritt wie die einer verschwommenen Irrationalität. Vielmehr erlaubt dieses Prinzip eine Betrachtung des Gefühlslebens, die dessen jeweiligem spezifischen Eigenwert gerecht zu werden vermag. Gefühl und Empfindungen gibt es nicht nur als irrationales und allverwirrendes Chaos, nicht nur als vorvernünftige und ungestaltete Mannigfaltigkeit, die jeglicher Form der Einheit entbehrt. Gefühle und Empfindungen erschöpfen sich nicht darin, den Stoff, die Materie für die Bildung von Einheiten abzugeben, die allererst als wertvoll gelten. Sie finden sich nicht nur im Dienste höherer theoretischer oder praktischer Erkenntnisse. Gefühle und Empfindungen haben je für sich schon ihren Eigenwert und ihre Eigenbedeutung. Sie sind von sich aus und untereinander der Bildung ursprünglicher, bedeutungsvoller Einheit fähig. Sie vermögen zu wachsen und sich zu entwickeln, zusammenzuwachsen und sich zu differenzieren, um auf diese Weise neue Einheiten des Gefühls und der Empfindung von neuer Qualität und Intensität auszubilden. Nicht als bedeutungslose vereinzelte Elemente, sondern als lebendige Momente mit einer eigenen Wertqualität tragen sie zur Bildung anderer Einheiten, Einheiten der Wahrnehmung und anderer Verhaltensweisen bei. Kreativität ist für sie nicht nur ein Prinzip des Werdens, sondern auch ein Prinzip der Differenzierung und Fortentwicklung; Rationalität ist nicht nur ein Prinzip bloßer Erhaltung, sondern der Bewahrung unter veränderten Umständen und der fortschreitenden Anpassung an diese. Whiteheads spekulative Kosmologie ist hinsichtlich ihres universalsten Einheitsprinzips radikal pluralistisch. Dieses Prinzip gilt im Blick auf immer andere, unzählige werdende und gewordene Einheiten. Dies wiederum schließt die Annahme einer ein für allemal fixierten absoluten Ordnung aus. Jede werdende Einheit stellt das Problem der Ordnung neu. Jede neue Einheit bildet die ihr eigentümliche Ordnung aus, zu deren Eigentümlichkeit nicht zuletzt dies gehört, wie sie mit den Risiken und Gefährdungen ihrer Wohlordnung fertig wird. Jede werdende und gewordene Einheit enthält Spuren und Reste des unbewältigten Chaos. Und je umfassender die Einheit, je weiter die Welt, desto größer ist das Risiko des Scheiterns der Ordnungsbildung, desto größer der Spielraum zwischen Prägnanz und Vagheit, zwischen Bedeutsamkeit und Trivialität. Das Einheitsprinzip der

Kreativität und Rationalität hat zur Konsequenz: Gefühle stehen in kreativen und rationalen Zusammenhängen. Sie können eine werdende Ordnung stören und in Gefahr bringen, also als irrationale, wenn nicht sogar als destruktive Faktoren wirken. Aber ebensogut und eher noch leisten sie ihren Beitrag zu einer jeweils werdenden Einheit. Indem sie selbst werdende und gewordene, entwickelte und erhaltene Einheiten bilden, stehen sie immer im Spannungsfeld von Subjektivität und Objektivität. Subjektivität und Objektivität berühren sich in ihnen und treten in ihnen auseinander. Sie bilden Grenzpunkte zwischen Entwicklung und Bewahrung. Sie sind eigentümliche Übergänge von dem einen zum anderen.

Whiteheads Kosmologie enthält nun hinsichtlich ihres universalen Prinzips der kreativen Vernunft eine Reihe verschiedener, aber eng zusammengehöriger Vernunftkriterien, unter denen dem Kriterium der Kohärenz eine besonders wichtige Funktion zukommt. Kohärenz heißt hier, daß letzten Endes alles mit allem einheitlich zusammenhängt, daß insofern jedes einzelne Element, jeder einzelne Teil, der aus seinem konkreten Gesamtzusammenhang durch Abstraktion herausgelöst und in seiner Vereinzelung und als abstrakte Entität für sich genommen wird, keine Bedeutung hat. So ist zum Beispiel ein vereinzeltes Gefühl als solches und ganz losgelöst vom Gefühlsleben und vom konkreten Gesamtverhalten eines lebendigen Subjektes ein abstraktes Gefühl und ist als eine solche abstrakte Entität ohne konkrete Bedeutung. Hat umgekehrt ein einzelnes Gefühl für sich eine gewisse Lebensbedeutung, so kann es nur dem Schein nach vom Gefühlsleben und vom sonstigen Lebenszusammenhang isoliert sein. Oder löst sich zum Beispiel ein lebendiges Subjekt in seinem Verhalten ganz vom Zusammenhang los, der es mit anderen lebendigen Subjekten verbindet, wird es von seiner Lebenswelt isoliert oder isoliert es sich selbst dieser Welt gegenüber, so verliert es seinen Lebenssinn an und für sich selbst. Hat es andererseits als einzelnes Subjekt einen Sinn, so wird seine Isolierung von seinem konkreten Lebenszusammenhang wiederum nur ein Schein gewesen sein. Das Vernunftkriterium der Kohärenz will nicht sagen: Es gibt nur das Eine und das Ganze, und dies ist die konkrete Wirklichkeit im ganzen. Es sagt nicht so sehr etwas über das Konkrete, als vielmehr über das Abstrakte aus, nämlich: Das Abstrakte gehört untrennbar mit dem Konkreten zusammen und hat als Abstraktum seinen Sinn und seine Bedeutung nur in Verbindung mit dem Konkreten. Ein Abstraktum, eine abstrakte Entität verlangt insofern als Bedingung möglichen Sinnes eine mannigfache Charakteristik, nämlich eine Bestimmung des jeweils vorliegenden kategorialen Typus des abstrakten Gegenstandes; eine möglichst weitgehende Erkenntnis der Ursachen der Abstraktionsbildung sowie schließlich eine möglichst adäquate Bestimmung des Modus der Abstraktion und der Funktion des Abstraktums innerhalb seines konkreten Zusammenhanges. Es liegt auf der Hand, daß mit den Bedingungen einer möglichen Sinngebung für abstrakte Gegenstände auch die Bedingungen eines möglichen Sinn- und Bedeutungsverlustes namhaft gemacht werden können.

Das Vernunftkritierum der Kohärenz gilt insofern für die Beziehungen des Abstrakten und des Konkreten. Nicht von ungefähr hat Whitehead selbst seine Philosophie als eine Philosophie des Konkreten bezeichnet. Im Gebrauch des Kohärenzkriteriums sind nun eine theoretische und eine metatheoretische Seite zu unterscheiden. Der metatheoretische Gebrauch dient der Kritik an der überlieferten Metaphysik, der theoretische Gebrauch dem Entwurf eines Systems von Kategorien und Grundsätzen, welche die mannigfachen möglichen Verbindungen des Konkreten und des Abstrakten prinzipiell regeln. Die Kritik an der überlieferten Metaphysik geht davon aus, daß diese dem Kriterium der Kohärenz nur unzureichend gerecht geworden sei. Vor allem die Metaphysik der Neuzeit – in ihrem nach Descartes genannten grundlegenden Dualismus – stellt aus Whiteheads Sicht eine paradigmatische Verletzung jenes Rationalitätskriteriums dar. Welche theoretischen Probleme der metaphysische Dualismus für eine Philosophie der Gefühle und Empfindungen mit sich bringen mußte, wird schon bei der bloßen Aufzählung der einzelnen dualistischen Züge offenkundig, die alle nur schwer mit den Phänomenen des sinnlich-emotionalen Seins in Einklang zu bringen sind. Als erstes ist hier der *ontologische* Dualismus zu nennen, in Form der absoluten Differenz zwischen dem Unendlichen und dem Endlichen, zwischen einer unendlichen und einer endlichen Substantialität. Dieser Dualismus führte direkt zu dem Dualismus der Prinzipien der Kreativität und der Rationalität. Denn die einheitliche Seinsmächtigkeit zur Schöpfung und Erhaltung aller Dinge sollte der einen unendlichen Substanz (Gott) in Beziehung auf die endlichen Substanzen vorbehalten bleiben, während diese als solche und in ihren Beziehungen zueinander auf eine bloß abbildliche endliche Vernunft verwiesen waren. Neben den ontologischen Dualismus und seinen Begleiter, den Dualismus der Prinzipien, trat innerhalb des Bereiches der endlichen Dinge ein weiterer, ein *ontischer* Dualismus. Demzufolge tat sich im Bereich des gewordenen, des geschaffenen und erhaltenen Seins des Endlichen eine absolute Differenz auf zwischen dem körperlichen und dem geistigen Wesen, zwischen dem somatischen und dem mentalen Sein; sowie eine entsprechende Differenz des Verhaltens, die absolute Differenz zwischen einem körperlichen und einem geistigen Verhalten. Hinzu kam ein weiterer Dualismus, der ungeachtet mehrerer Berührungspunkte und Überschneidungen von jenen deutlich zu unterscheiden ist. Man kann ihn den *gnoseologischen* oder auch den *aletheiologischen* Dualismus nennen. Hier handelt es sich um die absolute Differenz zwischen zwei wesensverschiedenen Erkenntnissen, bzw. zwischen zwei Wahrheiten und ihren wesensverschiedenen Instanzen; um die absolute Differenz zwischen Erkenntnissen apriori und Erkenntnissen aposteriori, zwischen Vernunftwahrheiten und Tatsachenwahrheiten, zwischen Vernunftgründen und Erfahrungsursachen.

Das Problem des Dualismus in der neuzeitlichen Metaphysik war und ist zunächst ein Problem der Inkonsistenzen und der Widersprüche. Die genannten dualistischen Grundzüge hatten – in dieser oder jener Kombination verbunden – immer neue Antinomien für den Bereich des Endlichen zur Folge. So sollte die menschliche Vernunft, im Unterschied zur göttlichen Vernunft, eine endliche Vernunft und doch uneingeschränkt der Vernunft- und Tatsachenwahrheit fähig sein. So sollte diese Vernunft gegenüber der unendlichen Vernunft Gottes nur abbildliche Vernunft sein, und doch die urbildliche Vernunft in ihrer Kreativität überhaupt nicht abbilden können. Und so sollte das gesetzmäßige und der Vernunft zugängliche Verhalten der endlichen Dinge der einen unteilbaren Vernunftwahrheit genügen; andererseits sollte dieses Verhalten unmöglich einer einzigen Wahrheitsidee genügen können, wegen der absoluten Wesensdifferenz im Verhalten der körperlichen und der geistigen Substanzen. Und es sollte das Kausalverhalten dieser Substanzen den allgemeinen Bedingungen von Tatsachenwahrheiten entsprechen, und andererseits diesen Bedingungen wegen jener Wesensverschiedenheit nicht allgemein entsprechen können, sondern verschiedene Formen von Kausalität, eine körperliche und eine geistige, exemplifizieren. Aber auch auf die Wesensverschiedenheit von Gründen und Ursachen sollte sich diese wesensverschiedene körperliche und geistige Kausalität nicht verrechnen lassen können. Denn letzten Endes sollten Vernunftwahrheiten und Tatsachenwahrheiten auch im Blick auf die endlichen Dinge in einer einheitlichen Wahrheit zusammenfallen, selbst wenn diese Einheit aus der Perspektive des Endlichen unmöglich zu beweisen war. Wie immer es um die Möglichkeit bestellt sein mag, alle diese Antinomien des metaphysischen Dualismus auszuräumen: Whiteheads spekulative Kosmologie ist mehr als nur Kritik der Inkonsistenzen der traditionellen Metaphysik, mehr als nur Kritik an der aus der ›bifurcation of nature‹ entsprungenen und weithin institutionalisierten Einteilung der Wissenschaften in Wissenschaften der materiellen und der geistigen Dinge. Die Ausräumung jener Antinomien war nicht in erster Linie seine Sache. Adäquatheit und Anwendbarkeit waren ihm wichtigere theoretische Eigenschaften als Konsistenz. Sein spekulatives Begriffssystem enthält eine Fülle neuer Denkmöglichkeiten und Ordnungsbeziehungen; nicht nur für die Metaphysik als solche, sondern auch für ihren Zusammenhang mit einer Philosophie der Lebenswelt und der Wissenschaften; nicht nur für die Zusammenhänge zwischen den verschiedenen positiven Wissenschaften, sondern auch für die internen Beziehungen innerhalb einer einzelnen Wissenschaft, die mit Problemen des physischen und des psychischen Seins gleichermaßen befaßt ist, wie zum Beispiel die Psychologie. Wie sieht nun Whiteheads philosophische Überwindung des metaphysischen Dualismus aus? Welche Bedeutung hat diese spekulative Überwindung für eine philosophische Theorie der Gefühle und der Empfindungen?

Man wird diese Frage nicht angemessen beantworten können, ohne auf einen weiteren dualistischen Grundzug zu rekurrieren – den grundlegenden aller aufgeführten Grundzüge, dessen Relativierung und Ausgleichung das Eigenste des Whiteheadschen Denkens ausmacht. Es ist dies ein Dualismus der philosophischen Grundeinstellungen, des methodischen Bewußtseins in der Philosophie, des Dualismus von philosophischem Glauben und philosophischem Wissen. In der Geschichte der neuzeitlichen Philosophie ist dieser Dualismus als absoluter Gegensatz von Dogmatismus und Kritizismus aufgetreten. Dabei ging es – und geht es – um eine für unvereinbar gehaltene Alternative: Ob man ein Unbeweisbares und Beweisunbedürftiges in der Philosophie als seiend zulassen dürfe, oder ob man ein solches Unvernünftiges oder Übervernünftiges als nicht seiend ausschließen müsse und als seiend allein das Beweisbare und Bewiesene gelten lasse. Dieser Gegensatz hat im besonderen die dualistische Form einer absoluten Differenz zwischen der Unbegrenztheit und der Begrenztheit des menschlichen Erkenntnisvermögens angenommen: Eine Differenz zwischen den unbegrenzten Möglichkeiten des Denkens und den begrenzten Möglichkeiten der Erfahrung. Es gehört zu den Eigentümlichkeiten der neuzeitlichen Philosophie, daß die Auseinandersetzung um die Grundfrage nach Indetermination und Determination, nach Determination und Freiheit im Bereich der endlichen Dinge sich weitgehend im Rahmen des metaphysischen Dualismus abgespielt hat. Jene Frage, die das menschliche Dasein selbst in seinem Wesen zutiefst berührt, stellt sich in der Weise: Ob die Möglichkeit der Freiheit eine Sache des philosophischen Glaubens sei und eine solche Glaubenssache bleiben müsse; oder ob diese Möglichkeit ein Gegenstand des philosophischen Wissens werden könne. Macht man sich Whiteheads spekulative Betrachtungsweise zu eigen, so sieht der Dogmatismus nicht so dogmatisch, der Kritizismus nicht so kritisch aus, wie dies vom Standpunkt des philosophischen Dualismus aus eigentlich scheinen müßte. Denn der Kritizismus muß – hierin ganz unkritisch – einen bestimmten Begriff vom Ganzen des menschlichen Erkenntnisvermögens und von dessen verschiedenen Erkenntnisfunktionen sowie einen allgemeingültigen Begriff vom philosophischen Beweis voraussetzen, um allgemein zwischen einem richtigen und einem falschen Gebrauch der Vernunft unterscheiden zu können. Dagegen will der Dogmatismus – hierin nur dem Scheine nach dogmatisch – im Denken und durch dessen Imaginationen über die Grenzen der gegebenen Erfahrung hinausgehen, um neue und grundsätzlichere Möglichkeiten der Erfahrung zu entdecken. So kommt jene Selbstverständlichkeit nicht von ungefähr, mit der Whitehead sich für seine spekulative Kosmologie gleichermaßen auf Spinoza und auf Kant berufen konnte, von denen der erstere weithin als einer der großen Exponenten einer unkritischen Metaphysik, der andere geradezu als Begründer des Kritizismus galt. Von Spinoza hat Whitehead den metaphysischen Grundbegriff der *causa sui* übernommen und als Schlüsselbegriff für seine Kosmologie der Gefühle verwendet. Er hat diesen Begriff – den Begriff eines absolut Seienden, dessen Wesen notwendig die Existenz einschließt – im Sinne seines Einheitsprinzips von Kreativität und Rationalität gedeutet und diesen Begriff eines Absoluten – des Absoluten – auf alles wirklich und eigentlich Seiende ausgedehnt. Er hat jenen Begriff der causa sui interpretiert im Sinne einer *causa libera*, d. i. eines Seienden, welches nicht nur *causa sui* ist, sondern als Ursache seiner selbst sich von seinem Wesen her zu seinem Wesen selbst bestimmt. Kant dagegen gab Whitehead die Idee einer philosophischen Kritik der Vernunft, die er durch eine Kritik der Gefühle zu einer Kritik der konkreten Vernunft fortzuentwickeln beabsichtigte.

Was nun eine Philosophie, eine Kosmologie der Gefühle und Empfindungen betrifft, so scheint hier zunächst alles gegen den metaphysischen Dualismus und für dessen philosophische Überwindung zu sprechen. Denn so, wie sich die Phänomene des einfachen Gefühls- und Empfindungslebens der bewußten Erfahrung darstellen, liegt die Gegenthese zum Dogmatismus sehr viel näher als dessen Grundthese von der Unvereinbarkeit der metaphysischen Gegensätze. So war schon davon die Rede, daß die elementaren Gefühle und Empfindungen nicht ohne weiteres zu unterscheiden gestatten zwischen ihrem Werden und ihrem Gewordensein, zwischen ihrer Entstehung und ihrer Bewahrung, ihrer Entwicklung und ihrer Fortentwicklung; und zwar nicht nur deswegen nicht, weil sie nicht ständig bewußt sind, sondern auch, weil sie irgendwie dem Wesen des Lebendigen entsprungen sind und dessen Leben, man weiß nicht seit wann, begleiten. Was nun den ontischen Dualismus betrifft, so ist offenkundig, daß die Phänomene des Gefühlslebens seinen Grundthesen widersprechen. Denn diese zeigen dem Bewußtsein und der Erfahrung die ursprüngliche Einheit des Gefühls, die untrennbare Zusammengehörigkeit seiner verschiedenen Komponenten, der physischen und der mentalen, der körperlichen und der geistigen. Und die Erfahrung lehrt weiterhin, daß diese ursprüngliche psycho-physische Einheit, die Verbindung körperlichen und geistigen Seins im Gefühl sich auch dann bewahrt, wenn die beiden unterschiedlichen Komponenten sich im Blick aufeinander differenzieren, so zunehmend voneinander Abstand gewinnen, und am Ende die eine Seite gegenüber der anderen ein Übergewicht erhält. Im übrigen war in der überlieferten Metaphysik, in der dogmatischen ebenso wie in der kritischen, die Widersprüchlichkeit zwischen dem eigenen Dualismus und den Phänomenen des sinnlich-emotionalen Seins bewußt genug, um entweder auf eine Theorie dieses Seins überhaupt zu verzichten, oder aber dieser Theorie eine eigentümliche erkenntistheoretische Ausnahmestellung einzuräumen: Etwa als Theorie des Ethischen oder des Ästhetischen. Der gnoseologische Dualismus, die absolute Trennung zwischen Vernunftwahrheiten und Tatsachenwahrheiten, zwischen Vernunftgründen und tatsächlichen Ursachen, scheint nun ebenfalls auf die Gefühle und Empfindungen nicht ohne weiters anwendbar. Man denke nur an die elementaren Lebensgefühle der Lebensfreude oder der Todesangst. Bei diesen läßt sich nie mit Bestimmtheit sagen, wieweit sie dem Wesen des Lebendigen und wieweit sie äußeren Ursachen und Anlässen entspringen. Die guten Gründe, die wir für Freude und Traurigkeit anzugeben wissen, verbergen ebensooft die eigentlichen Ursachen, wie umgekehrt faktische Ursachen, die wir erkennen, zur Erklärung dieses und jenes Gefühls ganz unzulänglich bleiben, angesichts der anderen Entstehungsquelle im Wesen des Lebendigen. Und dieses einheitliche Wirken von Gründen und Ursachen in Gefühl und Empfindung wirkt auch dann noch einheitlich weiter, wenn die Gefühle selbst oder andere psychische Instanzen ein Erkenntnisbedürfnis nach Unterscheidung von Ursachen und Gründen entwickeln und dieses auf die eine oder andere Weise befriedigen.

II. Das Dualprinzip des Konkreten und Abstrakten und die Möglichkeit einer Überwindung des metaphysischen Dualismus

Gefühle und Empfindungen sind elementare, sinnlich-emotionale Erkenntnisse. Manchmal und unter gewissen Bedingungen sind sie hellsichtiger und hellhöriger als so manche bewußte Wahrnehmung und Beobachtung. In anderen Fällen und unter anderen Bedingungen bleibt das alte Vorurteil in Geltung, welches ihnen Blindheit und Taubheit unterstellt, und insofern eine echte Erkenntnisfähigkeit abspricht. Aber zumindest unter der Voraussetzung ihrer Erkenntnisfähigkeit haben die Gefühle und Empfindungen eine eigentümliche Perspektive, einen Standpunkt diesseits bzw. jenseits der bestimmten Differenz zwischen Glaube und

Wissen. Sie sind hinsichtlich ihres Wissens eines Beweises weder fähig noch bedürftig und sind sich gleichwohl ihrer Sache zumindest so sicher wie irgendeine beweisbare und aus gegebenen Prämissen bewiesene Erkenntnis. Insofern scheinen sie dem Dualismus von philosophischem Glauben und philosophischem Wissen, dem Gegensatz von Dogmatismus und Kritizismus kaum einen Ansatzpunkt zu bieten. Es ist vor allem dieser Bereich der Phänomene des sinnlich-emotionalen Seins, der es so schwer, wenn nicht unmöglich macht, allgemeingültige Grenzen zwischen Determination und Indetermination sowie zwischen Determination und Freiheit zu ziehen. Denn oft genug fehlt den Gefühlen und Empfindungen ein klares Bewußtsein von diesen Differenzen; oft genug sind gerade sie es, die das Bewußtsein um seine Klarheit und das lebendige Subjekt um sein Bewußtsein bringen. Aber es ist auch nicht selten, daß vorzüglich sie uns ein Gefühl von Freiheit verschaffen, wie etwa das Gefühl einer frohen Erleichterung; wie es andererseits nicht selten ist, daß es diese Gefühle und oft die gleichnamigen sind, die uns in den Bewußtseinszustand der Unfreiheit und der Determination versetzen. Daß die Phänomene des Gefühlslebens nun so offensichtlich und in so mannigfacher Weise den einseitigen Thesen des metaphysischen Dualismus widerstreiten, kann aber nicht gleichbedeutend sein mit einem Verzicht auf all jene theoretischen Unterscheidungen, die der neuzeitliche metaphysische Dualismus absolut und als miteinander unvereinbar gesetzt hat. Es sind vielmehr gerade die Phänomene des Gefühlslebens selbst, die den theoretischen Gebrauch dieser Unterscheidungen erzwingen, und zwar dort, wo es um die allgemeine Beschreibung der differenzierteren und höher entwickelten Formen des Fühlens und Empfindens im Unterschied zu den einfacheren und weniger entwickelten Formen geht. So kann auch bei Whitehead von einem Verzicht auf jene Grundunterscheidungen keine Rede sein. Seine spekulative Kosmologie ist keine Philosophie der Nicht-Unterscheidung des Nicht-Unterscheidbaren. Die Rede von der spekulativen Überwindung des neuzeitlichen metaphysischen Dualismus kann ganz verschiedene Dinge meinen: Nämlich Relativierung und Funktionalisierung aller wichtigen metaphysischen Unterschiede und Gegensätze; Reduzierung der Mannigfaltigkeit metaphysischer Gegensätze auf ein Minimum oder auf einen einzigen Grundgegensatz; und sie kann schließlich auch dies bedeuten: Einsetzung eines oder mehrerer neuer metaphysischer Gegensätze, die die alten in ihrer Erkenntnisfunktion ablösen und so einen traditionellen metaphysischen durch einen neuen Dualismus ersetzen.

Zweifellos hat Whiteheads spekulative Überwindung des cartesischen Dualismus von alledem etwas. So wird der Dualismus der Prinzipien der Kreativität und der Rationalität relativiert. Der ontische und der gnoseologische Dualismus werden durch je verschiedene Funktionen lebendiger Subjekte ersetzt, deren Verschiedenheit eine nur relationale Gültigkeit hat. Vor allem aber drängt sich der Eindruck auf, als würden hier alle wichtigen metaphysischen Gegensätze auf den einen absoluten Gegensatz zwischen dem *Konkreten* und dem *Abstrakten* reduziert; und als trete an die Stelle der wichtigsten metaphysischen Gegensätze der Neuzeit ein anderer Gegensatz, der eine viel ältere Tradition hat und der hier zu neuen Ehren gebracht wird, nämlich der Gegensatz von Wirklichkeit und Möglichkeit, von aktualem und potentiellem Sein. Der Grundgegensatz des Konkreten und des Abstrakten scheint weitgehend mit dieser aus der aristotelischen Tradition stammenden und hier erneuerten Grundunterscheidung zusammenzufallen. Zweifellos bildet diese Unterscheidung das ontologische Kernstück in Whiteheads Kosmologie der Gefühle. Und dieses Kernstück ist, wie immer von ihm her die Überwindung des neuzeitlichen metaphysischen Dualismus gedeutet werden mag, für eine philosophische Theorie der Gefühle und Empfindungen an sich bedeutsam genug. Denn die Unterscheidung eines aktualen und eines potentiellen Seins als ontologische Grunddifferenz vorauszusetzen, bedeutet, diese Differenz auch und insbesondere im Bereich der Gefühle und Empfindungen als kosmopsychologische Differenz zur Geltung zu bringen. So muß man dann vor allem unterscheiden zwischen dem Fühlen von Aktual-Seiendem und dem Fühlen von Potentiell-Seiendem, zwischen dem Spüren von Wirklichem und dem Spüren von Möglichem; – aber auch zwischen dem Empfinden von Übereinstimmung und dem Empfinden von Kontrast hinsichtlich der jeweils gespürten Wirklichkeiten und Möglichkeiten. Das heißt, man muß auch unterscheiden zwischen den mannigfachen Arten und Weisen des Fühlens, die sich den verschiedenen Formen der Verbindung des Wirklichen und Möglichen entsprechend unterscheiden lassen müssen. Wahrnehmungen und Phantasien werden in der Regel und zu Recht in eben dieser Hinsicht der ontologischen Differenz des Realen und des Möglichen unterschieden, sofern die Wahrnehmung in erster Linie auf das Reale und Wirkliche, die Phantasie primär auf das Irreale und Mögliche zu gehen scheint. Man kann daher diese Unterscheidung mit jener Differenz der Gefühle verknüpfen und dementsprechend sagen: Man muß unterscheiden zwischen wahrnehmenden und phantasierenden Gefühlen sowie solchen Gefühlen und Empfindungen, in denen sich eine perzeptive und eine imaginative Komponente auf die eine oder andere Weise verbinden, sei es harmonisierend, sei es kontrastierend. Ebenso muß man aber auch unterscheiden zwischen emotionalen Wahrnehmungen und emotionalen Phantasien, sowie zwischen mannigfachen Verbindungen zwischen diesen und jenen. Hier sind – im Unterschied zu den vorherigen Unterscheidungen – Wahrnehmung und Phantasie leitend und bestimmen von ihnen her die mitspielenden emotionalen Komponenten, während dort umgekehrt das Gefühl in Wahrnehmung und Imagination vorherrschend war. Wirklichkeit und Möglichkeit zu Grundprinzipien einer Kosmologie der Gefühle zu machen, bedeutet schließlich aber auch die mannigfachen Funktionen zu untersuchen, welche die Gefühle und Empfindungen nicht nur in der realen und möglichen Entwicklung, sondern auch in der möglichen und wirklichen Erhaltung lebender Subjekte ausüben.

Alle vorher genannten Gegensätze des neuzeitlichen metaphysischen Dualismus scheinen sich in Whiteheads spekulativer Kosmologie auf die eine metaphysische Grundunterscheidung zwischen dem Wirklichen und dem Möglichen zu reduzieren. Diese Reduktion scheint darauf hinauszulaufen, daß diese Grundunterscheidung sowohl als ontologische wie als ontische, sowohl als gnoseologische wie als methodische Grunddifferenz fungiert. Wo immer Wirkliches gespürt, Tatsächliches empfunden wird, da ist das kosmologische Prinzip der Vernunft am Werk. Und immer dort, wo Möglichkeiten gespürt oder gefühlt werden, da ist das kosmologische Prinzip der Kreativität bestimmend. Was nun aber die ontische Differenz zwischen physischen und mentalen Entitäten als grundsätzliche metaphysische Differenz betrifft, so tritt sie hier als ursprüngliche ontische Differenz zwischen dem Spüren des Wirklichen und dem Spüren des Möglichen, als Grunddifferenz zwischen einem wahrnehmenden und einem imaginierenden Gefühl auf. Entsprechend verhält es sich mit den anderen metaphysischen Gegensätzen, den absoluten Differenzen zwischen

Tatsachenwahrheiten und Vernunftwahrheiten, zwischen philosophischem Wissen und philosophischem Glauben. Auf die eine oder andere Weise lassen sie sich alle auf den Grundgegensatz des Wirklichen und des Möglichen zurückführen; so auch der Grundgegensatz der neuzeitlichen Philosophie, der Gegensatz von Determination und Freiheit. Dieser erscheint in Form des Spürens des einen und des anderen. Das Spüren des Wirklichen, des Tatsächlichen und Faktischen ist ein jeweiliges Spüren der eigenen kausalen Determination, so, wie sich im Spüren des Möglichen die Spuren des Freiheitsgefühls finden. Diese Gefühle der Determination und der Freiheit sind, als elementare Selbstgefühle, sehr viel ursprünglicher als die entsprechenden Weisen des bewußten Wissens und Glaubens und sehr viel tiefer mit dem Wesen des Lebendigen verbunden, als es vom Standpunkt des menschlichen Selbstbewußtseins aus scheinen könnte. Inwiefern aber, so muß man sich fragen, soll diese Reduktion der traditionellen metaphysischen Gegensätze auf einen anderen Grundgegensatz eine Überwindung des metaphysischen Dualismus ermöglichen? Inwiefern sollen sich auf diesem Weg die durch den Dualismus hervorgerufenen Antinomien auflösen? Wird durch eine solche Reduktion nicht der Dualismus sogar verschärft und die Unauflösbarkeit seiner Antinomien gefestigt? Was hat es mit dem eigentümlichen Unterschied auf sich zwischen der ontologischen und der kosmopsychologischen Differenz des Wirklichen und Möglichen? Wie verhält sich die letztere Differenz zu der analogen anthropologischen Differenz menschlichen Verhaltens? Wie führt hier ein Weg von der einen Differenz zur anderen? Und vor allem: Wie soll von hier aus eine adäquate allgemeine Beschreibung des Gefühlslebens möglich werden, obschon dessen Phänomene jeglichem Dualismus der genannten Arten widerstreiten?

Die Möglichkeit der Überwindung des metaphysischen Dualismus hängt in Whiteheads spekulativer Philosophie in erster Linie von einem Postulat ab, welches er selbst als »kosmologisches Ideal« bezeichnet hat. Dieses stellt ein elementares Ordnungsprinzip dar, welches die prinzipielle Regelung des Zusammenhanges zwischen dem Konkreten und dem Abstrakten ermöglicht und damit die Voraussetzungen schafft für ein entsprechendes Regelsystem: das System der Kategorien. Diesem Postulat oder »Ideal« zufolge soll es nur ein Minimum unterschiedlicher Typen von Entitäten geben, denen uneingeschränkt und gleichermaßen volle

Konkretion zukommt. Dieses Minimum typisch verschiedener Entitäten besteht 1. aus den konkreten Entitäten im eigentlichen Sinne, den aktualen Entitäten, ferner 2. aus den konkreten Zusammenhängen, die die konkreten Entitäten miteinander bilden, den nexus; und schließlich 3. aus den konkreten Verhaltensweisen bzw. Relationen – den Prehensionen –, welche gegebene aktuale Entitäten gegenüber den anderen konkreten Entitäten an den Tag legen. Zwischen diesen drei verschiedenen Typen des konkreten aktualen Seins gibt es aufgrund ihrer kategorial-typischen Differenz keinen Unterschied hinsichtlich ihrer Konkretion und Aktualität. Immer wo ein aktuales konkretes Sein vorliegt, treten diese drei Seinsweisen des aktualen konkreten Seins in Verbindung miteinander auf: Eine konkrete aktuale Entität verhält sich konkret zu anderen aktualen Entitäten, und zwar zu denjenigen, mit denen sie einen konkreten Verhaltenszusammenhang bildet; und eine konkrete aktuale Entität steht in einem konkreten Verhaltenszusammenhang mit anderen aktualen Entitäten, und zwar in demjenigen, der durch das konkrete aktuale Verhalten zwischen ihr und anderen aktualen Entitäten gegeben ist. Es macht keinen Sinn, die drei zusammengehörigen Seinsweisen des konkreten und aktualen Seins nach Graden oder Stufen der Konkretion und Aktualität zu unterscheiden. Ganz allgemein gilt für diese Konkretionen und Aktualitäten, ob es sich dabei um Entitäten, um Zusammenhänge (nexus) oder Verhaltensweisen (prehensions) handelt, was schon Aristoteles für die Beziehung zwischen Aktualität und Potentialität statuierte: Daß nämlich jene gegenüber dieser primär ist, und zwar in einem dreifachen Sinne, nämlich dem Sein, der Erkenntnis und der Zeit nach. Dieser dreifache Primat gilt nun wiederum primär für die aktualen Entitäten, sofern ihr aktuales Sein die Grundlage jeglichen konkret aktualen Verhaltens und die notwendige Voraussetzung für die Bildung konkreter Verhaltenszusammenhänge darstellt. Dieser ausgezeichnete Primat der aktualen Entitäten – eine direkte Konsequenz des kosmologischen Ideals – ist von Whitehead als ontologisches Prinzip bezeichnet worden. Diesem zufolge gilt: Wie viele aktuale Entitäten auch immer aktual existieren und wie vielfältig sie sich auch untereinander unterscheiden mögen, diese Unterschiede sind nicht von der Art eines Unterschiedes hinsichtlich des Grades der Aktualität und der Konkretheit. Deswegen ist jede aktuale Entität ein möglicher letztgültiger Seins- und Erkenntnisgrund, und die Suche nach einem solchen Grund verweist letzten Endes immer auf irgendeine so oder so beschaffene konkrete aktuale Entität zurück.

Das kosmologische Ideal in seinen ontologischen Konsequenzen scheint nur den gesuchten ersten Schritt in Richtung einer Überwindung des metaphysischen Dualismus zu ermöglichen. Denn aus seiner Voraussetzung scheint zu folgen, daß dem traditionellen ontisch-ontologischen Gegensatz zwischen dem Unendlichen und dem Endlichen, dem metaphysischen Gegensatz zwischen der einen unendlichen Substanz (Gott) und den vielen endlichen Substanzen oder Dingen überhaupt kein konkretes aktuales Sein zukommt, daß es sich also bei diesem Verhältnis zwischen dem Unendlichen und dem Endlichen um eine bloß gedankliche Beziehung (*distinctio rationis*) handelt, oder aber, daß der Unterschied zwischen einer unendlichen und vielen endlichen aktualen Entitäten – wenn es sich um einen konkreten aktualen Verhaltensunterschied handeln soll – anders bestimmt werden muß als durch Unterschiede in einer Hierarchie aktualer Entitäten hinsichtlich ihrer Aktualität. Aber auch wenn so der alte metaphysische Gegensatz zwischen dem Unendlichen und dem endlichen Sein zu verschwinden scheint, so löst sich damit der metaphysische Dualismus als solcher keineswegs auf. Er tritt vielmehr um so dominierender als der schlechthin maßgebliche metaphysische Gegensatz des Konkreten und des Abstrakten in Form des Grundgegensatzes von Aktualität und Potentialität, von Wirklichkeit und Möglichkeit in Erscheinung. Und doch scheint das von Whitehead eingeführte kosmologische Ideal und das mit diesem verknüpfte ontologische Prinzip eine Möglichkeit zur Überwindung des metaphysischen Dualismus zu eröffnen. Denn beide, Ideal und Prinzip, fungieren hier zugleich und gemeinsam als Prinzipien der Kohärenz. Das heißt unter diesem Gesichtspunkt einer möglichen Aufhebung des Dualismus: Metaphysische Gegensätze, welchen Inhaltes auch immer, sind in ihrer Universalität abstrakte Bestimmungen. Als solche Abstracta sind sie ohne Sinn und Bedeutung, wenn sie nicht auf jeweils gegebene konkrete aktuale Entitäten zurückbezogen und in deren aktualem Verhalten verknüpft werden. Sie haben eine je bestimmte Bedeutung nur in direkter Verbindung mit einem solchen konkreten aktualen Verhalten. Demnach wird eine jede konkrete aktuale Entität immer und notwendig auf eine spezifische Weise diese universalen Gegensätze in sich, in der Einheit ihres konkreten aktualen Verhaltens vereinigen. Daraus ergibt sich für den grundlegenden metaphysischen Gegensatz des Konkreten und des Abstrakten in Form des Aktualen und des Potentiellen: Eine konkrete aktuale Entität vereinigt in sich Konkretion und Abstraktion. Sie verbindet in ihrem konkreten aktualen Verhalten ein Wirkliches in seiner Aktualität mit einem Möglichen in seiner Potentialität. Jede einzelne aktuale Entität aktualisiert in ihrem konkreten Verhalten zu anderen gegebenen aktualen Entitäten einen für sie wesentlichen Zusammenhang des Wirklichen und des Möglichen. In ihrem aktualen Verhalten verhält sie sich zu Wirklichem und zu Möglichem und bildet dementsprechend ein bestimmtes Verhältnis zu Wirklichkeit und Möglichkeit. Sie ist in dieser Aktualisierung die Einheit eines aktualen Doppelverhaltens, das heißt, sie verhält sich zu den anderen gegebenen aktualen Entitäten unter dem doppelten Gesichtspunkt des Wirklichen und des Möglichen. Wirklichkeit und Möglichkeit sind demnach die beiden elementarsten und ursprünglichsten Perspektiven eines aktualen Verhaltens einer aktualen Entität zu anderen aktualen Entitäten. Auf diese Weise transformiert sich ein zweifaches Verhalten, das Verhalten zu Wirklichem und zu Möglichem in die Einheit eines Verhaltens mit einer Doppelperspektive. Ist durch diese Verwandlung das Problem des metaphysischen Dualismus gelöst?

Die aktualen Entitäten, zu denen eine bestimmte aktuale Entität sich in der angegebenen konkreten Weise verhält, machen die aktuale Welt dieser aktualen Entität aus; und die aktualen Entitäten, zu denen diese ein solches aktuales Verhältnis hat, sind für dieselbe alle aktualen Entitäten überhaupt. Im Blick auf diese ist die aktuale Welt eine relativ vollständige. Jede konkrete aktuale Entität, wie einfach und unentwickelt auch immer, hat eine spezifisch eigene aktuale Welt, die sich ihr in der Perspektive von Wirklichkeit und Möglichkeit darstellt; das heißt, sie ›erfaßt‹ (prehendiert) alle ihr gegebenen aktualen Entitäten ihrer aktualen Welt unter dieser Weltperspektive. Daraus ergibt sich für die kosmologische Theorie der Gefühle und Empfindungen: Gefühle des Wirklichen und des Möglichen sind nicht nur unterschiedliche Typen von Entitäten – Whitehead nennt sie »physical feelings« und »conceptual feelings« –; vielmehr sind diese beiden elementaren, typisch verschiedenen Verhaltensweisen immer unter der notwendigen Bedingung einer jeweiligen konkreten aktualen Entität und unter der notwendigen Bedingung eines im Grunde einheitlichen aktualen Verhaltens dieser Entität gegeben. Insofern bilden diese typisch verschiedenen Verhaltensweisen im Grunde ein einheitliches komplexes aktuales Verhalten einer konkreten aktualen Entität. Diesem einheitlichen Verhalten eignet nun aber im Unterschied zu den vorherigen unterschiedlichen Verhaltensweisen eine einheitliche komplexe Perspektive. In dieser Perspektive kontrastieren in eigentümlicher Weise Wirklichkeit und Möglichkeit im Blick auf die gegebenen aktualen Entitäten, die von einer bestimmten aktualen Entität gespürt werden. Insofern kommt allen Gefühlen und Empfindungen eine solche mehr oder weniger kontrastreiche eigene Perspektive zu. In dieser Perspektive des eigenen Fühlens und Empfindens eröffnet sich den konkreten aktualen Entitäten in elementarer Form ihr erster Zugang zu ihrer aktualen Welt und zu den Möglichkeiten des eigenen Seins und Werdens. So gesehen sind Gefühle und Empfindungen, auch die elementarsten und einfachsten, durchaus als Erkenntnisse eines konkreten aktualen Seienden anzusehen. Sofern nun die anderen metaphysischen Gegensätze, die vorher genannt wurden, sich alle letzten Endes auf den einen metaphysischen Grundgegensatz des aktualen und des potentiellen Seins sollen zurückführen lassen können, werden sie sich als Aspekte jener Grundperspektive des konkreten Gefühlsverhaltens wiederfinden lassen müssen: Als kreative und rationale, als physische und mentale, als faktische und wahre Aspekte in der Perspektive des Wirklichen und Möglichen. Aber, so wird man fragen: Ist mit dem kosmologischen Ideal und mit dem ihm korrespondierenden ontologischen Prinzip –, ist mit dieser Setzung eines einheitlichen Einheitsgrundes in Gestalt der Einheit einer jeweils bestimmten aktualen Entität das Problem der Überwindung des metaphysischen Dualismus gelöst? Wird nicht immer und notwendig, wenn ein Gegensatz auf ein Identisches und auf die Einheit dieses Identischen bezogen wird, ein Widerspruch entstehen, nicht aber der Gegensatz sich auflösen? Und wird nicht, wenn man den Widerspruch durch Unterscheidung verschiedener Hinsichten und Perspektiven des Gegensätzlichen aufzulösen versucht, die ursprünglich vorausgesetzte Einheit eines einheitlichen Grundes aufs Spiel gesetzt? Wie also kann die Transformation des ontisch-ontologischen Gegensatzes von Wirklichkeit und Möglichkeit in einen perspektivischen und gnoseologischen Kontrast den Widerspruch vermeiden, ohne die Einheit des Subjektes – hier des fühlenden und empfindenden Subjektes – zu gefährden?

Vor allem aber bleibt weiterhin die Frage: Wie ist der Zusammenhang zwischen der ontisch-ontologischen Differenz einerseits und der gnoseologisch-methodischen Differenz zwischen aktualem und potentiellem Sein überhaupt zu denken? In welchem Verhältnis stehen Wirklichkeit und Möglichkeit zum Spüren von Wirklichem und Möglichem? Gibt es den ersteren Unterschied überhaupt nur in Form der letzteren Unterscheidung? Um Whiteheads spekulativer Überwindung des metaphysischen Dualismus gerecht zu werden, genügt es nicht, die antinomischen Konsequenzen dieses Dualismus herauszuarbeiten. Nicht nur um der Konsistenz, sondern auch um der Adäquatheit und der Anwendbarkeit der metaphysischen Theorie willen bedarf es über die Erforschung der Konsequenzen hinaus der Suche nach den Entstehungsgründen dieses neuzeitlichen Dualismus, der sich vor allem zur allgemeinen Beschreibung der Phänomene des Gefühlslebens weitgehend als unangemessen erwiesen hatte. Whitehead glaubte, angesichts der Geschichte der europäischen Philosophie im ganzen einen höchst einfachen Grund ausmachen zu können. Er sah diesen in der weithin unbestrittenen Herrschaft der Grundbegriffe »Ding« und »Substanz«, die das metaphysische Denken von alters her leiteten, und die schließlich mit dem neuzeitlichen Grundbegriff »Subjekt« unvermeidlich in Konflikt geraten mußten. In seinen Augen waren jene Begriffe nichts anderes als Hypostasierungen einer relativ einfachen grammatischen Sprachform, irreführende Ontologisierungen der Form des umgangssprachlichen Aussagesatzes, dessen Form der Verknüpfung eines Subjekts- mit einem Prädikatsausdruck zur universalgültigen Kategorie hochstilisiert worden war. Für ihn war diese grammatische Sprachform des Aussagesatzes zur allgemeinen Darstellung umfassender metaphysischer Zusammenhänge außerstande. Insofern schließt Whiteheads Metaphysik der Subjektivität eine Metaphysik der Substanz mit dem allergrößten Nachdruck aus. Seine Kritik an der traditionellen Ding- und Substanzenontologie hat ein Grundthema der Philosophie der Moderne aufgenommen und weitergeführt. Aber im Unterschied zu so mancher idealistisch orientierten Wissenschaftstheorie des vergangenen und des gegenwärtigen Jahrhunderts war es Whitehead nicht nur um die sogenannten »Funktionsbegriffe« zu tun, die in den modernen Wissenschaften, vor allem in den mathematischen Naturwissenschaften die Ding- und Substanzbegriffe abgelöst haben. So wichtig ihm, einem der großen Wissenschaftler dieses Jahrhunderts, dieser Aspekt der Kritik auch war, seine Kritik reicht weiter. Sie ist metaphysisch im weitesten Wortsinn: nicht nur die Erfahrungen in den Wissenschaften, sondern auch in den vorwissenschaftlichen Lebenswelten des Lebendigen umgreifend. Hierin berührt sie sich mit der tiefsinnigsten und weitgreifendsten Kritik an der Substanz-Metaphysik in der Philosophie der Moderne, mit der spekulativen Kritik Hegels.

III. Priorität der Wahrheit oder Priorität des Lebens. Die Alternative zwischen Hegels und Whiteheads Metaphysik der Subjektivität

1. Abstrakte und konkrete Kausalität des Lebens

Zwischen Hegels und Whiteheads spekulativer Kritik an der traditionellen Metaphysik der Substanz gibt es viele wesentliche Gemeinsamkeiten. Gemeinsam ist den beiden großen Metaphysikern der Moderne – bei aller Differenz ihrer Begriffssprachen – der Ausgangspunkt ihrer Kritik. Beide beziehen ihre Kritik auf die metaphysische Grunddifferenz zwischen dem Konkreten und dem Abstrakten. Beide stimmen darin überein, daß dort, wo in der Philosophie die Begriffe ›Ding‹ und ›Substanz‹ als die ursprünglichsten und grundlegendsten Denkformen gelten und dementsprechend als Kategorien zur allgemeinen Beschreibung des Seins des Seienden in seiner vollen Konkretion und Aktualität verwendet werden, das philosophische Vorhaben unvermeidlich in Aporien geraten muß; daß es bei einem solche Gebrauch jener Begriffe zum Irrtum aller Irrtümer in der Metaphysik kommen muß, nämlich zur Verwechslung des Abstrakten mit dem Konkreten, zu jenem Grundirrtum, den Whitehead immer wieder unter dem Namen der »fallacy of misplaced concreteness« angeprangert hat. Der Mangel an Konkretion und an konkreter Aktualität, an lebendiger Kraft und Wirksamkeit, der den Dingen und Substanzen hinsichtlich ihrer Begriffsform anhaftet, ist von den beiden großen Metaphysikern der Moderne in verwandten Formulierungen zum Ausdruck gebracht worden. So hat Hegel die abstrakte und formelle Reflexion kritisiert, die den Dingen und Substanzen eigentümlich ist und die ihnen nur ein uneigentliches, abstraktes Selbstsein zuzuschreiben erlaubt. Seine philosophische Kritik richtete sich unter diesem Gesichtspunkt grundsätzlich gegen alle »Reflexionsphilosophie«, deren äußeres Räsonnement sich ausschließlich am Leitfaden der Ding- und Substanzbegriffe fortspinnt und der es unmöglich ist, den konkreten Zusammenhang zu erkennen zwischen dem, was die Dinge und Substanzen an und für sich, und dem, was sie für uns sind. In einer ähnlichen Wendung hat Whitehead von der leeren Aktualität gesprochen, die in einer Philosophie des Konkreten kein Prinzip sein könne und die doch unvermeidlich zum Prinzip werde, wenn die metaphysische Erkenntnis sich auf die Kategorien ›Ding‹ und ›Substanz‹ als die letztgültigen Grundbegriffe stütze. Die unvermeidliche Folge sei die Verwechslung des Abstrakten mit dem Konkreten, des Wirklichen mit dem Möglichen. Wie Hegel hat auch Whitehead den einfachen Aussagesatz in seiner Subjekt-Prädikat-Form für unzulänglich zur allgemeinen Beschreibung metaphysischer Zusammenhänge angesehen, auch wenn er in dem von Hegel verwendeten dialektischen Darstellungsmittel des spekulativen Satzes eher eine Fortschreibung als eine Behebung dieser Unzulänglichkeit gesehen hätte. Die formelle Reflexion und leere Aktualität der Dinge und Substanzen – diese Charakteristik des Wesens einer bestimmten Abstraktion, die als Konkretion auftritt, bedeutet in ihren Konsequenzen mangelnde inhaltliche Bestimmtheit, wo im Grunde eine solche vorliegt; Unklarheit und Unerkennbarkeit von Zusammenhängen da, wo eigentlich Erklärbarkeit und Erkennbarkeit möglich ist. Im besonderen betrifft dieser Mangel an Konkretion und Aktualität die Dinge und Substanzen in dreifacher Hinsicht: Einmal in ihrem Verhältnis zu ihnen selbst, das heißt zu ihren Attributen und Eigenschaften; ferner in ihrem Verhältnis zu all den anderen Dingen und Substanzen, mit denen sie so oder so bestimmte Zusammenhänge bilden; und schließlich und vor allem in ihrem jeweiligen Verhältnis zu ihrem Verhalten nach außen und innen. Alle diese Grundverhältnisse sind allein in Form äußerer Relationen gegeben. Und es ist diese Äußerlichkeit, hinter der sich das Wesen und die wesentlichen Beziehungen der Dinge ebenso wie der Substanzen verbergen. Diese Form der Äußerlichkeit schränkt den Zugang zum Wesenhaften und zum Wesentlichen auf bloße Erscheinungen ein.

Die Äußerlichkeit der Relationen betrifft im Grunde alle kategorialen Bestimmungen, sofern diese auf Dinge und Substanzen
Anwendung finden. Exemplarisch zu nennen ist dabei vor allem
1. der Zusammenhang von Einheit und Vielheit; sei es als Zusammenhang zwischen der Einheit eines jeweiligen Dinges oder einer
jeweiligen Substanz und der Vielheit ihrer Eigenschaften und
Attribute; sei es als Zusammenhang zwischen der Einheit eines
jeweiligen Dinges, einer jeweiligen Substanz und der Einheit vieler
so oder so zusammenhängender Dinge bzw. Substanzen; sei es
schließlich als Zusammenhang zwischen Einheit und Vielheit des
Komplexen, sofern dieses die Form des Dinges oder der Substanz
hat. Ähnlich unbestimmt ist 2. das Verhalten der Dinge und Substanzen hinsichtlich der Differenz zwischen Position und Negation. Auch hier erstreckt sich die inhaltliche Unbestimmtheit und
mangelnde Aktualität auf alle drei genannten Grundverhältnisse:
Auf das Verhalten zu sich selbst und zu den eigenen Bestimmungen, auf das Verhalten zu den anderen Dingen und Substanzen
sowie auf das einheitliche Verhalten zu den beiden zusammengehörigen Verhaltensweisen, dem Verhalten nach innen und nach
außen. Vor allem aber betrifft 3. der Mangel an Konkretion und an
Aktualität in den Dingen und Substanzen ihre Kausalität, ihr
kausales Verhalten. In diesem Mangel einer leeren, abstrakten
Kausalität kommen alle kategorialen Mängel an Konkretion und
Aktualität zusammen, die den Dingen und Substanzen anhaften.
Jene Verwechslung aller Verwechslungen in der Metaphysik, die
Verwechslung des Abstrakten mit dem Konkreten hat hier ihren
eigentlichen systematischen Ursprungsort. Daß die Kausalität der
Dinge und Substanzen eine abstrakte Kausalität ist, bedeutet in
einer anderen Formulierung: Die kausalen Relationen, in denen
die Dinge und Substanzen jeweils zu ihnen selbst und untereinander stehen, haben den Charakter von rein äußerlichen, in Formen der Extensivität gegebenen Beziehungen. Sie sind in ihrer
äußeren Extensivität abgetrennt vom Wesen und vom eigentlichen
Selbstsein der Dinge und Substanzen. Sie berühren dieses Wesen
und Selbstsein nicht. Insofern sind auch umgekehrt das Wesen und
das Selbstsein für die kausalen Verhältnisse der Dinge und Substanzen etwas Äußerliches und ganz Unwesentliches. Abstrakte
äußere Kausalität ist bestimmt als Gesetzmäßigkeit von Veränderung unter bestimmten Bedingungen. Weder die Bedingungen
der Geltung dieser Gesetzmäßigkeit noch die Gesetzmäßigkeit

selbst, noch die Veränderung, für die die Gesetzmäßigkeit Gültigkeit hat, stehen hier in konkretem Zusammenhang mit dem Wesen und Selbstsein des Seienden. Das Selbstsein ist hier so nichtig wie das Wesen. Vom Standpunkt eines bestimmten Wesens und Selbstseins her ist diese abstrakte Kausalität lediglich eine phänomenale Kausalität; eine Kausalität von einem äußeren Standpunkt aus und für einen äußeren Standpunkt, der der eines äußeren Beobachters oder der eines äußeren Denkers sein mag. Von der äußeren Kausalität her gesehen erübrigt sich die Annahme eines Wesens und eigentlichen Selbstseins der Dinge und Substanzen.

Zugleich aber wird mit der Annahme einer solchen abstrakten, leeren Kausalität die Grundunterscheidung hinfällig, die mit jeglichem Selbstsein gegeben ist: Die Unterscheidung zwischen einem Verhalten zu sich selbst und einem Verhalten zu anderem. Denn für diese beiden Verhaltensweisen gilt unter der Voraussetzung der äußeren Kausalität: Es gibt hier nur Gesetzmäßigkeit von Veränderung unter Absehung von den spezifischen Bedingungen der Äußerlichkeit einerseits und der Innerlichkeit andererseits. Selbst wenn hinsichtlich dieser abstrakten Kausalität unterschieden wird zwischen der Äußerlichkeit einer Veränderung und der Innerlichkeit einer Entwicklung, ändert dies nichts an der Äußerlichkeit und Abstraktheit einer solchen Kausalität. Kausalität hinsichtlich des Werdens und der Entwicklung eines Seienden wird im allgemeinen als eine teleologische Kausalität begriffen. Doch bleibt auch diese äußerlich und gewissermaßen mechanisch, wenn die betreffende Entwicklung lediglich als etwas *an* den Dingen und Substanzen, *an* ihrem äußeren Zusammenhang begriffen wird, nicht aber als eine Entwicklung in konkreter Beziehung zu dem Wesen und Selbstsein, nicht als Entwicklung des Wesens und des Selbstseins selbst. Die Kausalität der Dinge und Substanzen bleibt auch in diesem Fall einer bloß äußeren, phänomenalen Entstehung und Entwicklung von etwas wie im Fall der äußerlichen Veränderung von etwas leer und abstrakt. Sie ist daher ebenfalls nur eine bedingte Gesetzmäßigkeit von Veränderung, wenn auch in diesem Fall im Blick auf bestimmte Entwicklungen. Sie ist eine bedingte Gesetzmäßigkeit im Verhältnis sukzessiv realisierter Mittel hinsichtlich eines bestimmten realisierbaren Zweckes. Die Verkennung des ›mechanischen‹ bzw. technischen Charakters der äußeren teleologischen Kausalität, die Verwechslung derselben mit der eigentlich wesenhaften Kausalität einer aus dem Wesen selbst entspringenden Entwicklung gehört zu den schwerwiegendsten Verwechslungen des Abstrakten mit dem Konkreten.

Die hier skizzierte ontologische Übereinstimmung zwischen Hegel und Whitehead beschränkt sich nun aber keineswegs auf wichtige Gemeinsamkeiten in der Kritik an der traditionellen Ding- und Substanzenmetaphysik. Sie erstreckt sich vielmehr darüber hinaus auf elementare Grundprinzipien einer Metaphysik der Subjektivität. Das Sein der Subjektivität gilt für Hegel wie für Whitehead als das schlechthin Konkrete und damit auch schlechthin aktuale Sein, im Vergleich zu dem alles andere Sein Abstraktion ist. Im Unterschied zur leeren, abstrakten Kausalität der Dinge und Substanzen ist die Kausalität der Subjekte eine konkrete, aktuale Kausalität. Sie ist anders als jene nicht vom Wesen und Selbstsein abgetrennt. Vielmehr ist sie direkt und konkret auf das Wesen und Selbstsein der Subjekte bezogen und durch dieses Wesen und Selbstsein bestimmt. Das Kausalverhalten der Subjekte entspringt in seiner Konkretion und Aktualität ihrem Wesen und Selbstsein. Umgekehrt gewinnen das Wesen und das Selbstsein der Subjekte in einem solchen konkreten Kausalverhalten selbst eine Konkretion und Aktualität, die dem Wesen und Selbstsein der Dinge wie der Substanzen abgeht. Die Kausalität der Subjekte ist nicht nur Aktualisierung irgendwelcher Möglichkeiten überhaupt; sie ist vielmehr Selbstaktualisierung, Selbstverwirklichung hinsichtlich jeweils eigener, spezifisch eigener Möglichkeiten.

Die Konkretion und Aktualität der Subjektivität bedeutet demnach: Ein konkretes Subjekt aktualisiert in seinem Verhalten nach außen und nach innen seine äußeren und inneren Möglichkeiten, indem es gegebene Möglichkeiten zu den seinigen macht. Es aktualisiert sich, indem es seine äußeren mit seinen inneren Möglichkeiten in der bestimmten Einheit seiner Selbstaktualisierung verbindet. Die konkrete und aktuale Kausalität der Subjekte ist insofern nicht eine abstrakte Gesetzmäßigkeit, sondern sie ist die Kausalität einer Selbsttätigkeit, das konkrete Gesetz eines einzigartigen Wesens, das sich in einer Selbstwerdung, in einer Selbstentwicklung verwirklicht. Diese Kausalität ist die Kausalität gelebten Lebens, die Kausalität des Lebensprozesses lebendiger Subjekte. Hegel und Whitehead stimmen bis zu diesem Punkte, wo die Metaphysik der Subjektivität sich als Metaphysik des Lebens und des Lebensprozesses erweist, überein. Nun wird man über diesen weitgehenden ontologischen Gemeinsamkeiten nicht die mindestens ebenso weitreichenden Differenzen in den beiden metaphysischen Systemen übersehen dürfen, und dies um so weniger, als diese Differenzen zwangsläufig wesentliche Differenzen in der philosophischen Behandlung des Gefühls- und Empfindungslebens nach sich ziehen müssen. Diese ontologischen Differenzen beginnen dort, nämlich bei der Identifikation von Subjektivität und Lebensprozeß. Sie kreisen vor allem um die Bestimmung des Verhältnisses zwischen Substantialität und Subjektivität, sowie zwischen Wahrheit und Wirklichkeit. Wie Whitehead so hat schon Hegel die Verquickung der Kategorien ›Substanz‹ und ›Subjekt‹ für die Widersprüche und Antinomien in der neuzeitlichen Metaphysik verantwortlich gemacht; und wie jenem so ging es auch diesem vorzüglich darum, die Metaphysik von jener Kategorienvermischung und der mit dieser verbundenen Verwechslung des Abstrakten und des Konkreten zu befreien. Aber in der Frage nach dem Wie dieser Befreiung gehen die Wege der beiden großen Metaphysiker auseinander. Für Hegel waren die Kategorien ›Substanz‹ und ›Subjekt‹ beide für die metaphysische Erkenntnis und deren Darstellung unentbehrlich. Er sah die Hauptaufgabe seiner spekulativen Philosophie darin, die alte dogmatische Substanzenmetaphysik mit der neuen kritischen Metaphysik der Subjektivität in Einklang zu bringen und die eine mit der anderen zu versöhnen. Dabei war keineswegs ausschließlich die Idee der Einheit der Geschichte der Metaphysik leitend. Vielmehr schien jene Aufgabe der Versöhnung ein Gebot der metaphysischen Wahrheitserkenntnis selbst und ihres Wahrheitsbeweises zu sein. Die geforderte Versöhnung der alten und der neuen Metaphysik verlangte, über die Kategorien des Lebens und des Lebensprozesses hinaus zur Kategorie ›Erkenntnis‹ und zur Kategorie ›Erkenntnisprozeß‹ überzugehen, und diesen gegenüber jenen Priorität einzuräumen. Konkrete, aktuale Subjektivität – dies war hier nicht mehr nur das konkrete, aktuale Leben, sondern die theoretische und praktische Vernunfterkenntnis. Das Leben galt zwar als der Grund der Erkenntnis, aber die Erkenntnis galt nunmehr als die Wahrheit des Lebens.

2. Die Philosophie des Gefühlslebens
zwischen Substanz- und Subjektbegriff

Hegels Metaphysik der Subjektivität hat für sich selbst einen Beweis ihrer Wahrheit gefordert. Und diese Wahrheit lautete: Das Sein der Subjektivität – der erkennenden Subjektivität – ist das schlechthin konkrete, aktuale Sein. Ein Beweis dieser Wahrheit aber schien nur auf eine einzige Art und Weise möglich: Durch eine Analyse dieses konkreten Seins in seinen verschiedenen Abstraktionen und durch eine Synthese dieser Abstraktionen, so, daß durch ihre Verknüpfung zu einer Einheit die ursprüngliche, konkrete Subjektivität in ihrer Entwicklung zur Darstellung gelangen konnte. Innerhalb dieses Wahrheitsbeweises kam der Kategorie ›Substanz‹ als einer der maßgeblichen Abstraktionen eine Schlüsselfunktion zu. Die vorher im einzelnen beschriebenen Mängel ihrer Abstraktion ließen sich so als Mängel in der Entwicklung der konkreten Subjektivität, als Mängel in der Entwicklung der Wahrheit ihrer Erkenntnis und des Beweises dieser Wahrheit erklären. Im Gegensatz zu Hegels Metaphysik schließt Whiteheads spekulative Philosophie eine Metaphysik der Substanz aus grundsätzlichen Erwägungen aus. Für sie ist und bleibt die Kategorie Substanz – auch als Abstraktion – mißverständlich. An ihrem Gebrauch in der metaphysischen Erkenntnis festhalten zu wollen, gilt hier als gleichbedeutend mit der unvermeidlichen Konsequenz ständig neuer Verwechslungen des Abstrakten mit dem Konkreten. Der Begriff ›Substanz‹ ist eine Verwechslung des potentiellen und des aktualen Seins. Es macht für Whitehead keinen Sinn, die metaphysische Erkenntnis zwingend beweisen zu wollen. Denn eine solche Erkenntnis gilt ihm als unabgeschlossen und als prinzipiell unabschließbar. Sie muß in ihrem Wandel dem Wandel der Dinge, dem unaufhörlichen Entstehen und Vergehen des Seienden Rechnung tragen. Wegen ihrer Unabschließbarkeit zählen für sie neben den Vernunftkriterien der Konsistenz und der Kohärenz die beiden anderen Kriterien der Anwendbarkeit und der Adäquation mehr als jeder erdenkliche Wahrheitsbeweis. Die Erfüllung dieser Kriterien ist die einzig sinnvolle Wahrheit der Metaphysik. Diese gewinnt hier durch ihre Verbindung von Rationalität und Kreativität einen unverkennbar pragmatischen Zug, der sich mit einer spekulativen Erkenntniskomponente zu einer einzigartigen Verbindung zusammenfügt. Whiteheads spekulative Kosmologie ist eine ontologische Hermeneutik und eine metaphysische Heuristik. Im Vergleich zur spekulativen Philosophie Hegels, einer Philosophie des absoluten Wissens, sind in ihr die Prioritäten im Verhältnis von Wirklichkeit und Wahrheit umgekehrt gesetzt. Nicht die Wahrheit hat den Primat vor der Wirklichkeit, sondern die Wirklichkeit hat den Primat vor der Wahrheit. Es gibt Wirklichkeit ohne Wahrheit, aber es gibt keine Wahrheit ohne Wirklichkeit. Die Wirklichkeit des Lebens und der einzelnen Lebensprozesse ist ursprünglicher als die Wahrheit der Erkenntnis und als der Prozeß ihres Wahrheitsbeweises. Wahrheit – wie übrigens auch der Irrtum, die Täuschung – ist nur eine von vielen Lebensfunktionen, wenn auch eine besonders wichtige: Sie befördert die Entwicklung des höheren Lebens. Aber nicht nur dies: Sie gefährdet zugleich auch dessen bleibenden Bestand. In der Setzung des Primates der Wirklichkeit vor der Wahrheit steckt nicht nur ein Stück Realismus, sondern auch ein Stück Kritizismus. Sie verhindert eine falsche Überschätzung der Macht der Wahrheit.

Der Primat der Wirklichkeit vor der Wahrheit ist nur ein weiterer wesentlicher Aspekt des ontologischen Prinzips. Diesem zufolge hat das aktuale Sein vor dem potentialen Sein Priorität, und zwar dem Sein und der Zeit nach, der Erkenntnis nach aber nur in gewisser Hinsicht und unter bestimmten Voraussetzungen. Dieses ontologische Prinzip besagt nun aber auch hinsichtlich der behaupteten Unmöglichkeit einer metaphysischen Versöhnung von Substantialität und Subjektivität in einem absoluten Wahrheitsprozeß: Es gibt überhaupt keine aktuale Entwicklung des Konkreten aus dem Abstrakten. Jede reale Entwicklung – ob Entwicklung des Höheren aus dem Niedrigeren oder des Komplexen aus dem Einfachen – sie ist immer und notwendig die Entwicklung eines Konkreten aus dem Konkreten. Andernfalls ist sie nur ein abstraktes und äußerliches, ein phänomenales Werden. Es müssen konkrete aktuale Entitäten als solche und in konkreten Verhaltenszusammenhängen (nexus) gegeben sein, damit unter der Voraussetzung dieser Gegebenheiten neue Prozesse der lebendigen Entwicklung konkreter aktualer Entitäten möglich werden. Anstelle der traditionellen Substanzkategorie, die schon ihrem Begriffe nach eine Verwechslung des Abstrakten mit dem Konkreten darstellt, tritt eine Reihe von ›Existenzkategorien‹, von denen eine jede einen kategorialen Grundtypus eines bestimmten Verhältnisses von aktualem und potentiellem Sein ausdrückt. Der einheitliche, kohärente Gebrauch dieser Existenzkategorien soll allgemeine adäquate Beschreibungen von den Entwicklungsprozessen lebendiger Subjekte in ihrer verschiedenen Typik ermöglichen und dabei zugleich jene fatale metaphysische Verwechslung vermeiden.

Wenn sich nun Hegels und Whiteheads spekulative Philosophie nicht zuletzt dadurch unterscheiden, daß die eine an der Kategorie ›Substanz‹ innerhalb ihres Begriffssystems festhält, während die andere diese Kategorie durch eine Vielzahl koordinierter Existenzkategorien ersetzt, so hat diese fundamentale Differenz in den beiden Kategoriensystemen notwendig unmittelbare Konsequenzen für die jeweilige generelle Theorie der Gefühle und Empfindungen. Es ist ein wesentlicher Unterschied, ob man wie Hegel die philosophische Darstellung des Gefühlslebens und seiner psychophysischen Zusammenhänge auf eine ›dialektische Logik der Substanz‹ oder wie Whitehead auf eine ›analytische Logik des Subjektes‹ gründet. Dieser unterschiedliche Gebrauch wesentlich verschiedener Kategorien führt keineswegs nur zu verschiedenen Beschreibungen eines anscheinend identischen Phänomenbereiches. Vielmehr wird bei diesem unterschiedlichen Gebrauch zugleich deutlich, daß der scheinbar identische Phänomenbereich in metaphysischer Hinsicht ganz verschieden interpretiert werden kann und daß das allgemein beschreibbare Gefühlsleben mitsamt seinen psychophysischen Zusammenhängen in der einen und in der anderen Metaphysik einen ganz unterschiedlichen Stellenwert hat. In Hegels »Philosophie des absoluten Geistes« stellen die Gefühle und Empfindungen die ersten, elementaren Selbstoffenbarungen eines absoluten Geistes – *des* absoluten Geistes – dar. Daß ihnen ein körperliches und somatisches Element anhaftet, daß die Zusammenhänge, in denen sie vorkommen, immer psychophysischen Charakter haben, dies demonstriert, daß sie mit einem bestimmten Mangel behaftet sind. Dieser Mangel ist der einer fehlenden absoluten Geistigkeit. Dagegen sind in Whiteheads spekulativer Kosmologie die konkreten Gefühle der konkreten Subjekte zwar auch elementare Gegebenheiten des Seins und Verhaltens. Aber sofern ihnen auch hier ein Mangel zuzuschreiben ist, etwa ein Mangel an Differenziertheit und Komplexität, so hat dieser Mangel nie den Charakter eines Mangels reiner Geistigkeit. Die Gefühle und Empfindungen lösen sich den Prinzipien dieser Kosmologie zufolge nie von den Grundlagen ihres psychophysischen Doppellebens.

Der Vergleich zwischen den beiden philosophischen Theorien des Gefühlslebens von Hegel und Whitehead scheint direkt auf ein Paradox hinauszulaufen. Jede dieser beiden Theorien erhebt den Anspruch, den Dualismus in der neuzeitlichen Metaphysik zu überwinden, und jede der beiden Theorien scheint sich, vom Standpunkt der jeweils anderen aus gesehen, um so tiefer in diesem Dualismus zu verstricken. So ist Hegels spekulative Philosophie aus Whiteheads Sicht ein absoluter Spiritualismus, dessen radikale Einseitigkeit wider Willen den immanenten Fortbestand der Herrschaft der dualistischen Substanzenmetaphysik bestätigt und damit diese neuzeitliche Metaphysik der Subjektivität zum Scheitern verurteilt. Macht man sich dagegen den Standpunkt des Hegelschen absoluten Spiritualismus zu eigen, so präsentiert sich, von hier aus gesehen, Whiteheads bipolare Kosmologie als eine bloße neue Variante der vorkritischen dualistischen Metaphysik, als eine neue theoretische Gestalt des Naturalismus und des Panpsychismus.

Sind aber diese beiden Bilder, welche die eine und die andere Metaphysik hier wechselseitig voneinander entwerfen, sachgerecht? Muß nicht die Metaphysik sowohl hier wie dort, gemessen an dem Anspruch, die Antinomien des Dualismus überwunden zu haben, verworfen werden? Ist die Metaphysik der Subjektivität am Ende wirklich die Sackgasse der neuzeitlichen Philosophie? Oder vermag die philosophische Theorie des Gefühlslebens hier einen neuen Ausblick zu eröffnen? Wenn Hegel in seiner ›Anthropologie‹ das allgemeine Gefühlsleben der Natur in seiner Einbettung in die naturhaften psychophysischen Zusammenhänge als die erste Selbstoffenbarung des absoluten Geistes darstellt, so legt er dieser Darstellung ein gewisses kategoriales Schema zugrunde, nämlich das des dialektischen Verhältnisses zwischen den Kategorien ›Substanz‹ und ›Subjekt‹. Dieses Schema läßt sich ungefähr so beschreiben: Einerseits ist eine Substanz grundsätzlich wesensverschieden gegenüber einem Subjekt. Diese Wesensverschiedenheit ist eine bestimmte Form der Wesensverschiedenheit des Abstrakten und des Konkreten. Was einer Substanz in ihrem Wesen und Selbstsein und in ihrer spezifischen Kausalität abgeht, ist die Konkretion und Aktualität wie sie der Selbstaktualisierung des Subjektes eignet. Wegen dieses grundsätzlichen Mangels fehlt der Substanz als solcher und in ihrem Verhältnis zu sich und zu anderen Substanzen die spezifische Lebendigkeit des Geistes und die Aktualität der

Selbsterkenntnis eines geistigen Subjektes. Diese Wesensverschiedenheit zwischen Substanz und Subjekt läßt es als unmöglich erscheinen, daß eine Substanz ein Subjekt werden, ein Subjekt aus einer gegebenen Substanz sich entwickeln könnte. Andererseits ist eine Substanz ›an sich‹, das heißt der Möglichkeit nach, ein Subjekt. Es gibt demnach Bedingungen, unter denen eine Substanz ein Subjekt zu werden, ein Subjekt sich aus einer Substanz zu entwickeln vermag. Unter diesen Bedingungen ist das konkrete, lebendige Subjekt in seiner Selbsttätigkeit und Selbstverwirklichung die Konkretisierung des abstrakten Wesens und Selbstseins und die Aktualisierung der leeren, formellen Kausalität einer Substanz. Die Selbstverwirklichung eines konkreten Subjektes geschieht in der Weise der Belebung und Vergeistigung der äußerlichen Kausalrelationen des Bestehenden.

Dieses schematisierte dialektische Verhältnis von Substanz und Subjekt, welches in Hegels Darstellung eines naturhaften Gefühlslebens des absoluten Geistes Anwendung findet, scheint nun einen gewissen Widerspruch zu enthalten. Denn es wird hier zum einen die Unmöglichkeit, zum anderen die Möglichkeit des Werdens des konkreten Subjektes aus der Substanz behauptet. Die Auflösung dieses Widerspruches geschieht hier nun in Form der Überwindung der Unmöglichkeit zugunsten der Möglichkeit eines solchen Werdens. Die Überwindung dieser Unmöglichkeit ist nicht bereits im Lebensprozeß der Natur, sondern allererst im Lebensprozeß des absoluten Geistes möglich. Dieser Prozeß ist im Unterschied zu jenem ein Prozeß der absoluten Selbsterkenntnis, der sich in der vollkommenen Selbstdurchsichtigkeit, in der reinen Geistigkeit eines absoluten Wissens vollendet. Die Unmöglichkeit der eigenen Selbstwerdung des absoluten Selbsterkennens wird hier überwunden, indem das sich erkennende Subjekt im Verlaufe seiner Selbsterkenntnis die vermeintliche Wesensverschiedenheit gegenüber der Substanz – diese vermeintliche Wesensverschiedenheit zwischen der eigenen Konkretion und der vorgefundenen Abstraktion – als einen vordergründigen und nichtigen Schein durchschaut. Das Erkenntnissubjekt erkennt in der Abstraktion des substantialen Seins seine eigene abstrahierende Tätigkeit, die fragliche Abstraktion als eine bestimmte Phase seiner Selbstaktualisierung. Diese Abstraktion ist seine eigene, die Abstraktion eines eigenen abstrakten Entwicklungsmomentes von der Gesamtentwicklung um deren aktualer Vollendung willen. Die Unmöglichkeit der

eigenen Entwicklung aus der Abstraktion der Substanz zur Konkretion des Erkenntnissubjektes löst sich als solche auf, indem
dieses konkrete Subjekt den Grund jener Unmöglichkeit und in
diesem Grunde das eigene aktuale Wissen in seiner momentanen,
abstrakten Selbstaktualisierung erkennt. Durch diese Erkenntnis
gewinnt es die Möglichkeit, dem Grund der Unmöglichkeit einen
anderen Grund entgegenzusetzen, der mit der Aufhebung des
entgegengesetzten Grundes die Unmöglichkeit aufhebt. Der Erkenntnisprozeß der Selbstwerdung des Erkenntnissubjektes geschieht demnach durch Aktualisierung jeweils entgegengesetzter
Abstraktionen, die zugleich als zusammengehörige abstrakte Ent-
wicklungsmomente erkannt werden. Das konkrete Erkenntnissubjekt wird also aus sich selbst und durch sich selbst, und zwar
mittels jeweils spezifischer Aktualisierungen abstrakter Entwick-
lungsmomente im Ganzen der eigenen Selbstaktualisierung. So
gesehen scheint in Hegels Philosophie des absoluten Geistes
Whiteheads ontologisches Prinzip auf eine gewisse Weise vorweggenommen. Das Konkrete entsteht hier nicht, wie es zunächst
scheinen könnte, aus dem Abstrakten. Es entsteht vielmehr, wie
das ontologische Prinzip es gebietet, aus dem Konkreten mittels
bestimmter Abstraktionen innerhalb des Konkreten selbst.

3. Konkretion als Lebens-
oder Wahrheitsprozeß

Aber aus der Sicht der Whiteheadschen Kosmologie endet Hegels
spezifischer Gebrauch des ontologischen Prinzips in einem absoluten Paradox. Denn ein absolutes Paradox ist es, daß mit der
Vollendung der absoluten Selbsterkenntnis im absoluten Wissen
nicht nur die Entwicklung des Subjektes ein Ende findet, daß sich
hier vielmehr alles Entstehen und Vergehen, jede Beharrung, jede
Veränderung, ja, daß sich der Prozeß der Selbsterkenntnis und mit
ihm die Unterscheidung zwischen einem potentiellen und einem
aktualen Sein als nichtiger Schein erweisen. Wo während des
Entwicklungsprozesses der Selbsterkenntnis dieser Schein
herrschte, tritt mit der Vollendung desselben die immerwährende
unsterbliche Wahrheit als Wahrheit des lebendigen Geistes hervor.
Aus Whiteheads Sicht ist dieses Paradox der Preis, den der absolute
Spiritualismus für seine Bemühung zahlen muß, die Metaphysik

der Substanz mit der Metaphysik des Subjektes zu versöhnen. Das Paradox liegt in dem Mißverhältnis zwischen dem Bild, das wir uns gewöhnlich von der uns umgebenden Welt machen, und dem Begriff, den die philosophische Wahrheitserkenntnis von dieser Welt entwirft. Wie gesagt: Whitehead hat im Vergleich zu Hegel die Prioritäten im Verhältnis von Wahrheit und Leben umgekehrt gesetzt: Der Lebensprozeß des Lebendigen hat für ihn dem Sein und der Zeit, und in gewisser Hinsicht auch der Erkenntnis nach, Priorität vor der Wahrheit und ihrem methodischen philosophischen Beweis. Hier ist nicht die reine Wahrheit, nicht das absolute Wissen der Maßstab des Lebens, sondern das Leben ist in seiner Wirklichkeit der Maßstab für die jeweilige Bedeutsamkeit der Wahrheit ebenso wie des Irrtums. Die Stufen des Lebens, die sich in seiner Entwicklung zeigen, sind hier nicht die Stufen der Wahrheit, nicht einzelne Schritte auf dem Wege ihres Beweises, sondern Entwicklungsstufen des Lebendigen selbst, welches der Wahrheit und dem Irrtum ihre jeweilige Lebensfunktion zumißt. Das Lebendige in seiner konkreten Wirklichkeit ist hier nicht das Instrument der sich beweisenden Wahrheit, sondern Wahrheit und Irrtum stehen hier im Dienste des Lebens. Das Leben selbst ist der Grund jeder möglichen Wahrheit. Die Wahrheit aber ist eine Bedingung des höheren Lebens. ›Endlichkeit‹ – dieses Grundwort der Philosophie des gegenwärtigen Zeitalters – bedeutet aus der Sicht einer Philosophie des absoluten Geistes: Die endlichen Dinge sind dem absoluten Geiste in seiner Unendlichkeit nicht gemäß, wenn dieser sie nicht sich und seiner Unendlichkeit gemäß macht; und es bedeutet aus der Sicht einer Kosmologie des gelebten Lebens: Jede Entwicklung, jedes Werden und Entstehen hat seinen Preis. Und so, wie die gewordenen Dinge mit ihrem Vergehen zahlen müssen für ihr Entstehen, so muß das höhere Leben für seine Höherentwicklung bezahlen mit der Gefährdung seines höheren Daseins. Wahrheit und Irrtum sind die Bedingungen eines möglichen höheren Lebens und zugleich die Risikofaktoren seiner höheren Existenzform. Von diesem Gegensatz in der Priorität von Leben und Wahrheit her ist nun auch die Frage nach der Möglichkeit zu betrachten. Wo das Leben Priorität hat vor der Wahrheit, da hat die Möglichkeit Vorrang vor der bestimmten Negation von Unmöglichkeit. Und da gilt der Kontrast zwischen einfachen Möglichkeiten als elementarer und ursprünglicher im Vergleich zu dem Kontrast zwischen einer Möglichkeit und einer Negation von

Unmöglichkeit angesichts einer jeweils bestimmten Wirklichkeit. Und da hat schließlich das einfache Gefühl des Lebendigen für seine Wirklichkeit und Möglichkeit Priorität gegenüber der theoretischen und der praktischen Vernunfterkenntnis des Verhältnisses von Möglichkeit und Unmöglichkeit. In dieser Umkehrung der Prioritäten von Leben und Wahrheit gegenüber dem spekulativen Idealismus entspringt die philosophische Bedeutsamkeit und Diskussionswürdigkeit der Whiteheadschen Kosmologie der Gefühle. Von dieser Umkehrung aus wird auch allererst die behauptete Symbiose von Kreativität und Rationalität verständlich.

Nietzsches Anti-Platonismus und Spinoza

Nietzsches philosophisches Denken ist weithin berühmt, um nicht zu sagen berüchtigt für seine offenkundigen Vieldeutigkeiten und Widersprüchlichkeiten. Da gibt es zahlreiche Texte, denen entgegengesetzte Deutungen abgewonnen werden können, da gibt es ebenso viele Texte, die, nebeneinandergestellt und miteinander verglichen, einen unübersehbaren Widerspruch mit sich führen. Und auch dann, wenn es gelingt, die Vielfalt der Texte tiefer und einheitlicher zu fassen, will diese Gegensätzlichkeit und Widersprüchlichkeit nicht weichen. Eher möchte es dann scheinen, als ob die unendliche Fülle der Vieldeutigkeiten und Widersprüchlichkeiten sich zu einem einzigen ganzheitlichen Widerspruch zusammenfüge. Der Aphorismus, die eigentliche Form der Darstellung von Nietzsches Denken, scheint geradezu dafür geschaffen, solche Vieldeutigkeit und Widersprüchlichkeit zum Ausdruck zu bringen. So liegt es nahe, in dieser Darstellungsform Absicht und Methode zu sehen, und auch die Versuchung liegt immer wieder nahe, in Nietzsches Lehre von der Wahrheit eine Lehre der hermeneutischen Vieldeutigkeit und Gegensätzlichkeit zu sehen, eine Hermeneutik, die vom Charakter des Lebens selbst vorgeschrieben und diktiert ist. Aber an Nietzsches Denken fällt keineswegs nur die Vieldeutigkeit und Gegensätzlichkeit auf. Wir beobachten daneben eine zumindest ebenso große Helle und Klarheit, die die rhetorischen Mittel der Übertreibung und Überlichtung nicht verschmäht, um den Gedanken in einer unmißverständlichen Deutlichkeit zu präsentieren. Dieser Kontrast zwischen Vieldeutigkeit und Gegensätzlichkeit einerseits und überheller Unmißverständlichkeit andererseits ist das auffälligste Charakteristikum von Nietzsches Denk- und Darstellungsstil, auffälliger noch als jede der beiden Seiten isoliert für sich genommen. Angesichts dieses Kontrastes wird man um so weniger umhin können, Absicht und Methode zu unterstellen, insbesondere da, wo das klassische Instrument der philologisch-historischen Forschung, um Vieldeutigkeiten und Widersprüche aufzulösen, nicht greifen will: die entwicklungsgeschichtliche Hypothese, daß der fragliche Autor seine Absicht im Verlauf seiner Entwicklung geändert hat. Absicht und Methode in Nietzsches Stil und Darstellungsform zu finden, diese Deutungsbemühung orientiert sich an einem Schlüsselbegriff: dem der Rhetorik. Ist der Aphorismus schon für sich die ideale Gedankenform, um Gegensätzliches und Widersprüchliches mit Klarheit und Unmißverständlichkeit zu verbinden, so besagt der Rekurs auf die Rhetorik, daß Nietzsches Denken weniger auf Wahrheit als auf Überredung, weniger auf zweckfreie Erkenntnis als auf Meinungsäußerung im Dienste des Lebens zielt. Nietzsche selbst hat für seine Interpreten – bewußt und zum Teil voll Ironie und Bosheit – die Interpretationshilfen geliefert. Einer der wichtigsten von ihm selbst wohl unironisch gemeinten Hilfsbegriffe zum Verständnis seiner Darstellungsmethode ist der Begriff der Perspektive. Was aber meint Perspektive bzw. Perspektivität in Verbindung mit der Darstellungsform des Aphorismus in einer auf rhetorische Wirkung bedachten Rede? Der Begriff der Perspektive ist ja zunächst ein traditioneller Erkenntnisbegriff, der mit dem überlieferten Verständnis von Wahrheit in Übereinstimmung steht, indem er, wo verschiedene Wahrheiten gleichberechtigt nebeneinander stehen, diese Verschiedenheiten auf die verschiedenen Standpunkte zurückführt, wie die scheinbar unversöhnlichen Gegensätze auf unterschiedliche Hinsichten der Betrachtung. Perspektivität in der traditionellen Bedeutung besagt, daß die Wahrheit sich in mannigfacher Weise zeigt, ohne daß damit die Idee der Einheit der Wahrheit gefährdet ist. Ja mehr noch: Der Begriff der Perspektivität macht überhaupt erst eine sinnvolle Verbindung zwischen der Mannigfaltigkeit der Erscheinungen der Wahrheit und dem wahren einheitlichen Sein dieser Wahrheit verständlich. Der Sinn des Begriffes der Perspektive erfüllt sich so im Begriff einer absoluten Zentralperspektive, die allein vom Standpunkt Gottes aus als möglich und zugänglich gedacht wird. (In diesem Sinne hat Leibniz den Begriff der Perspektive als Wahrheitsbegriff gedacht.)

Denkt auch Nietzsche die Perspektivität als eine solche konstitutive Verbindung zwischen Vielheit der Wahrheiten und Einheit der Wahrheit? Oder wird Perspektivität hier etwas ganz anderes, wenn sie nicht nur auf die Darstellungsform des Aphorismus hin – auch Leibniz pflegte den Aphorismus –, sondern im Zusammenhang mit der rhetorischen Rede gedacht wird, d. i. einer Rede, die ebenso verblüffen und schockieren wie vernünftige Einsicht wecken will; die gelegentlich lieber Verwirrung als Klarheit und Bestimmtheit stiftet; die lähmen will wie der Zitterrochen Sokrates und damit befreien; die nicht nur Gewißheit schafft, sondern auf eine Verunsicherung aus ist, die tiefer greift als die traditionellen Techniken der Kritik und des Zweifels. Muß man Nietzsches Perspektivität also von der Rhetorik her und jedenfalls als eine Perspektivität ohne Zentralperspektive denken? Ich bin damit eigentlich schon im Kernpunkt meines Themas: Nietzsches Verhältnis zum Platonismus. Wir wissen von diesem Verhältnis, daß es das eines entschiedenen Nein, eines Anti-Platonismus, eines absoluten Gegensatzes zum Platonismus ist. Was aber ist Platonismus für Nietzsche und welcher Art ist dieser Gegensatz? Offensichtlich ist Nietzsches scharf zugespitzter Anti-Platonismus etwas anderes als irgendeine (und sei es noch so exemplarische) Gegenposition innerhalb der europäischen Philosophiegeschichte; sie ist nicht irgendeine Variante des antiken oder des neuzeitlichen Aristotelismus, um die prominenteste philosophische Gegenposition zum Platonismus zu nennen. Sie ist aber auch nicht nur irgendeine neuzeitliche Form des Materialismus und Empirismus, der einem platonischen Idealismus und einem auf Anamnese gegründeten Apriorismus entgegengestellt wird. Nietzsches Anti-Platonismus deckt sich schließlich aber auch nicht mit dem Standpunkt des neuzeitlichen Szientismus, der durch und durch Nominalismus ist und von dem aus der platonische Begriffsrealismus eine sinnlose und überflüssige Hypothese darstellt. Nietzsches Anti-Platonismus enthält von alledem etwas und ist doch zugleich etwas anderes. Näher kommt man dem Verständnis, wenn man sich des berühmten Wortes eines der größten Platoniker unseres Jahrhunderts: des englischen Philosophen A. N. Whitehead erinnert, der einmal sagte, die ganze europäische Philosophie sei nichts anderes als eine Reihe von Fußnoten zu Plato. Dem hätte Nietzsche uneingeschränkt zustimmen können und dann im Gegensatz zu Whitehead wohl hinzugefügt: Leider sind alle diese Fußnoten grundverkehrt und angesichts der wirklichen Wahrheit absolut irreführend. Aber damit sind wir immer noch nicht bei dem Platonismus, dem Nietzsche seinen Anti-Platonismus entgegenstellt. Der Platonismus ist mehr als nur eine bestimmte Philosophie, mehr als nur ein Grundzug der europäischen Philosophie, der sich immer wieder Bahn bricht. Der Platonismus ist für Nietzsche eine europäische Lebens- und Kulturform, eine Gestalt der europäischen Wirklichkeit selbst, die er glaubte nicht nur kritisieren, sondern bekämpfen zu müssen. Wenn Nietzsche den Platonismus immer in unmittelbaren Zusammenhang mit Christentum und Kirche gebracht hat, wenn er die berühmte Formel geprägt hat, das »Christentum sei Platonismus für's Volk«[1], so hat er auf diese Weise zum Ausdruck gebracht, inwiefern der Platonismus anderes und mehr ist als nur eine Angelegenheit der akademischen Philosophie und der philosophischen Antithesen innerhalb eines allgemeinen anerkannten Raumes philosophischer Auseinandersetzungen; er hat damit aber auch einen Standpunkt bezogen, der über den modernen Szientismus in seiner dem Platonismus ungünstigen Grundhaltung hinausgreift. Am nächsten kommt man wohl der Bedeutung von Nietzsches Anti-Platonismus, wenn man sie als kulturphilosophische Bedeutung bezeichnet, stünde dem nicht Nietzsches verächtliche Kritik an der akademischen Kulturphilosophie entgegen. Immerhin wird man soviel sagen können: Nietzsche begreift den Platonismus als Ausdrucksform der europäischen Kultur und entwirft seinen Anti-Platonismus als eine Reihe von Bedingungen möglicher alternativer Ausdrucksformen.

Von hier aus wird auch die neue, tiefgreifende Funktion der Rhetorik und ihrer Verwendung des Aphorismus verständlich. Nietzsche transformiert die traditionelle Rhetorik und macht sie in Form eines Anti-Platonismus zu einem neuen philosophischen Instrument der Kulturkritik. Dabei ist soviel verständlich, daß eine Kritik der Kultur sich nicht allein auf das herkömmliche Instrumentarium philosophischer Argumentation für und gegen bestimmte Thesen oder Theoreme stützen kann. Was uns gerade unter diesem Gesichtspunkt an Nietzsches Anti-Platonismus zunächst und vor allem auffällt ist dies, daß allen Beobachtungen von Unbestimmtheit, Vieldeutigkeit und Widersprüchlichkeit zum Trotz, eine außerordentliche Unmißverständlichkeit und Eindeutigkeit Platz gereift. So läßt z. B. die bekannte Vorrede zu *Jenseits von Gut und Böse* nicht den geringsten Zweifel über die Entschiedenheit ihres Verfassers in Sachen »Anti-Platonismus«. Der »Pla-

---

1 *Jenseits von Gut und Böse,* »Vorrede«, in: Friedrich Nietzsche, *Sämtliche Werke, Kritische Studienausgabe in 15 Bänden,* hrsg. von G. Colli und M. Montinari, Bd. 5, München 1980, S. 12.

tonismus in Europa« wird »ungeheueren und furchteinflößenden Fratzen« zugerechnet, die »über die Erde hinwandeln müssen«. Eine dieser Fratzen ist das »Dogmatisieren in der Philosophie«, und unter den Gestalten des Dogmatismus ist der Platonismus die prominenteste und maßgeblichste. Nietzsche spricht von diesem als dem »schlimmsten, langwierigsten und gefährlichsten aller Irrthümer«. Und er antwortet selbst auf die Frage worin denn dieser langwierigste und gefährlichste aller Irrtümer bestehe, es sei »die Erfindung von reinem Geiste und vom Guten an sich«, eine Erfindung, in der die Wahrheit auf den Kopf gestellt und das Perspektivische, die Grundeinstellung des Lebens selber verleugnet wird. Und in anderem, aber direkt hierher gehörigen Zusammenhang heißt es hinsichtlich des Zusammenhanges von Christentum und Platonismus, »daß jener Christen-Glaube auch der Glaube Plato's war (…), daß die Wahrheit göttlich ist«.[2] Hier wird deutlich, daß Nietzsches Grundgedanke vom Tode Gottes nicht von der Überlieferung der rationalen Theologie her allein verständlich werden kann und daß die neue Wahrheitstheorie der Perspektivität als Gegensatz zur traditionellen Lehre dieser Perspektivität, ja geradezu als Anti-Perspektivität begriffen werden muß. Aber Nietzsche wäre nicht der, den wir oben beschrieben haben, nicht der, der unmißverständlich auf Klarheit dringt, den wir vielmehr als einen verstehen müssen, der Wahrheit um ihrer selbst willen immer in Kontrast zu etwas anderem denkt, wenn er uns mit dieser scheinbar eindeutigen Stellungnahme zum Platonismus davongehen ließe. Was wir dem »Platonismus in Europa« gegenübergestellt finden, ist zunächst einmal Plato selbst, von dem hier als dem »schönsten Gewächs des Altertums« die Rede ist. Nietzsche fragt hier, wie er selbst des öfteren sagt, als Arzt: »Woher eine solche Krankheit am schönsten Gewächse des Alterthums, an Plato? hat ihn doch der böse Sokrates verdorben (…) und hätte seinen Schierling verdient?«[3] Dies also ist zunächst der klare Gegensatz: Platonismus gegen Plato. Und während dem ersteren ein entschiedenes Nein entgegengesetzt wird, wird dem zweiten jene Bewunderung zuteil, die wir bei einer Künstlernatur wie der Nietzsches einem Geistesverwandten wie Plato, einem der

2 Zur Genealogie der Moral, »Dritte Abhandlung: Was bedeuten asketische Ideale«, in: Sämtliche Werke, Bd. 5, a.a.O., S. 401.
3 Jenseits von Gut und Böse, »Vorrede«, a.a.O., S. 12.

größten Künstler des Altertums, gegenüber erwarten. Sowenig der Platonismus für Nietzsche irgendeine unter den vielen geistigen Strömungen Europas ist, sondern die maßgebliche, so ist auch Plato für ihn nicht irgendeine unter den zahlreichen großen Gestalten der europäischen Geistesgeschichte, sondern eine der prägendsten. Er ist derjenige, der dem Platonismus seinen Namen gegeben hat. Plato und der Platonismus: Das ist deswegen für Nietzsche nicht einfach nur ein Zusammenhang, wie er sich für den Historiker der Philosophie darstellt, auch nicht nur ein Verhältnis, welches dem hermeneutisch geschulten und hermeneutisch denkenden Philosophen eine Interpretationsaufgabe stellt. Es ist dies nicht einfach das sachlich gegebene Verhältnis zwischen einer Quelle und dem von ihr ausgehenden Strom, zwischen einer anfänglich gegebenen philosophischen Theorie und ihrer komplexen, vielverästelten Wirkungsgeschichte. Diesem Verhältnis zwischen Plato und dem Platonismus wird man von Nietzsches Standpunkt aus aber auch nicht gerecht, wenn man die Geschichte dieser Denkströmung erzählt und die mannigfachen Variationen und Abwandlungen eines ursprünglichen Themas kritisch miteinander vergleicht, um die unterschiedlichen Bedingungen der je verschiedenen Deutungen ans Licht zu heben. Plato und der Platonismus ist dies alles und noch etwas anderes. Gegen ein solches philosophiehistorisches und hermeneutisches Verhältnis spricht schon allein das Wort von der Krankheit und die Hinwendung zum Arzt, ob nun im wörtlichen oder im übertragenen Sinne verstanden. Der Platonismus ist die Erkrankung an dem schönsten Gewächs des Altertums, und wenn Aphorismus und sophistisch-rhetorische Rede das Instrument der philosophischen Erkenntnis sind, so sind sie Instrumente ärztlicher Diagnose und Therapie zugleich.

Das Verhältnis zwischen Plato und dem Platonismus hat für Nietzsche aber noch eine andere Seite. Die großen Philosophen unseres Jahrhunderts haben sich besonders bemüht, das Ungewöhnliche und einzigartige der Philosophie Nietzsches zu begreifen. Sie haben sich an Nietzsche gemessen, seine Sache zu der ihrigen, ihre Sache zu der seinigen gemacht. So hat Heidegger das Größte, was er überhaupt anzuerkennen vermochte, im Denken Nietzsches gefunden. Ein Denken, welches weder der Kunst, noch der Religion, noch der Wissenschaft verpflichtet ist. Jaspers hat in Nietzsche gefunden, was ihm die eigentliche Aufgabe der Philosophie schien: die Existenzerhellung. Was unser Thema »Plato und der Platonismus« betrifft, so kommt meines Erachtens Franz Rosenzweig der Sache Nietzsches am nächsten, wenn er über diesen schreibt, daß hier etwas Neues gedacht sei: »Die Dichter hatten immer schon vom Leben gehandelt und von der eigenen Seele. Aber die Philosophen nicht. Und die Heiligen hatten immer schon das Leben gelebt und der eigenen Seele. Aber wieder die Philosophen nicht. Hier aber kam einer, der von seinem Leben und seiner Seele wußte, wie ein Dichter, und ihrer Stimme gehorchte wie ein Heiliger, und der dennoch Philosoph war.«[4] Und Rosenzweig fügt hinzu – geschrieben im Ersten Weltkrieg, – nicht erst heute: »Beinahe gleichgültig ist es schon heute, was er erphilosophierte. Das Dionysische und der Übermensch, die blonde Bestie, die ewige Wiederkunft – wo sind sie geblieben? Aber er selber, der in den Wandlungen seiner Gedankengebilde sich selber wandelte, er selber, dessen Seele keine Höhe scheute, sondern dem tollkühnen Kletterer Geist nachkletterte bis auf den steilen Gipfel des Wahnsinns, wo es kein Weiter mehr gab, er selber ist es, an dem nun keiner mehr von denen, die philosophieren müssen, vorbei kann.« Nicht so sehr das Was, sondern das Wie ist es demnach im Denken Nietzsches, an dem – so Rosenzweig – keiner heute vorbeigehen kann, der glaubt, der Verpflichtung zum Philosophieren entsprechen zu müssen. Diese ungewöhnliche Art und Weise, diese einzigartige Weise des Denkens und Sprechens von Nietzsche besteht in dem folgenden: Für Nietzsche gebe es keine »Scheidung zwischen Höhe und Niederung im eigenen Selbst«; ganz »ging er seinen Weg, Seele und Geist, Mensch und Denker eine Einheit bis ans Letzte«.

Wenn man Nietzsches Denk- und Redeweise als rhetorisch kennzeichnet, so wird man, aus Rosenzweigs Sicht, in solcher Art zu denken und zu sprechen nicht ein Verfahren sehen dürfen, welches bemüht ist, einen trügerischen Schein auf Kosten der Wahrheit hervorzubringen, nicht ein Instrumentarium, dem es genügt zu überreden statt zu überzeugen, dem die Verblüffung wichtiger ist als die vernünftige Einsicht, welches auf Verführung aus ist, anstatt sich in den Dienst der Wahrheit zu stellen. Wenn hier überhaupt von Rhetorik gesprochen wird, so ist an jene Rhetorik zu denken, die schon Plato im *Phaidros* als höhere Rhetorik beschworen und

---

4 Franz Rosenzweig, *Der Stern der Erlösung*, in: ders., *Gesammelte Schriften* II, Den Haag 1976, S. 9 f. Dort auch die folgenden Zitate.

mit den großen Ärzten in Verbindung gebracht hat, eine Kunst, die auf Wahrheit aus ist, aber auf eine Wahrheit, die sich an den ganzen Menschen, nicht nur an das Höhere im Menschen wendet. Eine solche Kunst im Dienste der Wahrheit muß die Gefühle und Leidenschaften aufwühlen können, wie sie sich an den Verstand muß wenden können, um diesem zur vernünftigen Einsicht zu verhelfen. Also: Diese Kunst verlangt, eine Logik des Herzens mit der Logik des Verstandes zu verbinden; und zu einer solchen Kunst scheint vor allem der Aphorismus, der Spruch und Sinnspruch geeignet. Sofern eine solche Kunst überhaupt möglich ist, wird das Logische, das sie zu verwirklichen strebt, immer notwendig von einer anderen Seite aus als unlogisch erscheinen müssen. Die höhere Sachlichkeit, die in dieser Unsachlichkeit angestrebt wird, wird sich im Gewande der Unsachlichkeit präsentieren, und die Unsachlichkeit wird sich als Kälte und Bosheit des Herzens zeigen, als Gift, das eigentlich Heilmittel sein will.

Was hat nun diese Betrachtungsweise zu tun mit dem Thema »Plato und der Platonismus« bei Nietzsche? Nun, zunächst soviel, daß wir, wo wir bei Nietzsche Plato begegnen, es immer mit einem persönlichen Verhältnis zu tun haben, in dem nicht nur ein Gedanke einem anderen, sondern zwei Seelen und Geister in ihrer jeweiligen Einheit einander begegnen. Das persönliche Verhältnis Nietzsches zu Plato steht somit gegen das unpersönliche Verhältnis zum Platonismus. Man ist hier geneigt, die alte Formel, wo immer sie ihren Ursprung haben mag, umzukehren: Nicht zu sagen: »Plato amicus, magis amica veritas«, sondern: »veritas amica, magis amicus Plato«. Es ist in diesem Sinne, wenn Nietzsche in seiner Sammlung von Aphorismen in *Menschliches, Allzumenschliches* (Teil II) nach dem Vorbild der Odyssee seine Fahrt ins Totenreich beschreibt: »Die Hadesfahrt. – Auch ich bin in der Unterwelt gewesen, wie Odysseus, und werde es noch öfter sein; und nicht nur Hammel habe ich geopfert, um mit einigen Todten reden zu können, sondern des eigenen Blutes nicht geschont. Vier Paare waren es, welche sich mir, dem Opfernden nicht versagten: Epikur und Montaigne, Goethe und Spinoza, Plato und Rousseau, Pascal und Schopenhauer. Mit diesen muß ich mich auseinandersetzen, wenn ich lange allein gewandert bin, von ihnen will ich mir Recht und Unrecht geben lassen, ihnen will ich zuhören, wenn sie sich dabei selber untereinander Recht und Unrecht geben. Was ich auch nur sage, beschliesse, für mich und andere ausdenke: auf jene

Acht hefte ich die Augen und sehe die ihrigen auf mich geheftet.«[5] Plato gehört also unter die Schar jener Toten, die Nietzsche soviel lebendiger vorkommen als so manche Lebenden, die im Vergleich zu jenen wie Schatten wirken. Ihre »ewige Lebendigkeit« ist es, auf die es im Leben ankommt, nicht auf das ewige Leben. Diese ihre »ewige Lebendigkeit«, die sie – von dem modernen Odysseus unserer Epoche in seiner Existenz beschworen – aus dem Dunkel des historischen Schattenreiches heraustreten läßt, ist nicht graue Theorie, die als solche in ihrer Farblosigkeit der bunten Fülle des Lebens widerstreitet. Eher ist sie am Ende noch der Lebendigkeit der Gestalten vergleichbar, die der Künstler vor sein und unser Auge hinstellt, damit wir sie miteinander ins Gespräch kommen sehen und hören, was sie einander und damit auch uns zu sagen haben, über die Welt und über das menschliche Leben, als Rater und Mahner, als Warner und als Wegweiser.

In diesem Sinne der ewigen Lebendigkeit zählt Plato zu den persönlichen Vertrauten Nietzsches. Dieser Plato ist sein Plato, wie dieser jedermanns und vielleicht auch niemandes Plato ist, so wie Nietzsches *Zarathustra* ein »Buch für alle und keinen«. Deswegen ist dieser Plato auch nicht zuerst und zunächst der Plato der Gebildeten und der Kenner der Geschichte der Philosophie und schon gar nicht zunächst ein Objekt historisch-vergleichender Forschung. In seiner Denkschrift über »Die Zukunft unserer Bildungsanstalten« hat Nietzsche den »genetischen« und »historischen« Umgang beklagt, den die Bildung mit ihren Gegenständen pflegt; und er hat sich mokiert über die vermeintliche Gelehrsamkeit der »kleinen Sanskritaner oder etymologischen Sprühteufelchen oder Conjekturen-Wüstlinge«, von denen keiner »zu seinem Behagen, gleich uns alten, seinen Plato, seinen Tacitus lesen kann«.[6] Seinen Plato nennt er mehr als nur einmal »göttlich«, und wenn er den nicht weniger göttlichen Mozart rühmen will, tut er es mit dem überlieferten Wort, welches Aristoteles hinsichtlich seines Lehrers Plato geäußert haben soll: »ihn auch nur zu loben, ist den Schlechten nicht erlaubt«.[7] Plato ist Nietzsche so lebendig gegen-

5 *Sämtliche Werke*, Bd. 2, a.a.O., S. 533 f.
6 *Sämtliche Werke*, Bd. 1, a.a.O., S. 705.
7 *Unzeitgemäße Betrachtungen,* »Erstes Stück: David Friedrich Strauss der Bekenner und Schriftsteller«, in: *Sämtliche Werke*, Bd. 1, a.a.O., S. 187.

wärtig, daß er sich gleichsam nebenher und wie im Vorübergehen auf ihn berufen kann, so, wenn er das Lob des Wahns, der Mania singen will, wie es Plato im *Phaidros* tut.[8] Er kann auf Platos »Terminologie« zurückgreifen, was für ihn bedeutet, den Argumentationstopos von dem Einen über dem Vielen bzw. dem Einen bei dem Vielen *(hen epi pollon)* in einem eigenen Gedankengange zu gebrauchen; so wenn er den Dionysos die Einheit in der Vielheit der Gestalten der hellenischen Bühnen nennt.[9] Aber, so wird man sich angesichts solcher Nähe und unmittelbarer Verbindung fragen: Ist Nietzsche als ein so enger Freund Platos ein guter, ein wahrer Platoniker? Müssen wir in ihm, gerade bei einer solchen Einstellung nicht eher den Anti-Platoniker sehen? Denn man erinnert sich wohl: Jener Satz, den Nietzsche auf den Kopf gestellt hat, der die Freundschaft mit der Wahrheit über die Freundschaft mit Plato zu stellen fordert, ist ein gut-platonischer Satz, sehen wir doch Plato seinen Sokrates immer wieder seinen Gesprächspartnern einschärfen, daß es nicht auf sie, aber schon gar nicht auf ihn ankommt, sondern nur auf das, was der Logos sagt: die Vernunft der Sache selbst oder wie immer man hier dieses griechische Urwort »Logos« übersetzen will. Aber man sollte den Weg von Plato zum Anti-Platonismus nicht zu kurz anlegen. Es ist dies im Denken Nietzsches zumindest ein verschlungener, kein geradliniger Weg. Wie wir gesehen haben, steht Plato für Nietzsche unter den Ewig-Lebendigen nicht allein. Die sieben anderen, mit denen er die Gesellschaft teilt, stehen gewiß mit ihm zusammen stellvertretend für viele andere. Vor allem aber hat Nietzsche ja selbst, wie wir gesehen haben, ausdrücklich vermerkt, daß er keineswegs nur von seinem Plato, auch nicht nur von jedem einzelnen der anderen genannten Sieben lernen will, sondern insbesondere durch das, was sie alle einander wechselweise, und was die übrigen Sieben dem Plato zu sagen haben. Gewiß stehen die aufgeführten acht Namen nur stellvertretend für viele andere, denen Nietzsche in anderen Kontexten keine geringere Bedeutung einräumt. Wer will und wer die Fähigkeit dazu hat, ist hier aufgefordert, sich seine platonischen Dialoge selbst zu dichten und jedem erdenklichen Autor seine Gesprächsrolle zuzuweisen. Nietzsche wollte keine platoni-

8 S. *Menschliches, Allzumenschliches* I, in: *Sämtliche Werke*, Bd. 2, a.a.O., S. 155.
9 S. *Die Geburt der Tragödie,* in: *Sämtliche Werke*, Bd. 1, S. 1, 16 u. 72.

schen Dialoge dichten. Er war kein Freund der Dialektik. Vielleicht fehlte ihm für diese die Geduld des Denkens.

Wer sich also unter den zahlreichen, allzuoft gegensätzlichen und nicht immer einfach zu deutenden Aussprüchen Nietzsches über Plato nicht zurechtfindet, der ist – mit Pirandello – aufgefordert, sich einen Autor für diese Äußerung zu suchen. Immer wird er sicher sein können, daß der gefundene Autor auch Nietzsche ist und vielleicht er selbst. Und der Äußerungen über Plato sind viele. So finden sich etwa Aussagen über Platos *Politeia,* über das Werk, das Nietzsche besonders fasziniert hat, weil er in ihm ein ambivalentes Verhältnis des Verfassers zum Tyrannischen herausspürte.[10] In dieser ambivalenten Einstellung mag Nietzsche, der den Willen zur Macht durch und durch ambivalent, nämlich in einem Wesenszusammenhang mit dem europäischen Nihilismus dachte, dem Plato sich wie nirgends sonst verwandt gefühlt haben. Hinsichtlich der *Politeia* hat Nietzsche Plato gerühmt, weil er die »wunderbar große Hieroglyphe einer tiefsinnigen und ewig zu deutenden Geheimlehre vom Zusammenhang zwischen Staat und Genius zu erkennen« gegeben habe.[11] In eben jener *Politeia* findet Nietzsche aber die Staatsidee eines alten typischen Sozialisten, der »den cäsarischen Gewaltstaat dieses Jahrhunderts« befördert habe, »weil (…) er sein Erbe werden möchte«.[12] Gegensätzlich, oder wenn man so will ambivalent, ist auch Nietzsches Einstellung zu Platos Kunstkritik. Auf der einen Seite sind ihm Sokrates und Euripides, und in ihrem Gefolge Plato, diejenigen, welche die Psychologie und das Ressentiment entdecken und die durch diese Entdeckung die alte griechische Tragödie zerstören. Aber auf der anderen Seite weiß er sehr wohl die innere Konsequenz der platonischen Kritik an der Tragödie anzuerkennen. Mehr als einmal hat er Plato unter die Schar derjenigen gereiht, die das Mitleid abgelehnt und verworfen haben[13], und hierin ein besonderes Verdienst gesehen, um zugleich Zweifel anzumelden, ob die berühmte Analyse des Aristoteles richtig sei, daß der Zuhörer der Tragödie

10 S. *Menschliches, Allzumenschliches* I, in: *Sämtliche Werke,* Bd. 2, a.a.O., S. 215.
11 *Fünf Vorreden zu fünf ungeschriebenen Büchern,* »3. Der griechische Staat«, in: *Sämtliche Werke,* Bd. 1, a.a.O., S. 777.
12 *Menschliches, Allzumenschliches* I, in: *Sämtliche Werke,* Bd. 2, a.a.O., S. 307.
13 S. *Menschliches, Allzumenschliches* I, a.a.O., S. 70.

– aufgrund der Katharsis –« kälter und ruhiger nach Hause zu-
rückkehre«; daß er also sehr wohl so sein könne, »daß Mitleid und
Furcht in jedem einzelnen Falle durch die Tragödie gemildert und
entladen würden: trotzdem könnten sie im Ganzen durch die
tragische Einwirkung überhaupt größer werden, und Plato behielte
doch Recht, wenn er meint, daß man durch die Tragödie insgesamt
ängstlicher und rührseliger werde«.[14] Aber nicht nur hinsichtlich
der Politik und der Kunst, auch hinsichtlich der Psychologie
– dieses dritten großen Themas, das Nietzsche mit Plato verbindet –
sind seine Äußerungen widersprüchlich bzw. ambivalent und damit
zur perspektivischen Deutung einladend. Verglichen mit den alten
Tragikern mögen Sokrates und Plato Psychologen gewesen sein,
wie Nietzsche selbst von sich nicht müde wird als Psychologe zu
reden. Plato wird gelegentlich in Sachen des freien Willens ein
Vorläufer Kants genannt. Aber auch hier wird die Gegenrechnung
aufgemacht. Plato gehört nicht nur überhaupt, sondern insbesondere als Psychologe dem Altertum an, mit seiner »mangelhaften
Kenntnis des Menschen: ihm fehlte die Historie der moralischen
Empfindungen«. Wie das Altertum insgesamt, so glaubt auch Plato
an den einfachen Gegensatz von »Gut und Böse, wie an Weiß und
Schwarz, an die radikale Verschiedenheit der guten und der bösen
Menschen, der guten und der schlechten Eigenschaften«.[15]

II

Angesichts dieser und zahlreicher anderer Äußerungen Nietzsches
über Plato, die nicht weniger gegensätzlich sind als die vorher
aufgeführten, scheint vom Standpunkt der methodischen Perspektivität her die Frage müßig, ob Nietzsche so oder so eher Platoniker als Anti-Platoniker sei. Und auch die andere Frage scheint
kaum entscheidbar, ob solche Äußerungen wie die zitierten tatsächlich den Gedanken Platos gerecht werden. Es ist hier ja – angesichts der platonischen Dialoge – immer wieder die Frage,
was Plato denn wirklich und eigentlich lehrte, vor allem aber auch
die Frage, von welchem Standpunkt aus wir sein Denken und
Philosophieren betrachten, um es nicht nur auf einen imaginären

14 *Menschliches, Allzumenschliches* I, a.a.O., S. 173.
15 *Menschliches, Allzumenschliches* II, a.a.O., S. 680 f.

Gesprächspartner, sondern auch auf uns selbst zu beziehen: also das fiktive Gespräch als hermeneutische Veranstaltung. Zwei Gesprächspartner des Plato, die Nietzsche eigens nennt, seien für unser Thema aufgeführt. Der eine ist Epikur, ausdrücklich unter jenen Acht benannt, die Nietzsche auf seiner Fahrt in die Unterwelt befragt. Es ist dessen »Scherz«, Plato und die Platoniker »Dionysiokolakes« zu nennen, d. i.: »Tyrannenzubehör und Speichellecker und (...) Schauspieler«, ein Scherz, der aus Nietzsches Sicht wohl die erwähnte Ambivalenz Platos zum Tyrannischen im Herz treffen sollte. Epikur, so Nietzsche, habe die großartige Manier verdrossen, »das Sich-in-Scene setzen, worauf sich Plato sammt seinen Schülern verstand, – worauf sich Epicur nicht verstand«.[16] Wie steht es, so wird jeder fragen, in dieser Sache zwischen Epikur und Plato mit Nietzsche selbst? Sollte Nietzsche, als er jene Sätze über Epikur und Plato schrieb, keinen Augenblick an sich selbst gedacht haben, er, der sich wie keiner vor ihm, wie selbst Plato nicht, darauf verstand, sich in Szene zu setzen? Sicher ist, daß er, auch wenn er vielleicht jenen Scherz des Epikur einmal zufällig nicht im Kopfe hatte, wohl wußte, was er selbst zu dieser seiner eigenen Attitüde zu sagen hatte. Der zweite Mann, den ich aus der Schar jener Acht nennen möchte, ist Spinoza, der zusammen mit Goethe genannt wird. Nicht immer hat Nietzsche über Spinoza so gesprochen wie in dem berühmten Brief an seinen Freund Franz Overbeck vom 30. Juli 1881: »Ich bin ganz erstaunt, ganz entzückt! Ich habe einen Vorgänger, und was für einen! Ich kannte den Spinoza fast nicht: daß mich jetzt nach ihm verlangte, war eine ›Instinkthandlung‹. Nicht nur, daß seine Gesamttendenz gleich der meinen ist – die Erkenntnis zum mächtigsten Affekt zu machen – in fünf Hauptpunkten seiner Lehre finde ich mich wieder, dieser abnormste und einsamste Denker ist mir gerade in diesen Dingen am nächsten: er leugnet die Willensfreiheit –; die Zwecke –; die sittliche Weltordnung –; das Unegoistische –; das Böse –.« Und dann fügt Nietzsche hinzu: »Wenn freilich auch die Verschiedenheiten ungeheuer sind, so liegen diese mehr in dem Unterschiede

16 *Jenseits von Gut und Böse. Erstes Hauptstück*, in: *Sämtliche Werke*, Bd. 5, S. 21. (Ich erinnere mich hier an ein analoges Verhältnis in unserem Jahrhundert, die beiden Dioskuren Bertrand Russell und Alfred North Whitehead betreffend: Victor Lowe, der beide persönlich gekannt hat, hat den ersteren einmal ein Genie in Sachen der Publizität, den zweiten in Sachen der Privatheit genannt).

der Zeit, der Cultur, der Wissenschaft. In summa: meine Einsamkeit, die mir, wie auf ganz hohen Bergen oft, oft Athemnoth machte und das Blut hervorströmen ließ, ist wenigstens jetzt eine Zweisamkeit. – Wunderlich!«[17] Mit dieser Wunderlichkeit scheinen wir nun aber endlich im Zentrum unseres eigentlichen Themas angelangt: »Nietzsche und der Antiplatonismus«. Denn nicht nur in jener Grundtendenz, die Nietzsche als seine grundlegende Gemeinsamkeit mit Spinoza beschreibt, sondern auch in den einzelnen gemeinsamen »Hauptpunkten« wird der Kern dessen umschrieben, was Nietzsche als die eigentliche Gegenposition, als die wahre Gegenwelt zur Welt des Platonismus und des Christentums ansieht: als die Welt eines Anti-Christentums, welche ein Anti-Platonismus ist, und zwar »für alle und keinen«, um noch einmal an den vielsagenden Untertitel des *Zarathustra* zu erinnern.

Denn dies ist umgekehrt Platonismus, dies ist Christentum als Platonismus fürs Volk: Verleugnung des körperlichen und leiblichen Seins zugunsten des Geistes, Vernichtung der Leidenschaften und Begierden nach dem Motto: »Wenn dich dein Auge ärgert, so reiße es aus.«[18] Das ist Anerkennung der Freiheit des menschlichen Willens und damit Anerkennung der menschlichen Schuldhaftigkeit und Sündhaftigkeit, Anerkennung des ursprünglichen menschlichen Hanges zum Bösen. Das ist auch Betrachtung der Welt im Ganzen als eines von Zwecken, von höchsten göttlichen Zwecken regierten Universums. Und dies ist schließlich auch Vertrauen in die Fähigkeit des Menschen zu uneigennützigem, den Neigungen und Eigeninteressen zuwiderlaufendem Tun in der Erkenntnis des wahrhaft Guten. Spinoza zum Gewährsmann gegen diesen Platonismus, gegen diese ursprüngliche Welt des Christentums zu machen, dies heißt keineswegs, einer ganz aus der Luft gegriffenen Lesart zu folgen. Im Gegenteil. Es ist dies vielmehr die gängige Lesart eines schlechthin antichristlichen Spinoza, den seine Feinde den Maledictus nannten; aber eine Lesart mit umgekehrtem Vorzeichen. Der Feind Spinoza, der Maledictus, ist für Nietzsche der Freund, der Benedictus in seiner Einsamkeit. In der Tat: Liest man den Abschnitt über die »Vier großen Irr-

---

17 *Briefe, Januar 1880-Dezember 1884, Kritische Gesamtausgabe*, Bd. 1, hrsg. von G. Colli und M. Montinari, Berlin/New York 1981, S. 111.
18 *Götzen-Dämmerung*, »Moral als Widernatur«, in: *Sämtliche Werke*, Bd. 6, a.a.O., S. 82.

thümer« in der *Götzen-Dämmerung*, so findet man sich wie selten sonst bei Spinoza-Interpetationen in die allergrößte Nähe zur Gedankenwelt des Maledictus-Benedictus versetzt: Da gibt es zunächst den großen Irrtum der Verwechslung von Ursache und Folge, in der das Frühere zum Späteren, das Spätere zum Früheren gemacht ist – auf Kosten eines wahren Begriffes von Trieb, Begierde und des wahrhaft Guten, und damit zum Schaden der wahren Moral. Spinoza selbst hat das maßgebliche Beispiel einer solchen Verwechslung in Verbindung mit seinen neuen Begriffen von Trieb, Begierde und Wille gegeben: »Daß wir nichts erstreben, wollen, begehren oder wünschen, weil wir es für gut halten, sondern wir halten etwas für gut, weil wir es erstreben, wollen, begehren und wünschen«[19] – die umgekehrte Betrachtung ist der Irrtum der Verwechslung. Ferner gibt es den großen Irrtum der falschen Ursächlichkeit. Es ist dies eine Ursächlichkeit, der zufolge der Wille, das Ich, der Geist als Ursache gegenüber dem als wirkend gedacht sind, welches nicht Wille, nicht Ich, nicht Geist ist, also gegenüber der Materie, dem Körper, dem Leib. Auch hier können wir Spinoza als Zeugen Nietzsches zitieren: »Der Körper kann den Geist nicht zum Denken, noch der Geist den Körper zur Bewegung oder Ruhe noch zu etwas anderem (wenn es ein solches anderes gibt) bestimmen.«[20] Der dritte schwere Irrtum hängt mit den beiden zuvor genannten wie auch mit dem vierten, noch zu nennenden direkt zusammen. In gewissem Sinne handelt es sich bei diesen vier schweren Irrtümern um einen einheitlichen Grundirrtum hinsichtlich dessen, was wir Kausalität nennen. So enthält dieser dritte schwere Irrtum in sich eine Verwechslung des Früheren und Späteren, wie in ihn der Irrtum der falschen Ursache eingeht. Nietzsche hat diesen dritten schweren Irrtum den der imaginären Ursachen genannt. Moral und Religion bilden das wichtigste Anwendungsgebiet dieses Irrtums. Schließlich entspringt aus diesem Irrtum der folgenschwere vierte Irrtum, die Annahme eines freien Willens.

Der Begriff der imaginären Ursache deckt sich nicht einfach mit dem Begriff einer falschen Ursache, die wir von der wahren Ursache unterscheiden. Die hier notwendige Unterscheidung liegt in einer anderen Dimension. Es geht dabei um die Differenz zwi-

---

19 *Ethica*, Pars III, Prop. 9, Scholium.
20 *Ethica*, Pars III, Prop. 2.

schen bestimmten Tatsachen einerseits und den kausalen Interpretationen andererseits, oder wenn man die Differenz noch weiter zuspitzen will, um den Unterschied zwischen tatsächlichen Kausalverhältnissen und kausalen Interpretationen dieser Verhältnisse. Wir befinden uns nicht nur so oder so; und wir befinden uns auch nicht nur so oder so aus diesem und jenem Grunde. Vielmehr glauben wir vor allem, daß wir uns aus diesem oder jenem Grunde so oder so befinden. Wir imaginieren Ursachen unsrer »Befindlichkeit« (Heidegger). Es genügt uns nicht, uns so oder so zu befinden. Nietzsche: »Wir wollen einen Grund haben uns so oder so zu befinden, – uns schlecht zu befinden oder gut zu befinden. Es genügt uns niemals, einfach bloß die Thatsache, daß wir uns so oder so befinden, festzustellen.«[21] Nietzsche spricht in diesem Zusammenhang von einem »Ursachentrieb«. Dieser ist der Trieb, kausale Erklärungen zu finden, zu erfinden – gewissermaßen um jeden Preis, nach der Maxime: »Irgendeine Erklärung ist besser als keine.« Hier geht es also anders als in den Wissenschaften nicht darum, objektive Kausalzusammenhänge zu erforschen, sondern demzuvor darum, eine den spezifischen Umständen und Bedürfnissen entsprechende Kausal-Deutung zu finden, die unserem Befinden Genüge tut. Wissenschaftliche Kausalerklärungen sind späte Derivate dieses ursprünglichen menschlichen Kausaltriebes. Nietzsche gibt hier – wie auch sonst des öfteren – eine von ihm selbst sogenannte »psychologische Erklärung« für das menschliche Bedürfnis nach kausalen Erklärungen (die man selbst diesem Bedürfnis entsprungen betrachten kann): »Etwas Unbekanntes auf etwas Bekanntes zurückführen, erleichtert, beruhigt, befriedigt, gibt außerdem ein Gefühl von Macht. Mit dem Unbekannten ist die Gefahr, die Unruhe, die Sorge gegeben – der erste Instinkt geht dahin, diese peinlichen Zustände wegzuschaffen. Erster Grundsatz: irgend eine Erklärung ist besser als keine.«[22] Darin liegt, daß man die gewöhnlichsten Erklärungen bevorzugt, sofern diese unseren Ursachentrieb am schnellsten und einfachsten entgegenkommen. Suchen wir auch für diesen dritten schweren Irrtum der imaginären Ursache ein entsprechendes Zeugnis bei Spinoza, so stehen wir vor der ungewöhnlichen Tatsache, daß Spinozas Affektenlehre und Ethik in ihrem wesentlichen Kern eine philosophi-

21 *Götzen-Dämmerung*, a.a.O., S. 92.
22 Ebd., S. 93.

sche Theorie der imaginären Ursächlichkeit ist. Vor allem im dritten Teil seiner Ethik geht es immer wieder um diese eine Frage: Was folgt für unsere jeweilige Befindlichkeit, wenn wir unsere eigene Befindlichkeit als solche und hinsichtlich der Befindlichkeit anderer Menschen kausal so oder so mit Hilfe der Imagination interpretieren? Was folgt zum Beispiel für unsere jeweilige Befindlichkeit, wenn wir uns zu Recht oder zu Unrecht einbilden, wir könnten ein uns wichtig scheinendes Gut gewinnen bzw. verlieren; oder was folgt für unsere Befindlichkeit, wenn wir uns einbilden, jemand, den wir nicht mögen, könne ein Gut gewinnen oder verlieren, von dem wir uns selbst einbilden, daß es ein Gut sei; oder: was folgt für unsere Befindlichkeit, wenn wir uns einbilden, etwas sei einem anderen gleich, welches wir für ein Gut halten, etc.? Ethik ist für Spinoza zu einem Großteil Erkenntnis dieser umfassenden Gesetzmäßigkeit, der Abhängigkeit unserer Befindlichkeit von unseren eigenen kausalen Interpretationen durch Imagination. Wenn wir diese Gesetzmäßigkeit kennen, wissen wir auch, welcher kausalen Interpretationen wir bedürfen, um die Befindlichkeit Freude oder Glück zu gewinnen.

Der freie Wille ist für Nietzsche und auch für Spinoza eine solche imaginäre Ursache, geboren aus dem Bedürfnis, Schuld zuzuweisen, auch sich selbst zuzuschreiben und Reue empfinden zu können. Eben eine solche imaginäre Ursache ist auch der Zweck bzw. die Zweckursache. Nietzsche: »Wir haben den Begriff ›Zweck‹ erfunden: in der Realität fehlt der Zweck«[23], und Spinoza: »Der Wille kann nicht eine freie, sondern nur eine notwendige Ursache genannt werden«[24] und: Alle Vorurteile des Menschen hängen von dem einen ab, »daß nämlich die Menschen gemeiniglich voraussetzen, alle Dinge in der Natur handelten, wie sie selbst, wegen eines Zweckes, ja, daß sie als gewiß aufstellen, daß Gott alles zu einem gewissen bestimmten Zwecke lenke (denn sie sagen, Gott habe alles des Menschen wegen gemacht, den Menschen aber, damit er ihn verehre). (...) Hieraus sind die Vorurteile von Gut und Böse *(malum)*, Verdienst und Sünde, Lob und Tadel, Ordnung und Verwirrung, Schönheit und Häßlichkeit und dergleichen entstanden.«[25] Ziehen wir also ein erstes Fazit: Nietzsche sieht sich

23 Ebd., S. 96.
24 *Ethica*, Pars I, Prop. 32.
25 *Ethica*, Pars I, Appendix.

– zu Recht – in seinem Anti-Platonismus durch Spinoza bestätigt. Dieser Anti-Platonismus ist bestimmt als Gegensatz zum platonischen Kausalverständnis als Unverständnis des Sinnes und der Funktion menschlicher Kausalerklärung. Der Anti-Platonismus stellt insofern eine tiefgreifende Revision des Kausalverständnisses dar, und zwar in lebenspraktischer oder, wenn man so will, in moralischer Absicht.

Aber, so verwunderlich für Nietzsche die Entdeckung dieser Zweisamkeit allein schon ist, es bleibt auch für uns und für unser Thema »Nietzsche und der Anti-Platonismus« noch Verwunderliches übrig. Denn es ist nicht schwer zu sehen und schon gar nicht für einen so sehr mit historischem Sinn begabten Denker wie Nietzsche, daß dieser Spinoza so antiplatonisch, so antichristlich nicht ist, wie er hier zunächst dargestellt erscheint. Ja, daß dieser Spinoza vielleicht der größte unter den Platonikern der Moderne ist. Da finden wir das platonische Prinzip des Einen in einer Weise betont, die noch über Platos Betonung hinausgeht und Spinoza geradezu zu einem Parmenides der Neuzeit macht. Da gibt es den platonischen Grundbegriff der Selbstbewegung, der den Schlüssel abgibt für das Verständnis der Seele, ja der ganzen belebten Natur überhaupt, – und zwar unter dem Titel einer *causa sui* als ersten Grundbegriff an den Anfang des Systems gestellt, als der Grundbegriff, ohne den im Grunde nichts vernünftig erkannt werden kann. Und da läßt sich schließlich ohne gewaltsame Interpretation in Spinozas *Ethik* jene Gleichung »Vernunft = Tugend = Glück« finden, die für Nietzsche nichts anderes ist als Ausdruck des Ressentiments, welches er zuerst innerhalb der europäischen Geschichte bei Sokrates fand, den er wegen seiner Häßlichkeit nicht eigentlich als Griechen wollte gelten lassen.[26] Bei Spinoza heißt es: »Durchaus tugendhaft handeln ist nichts anderes in uns als nach der Leitung der Vernunft handeln, leben, sein Sein erhalten (*ex ductu rationis agere, vivere, suum esse conservare*)«.[27] und: »Die Glückseligkeit ist nicht der Lohn der Tugend, sondern die Tugend selbst (*Beatitudo non est virtutis praemium, sed ipsa virtus*).«[28]

Gewiß finden sich bei Nietzsche die entsprechenden kritischen

---

26 S. *Götzen-Dämmerung,* »Das Problem des Sokrates«, in: *Sämtliche Werke,* Bd. 6, a.a.O., S. 67 ff.

27 *Ethica,* Pars IV, Prop. 24.

28 *Ethica,* Pars V, Prop. 42.

Aussprüche gegen die Idee der Einheit in ihrer Verabsolutierung und insbesondere gegen den Begriff der Ursache seiner selbst, der causa sui. Wie aber läßt sich erklären, daß jene Gleichung, »Vernunft = Tugend = Glück« in dem einen Falle zum Ressentiment und allen seinen Begleit- und Folgeerscheinungen führt, im anderen Falle, nämlich bei Spinoza, zu einer Wertkritik, die sich ganz mit Nietzsche in Einklang befindet, wenn sie Mitleid und Reue als widervernünftig zurückweist und wenn sie – im Gegensatz zur Auffassung des Altertums – die mannigfachen Verwandtschaftsbeziehungen zwischen dem aufspürt, was die Menschen im allgemeinen in den einfachen Gegensatz des Guten und des Bösen einteilen. Enthält die Revision der Kausalauffassung den Schlüssel für das Verständnis dieser gegensätzlichen Konsequenzen aus einer scheinbar identischen Gleichung? Hat uns Nietzsche hier eine sinnvolle Interpretationsaufgabe gestellt? Hat er diese selbstgestellte Frage vielleicht am Ende beantwortet? Fragen wir zum Schluß: wie steht es mit jener von Nietzsche empfundenen gemeinsamen Grundtendenz, die Erkenntnis zum mächtigsten Affekt zu machen? In der Sprache des Spinoza heißt dies: »Ein Affekt kann nur durch einen Affekt, der entgegengesetzt (contrarium) und stärker als der einzuschränkende Affekt ist, eingeschränkt und aufgehoben werden«[29] und: »Die wahre Erkenntnis des Guten und Bösen kann, insofern sie wahr ist, keinen Affekt einschränken, sondern nur, insofern sie als Affekt betrachtet wird«[30]; und: »Zu allen Taten (actiones), zu denen wir durch einen Affekt, der ein Leiden ist (passio), bestimmt werden, können wir auch ohne denselben durch Vernunft bestimmt werden.«[31] Die Erkenntnis als dieser mächtigste Affekt, nämlich als der Affekt der Vernunft selbst, sofern diese nicht Leiden, sondern Tun ist, ist amor intellectualis: Die Liebe der Vernunft. Es ist hier nicht ohne Pointe, was Nietzsche über diesen amor intellectualis zu sagen weiß, und zwar in eben demselben Text, der uns so beeindruckend die Zweisamkeit zwischen ihm und Spinoza zu bestätigen schien: »Nichts ist weniger griechisch als die Begriffs-Spinnweberei eines Einsiedlers, amor intellectualis dei nach Art des Spinoza. Philosophie nach Art des Plato wäre eher als ein erotischer Wettbewerb zu definiren, als

29 *Ethica*, Pars IV, Prop. 7.
30 *Ethica*, Pars IV, Prop. 14.
31 *Ethica*, Pars IV, Prop. 59.

eine Fortbildung und Verinnerlichung der alten agonalen Gymnastik und deren Voraussetzungen.« Plato genießt hier, ungeachtet Nietzsches Abneigung gegen die Dialektik, einen Vorzug, ist er doch Grieche und nicht Christ. Sollte Spinoza also ungeachtet seines Anti-Platonismus doch eher Christ sein oder sollte etwas versteckt Christliches in ihm oder nur etwas verdächtig Metaphysisches in ihm verborgen liegen. Was hier für die Dialektik spricht, ist ihr Ursprung aus der »philosophischen Erotik«, dank dessen man ihre Spuren noch in der »ganzen höheren Cultur und Literatur des klassischen Frankreich« wiederfinden kann.[32] Also noch einmal eine neue Perspektive? Oder vielleicht eine Leseanweisung Nietzsches für den alten und neuen Europäer, sich ein Lesebuch zusammenzustellen, in welchem aus Spinozas großer *Ethik* der erste und der letzte Teil gestrichen und durch Platos *Symposion* ersetzt ist (von dem wiederum vielleicht die Rede der Diotima wegzulassen wäre?).

Wie steht es nun mit der Zweisamkeit von Nietzsche und Spinoza in Sachen des Anti-Platonismus? Beide haben gründlich das alte teleologische Kausalitätskonzept mitsamt den Prinzipien, auf die es sich gründete, über den Haufen geworfen. Beide haben diese Art von Kausalität nicht transformiert, um sie durch eine streng mechanistische Kausalität zu ersetzen,. Beide stellen vielmehr diese Transformation in den Dienst einer Kritik an der Moral und einer neuen ethischen Besinnung. Sind sie so nicht beide in ihrem ursprünglichsten Sinne genommen Platoniker? Vielleicht sogar Sokratiker? Müssen sie es nicht sogar sein wollen? Heidegger hat Nietzsche den letzten Metaphysiker genannt, und wenn ich ihn richtig verstehe, war dies kritisch gemeint: Nietzsche als einer, der die Metaphysik zerstören will, und dem dies nicht oder zumindest nur zur Hälfte gelingt. Aber ist diese Perspektive dem Denken Nietzsches angemessen? Um zu dem zu Anfang zitierten Text, der Vorrede von *Jenseits von Gut und Böse,* zurückzukehren: Für Nietzsche ist im Blick auf sein eigenes Jahrhundert, das neunzehnte, der Platonismus in Europa zu Ende. Nun, da Europa »von diesem Alpdrucke aufathmet, darf es zum Mindesten eines gesünderen Schlafs geniessen«. Solcher Schlaf aber ist nicht Nietzsches Sache, der seine Aufgabe selbst als die des Wachseins bestimmt.

32 *Götzen-Dämmerung,* »Streifzüge eines Unzeitgemässen«, a.a.O., S. 126.

Der »Kampf gegen Plato (...) hat in Europa eine prachtvolle Spannung des Geistes geschaffen, wie sie auf Erden noch nicht da war: mit einem so gespannten Bogen kann man nunmehr nach den fernsten Zielen schiessen.«[33] Mag der europäische Mensch diese Spannung als Notstand empfinden und eben deswegen den Bogen abspannen – dies ist es, was Nietzsche den europäischen Nihilismus nennt. Auf diese Weise wird verfehlt, was er in eben diesem Zusammenhang den freien Geist des guten Europäers genannt hat.

33 *Jenseits von Gut und Böse*, »Vorrede«, Werke, Bd. 5, a.a.O., S. 12. f.

Das jüdische Denken von Hermann Cohen und Franz Rosenzweig
Ein neues Denken in der Philosophie des 20. Jahrhunderts

I

Mein Thema gehört in den Zusammenhang der jüngsten Geschichte des deutschen Judentums. Es gehört in den letzten Teil dieser Geschichte. Diese Geschichte ist zu Ende. Das deutsche Judentum gibt es nicht mehr. Es ist durch die grauenvolle Gewaltherrschaft des Nationalsozialismus vernichtet worden. Diese immer noch unfaßbare Tatsache umgibt jede mögliche Erörterung dieses Themas mit einer großen Trauer. Denn dies war, zumindest für Hermann Cohen, den größten Denker aus der Schule des Neukantianismus und eigentlichen Begründer und Vollender dieser Schulrichtung, nicht irgendein Thema. Es wurde ihm vielmehr in seinem späteren Lebensabschnitt, nicht zuletzt unter dem Eindruck eines besorgniserweckenden neuen Antisemitismus in Europa um die Jahrhundertwende, zu einer brennenden Frage: »Deutschtum und Judentum« ist der Titel zweier großer Abhandlungen in seinen von Franz Rosenzweig herausgegebenen und eingeleiteten *Jüdischen Schriften.* Und auch für Rosenzweig, den großen Verehrer Cohens, insbesondere seines großen, aus dem Nachlaß veröffentlichten Werkes über die *Vernunft der Religion aus den Quellen des Judentums,* ist »Judentum und Deutschtum« immer noch ein gewichtiges Thema gewesen, wenn auch nach dem Ende des ersten Weltkrieges nicht mehr das für ihn vordringlichste. Immerhin, der bekannte Brief vom 16. Januar 1918 an Helene Sommer, der sich ganz dieser Frage widmet, endet mit dem bewußten Gebrauch des Bindewortes »Und«, das Rosenzweig zu einer Grundkategorie seines Denkens gemacht hat. Der Brief schließt mit den Worten:

Mit herzlichen Grüßen an Sie und Ihren Mann und die Kinder bin ich Ihr Franz Rosenzweig, Deutscher und Jude, und nun allerdings nach freier Wahl und Entscheidung mit dem Schwergewicht (mag auch meine Masse noch auf dem Ersten ruhen) mit dem Ton des persönlichen Willens auf dem

Zweiten – *ecce deus fortior me,* wie's Ihnen Ihr Dante, *nel libro della memoria sua* sagt.[1]

Helene Sommer war eine typische Repräsentantin des sogenannten »assimilierten« deutschen Judentums: hochkultiviert, musisch, als Frau emanzipiert, freilich ohne programmatische Emanzipation. Sie liebte Dante und Goethe. Jenen übersetzte sie ins Deutsche, diesen kannte sie, wie viele deutsche Bildungsbürger der Zeit auswendig.

Rosenzweig hat das »Und« in den Schlußsätzen seines Briefes unterstrichen. Das hieß: das »Und« hatte für ihn hier die Bedeutung eines philosophischen Grund- und Schlüsselwortes, dieselbe Bedeutung, die Hermann Cohen dem Kunstausdruck »Korrelation« vorbehalten hatte. Korrelation war für Cohen ein philosophischer Terminus, ein Grundbegriff seiner »Logik des Ursprungs«. Korrelation bedeutete dort nicht kausale Wechselwirkung, sondern etwas sehr viel Ursprünglicheres, von dem her allererst kausale Wechselwirkung verstanden werden kann. Korrelation meinte eine ursprüngliche und nicht reduzierbare Einheit des Verschiedenen: die innigste Zusammengehörigkeit eines Gegensätzlichen. Korrelation, das war eine ursprüngliche Einheit vor jeder möglichen Synthese, eine Einheit, in der nicht verschiedene Elemente mittels eines weiteren, außerhalb liegenden Elementes verbunden gedacht sind. Was in Korrelation steht, gehört so zusammen, daß es zu seiner Verbindung keines Dritten, keiner Vermittlung bedarf: Mann und Frau, Eltern und Kinder. Korrelation war insofern auch nicht nur etwas Negatives und Begrenzendes, nicht ein Zusammenhang, in dem jeweilige Spielräume für Verschiedenes begrenzt werden, sondern etwas ganz und gar Positives, – die wechselseitige Einräumung von Spielräumen für die Verschiedenen durch ihre Zusammengehörigkeit, eine wechselseitige Befruchtung und Beförderung der je eigenen, ureigensten Möglichkeiten. So gesehen war für Cohen die Korrelation nicht irgendein philosophisches Prinzip, sondern das Prinzip aller Prinzipien. Man kann nicht ohne Bewegung zur Kenntnis nehmen, daß er diesen philosophischen Begriff der Korrelation in der Zeit um die Jahrhundertwende zur Bestimmung des Verhältnisses von Judentum und Deutschtum in Anspruch nahm, in einer Zeit, in der

1 Franz Rosenzweig, *Briefe.* Ausgewählt und herausgegeben von Edith Rosenzweig, Schoecken-Verlag, Berlin 1935, S. 276–281.

sich die gegenaufklärerische Tendenz zur Ausgrenzung der jüdischen Mitbürger in Deutschland auszubreiten begann. In manchem war Cohen hier zum Kompromiß bereit, um den Zusammenhang zwischen Deutschtum und Judentum zu retten; nur in einem nicht, nämlich in Sachen der jüdischen Religion. Um deren Wahrung, um die »Heimkehr« zu dieser ging es, wie Rosenzweig in seiner Einleitung zu den *Jüdischen Schriften* Cohens formuliert hat.[2] Bei Rosenzweig finden wir eine Akzentverschiebung im Gebrauch der Korrelation, die einer tiefgreifenden Veränderung der Gesamtsituation entspricht. Cohen gehörte dem vergangenen Jahrhundert an, auch wenn sein großes Werk über die *Vernunft der Religion aus den Quellen des Judentums* erst 1918 aus dem Nachlaß erschien. Rosenzweig hingegen war ein Kind des 20. Jahrhunderts. Sein »Und« in der Formel »Jude und Deutscher« ist einem anderen »Und« untergeordnet, nämlich dem »Und« in »Judentum und Christentum«. Judentum oder Christentum, das wurde für ihn und seine beiden Vettern, Hans Ehrenberg und Eugen Rosenstock-Huessy zur allentscheidenden Frage, mit der sie sich in ihrer Korrespondenz und in endlosen Gesprächen auseinandersetzten. Das war für alle drei keine abstrakte, theoretische Frage; auch nicht eine Frage der möglichen Einstellung zum gesellschaftlichen Umfeld, keine Frage der Philosophie der Kultur. Es war dies für sie alle eine lebenswichtige, eine existentielle Frage, eine Frage auf Leben und Tod, die jeder einzelne in diesem Freundes- und Verwandtenbund schließlich auf seine Weise für sich entschieden hat. Hans Ehrenberg und Eugen Rosenstock-Huessy, sie, die emanzipierten Juden, entschieden sich für das Christentum. Hans Ehrenberg gab seine Karriere als Professor der Philosophie in Heidelberg auf und wurde evangelischer Pfarrer. Er gehörte der »Bekennenden Kirche« an und ist nur durch eine Reihe von glücklichen Umständen der Ermordung durch die Nationalsozialisten entgangen. Franz Rosenzweig entschied sich für das Judentum. Er trat in die Synagoge ein, gab ebenfalls seine akademische Karriere auf, um mit Martin Buber in Frankfurt das jüdische Lehrhaus zu begründen.

Für Hermann Cohen war das »Und« in »Judentum und Christentum« nur ein zweitrangiges »Und« gewesen, kein existentielles, sondern eher ein kulturphilosophisches Thema. Für Franz Rosen-

2 F. Rosenzweig. »Einleitung«, in: Hermann Cohen, *Jüdische Schriften*,
   Bd. 1, Berlin 1924, S. xx f.

zweig wird dieses »Und« zum eigentlichen Thema. So merkwürdig es klingt: Indem er sich für das Judentum und gegen das Christentum entschied, entdeckte er den tieferen Sinn dieses »Und«: Judentum und Christentum. Dieser tiefere Sinn wies ihn über dieses zweite »Und« hinaus auf ein drittes »Und« – das von Philosophie und Religion. Dieses dritte »Und« ist nun allerdings der gemeinsame Boden, von dem die beiden großen Denker eines neuen Denkens ausgehen, das sie den Quellen des Judentums und der Besinnung auf diese Quellen abgewinnen. Durch dieses neue Denken haben beide in die Philosophie unseres Jahrhunderts hineingewirkt. Unter den Philosophen, auf die sie den tiefsten Einfluß genommen haben, nenne ich hier vor allem Emmanuel Lévinas. Das neue Denken im Raume des »Und«, d. i. der Korrelation von Philosophie und Religion, ist das Vermächtnis dieser beiden deutsch-jüdischen Philosophen an die Philosophie unseres Jahrhunderts. Um dieses neue Denken in seiner Bedeutung zu würdigen, bedarf es aber einer Rückbesinnung. Cohen und Rosenzweig sind in der Philosophie großgeworden, die wir vereinfachend die »Philosophie des deutschen Idealismus« nennen, obwohl dieser Ausdruck (gemessen an der universalen Idee der Philosophie) abwegig ist. Philosophie hat nichts mit Deutschtum, überhaupt nichts mit Nationalitäten zu tun, ungeachtet ihrer unvermeidlichen Bindung an eine bestimmte Sprache und Kultur. Für Cohen (ebenso wie für Rosenzweig) war diese Philosophie des deutschen Idealismus in Verbindung mit den großen Namen eines Kant und Hegel mehr als nur eine bestimmte Richtung der Schulphilosophie. Wenn wir in Cohen den maßgeblichen Begründer des Neukantianismus im 19. Jahrhundert und in Rosenzweig den maßgeblichen Begründer des Neuhegelianismus im 20. Jahrhundert sehen, so legt diese Betrachtungsweise das Mißverständnis nahe, daß es sich bei den beiden um Begründer oder Bewahrer von philosophischen Schulen handle. In Wahrheit ist es umgekehrt: wenn wir bei Cohen eine unmittelbare Nähe zur Philosophie Kants, ja eine ständige Berufung auf diese Philosophie, auf ein Philosophieren mit Kant finden, so deswegen, weil ihm diese Philosophie im Grunde die wahre Philosophie und diese als solche mehr als nur graue Theorie war, vielmehr Ausdruck der lebendigen Wirklichkeit der menschlichen Kultur der Humanität. Nur eine Weiterentwicklung, eine Fortbildung dieser Wahrheit konnte es geben. Deswegen finden wir bei Cohen die Bewahrung der Kantischen

Dreiteilung der Philosophie: in theoretische und praktische Philosophie und in die philosophische Ästhetik, den drei Vernunftkritiken Kants entsprechend. Ähnlich liegen die Dinge bei Franz Rosenzweig, der ein meisterliches Buch über *Hegel und den Staat* geschrieben und der seinen Vetter Hans Ehrenberg veranlaßt hat, das bis dahin unbekannte Manuskript der Hegelschen *Jenenser Logik und Metaphysik* zu veröffentlichen, das auf die Entwicklungsgeschichte der Hegelschen spekulativen Logik ein ganz neues Licht warf und die kritische Hegel-Forschung in Gang gesetzt hat. Rosenzweig selbst hat mit unübertrefflicher Bestimmtheit formuliert, was aus seiner Sicht die Einmaligkeit der Epoche des philosophischen deutschen Idealismus ausgemacht hatte: »Seit den Zeiten der Pariser Hochscholastik war es das erstemal, daß die schöpferische Philosophie an der Universität ihren Sitz errichtete. Jetzt wurden für eine Weile Philosophie und Philosophie-Professor ein- und dieselbe Person«.[3] Diese Einheit und Identität von Lebenswirklichkeit und Streben nach Wahrheit wurde für Franz Rosenzweig die allein verbindliche Idee von Philosophie.

II

Anders als in der Epoche des philosophischen deutschen Idealismus wollte der deutsche Professor des 19. Jahrhunderts, so Rosenzweig, nicht länger Philosoph sein, wohl aber sein Fach, die Philosophie, philosophisch behandeln, nämlich mit dem Ernst und Tiefgang der Philosophie.[4] (Heute dagegen wollen alle Philosophie-Professoren auch Philosophen sein.) Wenn Rosenzweig im Philosophieprofessor des 19. Jahrhunderts die endgültige Trennung zwischen Philosophie und Philosophieprofessor konstatierte, so im Hinblick auf eine einzige Ausnahme, nämlich die Hermann Cohens. Was nun das dritte »Und«, das »Und« von Philosophie und Religion betrifft, so war dieses »Und« für jenen das »Und« von Philosophie und Judentum. Allerdings hat Cohen selbst nie einen Anlaß gesehen, bei seinem immer tiefgreifenderen Nachdenken über den Zusammenhang mit der Tradition der Philosophie zu brechen. Das Bedürfnis eines solchen Bruches ist

3 »Einleitung«, S. xv f.
4 Ebd.

allererst in seiner Nachfolge, so etwa bei Lévinas, empfunden worden. Cohen sah vielmehr gerade in der philosophischen Überlieferung, der er sich schlechthin verbunden wußte, eine Bestätigung dessen, daß zwischen der wahren Philosophie und dem Judentum eine wichtige Verwandtschaft und Übereinstimmung in den wesentlichen Grundwahrheiten bestand. Wenn er etwa über die »inneren Beziehungen der Kantischen Philosophie zum Judentum« nachdachte, ging es ihm weder um die faktischen Äußerungen Kants über das Judentum noch um eine vermeintlich faktisch vorkommende Philosophie in den Zeiten des biblischen Judentums. Er wußte nur zu gut, daß Kants Äußerungen zum Judentum sich für den Erweis der gesuchten inneren Beziehung wenig eigneten, und auch, daß das biblische Judentum keine Philosophie im Sinne des philosophischen Begriffes kannte. Wohl aber wußte er auf der idealen Ebene eine Übereinstimmung in den Grundwahrheiten zu entdecken. Zwei solche Grundwahrheiten waren es vorzüglich, die er mit dem Judentum von Anfang an verbunden ansah: die Idee des Monotheismus und die Identifikation Gottes mit dem Wissen der Sittlichkeit. Monotheismus war und ist für Cohen mehr als nur die Setzung der Einheit Gottes gegen die Vielgötterei. Monotheismus bedeutete ihm vielmehr, daß Gott Geist – und als Geist nicht nur Einheit, sondern Einzigartigkeit ist. Einzigartigkeit und demzuvor Einzigkeit. In dieser Idee des jüdischen Monotheismus verkennt Cohen nicht eine gewisse »Einseitigkeit aus dem universellen Gesichtspunkt der Kultur, die zum Wesen des jüdischen Gottesbegriffes gehört«[5], die aber gerade diesem Beitrag des Judentums zur Philosophie und zur Weltkultur seine Bedeutsamkeit sichert, denn: »Der einzige Gott des Judentums bewahrt seine Geistigkeit in seiner Unvergleichbarkeit mit allem, was Himmel und Erde auch im Menschen enthalten … Seinem Wesen widerspricht daher die Vermittlung, welche ein erhöhter Mensch zwischen Gott und Mensch übernehmen könnte.«[6] Diese Verneinung einer möglichen Vermittlung zwischen Gott und Mensch ist nicht einer Verneinung der möglichen Versöhnung zwischen Gott und Mensch gleichzusetzen. Im Gegenteil. Es geht Cohen bei jener Verneinung jeder möglichen Ver-

5 H. Cohen, »Die Bedeutung des Judentums für den religiösen Fortschritt der Menschheit«, in: *Jüdische Schriften*, Bd. 1, S. 20.
6 Ebd., S. 21.

mittlung zwischen Gott und Mensch gerade um die Möglichkeit der Versöhnung zwischen Gott und Mensch und um die Erlösung des Menschen durch die Liebe und Gerechtigkeit Gottes. Die eine Grundwahrheit, die des Monotheismus, hängt mit der anderen Grundwahrheit direkt zusammen:

Das Wesen Gottes ist die Sittlichkeit und nur die Sittlichkeit. Sie ist die Natur Gottes. Es gibt keine andere Natur Gottes. Die Natur ist die Schöpfung Gottes. Gott ist nicht Natur; sein Wesen bildet nicht den Widerspruch, aber den Gegensatz zur Natur, die unterhalb von Gut und Böse steht. Dieser Gegensatz zur Natur bedeutet die Einzigkeit.[7]

Man kann angesichts dieser Sätze gut verstehen, warum Rosenzweig in Cohen eher den großen Hegelianer als den großen Kantianer sehen wollte.[8] Aber uns Heutigen, die wir mehr als ein halbes Jahrhundert nach Rosenzweig leben, kommt auch eine auffällige Nähe zu Cohens großem, wie immer unausdrücklichen philosophischen Gegenspieler in den Sinn: zu Martin Heidegger, der durch seine Fundamentalontologie der Neukantianischen Erkenntnislehre endgültig ein Ende zu bereiten gedacht hatte.[9] Denn die Einzigkeit und Einzigartigkeit, die Unvergleichlichkeit Gottes gegenüber allem anderen Seienden, was ist sie anderes als die von Heidegger so bezeichnete ontologische Differenz zwischen Sein und Seiendem, die angeblich in der Geschichte der abendländischen Metaphysik nie hinterfragt worden und insofern immer ein Ungedachtes geblieben sei. Aber der Denkweg Cohens bleibt, einer solch äußerlichen Gemeinsamkeit ungeachtet, von den Denkwegen Hegels und Heideggers grundverschieden. Denn Cohen ging es vor allem darum, daß »die Sittlichkeit der letzte Sinn der Welt ist«[10], und deswegen gilt: »Nur sittliche Attribute dürfen von Gott ausgesagt werden, mithin nur solche, welche sich auf die Handlungen des Menschen beziehen, in denen Gott (und nur Gott allein, kein Mensch und kein Gottmensch) Vorbild für den Men-

7 H. Cohen, »Innere Beziehungen der Kantischen Philosophie zum Judentum«, in: *Jüdische Schriften*, Bd. 1, S. 294.
8 »Einleitung«, S. XVII-XIX.
9 Ungeachtet ihrer Indirektheit scheint mir Heideggers Auseinandersetzung mit Cohen über das Mathematische besonders bedeutsam, in: *Die Frage nach dem Ding. Zu Kants Lehre von den transzendentalen Grundsätzen.* Tübingen 1962.
10 H. Cohen, »Innere Beziehungen . . .«, S. 294.

schen werden kann«.[11] Mit diesen beiden Grundwahrheiten, die für Cohen Grundwahrheiten des Judentums ebenso wie Grundwahrheiten der Philosophie Kants sind, war nun aber auch der wichtigste Grund-Irrtum bzw. die schwerwiegendste Grundwahrheit benannt. Es war dies die Unwahrheit des Pantheismus. Angesichts dieser Grundwahrheit wird man sich hüten müssen, die Heideggersche Formel von der ontologischen Differenz des Seins und des Seienden als Ausdruck für die Unvergleichbarkeit Gottes zu gebrauchen. Denn diese Differenz kann immer pantheistisch mißdeutet werden. Der Pantheismus ist unwahr, weil er in seinem Bemühen die Einheit Gottes, der Welt und des Menschen zu denken, nie über den abstrakten Einheitsgedanken hinauskommt, der unvermeidlich in eine unbestimmte Mannigfaltigkeit und in eine Mannigfaltigkeit von Mannigfaltigkeiten zerfällt, wenn er nicht andererseits zum Akosmismus und Nihilismus führt. Der Pantheismus bietet keine zureichende Gewähr, weder gegen den Polytheismus, noch gegen den Anthropomorphismus. Denn, wenn Gott und Welt eines sind, und wenn die Welt in Gott und Gott in der Welt, und so auch jedes »Innerweltlich-Seiende« in Gott und Gott in ihm ist, so ist nicht nur ein jeglich Seiendes göttlich, sondern es kann auch ein jeglich Seiendes in den Stand der Gottheit erhoben werden. So gesehen drängt sich unvermeidlich der Mensch nicht nur in die Rolle des höchsten Seienden, sondern in die Rolle Gottes selbst. Cohen nennt in diesem Zusammenhang der Prüfung der inneren Beziehung zwischen der Philosophie Kants und dem Judentum vor allem eine aus seiner Sicht fatale Konsequenz des Pantheismus, nämlich die der Reduktion der Sittlichkeit auf den Eudaimonismus. Wenn Gott nichts anderes ist als die All-Natur, so kann jeder Teil dieser All-Natur als göttlich – und damit als höchstes Gut genommen werden. Hier ist jedem sein Gott, was ihm erstrebenswert und besitzenswert ist und zugleich in den Machtbereich des eigenen Vermögens und Könnens gehört. Gegen diese Verfehlung der wahren Gottesidee im Pantheismus hat Cohen immer wieder betont, daß Gott Geist ist und zur Idee erhoben werden muß, daß wir diese Idee Gottes als etwas Überpersönliches zu denken haben: »Nichts Geringeres ist der tiefste Grund der jüdischen Gottesidee.«[12] Und: »Der

11 Ebd.
12 Ebd., S. 293.

Monotheismus kann durchaus nur der Monotheismus der Idee sein.«[13]

Diese Grundwahrheiten also hat Cohen gleichermaßen in den Quellen des Judentums und in den Quellen der Philosophie Kants gefunden. Es war ihm die Einheit und Einzigkeit Gottes, die die Einheit und Je-Einzigkeit des Menschen verbürgt: »Die Einheit des Herzens gemäß der Einheit Gottes, die Einheit des Menschen gemäß der Einheit Gottes«[14] in der Einheit der sittlichen Handlung. All dies fand der Neukantianer demnach in der Philosophie Kants: die Auffassung Gottes als Idee und als Prinzip (regulatives Prinzip) der Sittlichkeit und in diesem Zusammenhang die Kritik am Naturalismus und Psychologismus. Am wichtigsten aber mußte Cohen hier Kants Kritik des Eudämonismus werden, sofern in dieser ethischen Auffassung der eigennützige Trieb, das Streben des Menschen zum eigenen Wohl und Nutzen als das höchste Prinzip des Willens gesetzt wird. Rosenzweig hat in seiner Einleitung in Cohens *Jüdischen Schriften* hervorgehoben, daß das große Losungswort Cohens das Wort »Reinheit« sei, welches dieser dem Titel von Kants Hauptwerk der *Kritik der reinen Vernunft* entnommen hat. Reinheit wird von Cohen – so Rosenzweig in einer geistvollen Anmerkung – nicht wie Reinheit des reinen Alkohols, sondern wie die Reinheit eines reinen Weines verstanden[15], also als eine Grundbefindlichkeit, die einen elementaren menschlichen Wert, gewissermaßen ein Gütesiegel darstellt. Immer wieder begegnen wir in Cohens *Jüdischen Schriften* dem Wort von der Reinheit des Herzens. Gemeint ist dabei nicht, daß der Mensch ursprünglich gut und rein ist. Er ist dies ebensowenig, wie er von Geburt an mit der Erbsünde belastet ist. Aber es gibt in ihm – mit Kant zu reden – einen unausrottbaren Hang zum Bösen, der ihn dazu bestimmen muß, es mit diesem Hange aufzunehmen. Reinheit des Herzens, dies ist die Aufgabe der praktischen Vernunft, die sich den Menschen ständig neu stellt. Es ist die jedem gestellte Aufgabe, die allgemeine Gesetzgebung der praktischen Vernunft immer neu in sich hervorzubringen und sich damit dem Hang zu widersetzen, die ursprünglich moralische Triebfeder in ihr Gegenteil zu verkehren. Der Ausdruck »Reinheit des Herzens«

13 Ebd., S. 293.
14 Ebd., S. 291.
15 In: »Einleitung«, S. xix.

weist so vor und zurück auf die Idee der Vernunft selbst. Diese Grundidee der Vernunft sieht Cohen dem Judentum und der Philosophie Kants gleichermaßen verbunden. Auf diese Idee hat er sein großes religionsphilosophisches Nachlaßwerk *Religion der Vernunft aus den Quellen des Judentums* gegründet. Die Gründung der Religion auf den Begriff der Vernunft hatte zur Absicht, die Religion den Kontingenzen der geschichtlichen Erscheinungen zu entreißen und (durch den Begriff der Vernunft selbst allererst) den Begriff der Religion zu erzeugen. Indem die Religion an den Begriff der Vernunft gebunden wird, wird die Religion selbst in den Stand des Universalen erhoben, an dem alle Menschen, alle Völker Anteil haben: »In dem Bewußtsein keines Volkes erschöpft sich die Religion der Vernunft. Alles Menschliche, wie es in allen Völkern sich erzeugt, leistet seinen Beitrag, wie überhaupt zur Vernunft, so auch zur Religion der Vernunft.«[16] Und: »Die Religion der Vernunft kann weder die Religion eines einzelnen Volkes noch die Ausgeburt eines einzelnen Zeitalters sein; die Vernunft fordert die Einheitlichkeit der Religion bei all denjenigen Menschen und Völkern, die der Wissenschaft und der Philosophie mächtig geworden sind.«[17] Durch die Idee der Vernunft, welche (immer und notwendigerweise) die Idee einer Gesetzgebung der Vernunft ist, wird auch die Religion, nicht anders als die Wissenschaft und die Ethik, auf diese Idee einer Gesetzgebung der Vernunft verpflichtet. Die Religion der Vernunft ist insofern nicht schlechthin voraussetzungslos. Sie ist an die Voraussetzung einer philosophischen Kultur gebunden.

In dieser neuen Philosophie der Religion, welche Religion als Religion der Vernunft begründet, hat nun Cohen überhaupt erst den wahren und eigentlichen Sinn jenes dritten »Und« im Zusammenhang von Philosphie und Religion entdeckt. Über dieser Entdeckung vollzieht er einen ersten definitiven und damit zugleich endgültigen Gedankenschritt über die Philosophie des deutschen Idealismus und insbesondere auch über die Vernunftkritik Kants hinaus. Durch diese Entdeckung wird er zum Begründer eines neuen Denkens in der Philosophie unseres Jahrhunderts, dessen Denkwege überhaupt noch nicht in allen ihren Möglichkeiten

---

16 Hermann Cohen, *Religion der Vernunft aus den Quellen des Judentums*, Köln ²1959, S. 8.
17 Ebd., S. 9.

erschlossen sind. Die fragliche Entdeckung eines neuen »Und« im Verhältnis von Philosophie und Religion ist die des »Und« im Verhältnis von Ethik und Religion. Cohen entdeckt hier eine ihm selbst bis dahin verborgene Korrelation. Diese Korrelation von Ethik und Religion bedeutet, dem beschriebenen Begriff der Korrelation entsprechend: Religion läßt sich nicht auf Ethik reduzieren. Sie ist aber auch nicht bloß ein Appendix zur philosophischen Ethik, etwa nach Art der Kantischen Postulatenlehre. Umgekehrt kann eine philosophische Ethik aber auch nicht der Religion untergeordnet und aus dem Begriff derselben abgeleitet werden. Ethik und Religion stehen nicht nur in einem negativen Verhältnis wechselseitiger Ausschließung und Begrenzung. Ihr Verhältnis ist vielmehr ein positives, nämlich das der wechselseitigen Bedingung ihrer Möglichkeit. Ethik und Religion sind durch einander, was sie sind. Im Hauptwerk seiner praktischen Philosophie, in der *Ethik des reinen Willens,* und auch sonst immer wieder, hat Cohen betont: Die philosophische Ethik als Vernunftwissenschaft gründet sich auf das Prinzip der Allheit. Alle Sätze einer solchen Ethik haben dementsprechend die Form des Urteils der Allheit. Sie gelten für den Menschen nicht als partikular, nicht für den einzelnen Menschen in seiner spezifischen Individualität, nicht für den Menschen in seinen spezifischen, sinnlichen Anlagen und Neigungen. Die Allheit in der Ethik ist Methode: »Die Ethik kommt bei ihrem methodischen Gegensatz zu allem Sinnlichen und Empirischen am Menschen zu der gewaltigen Konsequenz, daß sie das Ich des Menschen der Individualität überhaupt zuvorderst entreißt, um diese ihm von einem höheren Gesichtspunkt aus (in nicht nur erhöhter, sondern auch geläuterter Form) wiederzugeben. Das Ich des Menschen wird in ihr zum Ich der Menschheit«.[18] Durch ihr Prinzip der Allheit ist die philosophische Ethik auf Jurisprudenz und Staatswissenschaft bezogen, sofern diese in ihrer Faktizität eine bedingte Allheit zur Grundlage haben. Aber wo Cohen bis dahin den höchsten Standpunkt der Philosophie sah, nämlich in diesem Standpunkt der Allheit, die eine für alle Menschen verbindliche Allheit der praktischen Vernunft ist – und wo das Individuum die Würde eines Trägers dieser Allheit: der Menschheit erhält, entdeckt er nunmehr einen Mangel. Diese Entdeckung betrifft das Verhältnis des Ich zum Anderen. Der Andere

18 Ebd., S. 15.

ist zunächst über das bloße Es hinaus ein Er, eine Sie. Und dieser Andere, dieser Er, diese Sie, sie sind offensichtlich jeweils ein anderes Ich: ein anderes Ich überhaupt – und ein anderes Ich für mich als Ich. Die fragliche Entdeckung ist nun die Entdeckung des Anderen nicht als eines Er oder einer Sie, sondern des Anderen als eines Du. Dieses Du kann nicht auf den Anderen, nicht auf das andere Ich im Sinne eines Er oder einer Sie reduziert werden. Andererseits geht der Andere, das andere Ich, auch nicht restlos im Du auf. Es gibt hier zwei ursprüngliche Korrelationen: Ich und Er oder Sie und Ich und Du. Das Und, in dem sich die beiden Korrelationen miteinander verbinden, ist die Korrelation von Ethik und Religion.

III

Ich und Du, Du und Ich: Das ist nun das von Cohen in seinem Spätwerk entdeckte Grundverhältnis zwischen Mensch und Mensch sowie zwischen Mensch und Gott. Dieses neue Grundverhältnis tritt dem anderen Grundverhältnis zwischen einem Ich und einem anderen Ich, welches die Form der Allheit hat, gegenüber. Dieses letztere Grundverhältnis ist das der Ethik. Nicht darum geht es demnach, ob das eigene Ich dem Sein (und der Erkenntnis) nach früher ist als das andere Ich, sondern um den Unterschied in der Erschließung von Ich und Du einerseits und der Erschließung eines Ichs und eines anderen Ichs andererseits. So kann Cohen fragen:

Ist auch das Du nur ein anderes Beispiel für das Ich – und bedürfte es nicht einer eigenen Entdeckung des Du, auch wenn ich bereits meines Ichs gewahr worden bin? Vielleicht verhält es sich umgekehrt, daß erst das Du, die Entdeckung des Du, mich selbst auch zum Bewußtsein meines Ichs, zur sittlichen Erkenntnis meines Ichs zu bringen vermöchte?[19]

Cohen hat aber auch die Quelle einer solchen Erschließung des Du genannt, nämlich das Mitleid, welches er, hierin Kant vorbehaltlos folgend, als ein mögliches Prinzip der Ethik nicht hatte wollen gelten lassen, und zwar deswegen nicht, weil dieses Gefühl sich an die kontingente menschliche Sinnlichkeit wendet. Das Mitleid

19 Ebd., S. 17.

wird gleichwohl hier nunmehr als eine eigentümliche Kraft in der Religion der Vernunft anerkannt. Es wird als die Kraft bestimmt, den Anderen, das andere Ich in ein wahres Du umzuschaffen. Mitleid setzt Leiden voraus. Wo kein Leiden ist, da bedarf es auch keines Mitleidens. So wenig wie das Mitleid gehört für Cohen das Leiden in den Bereich der Ethik. Denn – so sein Argument – das Leiden der Menschen ist für sich genommen geeignet, uns am Sinne der Idee der Menschheit zweifeln zu lassen, auf welcher die philosophische Ethik beruht. In diesem Zusammenhang hat Cohen sich an einer neuen, nicht unproblematischen Theodizee versucht: das Mitleiden sei nicht um des Leidens willen, sondern das Leiden um des Mitleidens willen da, um der Kraft willen, das andere Ich in ein Du umzuschaffen. Mit diesem Gedanken berühren wir nun den Boden des neuen Denkens von Franz Rosenzweig, der selbst diesen Begriff des neuen Denkens geprägt hat. Der Ausdruck selbst zeugt von einem anderen Verhältnis zur Tradition, verglichen mit dem von Hermann Cohen. Rosenzweig ist, was dieses Verhältnis betrifft, viel radikaler als jener, auch wenn er sich immer wieder auf Cohen berufen hat. Das neue Denken Rosenzweigs stellt eine Absage an die philosophische Tradition dar. Dafür sprechen zunächst schon die philosophischen Zeugen, die er in eigener Sache aufgerufen hat: Nicht nur Schopenhauer, den Begründer einer Ethik des Mitleids, der für ihn zum Schöpfer einer Wertphilosophie wird, sondern vor allem Nietzsche. Der Nietzsche Rosenzweigs ist nicht der Nietzsche Heideggers, nicht der Denker des Willens zur Macht und der Ewigen Wiederkehr des Gleichen, nicht der letzte Metaphysiker Europas, der sich angesichts des Endes der Metaphysik in den Netzen des europäischen Nihilismus verstrickt. Nietzsche ist für Rosenzweig vielmehr der erste Denker des neuen Denkens, für den Denker und Gedanke, Leben und Erkennen schlechthin ein- und dasselbe sind, und dies so sehr, daß er als Denker sich in seinem Denken restlos verzehrte. Aus Rosenzweigs Sicht steht der Name Nietzsche stellvertretend für ein personales, ein existenzielles Denken im Gegensatz zu einem rein sachlichen, vergegenständlichenden und objektivistischen Denken. Nietzsche selbst hat sich immer wieder als Psychologe bezeichnet und von seinem wahren, seinem guten Leser verlangt, seine Schriften mit den Augen des Psychologen zu lesen. Dies hieß für ihn: in diesen Schriften die Zusammengehörigkeit von Lebenswirklichkeit und Wahrheit in dem einzelnen Menschen zu erkennen, der zufällig den Namen »Nietzsche« trug.

Aber auch hierin war aus Rosenzweigs Sicht Nietzsche der erste Denker eines neuen Denkens: »Der erste wirkliche Mensch unter den Philosophen war auch der erste, der Gott von Angesicht zu Angesicht sah, – wenn auch nur, um ihn zu leugnen.«[20] Was die Zusammengehörigkeit von Lebenswirklichkeit und Wahrheit in der schriftlichen Mitteilung des einzelnen betrifft, so ist Rosenzweig noch einen Schritt über Nietzsche hinausgegangen: Er wollte den einzelnen nicht schicksalhaft an ein Buch gefesselt sehen, sondern als einen, der durch sein Buch über sein Buch hinauswächst. Sein eigenes großes Buch, *Der Stern der Erlösung,* wurde ihm so – über den Ausdruck der Zusammengehörigkeit von Leben und Wahrheit hinaus – zu einem wichtigen Durchgang auf den Stadien seines Lebenswegs. Hier begegnete er seinem Gott, so wie er in Nietzsches Werk die Gottesbegegnung gesehen hatte, um nunmehr mit dieser Erfahrung seines neuen Denkens wieder in das Leben zurückzutreten. Nicht dies, was Plato an den Büchern bemängelte, daß sie auf Fragen, die an sie gerichtet werden, nicht antworten können, war ihm ihr Hauptmangel, sondern ihre Tendenz, sich an die Stelle des Lebens zu setzen und so das Leben, um dessentwillen sie geschaffen sind, zu verdrängen. Das Leben ist nicht um der Bücher willen da, sondern diese um des Lebens willen. In seinem Buche, dem *Stern der Erlösung,* hat Rosenzweig das neue ›Und‹ verwirklicht, das neue »Und« in Judentum und Christentum, in Philosophie und Religion. Für dieses neue »Und« läßt sich ein Satz zum Verständnis anführen, der beredter ist als viele andere Sätze zusammen: »Gott hat eben nicht die Religion, sondern die Welt geschaffen. Und wenn er sich offenbart, bleibt doch die Welt ringsherum stehen, ja sie ist nachher erst recht geschaffen.«[21] Rosenzweig setzt mit seinem neuen Denken dort ein, wo Cohen in seinem Spätwerk aufgehört hatte. Er tritt wie dieser an die äußerste Grenze des Idealismus, um aber desto entschiedener über diese Grenze hinauszugehen. Cohen hatte, wie gesagt, diese Grenze im Zusammenhang von menschlichem

---

20 Franz Rosenzweig, *Der Stern der Erlösung,* in: *Gesammelte Schriften* II, Den Haag 1976, S. 20.
21 In: »Das neue Denken. Einige nachträgliche Bemerkungen zum Stern der Erlösung«, in: *Gesammelte Schriften* III, Den Haag 1984, S. 153.

Leiden und menschlichem Mitleiden entdeckt. Rosenzweig stellte sich von Anfang an auf einen Standpunkt jenseits beziehungsweise diesseits des Idealismus, indem er die elementarste und unumstößlichste aller Tatsachen des menschlichen Daseins beschwor – die der Sterblichkeit des Menschen. Wir wissen um diese unsere Sterblichkeit – und wir müssen mit der Todesfurcht leben. Dieser unleugbaren Tatsache gegenüber erweist sich der philosophische Idealismus als eine ebenso gigantische wie vergebliche intellektuelle Bemühung, dieses Faktum der Sterblichkeit zu verdrängen Wo wir dieses Faktum ernstnehmen, lösen sich alle idealistischen Formeln in Schall und Rauch auf. Dann stimmt keine dieser Formeln mehr. Es stimmt dann nicht mehr, daß die Wahrheit allein in der Allheit, in der Notwendigkeit und in der Identität ist. Und es stimmt dann auch nicht mehr, daß das Höchste die Vernunft und ihre Gesetzgebung ist. Es verliert sich die absolute Geltung der idealistischen Wertvorstellungen von Persönlichkeit und Individualität. Das neue Denken entdeckt hinter diesen verkehrten Formeln die neuen Wahrheiten: Die Wahrheit des unverwechselbaren Einzelnen in seiner Je-Einzigkeit, die Wahrheit der Kontingenz, die Wahrheit der Nicht-Identität von Denken und Sein; und schließlich (und vor allem) die neue Grundwahrheit, die auch Cohen in seinem Spätwerk bereits entdeckt hatte, dort, wo er Ethik und Religion trennte, um sie in ein Verhältnis echter Korrelativität zu bringen. Diese neue Grundwahrheit lautet in Rosenzweigs Formulierung: »Das Gesetz ist dem Menschen, nicht der Mensch dem Gesetz gegeben.«[22] Durch diesen Satz drückt das neue Denken eine neue Grundwahrheit über den Menschen aus.

Wo Rosenzweig den Begriff des neuen Denkens entfaltet, da geschieht dies in Abgrenzung gegen das alte Denken. Stellvertretend für dieses alte Denken war ihm, wohl nicht zuletzt dank des Einflusses von Nietzsche, die Philosophie Platos und der Platonismus. Gerade in dieser negativen Einstellung zum Platonismus kommt die Abwendung vom philosophischen Idealismus mit unmißverständlicher Deutlichkeit zum Ausdruck. Für den Neukantianer Cohen war die Philosophie Platos, bis zur Entdeckung der Wahrheit des Judentums, die reinste Form philosophischer Wahrheit gewesen. Sie übertraf in ihrer Darstellung der reinen Wahrheit des Idealismus sogar die Philosophie Kants, sofern sie noch frei

22 *Der Stern der Erlösung*, S. 15.

war von den Unreinheiten eines Subjektivismus und Psychologismus, die sich mit den Begriffen des Bewußtseins und des Selbstbewußtseins in die philosophische Erkenntnis einmengten. Für Rosenzweig war, wie für Nietzsche, der Platonismus mehr als nur eine spezielle philosophische Theorie und Lehre, mehr aber auch als nur ein Grundphänomen der europäischen Kultur. Er sah in ihr eine prinzipielle Verkehrung, eine Verkehrung des »gesunden Menschenverstandes« und der normalen Einstellung des Menschen zur Lebenswirklichkeit. Zum Platonismus gehört aus Rosenzweigs Sicht die Unfähigkeit des Menschen, die Dinge in ihrem Sein und in ihrer Anwesenheit belassen zu können. Der Stuhl darf in einer solchen Einstellung nicht Stuhl, der Tisch nicht Tisch sein. Hinter allem Vorliegenden und Anwesenden vermutet der Platonismus ein anderes, ein eigentliches, ein wahres Sein. Diese Einstellung des Platonismus ist auch die Einstellung der Wissenschaft, für die etwa der Stuhl in Wahrheit eine unendliche Komplexion von elektronischen Partikeln ist. Der Platonismus ist die Unmöglichkeit, die Unfähigkeit der Menschen, es bei den Dingen bewenden zu lassen. Selbst mit der Zeit kann es der Platonismus in seiner Lebenseinstellung nicht bewenden lassen. Die Zeit ist hier immer die Unzeit, die gezwungen werden muß, richtige Zeit zu werden. Über dieser (im Grunde eitlen und vergeblichen) Bemühung, die Zeit zu zwingen, läuft der Mensch Gefahr, immer und ständig die rechte Zeit zu versäumen. Es gibt für Rosenzweig auch eine falsche Vorstellung der Ewigkeit, die erzwungene Ewigkeit, durch die nur dies erreicht wird, daß man den richtigen Zeitpunkt versäumt. Im Denken des Platonismus liegt insofern etwas Gewalttätiges, etwas Tyrannisches, welches uns die Dinge nicht so sehen läßt, wie sie sich uns darbieten. Wo der Platonismus die Augen der Menschen für das wahre und eigentliche Sein hinter den Dingen öffnen möchte, macht er sie in Wahrheit blind. Das neue Denken ist in diesem Sinne gegen den Platonismus gerichtet, gegen seine nur scheinbar gewaltlose Gewalttätigkeit, gegen seine Verblendung des menschlichen Denkens und Erkennens. In einem nun vor allem hat Rosenzweig gegenüber Cohen einen neuen Denkweg beschritten. Dieser betrifft ein neues Verhältnis zur Vernunft. Man kann auch von Rosenzweigs neuem Denken sagen, daß es in den Überlieferungszusammenhang der *Kritik der reinen Vernunft* gehört. Auch für dieses neue Denken läßt sich das berühmte Wort Kants anführen, er habe durch seine Kritik der Vernunft das

Wissen begrenzen müssen, um Platz zu schaffen für den Glauben. Hier und gerade hier, angesichts dieser Grundidee einer Kritik der Vernunft, sind Cohen und Rosenzweig einen gemeinsamen Weg gegangen, der letztere im vollen Bewußtsein dieser Gemeinsamkeit. Es war ihnen beiden nicht mehr genug, daß, wie im Idealismus geschehen, die Vernunft den Raum für einen Vernunftglauben eröffnete, der die Rettung der Sittlichkeit ermöglichen sollte, durch den Glauben der Vernunft an die Idee der Menschheit und an deren sittliche Bestimmung. Der hier nun eröffnete Raum für den Vernunftglauben war wesentlich weiter ausgebreitet, weit über den Bereich einer philosophischen Ethik hinaus: es war der Raum für einen neuen Vernunftglauben, welcher an die Schöpfung der Welt, an die Offenbarung Gottes in der Welt und an die Erlösung des Menschen in der Schöpfung und durch die Offenbarung Gottes glaubt.

Man kann insbesondere den »Ersten Teil« des *Sterns der Erlösung* Rosenzweigs Kritik der reinen Vernunft, aber auch seine »Negative Philosophie« im Sinne des Schellingschen Begriffes nennen. Hier schon ist Rosenzweig, auch im Vergleich zu Cohen, ganz eigenständige, neue Wege gegangen. Wenn er hier das Wissen begrenzte, um Platz zu schaffen für den Glauben, so ist diese Begrenzung des Wissens unendlich schärfer und härter ausgefallen als in der vorherigen Vernunftkritik. Die Vernunft trennt hier nicht das Wissen vom Glauben, sondern vom Nicht-Wissen; und wenn die Vernunft sich hier selbst ihrer Kritik unterwirft, so nicht, um ihre geschlossene Einheit in der Kritik zu behaupten, sondern um an ihr selbst (und durch sie selbst) ihre Nicht-Vernunft und Unvernunft zutage treten zu lassen. Die Vernunftkritik zielt hier gerade auf die Einheit von Glauben und Wissen, auf eine Neubestimmung dieser Einheit im Unterschied zu der entsprechenden Bestimmung im alten Denken. Es geht um die Eröffnung der Möglichkeit, nicht nur an die Schöpfung, an die Offenbarung und an die Erlösung zu glauben, sondern darum, dies, was da geglaubt wird, zugleich als Wahrheit zu wissen. Wegen dieser Einheit von Glauben und Wissen muß zwischen Wissen und Nicht-Wissen, zwischen Vernunft und Abwesenheit der Vernunft unterschieden – und die entscheidende Grenze gezogen werden. Der hier abgegrenzte Raum des Nicht-Wissens und der Abwesenheit des Glaubens und Wissens der Vernunft ist für sich betrachtet der Bereich, in dem die Prinzipien des Platonismus und der Wissenschaft herrschen. Es ist der Raum, in dem kein Platz ist für den Glauben an die Schöpfung, an die Offenbarung, an die Erlösung, kein Platz für ein diesem Glauben genügendes Wissen. Dieser Bereich des nicht-religiösen Wissens, eines Wissens außerhalb der Korrelation von Philosophie und Religion, ist – Rosenzweig zufolge – der Bereich des Nicht-Wissens.[23] Durch diese Kennzeichnung vollzieht Rosenzweig eine Umkehrung und Umwertung im Denken, durch welche das säkularisierte Wissen in seiner Nichtigkeit bloßgestellt wird. Aber er hat sich hier nicht mit der Feststellung einer solchen Nichtigkeit begnügt. Er hat vielmehr den Grund für diese Nichtigkeit zu finden versucht; und er hat den spezifischen Charakter, die Wesenszüge dieses Nichtwissens versuchsweise bestimmt, um schließlich zu zeigen, daß dieser gesamte Bereich des Nicht-Wissens letztlich in die Vorgeschichte der wahren und eigentlichen Geschichte des Menschen gehört. Diese wahre und eigentliche Geschichte ist die des geschichtlichen Glaubens und Wissens im Blick auf die Schöpfung, die Offenbarung und die Erlösung. Rosenzweig war von Hause aus Historiker. Und gerade in dieser Eigenschaft kannte er Hegel und die problematische Seite in dessen Verständnis der Geschichte. Für Cohen war die Geschichte eine Gegebenheit, die sich der reinen Vernunft nicht zu fügen weiß und deswegen von der philosophischen Vernunftwissenschaft, auch von der Vernunftwissenschaft der Religion, transzendiert wird. Geschichte hat für Cohen immer nur empirisch kontingenten Charakter und ist damit der reinen Vernunft nicht gemäß. Demgegenüber hat Rosenzweig für seine Entdeckung des neuen »und« von Philosophie und Theologie bzw. Religion eine durchaus neue Idee von der Vernunft in der Geschichte entwickelt. Diese Vernunft in der Geschichte beginnt zu allerst da, wo die Vorgeschichte des Menschen zu Ende ist – und wo der wahre Glaube und das wahre Wissen von der Schöpfung, von der Offenbarung und von der Erlösung beginnt.

Rosenzweigs Idee der Geschichtlichkeit ist von den beiden anderen großen Geschichtsideen der Philosophie der Moderne grundsätzlich verschieden. Er selbst hat an der Hegelschen Idee

23 Vgl. hierzu meinen Beitrag, »Logik und Metalogik bei Cohen und Rosenzweig«, in: *Der Philosoph Franz Rosenzweig (1886-1929)*, hg. von W. Schmied-Kowarzik, Freiburg–München 1988, 2. Bd., S. 623-642.

der Vernunft in der Geschichte »die Eindimensionalität« der Vorstellung vom Fortschritt im Bewußtsein der Freiheit kritisiert. Für ihn war, der Hegelschen Geschichtsidee zufolge, so wenig wie überhaupt, der ursprünglichen Idee der Aufklärung entsprechend, in der Moderne kein Raum für ein »Und« von Philosophie und Theologie, von Philosophie und Religion. Das absolute Wissen der Philosophie hatte bei Hegel den Glauben der jüdisch-christlichen Religion überwunden. Aber auch mit Heideggers Idee der Geschichtlichkeit des Menschen als Geworfenheit und Vergänglichkeit, als in sich differenziertes Gefüge der Ekstasen der Zeitlichkeit, hat Rosenzweigs Idee der Geschichtlichkeit nichts gemein. Rosenzweig philosophiert jenseits der einfachen und absoluten Unterscheidung zwischen Vergänglichkeit und Unvergänglichkeit, zwischen Zeitlichkeit und Ewigkeit. Es klingt paradox, wenn man der Grundeinteilung des *Sterns der Erlösung* folgend, zu der Feststellung gelangt: Geschichtlichkeit ist für Rosenzweig ein komplexes Gefüge verschiedener Arten von Ewigkeit. Es gibt nicht nur einen Modus von Ewigkeit, sondern verschiedene Ewigkeiten, die alle in der Geschichte des Menschen zusammen- und ineinanderspielen: Ewigkeit als das Immerwährende, Ewigkeit als das allzeit Erneuerte und Ewigkeit schließlich als die wahre und eigentliche Ewigkeiten. Die Geschichtlichkeit der Philosophie und der Theologie bzw. der Religion liegt in diesem Zusammenspiel der Ewigkeiten. Wie gesagt: Rosenzweig hat die Vorgeschichte einer immerwährenden Welt von der eigentlichen Geschichte geschieden und die vorgeschichtliche Vorwelt – die des Platonismus und der Wissenschaft – als eine Sphäre des Nicht-Wissens und der Irrationalität bestimmt. Zugleich hat er die Art dieses Nicht-Wissens und den Grund dieses bestimmten Nicht-Wissens angegeben. Dieses Nicht-Wissen bezieht sich auf ein Gegebenes; es ist insofern nicht schlechthin Nichts, sondern ein je bestimmtes Nicht-Wissen, nämlich ein Nicht-Wissen hinsichtlich Gottes, hinsichtlich der Welt und des Menschen. Diese drei, die Rosenzweig als drei Urelemente faßt, sind die ursprünglichsten Gegebenheiten, die ursprünglichsten Tatsachen und Faktizitäten. Auch wenn der Mensch in dieser dreifachen Hinsicht ein Nicht-Wissender ist, er kann diese drei Tatsächlichkeiten nicht nur nicht beweisen, er kann ihre Gegebenheit auch nicht widerlegen. Eben dies war die große Einsicht Kants, die er in der *Kritik der reinen Vernunft* entwickelt hatte. Insofern kann der Mensch diese Tatsächlichkeiten allenfalls verleugnen oder verfluchen, so wie dies Nietzsche angesichts Gottes getan hat. Gott, Welt und Mensch aber sind nun in der vorgeschichtlichen Vorwelt als drei gesonderte und gänzlich beziehungslose Elemente gegeben, als drei Substanzen, die, dem überlieferten Begriff einer Substanz entsprechend, in sich ruhen und aus sich selbst heraus begriffen werden müssen. Ihre Beziehungslosigkeit, ihr In-sich-sein und In-sich-ruhen, ihr Aus-sich-heraus-begriffen-werden aber ist nicht die Stärke, wie die bisherige Tradition des Substanzdenkens annahm, es ist vielmehr die Schwäche, die diese Gegebenheiten von Gott, Welt und Mensch in der Form von isolierten Elementen ausmacht. In dieser Vorwelt herrscht Nicht-Wissen wegen eines absoluten Mangels an Kohärenz. Wir wissen nichts von Gott, sofern wir nichts von der Welt und vom Menschen wissen; wir wissen nichts von der Welt, sofern wir nichts von Gott und vom Menschen wissen, und wir wissen schließlich nichts vom Menschen, sofern wir nichts von Gott und von der Welt wissen. (Umgekehrt können wir positiv sagen: Wenn wir aus der Vorgeschichte in die eigentliche Geschichte eintreten, werden wir von Gott wissen, indem wir von seiner Schöpfung, von seiner Offenbarung und der Erlösung wissen – und damit werden wir auch von der Welt und vom Menschen wissen; dementsprechend werden wir von der Welt und vom Menschen wissen, indem wir von Gott, von seiner Schöpfung, Offenbarung und von seiner Erlösung des Menschen in Form des wahren Glaubens wissen.)

Es ist nicht ohne Pointe, daß Rosenzweig für diese drei Bereiche des bestimmten Nicht-Wissens der vorgeschichtlichen, aber immerwährenden, d. i. ewigen Welt, die Titel Metaphysik, Metalogik und Metaethik gewählt hat. Jeder dieser Bereiche des bestimmten Nicht-Wissens läßt sich als eine bestimmte Form des jeweiligen anfänglichen Wissens darstellen. Rosenzweigs Darstellung dieses anfänglichen Wissens gehört zu den dunkelsten Texten der Philosophie. Für die gegenwärtige Debatte um das Schicksal, um die mögliche Destruktion und das mögliche Ende der Metaphysik, gibt Rosenzweigs spekulativer philosophisch-theologischer Entwurf viel zu denken auf. Er zeigt, daß Metaphysik selbst überhaupt nicht zureichend begriffen ist in dem, was sie ist, um von ihrer Destruktion (ihrem Ende) mit Sinn sprechen zu können.

Die Hoffnung zwischen Zeit
und Ewigkeit
Zum Ewigkeitsdenken Franz Rosenzweigs

Gleichsam mit einem Angstruf, mit einem Schreckensschrei setzt Franz Rosenzweigs großes philosophisch-theologisches Buch *Der Stern der Erlösung* ein. Es ist nicht die Furcht vor diesem und jenem Ereignis, nicht die Angst in der Welt, die in den ersten Sätzen dieses Werkes zur Sprache gebracht werden. Rosenzweig spricht auch nicht von der gelehrten Unterscheidung zwischen Furcht und Angst, die seit ihrer Erörterung durch Kierkegaard die existenzphilosophische Literatur durchdrungen hat. Rosenzweig spricht von der Angst allen kreatürlichen Seins: von der Todesangst und vom herkömmlichen Umgang der Philosophie mit dieser Grundgegebenheit des menschlichen Daseins: »Vom Tode, von der Furcht des Todes hebt alles Erkennen des All an. Die Angst des Irdischen abzuwerfen, dem Tod seinen Giftstachel, dem Hades seinen Pesthauch zu nehmen, des vermißt sich die Philosophie. Alles Sterbliche lebt in der Angst des Todes, jede neue Geburt vermehrt die Angst um einen neuen Grund, denn sie mehrt das Sterbliche ... Der Mensch soll die Angst des Irdischen nicht von sich werfen, er soll in der Furcht des Todes bleiben ... Der Mensch soll bleiben. Er soll nichts anderes, als was er schon will: bleiben. Die Angst des Irdischen soll von ihm genommen werden, nur mit dem Irdischen selbst.«[1] Rosenzweigs Sätze richten sich nicht gegen die Furcht, gegen die Todesangst, sie richten sich gegen die Philosophie. Genauer gesagt: gegen die Hybris einer Philosophie, die sich anmaßt, dem Menschen die Todesangst nehmen, ihn von dieser Lebensangst befreien zu können durch den Beweis der Nichtigkeit des Todes. Diesen Beweis der Nichtigkeit des Todes hat Rosenzweig im philosophischen Idealismus gefunden, in der Philosophie von Ionien bis Jena, angefangen mit den Beweisen der

---

1 *Der Stern der Erlösung*, in: Franz Rosenzweig, *Gesammelte Schriften* II, Den Haag 1976, S. 3.

Unsterblichkeit der Seele in Platos *Phaidon* und endend in Hegels Philosophie des absoluten all-einheitlichen Geistes. Aber Rosenzweigs Denken, das sich selbst als ein »neues Denken« verstanden wissen wollte, hat seinerseits philosophischen Anspruch erhoben. Es wollte ein System der Philosophie sein, ein System im neuen, von den idealistischen Systemen unterschiedenen Sinne: ein System, dessen Herzstück der einzelne lebendige Mensch sein sollte. Wie geht das »neue Denken« mit der selbst beschworenen Urangst aller Kreatur um, wenn es zugleich den Tod in seinem Sein – besser: in seinem Nicht-Sein – anerkennt. Woher nimmt das »neue Denken« die Hoffnung als Gegeninstanz zur Furcht. Es ist nicht einfach, den genauen Ort dieser Gegeninstanz zu finden und ihre Bedeutung innerhalb des *Sterns der Erlösung* zu begreifen.

Furcht und Hoffnung scheinen im menschlichen Leben unzertrennlich zu sein. Diese Zusammengehörigkeit findet sich in mannigfacher Weise alltäglichen menschlichen Verhaltens, und wir begegnen ihr wieder in den verschiedenen Ausprägungen der menschlichen Kultur. Vor allem die christliche Tradition läßt diesen Zusammenhang ständig anklingen. In der neueren europäischen Philosophie gibt es kaum einen, der Furcht und Hoffnung so nahe zusammengebracht hat wie Spinoza. Die Definitionen, die er am Ende des dritten Teils seiner *Ethik* von diesen beiden Affekten gibt, lauten: »Furcht, das ist unbeständige Unlust, entsprungen aus der Idee eines zukünftigen oder vergangenen Dinges, über dessen Ausgang wir in gewisser Weise in Zweifel sind.«[2] Hoffnung ist im Gegensatz dazu definiert als »unbeständige Lust, entsprungen aus der Idee eines Zukünftigen oder Vergangenen, über dessen Ausgang wir in gewisser Weise in Zweifel sind«.[3] Im Kontext von Spinozas Affektenlehre sind die beiden genannten Affekte durchaus elementar. Sie stellen Weisen menschlichen Weltverhaltens dar und sind alles andere als bloße innere Zustände. Sie sind als affektive Seinsweisen direkt mit dem Dasein des Menschen in der Welt gegeben. Sie hängen damit zusammen, daß der einzelne Mensch im Vergleich seiner eigenen Kräfte mit denen der ihn

2 »*Metus* est inconstans Tristitia, orta ex idea rei futurae, vel praeteritae, de cujus eventu aliquatenus dubitamus.« (*Ethica*, Pars III, Affectuum Definitiones XIII)

3 »*Spes* est inconstans Laetitia, orta ex idea rei futurae, vel praeteritae, de cujus eventu aliquatenus dubitamus.« (*Ethica*, Pars III, Affectuum Definitiones XII)

umgebenden natürlichen und sozialen Mächte nicht umhin kann, seine Unterlegenheit, seine Ohnmacht zu empfinden. Vor allem aber drückt sich in der Furcht und in der Hoffnung die allgemeine und spezielle Unsicherheit des menschlichen Lebens angesichts der Unbeständigkeit der Dinge und der Ungewißheit hinsichtlich gewünschter und unerwünschter Ausgänge von Entwicklungen dar. Beide Affekte reichen tief in das reine Körpergeschehen zurück, in dem sich auf körperliche Wahrnehmung und die Speicherung von Gedächtnisspuren, Assoziationen zwischen Bildern des zeitlichen Seins aufbauen. Assoziationen zwischen Bildern des Vergangenen und Gegenwärtigen oder zwischen Bildern des Gegenwärtigen und des Zukünftigen.

Das Wichtigste aber in Spinozas Sätzen über Hoffnung und Furcht ist deren Einordnung unter die entgegengesetzten Affekte, von denen gilt: »daß sie den Menschen nach entgegengesetzten Seiten hin ziehen, obgleich sie derselben Gattung angehören«, (»qui hominem diversum trahunt quamvis ejusdem sint generis«).[4] So sind Hoffnung und Furcht im Grunde beide Weisen des Strebens nach Selbsterhaltung, und sofern sie sich auf Gegenstände der Freude oder der Trauer als Ursachen beziehen, Modi der Liebe, die unter akzidentellen Gegebenheiten in der einen oder anderen Richtung ausschlagen. Sie unterscheiden sich voneinander auch nicht prinzipiell durch eine bevorzugte Zeitrichtung. Hoffnung und Furcht können sowohl die Vergangenheit als auch die Zukunft im Blick haben. Vor allem aber: Es gibt keine Furcht ohne Hoffnung und keine Hoffnung ohne Furcht. Beide Affekte werden in ihrer Eigentümlichkeit noch deutlicher verständlich, wenn man sie mit den beiden anderen Affekten vergleicht, mit denen sie von Spinoza in direkte Verbindung gebracht worden sind. Es sind dies die Affekte der Zuversicht (*securitas*) und der Verzweiflung (*desperatio*). Auch hier handelt es sich um Weisen menschlichen Verhaltens gegenüber der Zeitlichkeit und gegenüber Vergangenem oder Zukünftigem. Was aber die Verzweiflung von der Furcht und die Zuversicht von der Hoffnung unterscheidet, ist dies, daß hier in dem zweiten Paar des affektiven Verhaltens »die Ursache des Zweifels behoben ist« (»de qua dubitandi causa sublata est«).[5] Während in der Hoffnung immer eine Spur von Furcht, in der

4 *Ethica*, Pars III, Prop. XVII, Scholium.
5 *Ethica*, Pars III, Affectuum Definitiones XIV u. XV.

Furcht immer eine Spur von Hoffnung ist, ist in der Verzweiflung die Spur der Hoffnung ebenso getilgt wie in der Zuversicht die Spur der Furcht. Allerdings hat Spinoza in seiner Definition der Zuversicht und der Verzweiflung bewußt offengelassen, ob die Behebung des Zweifelsgrundes zureichenden Erkenntnisbedingungen genüge, und damit den betreffenden Affekten den Status von wahren Erkenntnissen, von adäquaten Ideen verschaffe. Er hat in diesem Zusammenhang sein bekanntes kritisches Argument gegen Descartes neu geltend gemacht, demzufolge Zweifelsfreiheit keineswegs zwangsläufig Wahrheitsgewißheit bedeuten muß. Auch der blinde und hartnäckige Irrtum, die Gewißheit der falschen Meinung und der Unwahrheit zeichnen sich aus durch die Abwesenheit irgendwelcher Zweifelshaltungen.

Worauf es Spinoza hier ankommt, ist dies: Hoffnung und Furcht können nicht an sich gut sein: die Furcht nicht, weil sie ein affektiver Zustand der Unlust, des Unbehagens, der Angst ist; aber auch die Hoffnung nicht, weil sie, wie gezeigt, immer ein Element der Furcht in sich enthält und wegen ihrer Verwicklung in den Assoziationsmechanismus der Bilder des Vergangenen und Zukünftigen den Bedingungen einer adäquaten Erkenntnis nicht genügen kann. Dies, daß Furcht und Hoffnung nicht an sich gut sein können, schließt andererseits die Möglichkeit nicht aus, daß sie relativ gut sind. Spinoza verneint nachdrücklich die These, daß Emotionalität bzw. Affektivität an sich schlecht sei. Eine solche Auffassung ist aus seiner Sicht sinnlos, und zwar deswegen, weil sie auf eine Verneinung der bestehenden Naturordnung hinausläuft, der der Mensch angehört. Nur der Haß ist unter keinen Umständen gut. Wie andere Affekte, so können auch Furcht und Hoffnung im affektiven Getriebe des Menschen wichtige Aufgaben und Funktionen erfüllen. Sie können die Intensität, die Stärke anderer Affekte in ihrer positiven und negativen Wertung steigern und schwächen und auf diese Weise zum Antriebsgeschehen der Daseinserhaltung und der Lebensfreude beitragen. Aber diese Funktionen bleiben ambivalent und abhängig von besonderen Umständen. Auch die Zuversicht und die Verzweiflung unterliegen der Wertkritik. Ihr Mangel ist der Mangel der Hoffnung und der Furcht, – also derjenigen Affekte, denen sie ihren Ursprung verdanken. Die Problematik des Affektes der Furcht zeigt sich vor allem dort, wo dieser Affekt als Motor menschlichen Handelns fungiert. Hier ist es, daß Spinoza auf das Erkenntnisprinzip verweist, das den Affekten vorgeordnet sein muß, damit diese zur menschlichen Weltorientierung, zur Erkenntnis des Guten und Schlechten beitragen können. Es ist dies das Prinzip der Vernunft: »Wer von Furcht geleitet wird und das Gute deswegen tut, um das Schlechte zu vermeiden, wird nicht von der Vernunft geleitet.«[6] Eine Lebensführung unter Bedingungen der Angst ist nicht gut. Spinoza war nicht so vermessen zu glauben, der Mensch könne seine Affekte abschütteln, er könne dieses gänzlich beherrschen und dieselben ein- für allemal dem Machtspruch der Vernunft unterwerfen. Im gewöhnlichen Leben sind die Affekte so geordnet, daß sie nicht ständig entgleisen und entgleiten. Daran hat die Vernunft, dieser ausgezeichnete Sinn für das Überzeitliche, dieses Organ des Ewigen einen ausgezeichneten Anteil. Der Mensch kann seinen Vernunftgebrauch hinsichtlich seiner Affekte üben und im Interesse eines glücklichen Lebens ständig verbessern. Ein Mensch, der sich der Vernunftleitung anvertraut, darf als ein freier Mensch gelten. Von diesem sagt Spinoza: »Der freie Mensch denkt an nichts weniger als an den Tod, und seine Weisheit ist nicht eine Betrachtung des Todes, sondern des Lebens.«[7]

II.

Ist dieser Gedanke, daß die Furcht, manchmal auch die Hoffnung, dem Menschen keine guten Ratgeber sind, ein vermessener Gedanke? Ist es nicht vielmehr Lebensklugheit, sich vor Augen zu halten, daß Furcht und Hoffnung häufig blind machen für die Realitäten? Und sollte man den Menschen nicht ermutigen, eher seinen Verstand zu gebrauchen, als sich der Angst oder der Furcht anzuvertrauen? Sind es solche Gedanken und Lebensklugheiten, die Franz Rosenzweig auf den ersten Seiten seines *Stern der Erlösung* als philosophische Vermessenheiten verurteilt? Man muß diese Fragen nur so stellen, um zu sehen, daß dies nicht gemeint sein kann, wenn der ganzen Tradition der Philosophie von Ionien bis Jena der Kampf angesagt wird. Und doch nimmt in dieser

6 »Qui Metu ducitur, et bonum, ut malum vitet, agit, is ratione non ducitur.« (*Ethica*, Pars IV, Prop. LXIII)
7 »Homo liber de nulla re minus, quam de morte cogitat, et ejus sapientia non mortis, sed vitae meditatio est.« (*Ethica*, Pars IV, Prop. LXVII)

Tradition Spinoza eine überragende Stellung ein. Wie in so vielem, stimmen Hermann Cohen und Franz Rosenzweig gerade in diesem Punkte überein. Beide sehen in Spinoza immer auch den maßgebenden Vordenker des deutschen Idealismus. In ihm finden sie die philosophischen Gedankenzüge besonders ausgeprägt, die sie in der entfalteten Philosophie Hegels als philosophische Grundirrtümer zurückgewiesen haben. Es sind vor allem zwei Grundthesen Spinozas, an denen Cohen und Rosenzweig gleichermaßen Anstoß nehmen: zum einen ist es der Pantheismus, die All-Einheitsphilosophie, in der Gott und Welt weitgehend koinzidieren; und dann ist es die verkehrte Vergegenständlichung der dialogischen Grundbeziehungen von Ich und Du im Verhältnis von Gott und Mensch sowie im Verhältnis des Menschen zum Mitmenschen, zu einem objektiven logischen Verhältnis umgefälscht werden. Tatsächlich ist in Spinozas *Ethik* das Verhältnis zwischen Gott und Welt ein intelligibles Verhältnis zwischen einem absoluten unendlichen Ganzen und einem unendlichen Teil dieses Ganzen; und was das Verhältnis zwischen den Menschen betrifft, tut sich Spinoza viel darauf zugute, dieses nach Art gesetzmäßiger Verknüpfung von natürlichen Dingen darzustellen. Woran der späte Cohen in seinem Werk *Die Religion der Vernunft aus den Quellen des Judentums* und, ihm folgend, Rosenzweig besonders Anstoß genommen haben, war Spinozas Aussage, daß der Mensch die Erwiderung seiner Gottesliebe durch die Liebe Gottes nicht begehren könne, also in seiner Gottesbeziehung auf sich gestellt bleibe. Rosenzweig hat ähnlich wie Cohen in diesem Spinozismus eine tiefe Verletzung der jüdischen Religiosität gesehen. Und soweit er im *Stern* um eine philosophische Durchdringung der Gedankenwelt des Judentums und des Christentums bemüht war, sah er auch die wichtigsten Dogmen des letzteren verletzt: Die Lehre von der Schöpfung, der Offenbarung und der Erlösung. Cohen und Rosenzweig haben aber im Spinozismus noch ein weiteres wesentliches Defizit erkannt, dies nämlich, daß der Pantheismus die Grundunterscheidung der antiken und der modernen Wissenschaftskultur, die Unterscheidung zwischen Physik, Logik und Ethik von Grund auf verfehlen muß. Der erste Teil des *Stern der Erlösung* führte diesen Nachweis durch ein philosophisch-methodisches Verfahren, das man im Blick auf die spätere Entwicklung der europäischen Philosophie (Heidegger, Lévinas, Derrida) als Destruktion kennzeichnen kann. Diese Destruktion betraf die gesamte europäische Philosophie von Ionien bis Jena und vor allem den philosophischen Idealismus in allen seinen Spielarten: den alten und den modernen Eleatismus, den Pantheismus Spinozas und Hegels, aber nicht minder auch deren schärfste kritische Gegeninstanzen im Neukantianismus.

Destruktion – als philosophische Methode verstanden – ist nicht Zerstörung oder Vernichtung. Sie stellt lediglich eine besondere Form der philosophischen Kritik dar, in der unbedachte Voraussetzungen nicht nur der Korrektur und der Emendation ihres Gehaltes unterworfen, sondern demzuvor allererst als unbedachte Prämissen entdeckt werden. Die Methode der Destruktion ist über diese Entdeckung verborgener philosophischer Prämissen hinaus die Erörterung der möglichen Konsequenzen der eigenen Entdeckungen. In seinem bekannten Aufsatz »Das neue Denken«, in dem Rosenzweig sein Hauptwerk retrospektiv zu erläutern bemüht war, hat er dieses »neue Denken« als Denken der Erfahrung, der Zeit und der Sprache gekennzeichnet. Rosenzweig hat dem traditionellen philosophischen Denken vorgehalten, eben diesen drei Gegebenheiten nicht zureichend Rechnung getragen zu haben. In dieser Kritik des alten Denkens liegt die Aktualität von Rosenzweigs neuem Denken. Dabei ging es ihm darum, gegen einen traditionellen statischen Essentialismus der alten Metaphysik die Einstellung und Erfahrung des common sense auszuspielen. Dessen wichtigstes Verhaltensmerkmal besteht darin, daß er die konkreten Dinge des Lebens auch dann als Tatsächlichkeiten hinnimmt und mit diesen als unübersehbaren Realitäten rechnet, wenn er dieselben nicht restlos zu durchschauen und zu begreifen vermag. An diese Einstellung des common sense hat Rosenzweig sein methodisches Verfahren der Destruktion gebunden. Dieses ließ nicht nur die Welt und den Menschen, sondern darüber hinaus Gott als solche Tatsächlichkeit entdecken, an die der common sense auch dann glaubt, wenn er sich ihr gegenüber im Zustand anfänglichen Nicht-Wissens weiß. Was diese Destruktion hinter dem philosophischen Idealismus und dem spinozistischen Pantheismus zu entdecken und zu zeigen wußte, war, daß die drei ursprünglichen Tatsächlichkeiten erst einmal voneinander als Urelemente getrennt werden müssen, wenn man ihr wahres Zusammenwirken, ihr Zusammenspiel soll verstehen können, das unsere menschliche Weltwirklichkeit ausmacht. Das neue Denken Franz Rosenzweigs ist gegen die alte Metaphysik, gegen den metaphysischen Dualismus von Diesseits und Jenseits, von Schein und Wahrheit, von Zeit und Ewigkeit gerichtet. In ihm ist erkannt, daß diese Metaphysik das Verhältnis von Gott, Welt und Mensch unter Bedingungen einer Logik zu bestimmen versucht, die gerade, indem sie die Begrenztheit menschlicher Erfahrungen und der Zeitlichkeit dieser Erfahrungen zu überwinden trachtet, anstelle universaler formaler Gesetzmäßigkeiten nur unverbindliche Möglichkeiten des Denkbaren gewinnt. Die menschliche Erfahrung, auf die sich das neue Denken beruft, zeigt dem Menschen seine Welterfahrung im Lichte des Zusammenspiels von Gott, Welt und Mensch in den Geschehnissen der Schöpfung, der Offenbarung und der Erlösung.

Rosenzweigs *Stern der Erlösung* stellt, wie schon das Inhaltsverzeichnis des Buches bestätigt, eine spekulative Kosmologie dar, eine Lehre von der Welt, in der sich theoretische Philosophie, praktische Philosophie und Theologie verbinden. Diese Lehre von der Welt versammelt menschliche Erfahrungen des Glaubens und Wissens, Erfahrungen des Zeitlichen, des Tatsächlichen und des Sprachlichen. In diese philosophisch-religiöse Weltlehre gehen Zeiterfahrungen des Immerwährenden, des Allzeit Erneuerten und des Ewigen ein. Die Tatsachen des Glaubens und Wissens sind Erfahrungstatsachen des Lebens und Sterbens, der Jugend und des Alters, Erfahrungen der Beziehungen zwischen Mann und Frau, der Liebe und der Treue und des Dienstes am Nächsten. Und es sind Spracherfahrungen, in denen das Sprechen über Dinge und ihre Eigenschaften, über Ereignisse, ihre Ursachen und Folgen und ihre Beurteilung erfahren wird. Alle diese Erfahrungen geschehen im Zeichen der Grunderfahrungen der Schöpfung, der Offenbarung und der Erlösung. Rosenzweigs philosophisch-theologische Kosmologie stellt eine neue Metaphysik dar. Was sie von den alten Formen der herkömmlichen Metaphysik unterscheidet, ist vor allem dies, daß sie die zwei Welten, von denen die alte Metaphysik handelte, die Welten des Diesseits und Jenseits, des Scheins und der Wahrheit, der Zeit und der Ewigkeit etc. nicht auf zwei unterschiedlichen Gedankenebenen fixiert hält. Man wird dieser Metaphysik freilich auch dann nicht gerecht, wenn man in ihr eine eindeutige Reduktion aller Transzendenz auf ein Diesseits des Irdischen ausmacht. Das Eigentümliche dieser Metaphysik liegt vielmehr im Miteinander und Ineinander der verschiedenen Ebenen: Im Fürsich von Gott, Welt und Mensch und im Geschehen der Schöpfung, Offenbarung und Erlösung als eines Geschehens miteinander und durcheinander. Schöpfung, Offenbarung und Erlösung stellen alles andere als ein lineares, eindimensionales zeitliches Weltgeschehen dar, in dem auf die eine Phase göttlichen Wirkens die andere folgt. Vielmehr greifen diese Weltgeschehnisse auf vielfältige Weise ineinander: So hat mit dem Geschehen der Schöpfung bereits das Offenbarungsgeschehen begonnen, sofern die Schaffung des Menschen, in dem sich Gott offenbart, zur Schöpfungsgeschichte hinzugehört. Und mit dem Offenbarungsgeschehen hat bereits die Erlösung begonnen, indem die Liebe Gottes, durch die diese sich dem Menschen offenbart, diesen zur Liebe gegenüber dem Nächsten und zur Weltliebe befähigt. Hier liegt die Anfänglichkeit der Erlösung. Es ist aber auch nicht nur so, daß in der Schöpfung die Offenbarung, in der Offenbarung die Erlösung in einem gewissen Sinne vorweggenommen sind. Es gibt auch ganz andere, scheinbar gegenläufige Weltgeschehnisse. Ein Offenbarungsgeschehen ist im einzelnen von Gott geliebten Menschen vollendet, während die Schöpfung der Welt noch in ihren Anfängen ist und auf ihre Vollendung in der Erlösung aller Geschöpfe, in der Selbsterlösung Gottes wartet. Aus dieser neuen Denkweise des Weltgeschehens ergibt sich nun aber auch eine neue Betrachtungsweise der Beziehung zwischen Furcht und Hoffnung, wie wir sie in der obigen Betrachtung in der alten Metaphysik des Spinoza gefunden haben. Dort standen Furcht und Hoffnung als affektive Weisen menschlichen Verhaltens in der Welt so nahe beisammen, daß sie wie das Positive und Negative, wie Lust und Unlust zusammengehörten. Aber während es dort keine klare und bestimmte geschichtliche Unterscheidung zwischen Schöpfung, Offenbarung und Erlösung gab und auch nicht geben konnte, rücken unter den Bedingungen der Rosenzweigschen Unterscheidung dieser Weltgeschehnisse Furcht und Hoffnung als menschliche Weltverhältnisse weit auseinander.

III.

Im *Stern der Erlösung* sind Furcht und Hoffnung in unverkennbarer methodischer Absicht an gänzlich verschiedene Orte gestellt. Mit der Beschwörung der Todesfurcht hebt das Buch an. Diese Beschwörung findet sich in der Einleitung zum ersten Teil. In gewisser Hinsicht steht sie außerhalb des Buches, zumindest allenfalls an dessen Eingang. So entspricht diese Ortsbestimmung dem Ort, an dem gewöhnlich die Dichter die Musen anrufen, sie mögen das Gelingen des Werkes fördern und demselben Gehör beim Hörer bzw. Leser verschaffen. Was aus dieser anfänglich beschworenen Todesfurcht am Ende des Buches geworden ist, wenn der Leser Lektüre und Studium des Werkes beendet hat, darüber wird uns nichts gesagt. Rosenzweig war ein großer Kenner und Liebhaber der neueren deutschen Literatur. Zwar ist er nicht so weit gegangen wie Schelling in seinem »System des transzendentalen Idealismus«, die Kunst zum Organon der Philosophie zu machen. Immerhin: die Kunst in ihren verschiedenen Gattungen als Literatur, Musik, Architektur spielt im *Stern* eine nicht gering zu schätzende methodische Rolle. Es mag hiermit zusammenhängen, daß Rosenzweig wie kaum ein anderer moderner philosophischer Schriftsteller sich in seinem Buch der Differenz zwischen Buch und Nicht-mehr-Buch bewußt ist und diese Differenz reflektiert, nicht zuletzt in den Einleitungen zu den drei Teilen seines Werkes. Sucht man nun entsprechend nach dem Ort der Hoffnung, so findet man diesen nicht, wie man, kontrapunktisch denkend, erwarten könnte, am Ende des Buches, sondern dort, wo ihn die philosophisch-theologische Überlieferung erwartet, nämlich in der Nähe des Gedankens der Erlösung. Die hier beschriebene und in den Gesamtzusammenhang eingeordnete Hoffnung ist aber nicht die Hoffnung der Menschen der alten mythischen Vorwelt, welche weiter in die Gegenwart der modernen Weltwirklichkeit hinein reicht, als manch einer vermuten könnte. Die Hoffnung, von der bei Rosenzweig die Rede ist, ist nicht die Hoffnung der Sterblichen auf göttliche Unsterblichkeit. Aber sie ist auch nicht die Hoffnung auf Gnade angesichts des jüngsten Gerichtes. Eigentümlich genug: Das Prinzip Hoffnung findet sich im *Stern* in direktem Zusammenhang mit dem Namen des Dichters, der für Rosenzweig nicht nur der größte deutschsprachige Dichter, sondern mehr als nur ein Dichter war: Goethe. Rosenzweig hat in Goethe den religiösen Menschen gesehen, den Inbegriff eines religiösen Heidentums, in dem sich das moderne Christentum in seiner Verweltlichung vollendet. Zweifellos bezieht sich Rosenzweigs Verständnis des Goetheschen Prinzips Hoffnung auf des Dichters berühmte »Urworte. Orphisch«[8], die in dem bezeichneten religiösen Sinne gedeutet werden: Die

---

8 Im folgenden zitiert nach: Goethe, *Werke, Hamburger Ausgabe*, Bd. 1, München 1981, S. 359 f.

Hoffnung ist hier die Himmelsmacht, die sich leicht und unge-
zügelt regt aus Wolkendecke, Regenschauer, Nebel. Es ist die
Hoffnung des Menschen, das Vertrauen in den eigenen Dämon,
das »Gesetz, wonach du angetreten«. Es ist die Hoffnung, die das
Zufällige kennt und anerkennt als Wandelndes, welches jenes
strenge Weltgesetz des Selbst bald hier, bald dort hinwendet; und
es ist sie, die sich mit der Liebe, dem Eros verbindet und gegen den
niederdrückenden Zwang jenen unverwechselbaren Flügelschlag
setzt, der Äonen hinter sich läßt.

Zwischen Goethes dichterischer Beschreibung des Prinzips Hoffnung und Spinozas begrifflicher Bestimmung des gleichnamigen
menschlichen Affektes scheint ein kaum zu überbrückender Abstand zu liegen. Allerdings wird durch die unterschiedliche Form
der Darstellung auch eine mögliche Gemeinsamkeit verdeckt. Die
Hoffnung ist ein Naturgeschehen, welches die Natur des Menschen ergreift und in dem maßgebliche Kräfte dieser Natur am
Werke sind. In der Hoffnung wirken Gesetz und Zufall, Schicksal
und Liebe. Die wichtigste Differenz zwischen Goethes und Spinozas Bestimmung der Hoffnung betrifft die Furcht. In Goethes
Stanzen scheint die Hoffnung frei von jeglicher Beengung, frei
auch von den Beengungen und und Fesseln der Angst. Sie ist ein
großartiger Aufschwung einer solchen Befreiung. Es ist diese
Befreiung das Werk der Gewinnung eines unendlichen Zeiten-
abstandes. Rosenzweig hat dem Goetheschen Prinzip Hoffnung
die ureigensten Züge des eigenen neuen Denkens aufgeprägt und es
damit noch schärfer und pointierter von dem gleichnamigen Prinzip des pantheistischen Denkens unterschieden. Seinem neuen
Denken zufolge ist die Hoffnung noch etwas ganz anderes als
ein bestimmtes gesetzmäßiges Verhalten des Menschen. In der
Hoffnung begegnet der Mensch in seinem Weltverhalten Gott.
Der hoffende Mensch steht im offenen Raum der Schöpfung,
der Offenbarung und der Erlösung. In seinem Verhalten gegenüber der Welt befindet sich der hoffende Mensch im Dialog mit
Gott. Er ist in seiner Hoffnung von Gott geliebt. Die Hoffnung ist
insofern ein dialogisches Prinzip. Als ein solches Prinzip ist sie ein
Gebet. Cohen hat einmal gesagt: »Das Gebet ist die Grundform,
die Grundtat der Religion.«[9] Die Hoffnung – dieses Gebet Goe-

9 Hermann Cohen, *Die Religion der Vernunft aus den Quellen des Judentums*, Köln [2]1959, S. 443.

thes – ist das Gebet des modernen Heidentums, in welchem nach Rosenzweig die Vollendung des Christentums begonnen hat. Im Blick auf die Goetheschen Stanzen über den Dämon spricht Rosenzweig von einem Gebet zum eigenen Schicksal: »Im Gebet zum eigenen Schicksal ist zugleich der Mensch ganz und gar in seinem Selbst eingewohnt, und gerade darum auch ganz in der Welt zu Hause.« Die Hoffnung als ein solches Gebet zum eigenen Schicksal ist im Grunde nichts anderes als das kindliche Urvertrauen in die Welt, welches sich der Liebe Gottes zum Menschen verdankt: »Wer vertraut und hofft, für den gibt es kein Opfer, das ihm Opfer wäre.« Der Hoffende – hoffend im Goetheschen und Rosenzweigschen Sinne – kann sich nicht vorstellen, daß ihm die Götter nicht gewähren würden, das Werk seiner Hände zu vollenden. Nur der Hoffende kann das Gebet der Hoffnung beten: »Die Hoffnung wird dem Menschen nur geschenkt, wenn er sie hat.« In einer solchen Hoffnung, die besser Vertrauen und Zuversicht genannt wird, ist der Zweifel aufgehoben. Aber Rosenzweigs Darstellung dieser Zuversicht besagt auch, daß hier keinerlei Anlaß zum Zweifeln mehr besteht, daß das Urvertrauen berechtigt und durch die Liebe Gottes gewährleistet ist. In Rosenzweigs Darstellung finden wir aber noch ein weiteres gedankliches Element, welches die Erörterung der Hoffnung aus dem Bannkreis der pantheistischen All-Einheitsbetrachtung herausführt. Dieses Element betrifft die Stellung der Hoffnung zur Zeit. Anders als in Spinozas Bestimmung stellt die Hoffnung kein affektives Verhalten angesichts der Unbestimmtheit der Zeitverhältnisse dar. In der Hoffnung, in der Zuversicht des Glaubens und in der Liebe zur Welt, in der Selbst- und Weltbejahung verwirklicht sich ein bestimmter Zusammenhang von Zeit und Ewigkeit.

Die Selbst- und Weltbejahung, die Rosenzweig als das Gebet der Hoffnung beschreibt, ist so gesehen kein natürliches Faktum, wie der Naturalismus im Pantheismus es will. Sie entspringt vielmehr aus dem Gefüge der Schöpfung, der Offenbarung und der Erlösung. Natürlichkeit und Kreatürlichkeit sind grundsätzlich verschieden. Sie liegen auf unterschiedlichen Ebenen. Nur in einer mythisch naturhaften Vorwelt kann es so etwas wie eine Hoffnung auf Unsterblichkeit und ein Gebet um deren Gewinnung geben. In der Schöpfung und durch dieselbe haben Tod und Sterblichkeit ein neues Gesicht erhalten: Sie sind in der Schaffung aller Kreatur mitgeschaffen und mit diesen Geschöpfen zugleich für gut befunden worden. Wenn es so etwas wie einen göttlichen Segen gibt, der auf aller Kreatur ruht, so ist deren Sterblichkeit von diesem Segen nicht ausgeschlossen. Was das Schöpfungsgeschehen dem Tod und der Sterblichkeit antwortend gegenüberstellt, ist nicht das Prinzip Hoffnung, sondern das Prinzip Liebe. Rosenzweig deutet die Liebe zwischen Gott und dem Menschen als eine Umgestaltung, als eine Umschaffung des Todes in eine ausgezeichnete Ewigkeit. Das Gebet der Hoffnung hat wesentlich mit dieser umschaffenden Macht der Offenbarung zu tun. Aber es ist ein Gebet irdischen Lebens, das sich im Augenblicksraum der wahren Zeit erfüllt. Das Besondere dieses Gebetes ist darin gelegen, daß in ihm eine Brücke gespannt ist zwischen einer wahrhaft erfüllten Zeit, einer erfüllten Lebenszeit und der Ewigkeit. Das Gebet ist nicht die einzige Form, in der sich Zeit und Ewigkeit berühren. Eine solche Begegnung zwischen verschiedener Zeit hat auch statt in der Berührung zwischen göttlichem Gebot und menschlicher Erfüllung desselben. Diese Berührung hat die Form der Begegnung zwischen dem Immerwährenden und dem Allzeiterneuerten. Franz Rosenzweig hat in seinem »neuen Denken« ein neues philosophisches Zeitdenken in Gang gesetzt. Zeit ist hier ursprünglich Zeiterfahrung. Jeder Form des Essentialismus zuwider gibt es keine Zeit jenseits der Zeit, keine Zeit jenseits aller Zeiten. Vor allem aber: die Wahrheit ist eine Sache der Zeit. Rosenzweig hat seine Wahrheitstheorie eine Theorie der Bewährung der Wahrheit genannt. Das heißt, daß der Mensch um der Wahrheit willen wirkt, handelt und leidet. Für die Wahrheit leben heißt, für sie Opfer bringen. Aber es liegt nicht in der Hand des einzelnen Menschen zu entscheiden, ob seine Bewährung der Wahrheit den Bedingungen einer Wahrheitsbewährung genügt. Das Gebet Goethes, die Hoffnung Rosenzweigs: das ist das Vertrauen, daß dem so sein möge. Deswegen beginnt mit diesem Gebet die Reihe der Gebete um Erlösung, in denen sich das Zwiegespräch zwischen Gott und dem Menschen vollzieht.

Das neue Denken Franz Rosenzweigs ist gegen die alte Metaphysik, vor allem gegen die von ihr vorausgesetzten Dualismen gerichtet. Insbesondere wendet es sich gegen den traditionellen Dualismus von Zeit und Ewigkeit. Daher trifft es auch den Lebensnerv der *Ethik* Spinozas, selbst wenn man zugesteht, es sei Spinoza bei der Unterscheidung von Zeit und Ewigkeit eher um eine Unterscheidung in den Erkenntnisweisen als um eine Unterscheidung des Seins gegangen. Das neue Denken kennt nicht nur den Unterschied zwischen Dauer und Ewigkeit; es kennt auch nicht nur die beiden Betrachtungsweisen, die Spinoza im Blick auf Dauer und Ewigkeit geltend gemacht hat, nämlich, daß das Ewige im Zeitlichen und das Zeitliche im Ewigen sei. Er hat vielmehr aus dieser Doppelbeziehung die Konsequenz gezogen: Wenn für den Menschen das Zeitgeschehen erfahren wird in den Unterschieden des Vergangenen, des Gegenwärtigen und des Zukünftigen, so muß dies auch entsprechend für die Erfahrung des Ewigen gelten: daß diese verschiedenen Zeiten in ihm, dem Ewigen sind, wie umgekehrt, das Ewige im Vergangenen, im Gegenwärtigen und im Zukünftigen. Goethes Hoffnungsgedicht spielt in dieser Verbindung des Zeitlichen und Ewigen eine zentrale Rolle. In ihm drückt sich der Glaube und die Zuversicht solch gelingender Einheit von Zeit und Ewigkeit im Blick auf das je einzelne gelebte Leben aus. Aber Rosenzweig hat es nicht bei der Kritik an der Eindimensionalität der Zeit und des Ewigkeitsgeschehens bewenden lassen. Gott, Welt und Mensch haben ihre je eigene Zeit, die in den Weltgeschehnissen der Schöpfung, der Offenbarung und Erlösung auf unendlich vielfältige Weise ineinander gefügt und miteinander verfugt werden. Die Weltgeschehnisse begegnen einander, und wo sie sich in der Gestalt des *Sterns* begegnen, da entspringt aus einer Begegnung eines Immerwährenden mit einem Allzeiterneuerten ein Ewiges: Die menschlichen Gebete der Hoffnung und der Erlösung sind Gebete um solche Begegnungen.

Reflexionsprozesse und Handlungen

1. Transzendentalphilosophie als Handlungstheorie[1]

1. Reflexion als Prinzip
einer transzendentalen Handlungstheorie

Der Ausdruck »transzendental« wird heute weitgehend unter direkter oder indirekter Anspielung auf einen entsprechenden Sprachgebrauch Kants verwendet. Demgemäß wird durch ihn eine bestimmte Betrachtungsweise bezeichnet, die nicht direkt mit Gegenständen zu tun hat, und zwar weder im allgemeinen noch im besonderen; die vielmehr direkt mit den Bedingungen der Möglichkeit« der Erkenntnis von Gegenständen und insofern mit diesen letzteren »an sich« nur mittelbar und indirekt beschäftigt ist. Aber es ist nicht zu verkennen, daß jener philosophische Fachausdruck durch seine Entfernung von dem speziellen Begriffskontext der Kantischen Philosophie viel von seiner terminologischen Bestimmtheit verloren hat. Die an ihn gebundene Idee einer Transzendentalphilosophie ist davon nicht unberührt geblieben.[2] Aller-

1 Habermas hat, vor allem in seinem Buch *Erkenntnis und Interesse,* Frankfurt am Main 1968 [u. ö.], den entscheidenden Anstoß gegeben, die klassische Transzendentalphilosophie als Stoff für sozialphilosophische Konzepte einer Handlungstheorie zu nutzen. Direkter schließen die Arbeiten von P. Lorenzen und seinen Schülern an Kants Begriff des Transzendentalen an, sofern hier Handlungen unter die Bedingung ihrer methodischen Rechtfertigung gesetzt sind. Vgl. u. a. P. Lorenzen, *Methodisches Denken,* Frankfurt a. M. 1968, S. 25 f., ferner die Aufsatzsammlung: *Zum normativen Fundament der Wissenschaft,* hrsg. v. F. Kambartel, J. Mittelstraß, Frankfurt a. M. 1973. Für beide transzendentalphilosophischen Positionen ist der in Husserls später transzendentaler Phänomenologie thematisierte Dualismus der Moderne zwischen Lebenswelt und Wissenschaft ein Kernproblem. Vgl. hierzu H. G. Gadamers Nachwort zur 3. Aufl. von *Wahrheit und Methode.* Zur Rezeption der Transzendentalphilosophie in der analytischen Philosophie vgl. R. Bittners Artikel: »Transzendental«, in: *Handbuch philosophischer Grundbegriffe,* Hrsg. v. H. Krings, H. M. Baumgartner, Ch. Wild, München 1974, Bd. III, S. 1524-1539
2 So hat K. O. Apel in seinem Buch: *Transformation der Philosophie,*

dings wiegt die an ihr festzustellende Einbuße der Formprägnanz schwerer als der bloße Verlust eines Terminus, als die Reduktion der Definition eines Fachausdrucks auf eine vorläufige Bestimmung. Man ist versucht, von einer Verflüchtigung jener Idee und von Unbestimmtheit hinsichtlich ihres Allgemeinbegriffes zu sprechen. Zwei Züge in dieser geschichtlichen Veränderung der Transzendentalphilosophie fallen besonders auf: eine Art Dissoziation der transzendentalen Methode und eine damit zusammenhängende Modifikation ihrer Geltung und ihres Anwendungsbereiches.

Die transzendentale Methode ist in gewisser Hinsicht »mehr« als nur transzendentale Reflexion, in anderer Hinsicht »weniger«. Jedenfalls ist sie von dieser zu unterscheiden. Sie begnügt sich nicht damit, eine Reihe einzelner Kriterien zu entwickeln. die dazu verwendet werden können, einen Bereich von Gegenständen möglicher Erfahrung, den Bereich der Phänomene, von einem ganz anderen Bereich abzugrenzen, von dem Bereich des Unerfahrbaren in seiner mannigfachen Wortbedeutung, dem Geltungsbereich des »Dinges an sich«.[3] Die Transzendentalphilosophie Kants ist an der Idee eines systematischen Ganzen aller Vernunfterkenntnis orientiert und insofern als transzendentale Methode auf den Entwurf einer »Architektonik« der Vernunft ausgerichtet.[4] Hier liegt ihre eigentliche Bestimmung, und diesem Zweck dient ihre Kritik der Vernunft, die kritische Suche nach universalen Wahrheitsbedingungen einer objektiv gültigen theoretischen und praktischen Vernunfterkenntnis. Mit anderen Worten: Die transzendentale Methode besteht als solche aus zwei wohlunterscheid-

Frankfurt a. M. 1973, eine Reihe von Aufsätzen unter dem charakteristischen Titel »Transformation der Transzendentalphilosophie« zusammengefaßt, a.a.O., Bd. II, S. 155 ff.

3 Wittgensteins *Philosophische Untersuchungen* haben den Anstoß dazu gegeben, daß der Begriff eines Kriteriums als kritischer Methodenbegriff größere Bedeutung gewinnt im Vergleich zu dem an eine bestimmte Argumentationslogik gebundenen Terminus »Bedingungen der Möglichkeit von ...«. Vgl. D. Birnbacher, *Die Logik der Kriterien. Analysen zur Spätphilosophie Wittgensteins,* Hamburg 1974.

4 Kant spricht hinsichtlich dieses Zieles einer Architektonik der Vernunft von einer »Kunst der Systeme« und versteht darunter »die Lehre des Scientifischen in unserer Erkenntnis überhaupt«; *Kritik d. r. Vernunft,* Transzendentale Methodenlehre, Drittes Hauptstück, A 832, B 860.

baren partiellen Methoden, von denen die eine konstitutiv auf die andere bezogen ist; nämlich einerseits aus einer Methode der rationalen Kritik aller notwendigen Bedingungen der Vernunfterkenntnis und andererseits aus einer Methode der rationalen Rekonstruktion der objektiven Wirklichkeit aus Prinzipien der Vernunft. Während die erstere Methode einen falschen Gebrauch der Vernunft gegenüber einem richtigen Gebrauch derselben abgrenzt und damit die Möglichkeit einer wahren Vernunfterkenntnis begründet, ist die zweitgenannte Methode nichts anderes als der richtig verstandene Gebrauch der Vernunft selbst, die aus ihren eigenen Prinzipien, den Bedingungen wahrer Vernunfterkenntnis folgend, das Ganze der objektiven Wirklichkeit rekonstruiert.[5]

Von Einheit der transzendentalen Methode kann in einem mehrfachen Sinne gesprochen werden. Diesen verschiedenen Bedeutungen transzendentalmethodischer Einheit korrespondieren bestimmte Möglichkeiten der Dissoziation derselben. Als spekulativ wird die Einheit einer transzendentalen Methode bezeichnet, sofern die kritische Begründung der Grundsätze eines wahren Vernunftgebrauchs selbst diesen Grundsätzen folgt, sofern also die Grundsätze, die bei der Begründung der Möglichkeit wahrer Vernunfterkenntnis befolgt werden, mit den begründeten Grundsätzen dieser Möglichkeit »übereinstimmen«. Absolut heißt die transzendentale Methode dagegen, sofern die durch Vernunftkritik begründeten Grundsätze eines wahren Vernunftgebrauchs mit den Vernunftprinzipien der rationalen Weltkonstruktion übereinstimmen. Die Begriffe der Spekulation und des Absoluten sind insofern nicht nur überhaupt, sondern speziell als Charakteristika der Einheit einer transzendentalen Methode wohl zu unterscheiden, da sie sich auf verschiedene Weisen der Übereinstimmung der

---

5 Mit Nachdruck unterscheidet Kant hinsichtlich dessen, was hier Rekonstruktion genannt wird, zwischen philosophischer »Vernunfterkenntnis aus Begriffen« und mathematischer »Erkenntnis durch Konstruktion der Begriffe«, a.a.O. A 713, B 741. Diese Unterscheidung stößt bereits bei seinen unmittelbaren Nachfolgern auf Kritik und Gegenkritik. Hierzu B. Taureck, *Das Schicksal der philosophischen Konstruktion*, Wien/München 1975. Die Sache der philosophischen Konstruktion kann sich allerdings auf *Kant* selbst berufen, der nicht nur von mathematischer, sondern auch von metaphysischer Konstruktion spricht, allerdings um deren eindeutige Unterscheidung zu postulieren; *Metaphysische Anfangsgründe d. Naturwissenschaft*, Vorrede, A XIV.

Vernunft mit sich selbst beziehen. Andererseits können diese beiden unterschiedlichen methodischen Charaktere in der Einheit einer absoluten und spekulativen Methode verknüpft vorgestellt werden. Hegels spekulative dialektische Methode ist das bekannteste Beispiel für diesen Typus einer einheitlichen transzendentalen Methode.[6] In deren Einheit sind die partiellen Methoden der rationalen Vernunftkritik und der rationalen Rekonstruktion aller Vernunfterkenntnisse nicht real, sondern nur dem Begriffe nach bzw. nur auf einer *metaphorischen* oder metamethodischen Ebene unterscheidbar. Die Bestimmungen des Spekulativen und des Absoluten beziehen sich in der Einheit einer transzendentalen Methode demnach entweder auf verschiedene Arten und Weisen der Übereinstimmung der Vernunft mit sich selbst oder aber auf verschiedene Züge in der vollständigen Übereinstimmung derselben mit sich. Diesen unterschiedlichen Beziehungen entsprechen verschiedene Begriffe der transzendentalen Reflexion. Diese ist entweder als Prinzip der Spekulation oder als Prinzip des Absoluten oder aber als relativ komplexes Prinzip einer einheitlichen spekulativ-absoluten Methode zu begreifen. Diese transzendentale Reflexion ist als ein bestimmtes methodisches Prinzip zu unterscheiden von einer allgemeinen Vorstellung von Reflexion überhaupt. Jene ist in Zusammenhang mit den transzendental-methodischen Charakteren des Spekulativen und des Absoluten zu setzen und zu bestimmen.

Der vormethodische Allgemeinbegriff der Reflexion ist in sich komplex; teils wird dabei eine spezielle Beziehung, teils eine spezielle Bewegung vorgestellt. Reflexion kann heißen: Selbstbeziehung, aber auch Selbstbewegung.[7] Eine Selbstbeziehung unter

6 Hegel selbst hat die differenzierteste Analyse des Verhältnisses des Absoluten und der Spekulation gegeben unter dem Titel »Wirklichkeit« in: *Wissenschaft d. Logik*, II. Teil, 2. Buch, 3. Abschnitt.
7 Das Verhältnis von Selbstbeziehung und Selbstbewegung ist eines der Grundprobleme der klassischen dialektischen Theorien von Plato und Hegel. Plato betont die Selbstbeziehung (καθ'αὑτό) der Formen (εἴδη) hinsichtlich der gegenständlichen Bewegung vor allem *Sophistes* 254 c und im zweiten Teil des Parmenides. Für Hegel dagegen ist Selbstbewegung das methodische Prinzip der Erkenntnis aller Relationen überhaupt (*Wissenschaft d. Logik*, II. Teil, 3. Buch, 3. Abschnitt). In dieser unterschiedlichen Betonung spiegeln sich Gemeinsamkeit und Differenz beider Theorien.

scheidet sich von Relationen zwischen zwei oder mehr wohl unterschiedenen Relaten dadurch, daß nur ein einziges Relatum statt mehrerer gegeben ist und zu ihm eine Relation, die jenes Relatum auf es selbst bezieht.[8] Zum Beispiel ist Selbstidentität (A = A) etwas anderes als Identität des Verschiedenen (A = B). Analog ist Selbstbewegung von solchen Bewegungen zu unterscheiden, die sich zwischen verschiedenen Entitäten oder sonstigen Gegebenheiten, etwa zwischen verschiedenen Zuständen abspielen. Bewegungen von der Art, daß etwas aus etwas anderem wird, oder daß etwas sich in etwas anderes auflöst, oder auch, daß etwas durch etwas anderes verändert oder verursacht wird, sind keine Selbstbewegungen. Selbstbeziehung ist ein In-sich-Sein, Selbstbewegung ein In-sich-bewegt-Sein oder auch ein In-sich-bewegt-Werden. Beide, die Selbstbeziehung und die Selbstbewegung, setzen die Gegebenheit von etwas voraus, das dank seiner Selbstbeziehung als »es selbst« angesprochen wird, wenn von ihm gesagt wird: »es selbst« sei im Unterschied zu diesem oder jenem »dieses« und nicht »jenes«; zum Beispiel: »es selbst« sei im Unterschied zu jenem ein Selbstbewegtes. Selbstbewegung setzt dann Selbstbeziehung voraus, wenn von dem Subjekt jener Bewegung gesagt wird, »es selbst« bewege sich in sich und nicht in etwas anderem. In-sich-Sein enthält die Möglichkeit eines An-sich- und Durch-sich-In-sich-Seins. Paradigma der Selbstbeziehung ist jeder mögliche theoretische Gegenstand; Paradigmen der Selbstbewegung sind die Drehbewegung des Kreises um seinen Mittelpunkt und die Denkbewegung des transzendental-methodischen Ich, der »transzendentalen Apperzeption«.[9] Gemeinsam ist den Subjekten dieser paradigmatischen Selbstbewegungen, daß sie in sich ruhend sich bewegen und daß sie auf jeden möglichen Punkt ihres Daseins müssen zurückführen können.

8 Vgl. R. Wiehl, »Selbstbeziehung und Selbstanwendung dialektischer Kategorien« (Vortrag auf der Tagung der Internationalen Hegel-Vereinigung über Hegels Wissenschaft der Logik, Chantilly 1972), in: *Hegel-Studien*, 1975.

9 Zur Interdependenz von Reflexion und transzendentaler Subjektivität vgl. D. Henrich, »Fichtes ursprüngliche Einsicht«, in: *Subjektivität und Metaphysik*. Festschrift für W. Cramer, Frankfurt a. M. 1966, S. 188 ff.; K. Cramer, »Erlebnis. Thesen zu Hegels Theorie des Selbstbewußtseins mit Rücksicht auf die Aporien eines Grundbegriffs nachhegelscher Philosophie«, in: *Hegel-Studien*, Beiheft 11, Bonn 1974, S. 537 ff.

Als Selbstbeziehung und Selbstbewegung ist die transzendentale Reflexion in einem zweifachen Sinne Prinzip der transzendentalen Methode, nämlich erstens als Prinzip der Bestimmtheit und zweitens als Prinzip der Wahrheit. Reflexion als Prinzip (1) der Bestimmtheit besagt, daß jedes theoretische Element, das im Verlauf einer transzendental-methodischen Entwicklung namhaft gemacht werden kann, notwendig als »es selbst« muß bestimmt und »als ein solches« muß von anderen definierbaren theoretischen Elementen innerhalb des methodischen Ganzen unterschieden werden können: Es muß in jeder beliebigen Entwicklungsphase des methodischen Prozesses möglich sein, von dieser Phase aus auf das Vorkommen beliebiger theoretischer Elemente in einer anderen Phase desselben Prozesses zurückzukommen. Jedes dieser einzelnen bestimmten Elemente muß von jedem bestimmten Punkt des transzendental-methodischen Prozesses aus identifiziert werden können; es muß möglich sein, es in seiner Lage gegenüber den anderen Elementen zu lokalisieren und es als theoretisches Element zu rekonstruieren.[10] Die transzendentale Reflexion ist unter diesem Gesichtspunkt eines Prinzips der Bestimmtheit eine Bedingung der Möglichkeit, definiter transzendentaler Örter und Funktionen, eine Bedingung der Möglichkeit der methodischen Rekonstruktion. Unter dem zweiten Gesichtspunkt ist sie Prinzip (2) der Wahrheit und bedeutet als ein solches: Übereinstimmung der Vernunft mit sich selbst. Das »Spekulative« und das »Absolute« als Modi der Selbstübereinstimmung der Vernunft

10 Unter den drei transzendentalen Synthesen, die Kant in der 1. Auflage der transzendentalen Deduktion der reinen Verstandesbegriffe unterscheidet, kommt unserer Charakteristik der Reflexion die der »Synthesis der Recognition im Begriffe« am nächsten. Wir betonen hier aber nur den allgemeinen Aspekt der Reproduzierbarkeit überhaupt, der auch in den beiden anderen Synthesen und nicht zuletzt im Prinzip der transzendentalen Apperzeption auf spezifische Weise realisiert wird. Husserl und Heidegger haben konsequenterweise das Problem der Reproduktion in den Mittelpunkt ihrer Erörterungen der transzendentalen Subjektivität gestellt, auch wenn dies in beiden Fällen in höchst spezieller, und insofern beschränkt gültiger Weise geschieht: bei Husserl in Gestalt einer transzendental-genetischen Theorie des inneren Zeitbewußtseins (*Husserliana* x, §§ 15 ff.); bei Heidegger durch die bekannte These vom Ursprung aller Synthesis in der Einbildungskraft (vgl. *Kant und das Problem der Metaphysik*, 3. Abschnitt).

sind hinsichtlich der transzendentalen Reflexion in erster Linie als Prinzipien der Wahrheit aufzufassen.

In der Einheit der transzendentalen Reflexion ist ein Zusammenhang zwischen dem Prinzip der Bestimmtheit und dem Prinzip der Wahrheit gegeben. Dieser Zusammenhang kann unter vier verschiedenen Gesichtspunkten vorgestellt werden. Es ist entweder (a) das Prinzip der Wahrheit dem Prinzip der Bestimmtheit, oder (b) dieses jenem untergeordnet; oder aber es fallen (c) die beiden Prinzipien in der Einheit einer absoluten, spekulativen Reflexion zusammen. Schließlich gibt es eine weitere Möglichkeit des Zusammenhangs in der Weise (d), daß die beiden Prinzipien relativ selbständig zusammen wirken, und zwar so, daß keines der beiden dem anderen untergeordnet, oder auf dieses reduziert werden kann.

Das Prinzip der Wahrheit kann (a) als spezielles Prinzip der Bestimmtheit angesehen werden, und zwar unter einem doppelten Gesichtspunkt: Einmal ist eine Übereinstimmung (adaequatio) mit sich selbst eine spezielle Form der Selbstbeziehung und zu unterscheiden von einer Übereinstimmung von etwas mit etwas anderem, analog wie Selbstidentität von der Identität des Verschiedenen. Außerdem ist das Subjekt der Übereinstimmung, das Etwas, von dem gesagt wird, daß es in Übereinstimmung mit sich selbst sei, ein spezielles Etwas, nämlich die Vernunft an sich selbst; und dieses Etwas unterscheidet sich notwendig von anderen Gegebenheiten oder Entitäten, denen ebenfalls die Möglichkeit einer Übereinstimmung mit sich selbst eingeräumt werden muß, wie zum Beispiel einem speziellen Zustand der menschlichen Empfindung oder der menschlichen Seele als einer besonderen Entität in einer besonderen Verfassung. Unter diesem Gesichtspunkt einer zweifachen Besonderung des Prinzips der Bestimmtheit erscheint das Prinzip der Wahrheit diesem gegenüber als untergeordnet und unselbständig: als partikulares Prinzip eines speziellen Geltungsbereiches der transzendentalen Methode oder als Besonderung und Konkretisierung des allgemein geltenden Prinzips der Bestimmtheit im Verlauf des methodischen Prozesses. Unter diesem Gesichtspunkt ist das Prinzip der Bestimmtheit allgemeingültiges Prinzip der transzendentalen Methode.

Dem steht (b) aber entgegen, daß diese Methode nicht letzten Endes Bestimmtheit intendiert, sondern ein Prozeß der Wahrheitserkenntnis sein will. Insofern ist es nicht hinreichend, die einzelnen verschiedenen Elemente, die in diesem Prozeß vorkommen, überhaupt »als solche« und damit als theoretische Elemente zu bestimmen. Vielmehr muß diesen als solchen vereinzelten »Theorien«, die innerhalb des methodischen Gesamtprozesses identifizierbar und lokalisierbar sind, ein bestimmter partikularer Wahrheitsgehalt zukommen. Ihre mögliche Identifikation und Lokalisierung im Ganzen der transzendentalen Methode setzt insofern eine grundsätzliche und generelle Übereinstimmung der Vernunft mit sich selbst in Beziehung auf dieses Ganze und hinsichtlich jedes möglichen theoretischen Elementes in diesem Ganzen voraus. Insofern ist unter diesem Gesichtspunkt die transzendentale Reflexion Prinzip der transzendentalen Methode nicht in der Weise einer allgemeinen Selbstbeziehung und Selbstbewegung und als allgemeingültiges Prinzip der Bestimmtheit. Hier ist vielmehr dieses dem Prinzip der Wahrheit untergeordnet, und die transzendentale Reflexion ist Prinzip der transzendentalen Methode in der Weise der allgemeinen Übereinstimmung der Vernunft mit sich selbst. In diesem Fall erscheint die Bestimmung jedes einzelnen Elementes als »es selbst«, als partikulare Theorie im Ganzen des methodischen Prozesses, und ebenso jede mögliche Identifikation und Lokalisierung desselben als Einzelfall einer allgemeinen und durchgehenden Übereinstimmung der Vernunft mit sich selbst: als Beispiel einer solchen Übereinstimmung oder als deren Konkretisierung.

Diesen verschiedenen Funktionsweisen der beiden Prinzipien der Bestimmtheit und der Wahrheit entsprechen die allgemeinen theoretischen Eigenschaften der Kohärenz und der Konsistenz. Kohärenz bedeutet: die durch mögliche Identifizierung und Lokalisierung gegebene Bestimmtheit jedes theoretischen Elementes in Beziehung auf jedes andere innerhalb der Einheit eines methodischen Prozesses. Unter Konsistenz wird demgegenüber verstanden: Übereinstimmung der Vernunft mit sich selbst, etwa in der Weise der Widerspruchsfreiheit, in Beziehung auf jedes partikulare Element in einer prozessualen Einheit. Insofern entspricht die Systemeigenschaft der Kohärenz eher der Realisierung des Prinzips der Bestimmtheit, die Eigenschaft der Konsistenz eher der Realisierung des Prinzips der Wahrheit. Aber analog zu jenen beiden Prinzipien können die beiden Systemeigenschaften auf unterschiedliche Weise in systematischen Theorien verwirklicht sein: teils in direkter Unabhängigkeit, teils in bestimmter Abhängigkeit voneinander in einem einseitigen oder wechselseitigen

Bedingungs- und Subsumptionsverhältnis; teils schließlich in einer Verbindung, die eine direkte bestimmte Unterscheidung hinsichtlich der Realisierung beider Eigenschaften nicht zuläßt.

2. Der vierfache Dualismus
der transzendentalen Handlungstheorie

Das Problem einer transzendentalen Handlungstheorie stellt sich hier zunächst als ein Problem der Einheit der transzendentalen Reflexion sowie der Einheit der transzendentalen Methode. Dabei gilt allgemein, daß Einheiten eines bestimmten Typus als Einheiten von dissoziierten Elementen oder als dissoziierte Elemente einer gegebenen Einheit aufzufassen sind. Dabei steht eine Einheit in Zusammenhang mit einer anderen, die beide entweder von gleichem oder verschiedenem Typus sind. Unter diesem allgemeinen Gesichtspunkt ist das Problem einer transzendentalen Handlungstheorie nicht nur ein Problem der Einheit, sondern dementsprechend auch ein Problem der Dissoziation typischer Einheiten der transzendentalen Reflexion bzw. der transzendentalen Methode. So ist die spezifische Einheit der absoluten und spekulativen Methode, für die wir das geschichtliche Exempel der Hegelschen spekulativen Dialektik besitzen, als synthetische Einheit dissoziativer Elemente der methodischen Einheit eines anderen Einheitstypus darstellbar. Ein solcher alternativer Typus ist durch Kants transzendentale Methode exemplifiziert. Dieser Typus kann als spezifisches Produkt einer bestimmten Dissoziation jener absoluten und spekulativen Einheit angesehen werden. Dieses Dissoziationsprodukt läßt sich unter den bisherigen Gesichtspunkten zusammenfassend als methodischer Dualismus kennzeichnen.[11] Dualismus bedeutet dabei: notwendig ausschließliche Zweiteilung einer realen Einheit von Elementen in zwei reale elementare Einheiten, und zwar mit Notwendigkeit so, daß (a) diese beiden realen Elemente nicht wiederum

11 Die hier unterschiedenen vier dualistischen Aspekte der Transzendentalphilosophie betreffen alle den grundsätzlichen Dualismus von theoretischer und praktischer Vernunft, Kants spezifische Transformation des Cartesianismus. Für die Problematik dieses Dualismus ist in unserem Zusammenhang vor allem der Dualismus von singulärem Reflexionsprozeß und universaler Methode der Reflexion von der größten Wichtigkeit. Vgl. Anm. 16.

zu einem einzigen realen Element von gleicher Realität wie jene beiden verbunden werden können, und so, daß (b) kein drittes gleichermaßen reales Element neben den beiden einzig möglichen gegeben sein kann. Von einem methodischen Dualismus kann unter vier Gesichtspunkten gesprochen werden.

(a) *Der Dualismus der rationalen Verfahrensweisen* als Dualismus von 1. dem Verfahren der rationalen Kritik der Vernunft und 2. dem Verfahren der rationalen Rekonstruktion aller Vernunfterkenntnis, die beide auf keine Weise sich zu einem einheitlichen und gleichermaßen realen Verfahren verbinden oder sich auf ein einziges solches Verfahren reduzieren lassen und zu denen es angesichts ihrer ausschließlichen und komplementären Gegebenheit auch kein drittes gleichermaßen reales Verfahren der Vernunft geben kann.[12] Insofern besteht keine logische Priorität des einen Verfahrens gegenüber dem anderen, kein rationaler Deduktionszusammenhang, der es erlaubte, das eine Verfahren als direkte logische Fortsetzung des anderen anzusehen. Ebensowenig aber kann von einer realen Priorität des einen oder anderen Verfahrens gesprochen werden, von einem erkenntnistheoretischen Primat, der in einem dritten gleichermaßen realen Verfahren begründet werden könnte. Der Grundsatz der kritischen Transzendentalphilosophie, daß aller Metaphysik der Erkenntnis notwendig eine Kritik der Vernunft vorausgehen müsse, kann ebensowenig allein aus der Kritik der Vernunft wie aus der Metaphysik der Vernunfterkenntnis hinreichend begründet werden. Deswegen bedeutet die behauptete reale Priorität zunächst auch nicht mehr als faktische Priorität im Sinne kontingenter Zeitlichkeit. Als ein Grundsatz dagegen würde er sich erst mit der Vollendung der Metaphysik bewahrheiten können, um zugleich durch diese Vollendung seinen Sinn zu verlieren.[13]

12 Kant fügt seiner Unterscheidung zwischen Philosophie als Kritik und als Metaphysik kennzeichnenderweise hinzu, »daß der Name Metaphysik auch der ganzen reinen Philosophie mit Inbegriff der Kritik gegeben werden kann, um sowohl die Untersuchung alles dessen, was jemals a priori erkannt werden kann, als auch die Darstellung desjenigen, was ein System reiner philosophischer Erkenntnisse dieser Art ausmacht, von allem empirischen aber, ingleichen dem mathematischen Vernunftgebrauche unterschieden ist, zusammen zu fassen« (a.a.O., A 841, B 869).

13 Hegels berühmte Kritik an der transzendental-kritischen Methode in

(b) *Der Dualismus der Übereinstimmungen* (adaequationes) als
Dualismus des Spekulativen und des Absoluten, nämlich 1. einer
Übereinstimmung von Regeln oder Grundsätzen der Prüfung
eines möglichen wahren Vernunftgebrauches mit Regeln des möglichen wahren Gebrauches der Vernunft, und 2. eine Übereinstimmung von wahren Regeln einer möglichen Anwendung der Vernunft auf gegebene Objekte der Erkenntnis mit verwirklichten,
d. h. angewandten Regeln einer wahren Erkenntnis von Gegenständen. Da dieser Dualismus der beiden Übereinstimmungsweisen der Vernunft einerseits deren Einheit in einem gleichermaßen
höchst realen Übereinstimmungsverhältnis ausschließt, andererseits aber auch eine dritte selbständige und gleichermaßen reale
Übereinstimmung nicht zuläßt, kann Übereinstimmung der Vernunft (adaequatio intellectus) als Prinzip der Wahrheit hier nicht in
der Weise einer einheitlichen Übereinstimmung der Vernunft mit
sich selbst gegeben sein. Diese Übereinstimmung ist hier vielmehr
weder in der Form einer höchsten Einheit, noch in der Weise einer
Selbstübereinstimmung mit sich vorhanden. Statt dessen finden
sich zwei irreduzible, komplementäre Übereinstimmungsweisen,
und zwar in beiden Fällen Übereinstimmung jeweils in Form einer
Übereinstimmung des Verschiedenen: nicht Selbstübereinstimmung mit sich, sondern Übereinstimmung zwischen etwas und
etwas anderem, nämlich zwischen den verschiedenen Aspekten
von Regeln oder Grundsätzen des Vernunftgebrauches. Das Wahr-
heitsprinzip einer einheitlichen Übereinstimmung der Vernunft
mit sich selbst hat daher, angesichts des methodischen Dualismus
der Transzendentalphilosophie, nicht den Charakter einer erfüllten Wirklichkeit, sondern den eines Postulates der Vernunft und
den einer Aufgabe, welche Vernunft sich stellt: Vernunft soll und
will sich selbst auf vernünftige Weise verwirklichen; und Wahrheit
der Vernunft entsteht erst mit der Erfüllung jener Forderung, mit
der erfolgreichen Durchführung dieser Aufgabe.[14] Eine Forde-

der Einleitung zur Phänomenologie des Geistes hat nicht zuletzt diese
Bedeutung. Vgl. Werner Marx, *Hegels Phänomenologie des Geistes. Die
Bestimmung ihrer Idee in »Vorrede« und »Einleitung«*, Frankfurt a. M.
1971, S. 81 ff.
14 Hegels allgemeine Kritik der Transzendentalphilosophie durch Subsumption unter die Kategorie des Sollens (in: *Wissensch. d. Logik*, T. 1.,
1. Abschnitt, 2. Kap.) hat verschiedene Aspekte: kritisiert wird nicht
nur der Dualismus einer »Philosophie der Endlichkeit«. Wichtiger für

rung, eine Aufgabenstellung setzt aber eine bestimmte Materie für entsprechende Erfüllungen voraus. So können wir hier von allgemeinen Materien sprechen, auf die sich die beiden komplementären Verhaltensweisen der Vernunft beziehen müssen: von einer Materie für die Kritik der Vernunft und von einer Materie, welche in der Metaphysik vorausgesetzt wird;[15] insbesondere aber auch von Materien für vernünftige Übereinstimmung und von materialen Übereinstimmungen und Gesetzesmaterien, von Materien für Formen des Umganges mit Regeln und von Materien vernünftiger Verhaltensweisen wie Prüfen, Begründen, Beweisen, Ableiten, Erkennen etc. Die einheitliche Verwirklichung der Vernunft in all diesen Vernunftmaterien ist eine notwendige Bedingung der Möglichkeit von Vernunftwahrheiten.

Der methodische Dualismus des Spekulativen und des Absoluten gilt einmal an sich und stellt insofern einen Dualismus von zwei ausschließlich geltenden Übereinstimmungsweisen der Vernunft dar, zu denen es keine dritte, gleichermaßen reale Übereinstimmungsweise gibt. Er bezieht sich aber auch auf den Dualismus der beiden komplementären Verfahrensweisen der Vernunft. Auch in dieser Hinsicht haben dann die beiden Prädikate des Spekulativen und des Absoluten eine ausschließliche Geltung: Es kann von beiden gegebenen komplementären Verfahrensweisen der Vernunft jedes eine vernünftige Übereinstimmung mit sich nur auf eine der beiden Weisen, nicht auf beide Weisen zugleich und gleichermaßen realisieren. Transzendentalphilosophie ist hinsichtlich ihres methodischen Dualismus bestimmt, nämlich so, daß die Wahrheit ihrer Kritik der Vernunft als Übereinstimmung zwischen Regeln der Prüfung und Regeln der Anwendung der geprüften Regeln definiert ist; und dementsprechend die Wahrheit der Metaphysik als Übereinstimmung zwischen den anzuwendenden und

unseren Zusammenhang ist die in dieser Subsumption gelegene Kritik am Widerspruch in der Verhältnisbestimmung von theoretischer und praktischer Vernunft, die einerseits grundsätzlich verschieden, andererseits durch eine nicht-begriffene gemeinsame Form bestimmt sind.

15 Dementsprechend finden sich bei Kant zwei korrespondierende universal gültige Begriffe einer *Materie*: 1. Materie als dasjenige, »was der Empfindung korrespondiert« (*Kr. d. r. V.*, A 20 B 34) als Materiebegriff der Kritik; 2. Materie als »das Bewegliche, sofern es als solches ein Gegenstand der Erfahrung werden kann«, (*Metaphysische Anfangsgründe der Naturwissenschaft* A 138) als Materiebegriff der Metaphysik.

den angewandten Regeln der Vernunft: die Kritik der Vernunft ist spekulativ und die Metaphysik ist absolut. Eine andere Bestimmung der Verhaltensweisen der Vernunft durch die Prädikate des Spekulativen und Absoluten widerspricht nach dieser Definition dem Begriff der transzendentalen Methode, oder sie bezieht sich auf spezielle, untergeordnete Aspekte des methodischen Prozesses.

(c) *Der Dualismus der Prinzipien der Bestimmtheit und der Wahrheit* als Dualismus von 1. Selbstbeziehung oder Selbstbewegung, in welcher ein gegebenes Etwas als dieses oder jenes bestimmt ist und in der durch die Identität dieser Beziehung das Gegebene als so oder so bestimmt gilt, und 2. Selbstübereinstimmung der Vernunft mit sich, durch die das bestimmte Gegebene hinsichtlich seiner Bestimmung und seiner möglichen Identifikation als wahr gilt.[16] Diesem Dualismus zufolge gibt es zu den beiden Prinzipien kein anderes Prinzip; weder so, daß ein solches jene beiden in der Einheit eines Prinzips vom gleichen prinzipiellen Rang wie die beiden vereinigten verbände; noch so, daß es diese zu untergeordneten Prinzipien herabsetzte, noch in der Weise eines selbständig und gleichrangig wirkenden Prinzips neben jenen beiden. Selbstbeziehung bzw. Selbstbewegung ist für den methodischen Dualismus der Transzendentalphilosophie nicht in der Weise eines einzigen, höchsten und absolut geltenden Prinzips vorhanden, das Prinzip der Bestimmtheit und Prinzip der Wahrheit in einem und zugleich wäre; und wo von anderen Prinzipien außer diesen beiden

---

16 Dieser Dualismus tritt in Kants Transzendentalphilosophie nicht eindeutig zutage. Einerseits sind alle analytischen Urteile und alle synthetischen Urteile a priori allgemein und notwendig *wahr*. Diese Wahrheit aber steht unter der notwendigen Bedingung der Bestimmtheit der sprachlichen Formulierung entsprechender Sätze. Ebenso setzt die bestimmte Unterscheidung zwischen analytischen Urteilen und synthetischen Urteilen a priori Bedingungen der Bestimmtheit derselben voraus. Es wäre naiv anzunehmen, daß die sprachliche Ausdrucksweise eines Satzes hinreichende Bedingung für eine entsprechende Unterscheidung an die Hand gibt. Die Bestimmtheit dieser Unterscheidung steht in Kants Theorie unter der notwendigen Voraussetzung des »transzendentalen Ideals«, d. i. eines möglichen Systems von Realdefinitionen. Diese Definitionen können auch als die eigentlich wahren Sätze angesehen werden, die der Wahrheit der analytischen und synthetischen Urteile die notwendige Bestimmtheit verleihen.

Grundprinzipien die Rede ist, da geschieht dies nicht im Sinne der Gleichrangigkeit oder der selbständigen Nebenordnung. Zum Beispiel gelten Formen, Kategorien, Schemata und Ideen als Prinzipien. Aber als solche sind sie nicht von gleichem Rang wie die beiden Grundprinzipien der Bestimmtheit und der Wahrheit. Vielmehr kommt ihnen gemäß ihrer jeweiligen Unterordnung unter das eine oder das andere ein spezieller und spezifisch beschränkter Wirklichkeits- und Geltungsbereich zu.

Der methodische Dualismus der beiden Grundprinzipien verweist direkt auf einen entsprechenden Dualismus der von diesen Prinzipien beherrschten Wirklichkeit. Dieser ist aber von dem zuvor genannten Dualismus der Materie zu unterscheiden. Bei beiden Dualismen handelt es sich um Gegebenheiten der Selbstverwirklichung der Vernunft. Der Dualismus der Materie stellt eine primäre Gegebenheit für diese Selbstverwirklichung dar, der Dualismus der Wirklichkeit dagegen kennzeichnet deren letztgültige Gegebenheit. Primär gegeben sind für die Vernunft teils Beziehungen, teils Übereinstimmungen: Beziehungen des Gegebenen überhaupt, teils qualitativer, teils quantitativer Art, Relationen einer bestimmten Menge von Relaten; Beziehungen zwischen Gegebenem, Empfindungen und Wahrnehmungen, zwischen Anschauungen, Begriffen und Schematen, zwischen Urbildern und Abbildern; und analog zu diesen Beziehungen entsprechende Übereinstimmungen; Relationen ohne spezifische Übereinstimmungen ihrer Relata, und Übereinstimmungen als spezielle Beziehungen zwischen Relata; Beziehungen und Übereinstimmungen teils zwischen Gleichem, teils zwischen Ungleichem, wie zum Beispiel die Beziehungen oder Übereinstimmungen zwischen Empfindungen einerseits und zwischen Empfindungen und Wahrnehmungen andererseits. Diesem Dualismus von Beziehungen und Übereinstimmungen in der primären Gegebenheit einer Vernunftmaterie korrespondiert ein Dualismus hinsichtlich der letztgültigen Gegebenheit der Vernunftwirklichkeit. So ist das Resultat dieser Selbstverwirklichung der Vernunft sowohl im ganzen wie im einzelnen einerseits durch das Prinzip der Selbstbeziehung bestimmt und andererseits durch das Prinzip der Selbstübereinstimmung wahr. Der Dualismus von Bestimmtheit und Wahrheit gilt also nicht nur für die Vernunftwirklichkeit im ganzen. Vielmehr ist jeder Bestandteil dieser Wirklichkeit durch seinen spezifischen Beitrag zur Bestimmtheit und zur Wahrheit des Ganzen definiert. Diese doppelte funktionale Definition gibt jedem Element der Vernunftwirklichkeit eine relationale, derivative Bestimmtheit und Wahrheit im Hinblick auf die letztgültige Bestimmtheit und Wahrheit des Ganzen. Zugleich besteht aber ein Zusammenhang zwischen diesem Dualismus der Vernunftwirklichkeit und dem Dualismus der Vernunftmaterie hinsichtlich des Dualismus der Vernunftprinzipien. Nicht nur die Elemente der letztgültigen Vernunftgegebenheit, sondern auch die Elemente der primären Vernunftmaterie müssen hinsichtlich der Bestimmtheit und Wahrheit der ganzen Vernunftwirklichkeit definiert sein.[17] So haben diese Elemente, nämlich die Relationen und Adaequationen, welche die gegebene Vernunftmaterie ausmachen, ebenfalls eine Doppelfunktion, und zwar analog zu der der Elemente der abschließenden Vernunftwirklichkeit. Und dementsprechend kommt auch ihnen eine derivative Bestimmtheit und Wahrheit zu, nämlich im Hinblick auf Bestimmtheit und Wahrheit der Elemente der letztgültigen Wirklichkeit.

Auch die beiden prinzipiellen Übereinstimmungsweisen der Vernunft, das Spekulative und das Absolute, sind vom Dualismus der Prinzipien der Bestimmtheit und der Wahrheit beherrscht und deswegen einerseits unter diesem, andererseits unter jenem Gesichtspunkt zu sehen. Der bestimmte Begriff einer Transzendentalphilosophie verlangt unter diesem methodischen Gesichtspunkt des Dualismus eine entsprechende bestimmte Zuordnung der beiden Prinzipien zu den beiden gegebenen prinzipiellen Verfahren der Vernunft. Danach entspricht die spekulative Kritik der Vernunft dem Prinzip der Bestimmtheit, die absolute Metaphysik der Vernunfterkenntnis dagegen dem Prinzip der Wahrheit. Aber die Problematik jenes bestimmten Begriffes und der mit ihm gegebenen Verbindung der beiden komplementären Grundverfahren der

17 Whitehead kritisiert Kants Begriff der Materie unter dem Gesichtspunkt eines dreifachen Irrtums: »1. The substance-quality doctrine of actuality. 2. The sensationalist doctrine of perception. 3. The doctrine of the objective world as a construct from subjective experience« (*Process and Reality*, New York 1929, S. 237 und ff.). Es ist aber für Whiteheads Kant-Rezeption kennzeichnend, daß er Kants Unterscheidung von Kritik und Metaphysik aufgrund seines anderen Theoriebegriffes nicht folgt. Gleichwohl trifft seine Kritik die beiden oben erwähnten Materiebegriffe der Transzendentalphilosophie gleichermaßen. Vgl. Anm. 15.

Vernunft liegt in der Möglichkeit der umgekehrten Zuordnung jener Prinzipien. Es ist durch jenen Begriff nicht auszuschließen, daß diese Prinzipien selbst oder ihnen untergeordnete Prinzipien, Formen oder Kategorien in der umgekehrten Weise den Grundverfahren zugeordnet werden, so daß neben jenen Begriff der Transzendentalphilosophie eine begriffliche Alternative tritt: eine Transzendentalphilosophie mit einem anderen Wahrheitsbegriff und mit einem anderen Begriff der Bestimmtheit.

(d) *Der Dualismus der beiden Grund- oder Elementarprozesse* als Dualismus zwischen 1. dem singulären Prozeß der transzendentalen Reflexion und 2. dem universalen Prozeß der transzendentalen Methode.[18] Diesem Dualismus zufolge kommt den beiden komplementären Grundprozessen gleichermaßen und uneingeschränkt höchste Realität und Konkretion im Vergleich zu anderen möglichen Prozessen und sonstigen Vernunftgegebenheiten zu. Es gibt insofern zu den beiden Grundprozessen keine andere gleichermaßen konkrete Vernunftgegebenheit, insbesondere keinen anderen gleichermaßen realen Prozeß, so daß dieser jene Elementarprozesse als seine Teilprozesse in sich oder unter sich vereinigte; auch nicht so, daß ein dritter gleichermaßen konkreter und realer Grundprozeß selbständig und gleichrangig neben den beiden anderen sich entfaltete. Vielmehr gilt für diesen Dualismus, daß alle anderen Prozesse als untergeordnete Prozesse anzusehen sind, die entweder dem einen oder dem anderen der beiden Grundprozesse als spezielle Teilprozesse integriert sind und verglichen mit diesen eine geringere Konkretion und Realität besitzen.

18 Es ist dieser dualistische Aspekt, der in Kants Transzendentalphilosophie am wenigsten deutlich wird. Die singuläre Reflexion findet sich andeutungsweise im höchsten Punkt der Transzendentalphilosophie, der transzendentalen Apperzeption (*Kr. d. r. V.*, Transzendentale Deduktion der reinen Verstandesbegriffe § 25, B 157) sowie in der Reflexionstheorie der Kritik der teleologischen Urteilskraft (*Kr. d. U.*, dort vor allem §§ 64-67). Besonders scharf ist die Differenz von Singularität und Universalität in den Prozeßtheorien von Leibniz und Whitehead hervorgehoben. Die Monaden bzw. Prozesse sind als letztgültige Entitäten Singularia. Zugleich sind sie als Spiegel des Kosmos Universalia. Der Dualismus liegt aber eigentlich in der Unterscheidung zwischen endlichen Monaden und der einen absoluten Monade. Dagegen läßt Hegel in seiner Theorie der Individualität jene Differenz nur in der Erscheinung eines Erfahrungsbewußtseins gelten.

Zum Beispiel ist der Prozeß des Denkens nach diesen verschiedenen Gesichtspunkten transzendentalphilosophisch zu betrachten. Danach ist dieser Prozeß entweder der singuläre Grundprozeß der Reflexion oder der universale Prozeß der Methode; oder er ist, wenn nicht dieses oder jenes, ein spezieller Prozeß, der als ein solcher dem einen oder dem anderen der beiden Grundprozesse als untergeordneter Teilprozeß angehört. Als bestimmter seelischer Vorgang im Unterschied zu vergleichbaren Vorgängen betrachtet ist der Denkprozeß für den methodischen Dualismus der Transzendentalphilosophie kein Grundprozeß, sondern ein partikularer Prozeß, der irgendwie am Dualismus von Reflexion und Methode partizipiert.[19] Auch die Prozesse der ästhetischen Produktion und die Prozesse der Produktion von Kunstwerken sind einer analogen Betrachtung zu unterwerfen. Auch für sie gilt die Bestimmung der Partikularität und die der Teilhabe am Dualismus von Reflexion und Methode. Dieser Dualismus der komplementären Grundprozesse bezieht deren Grundbestimmungen der Singularität und Universalität mit ein.

Partikularität ist keine Vernunftgegebenheit, die in der Weise einer höchsten Konkretion gegebene Singularität und Universalität in sich oder unter sich vereinigte. Auch ist sie keine dritte selbständige Gegebenheit von gleicher Konkretion und Realität wie gegebene Singularität und Universalität. Im Vergleich zu diesen ist sie notwendig in der Weise relativer Abstraktheit gegeben. Es gibt insofern auch nicht den partikularen Prozeß als Grundprozeß, der die beiden Elementarprozesse in sich vereinigt oder der als dritter selbständiger Prozeß in gleicher Konkretion und Realität neben die beiden Elementarprozesse tritt. Besonderheit ist insofern entweder in Form bestimmter partikularer Prozesse gegeben, die in dem einen oder in dem anderen der beiden elementaren Grundprozesse als spezielle Teilprozesse integriert sind; oder sie realisiert sich in einer anderen kategorialen Form, nicht als Prozeß, sondern als eine nicht-prozessuale Gegebenheit in Form einer partikularen Beziehung oder Übereinstimmung, einer partikularen Theorie

---

19 Aus diesem Grunde ist der Psychologismus ein konstitutives Problem der Transzendentalphilosophie. R. Hönigswald hat dem in seiner *Denkpsychologie*, Leipzig 1925, konsequent Rechnung zu tragen versucht. Vgl. dort insbesondere den Aufsatz über »Begriff und Möglichkeit des Psychologismus«, S. 151 ff.

oder eines partikularen Satzes etc., die dem einen oder anderen der gegebenen Grundprozesse und deren jeweiligen Teilprozessen auf spezifische Weise inhäriert.[20] Die Grundbestimmungen der Singularität und Universalität, in denen sich die beiden komplementären Grundprozesse unterscheiden, beziehen sich in ihrer Geltung auf deren jeweilige spezifische Grundzüge, nämlich 1. auf das jeweilige primäre Datum, die gegebene Materie der Vernunft, 2. auf das abschließende und endgültige Resultat des jeweiligen Prozesses, die Wirklichkeit der Vernunft, und 3. schließlich auf den jeweiligen Prozeß selbst als den substantiellen Grund der eigenen Einheit, also auf den Prozeß der Selbstverwirklichung der Vernunft als solchen. Dementsprechend unterscheiden sich der singuläre Prozeß der transzendentalen Reflexion und der universale Prozeß der transzendentalen Methode in dieser dreifachen Hinsicht voneinander.

11. Handlungen als singuläre Reflexionsprozesse[21]

Die gegebene Materie des singulären Reflexionsprozesses stellt eine singuläre Gegebenheit der Vernunft dar. Sie besteht insofern aus einem singulären Datum. Hinsichtlich dieses Datums stellt sich der singuläre Reflexionsprozeß als ein komplexer Prozeß der Unterscheidung und Verbindung partikularer Gegebenheiten dar. An diesem komplexen Prozeß können verschiedene prozessuale Aspekte oder Phasen unterschieden werden.[22] Jede einzelne dieser

20 Whitehead spricht vom »ontologischen Prinzip«, dementsprechend einem einzigen kategorialen Typus von Entitäten, nämlich den singulären Elementarprozessen (actual entity), denen letztgültige Wirklichkeit zugesprochen werden kann; *Process and Reality*, a.a.O., S. 36. Demgegenüber kann Hegels spekulative Prozeßtheorie nur den universalen Prozeß der absoluten Erkenntnismethode als Wirklichkeit gelten lassen.

21 Die klassischen Prozeßtheorien u. a. von Aristoteles, Leibniz, Hegel, Bergson und Whitehead können unter den Prämissen dieser Anologie von Reflexionsprozessen und Handlungen als ebenso viele unterschiedliche Ansätze zu einer formalen Handlungstheorie angesehen werden.

22 Alle Prozeßtheorien unterscheiden zunächst drei bzw. aber elementare

Phasen hat als ein partikularer Prozeß jeweils sein eigenes primäres Datum, sein eigenes spezifisches Resultat, sowie einen eigenen quasi-substantiellen Grund seiner Einheit.

So unterscheidet der singuläre Reflexionsprozeß zunächst (α) hinsichtlich seiner gegebenen primären Materie etwas überhaupt, ferner eine Bestimmung; und er verbindet diese beiden partikularen Gegebenheiten zur Einheit eines partikularen theoretischen Elementes. Auf diese Weise gewinnt er ein erstes Resultat, nämlich das der bestimmten Gegebenheit eines theoretischen Elementes in spezifischem Kontrast zu der Gegebenheit des primären singulären Datums. Verglichen mit diesem primären Datum ist jenes Resultat ein sekundäres Datum, auf das sich nun (β) der singuläre Reflexionsprozeß als auf sein primäres Datum in einem Prozeß der Identifikation und Lokalisation bezieht. Identifiziert wird hier das gegebene theoretische Element von einem bestimmten Standpunkt aus. Es ist dies der bestimmte Standpunkt der Reflexion hinsichtlich der eigenen prozessualen Entfaltung. Durch diese Identifikation gewinnt jenes theoretische Element einen bestimmten Standort relativ zu dem bestimmten Standpunkt der singulären Reflexion. Auch hier handelt es sich um einen partikularen Prozeß der Unterscheidung und Verbindung, der sich von dem analogen Teilprozeß (α) der ersten Reflexionsphase mehr oder weniger deutlich abhebt. War dort eine primäre Materie der Vernunft in Gestalt eines singulären Datums vorgegeben, so ist hier das Datum der spezielle Kontrast zwischen dem gegebenen theoretischen Element und jenem singulären Datum.[23] Das in diesem Kontrast mitgegebene theoretische Element wird in der zweiten Phase der singulären Reflexion als dieses bestimmte Etwas von seiner spezischen Bestimmung unterschieden, und im Hinblick auf das Datum der ersten Phase wieder zur Einheit dieses partikularen Elementes verbunden, als eines solchen, das in spezifischem Kontrast zu jenem bestimmten Datum steht. Die Differenz zwischen den beiden partikularen Teilprozessen der singulären Reflexion ist

»Momente« oder »Phasen« der Entwicklung, sofern etwa im Prozeß sich notwendig (a) als etwas, (b) aus etwas, (c) zu etwas entwickelt, nämlich zu etwas, welches sich gegebenenfalls (d) zu etwas anderem weiterentwickelt. Vgl. Aristoteles, *Physik* E 224 b; Hegel, *Wissenschaft d. Logik* II. Teil, S. 497 (Lasson); Whitehead, *Process and Reality*, S. 323.

23 In Whiteheads Theorie der Elementarprozesse bilden Kontraste ein wichtiges Instrumentarium zur Analyse von Intensitäten; a.a.O., S. 33.

nicht nur eine Differenz ihrer jeweiligen primären Daten, sondern auch eine Differenz ihrer primären Blickrichtung. So ging der Blick in der ersten Phase der Reflexion primär auf die Materie, auf das singuläre Datum, um in dieser Hinsicht etwas überhaupt und eine Bestimmung überhaupt zu unterscheiden, und um diese beiden Gegebenheiten in jener Hinsicht zur Einheit eines bestimmten theoretischen Elementes zu verbinden. Dagegen ist der Blick der Reflexion in der zweiten Phase primär auf dieses theoretische Element in seinem spezifischen Kontrast zu jenem singulären Datum gerichtet. Es ist dieses Element, hinsichtlich dessen »es selbst« und »seine« Bestimmung unterschieden werden, um diese beiden Seiten an ihm zur Einheit »seiner selbst« zu verbinden. Erst in zweiter Linie geht hier der Blick auf jenes singuläre Datum des ersten Teilprozesses der Reflexion. Schließlich und vor allem unterscheiden sich die beiden Teilprozesse hinsichtlich ihres jeweiligen partikularen Resultates. Dieser Unterschied zwischen den beiden Teilergebnissen hat zwei Aspekte. Einmal unterscheiden sich diese partikularen Ergebnisse in der jeweiligen Komplexität des von ihnen verwirklichten Kontrastes. So ist der in der ersten Phase verwirkliche Kontrast relativ einfach, verglichen mit dem Kontrast der zweiten Phase, und dieser relativ komplex, sofern es sich bei ihm um den speziellen Kontrast zu einem Kontrast handelt. Diese Differenz der beiden Teilergebnisse hat aber noch eine andere Seite. Das Resultat des zweiten Teilprozesses besteht im Unterschied zu dem des ersten nicht einfach in der spezifischen Gegebenheit eines theoretischen Elementes, sondern in der spezifischen Gegebenheit einer Übereinstimmung dieses Elementes mit sich selbst, also nicht in der spezifischen Gegebenheit einer partikularen Theorie, sondern in der spezifischen Gegebenheit einer partikularen Wahrheit, nicht in der Gegebenheit eines spezifischen Kontrastes zwischen einer partikularen Theorie und einem singulären Datum, sondern in der Gegebenheit eines spezifischen Kontrastes zwischen einer partikularen Wahrheit und einem gegebenen Kontrast.

Daß Wahrheit sich nicht schon in der ersten, sondern allererst in einer späteren Phase des gegebenen Reflexionsprozesses realisieren kann, entspricht der bekannten Feststellung, daß es keine schlechthin unmittelbare Wahrheit geben kann, daß gegebene Wahrheit vielmehr immer und notwendig unter bestimmten Bedingungen steht. Zugleich zeigt sich hier, daß die Gegebenheit einer Wahrheit nicht gleichbedeutend ist mit der Gegebenheit eines Kontrastes, daß wohl aber jene als eine Selbstübereinstimmung an eine gewisse Komplexität des gegebenen Kontrastes gebunden ist, also die Überschreitung eines gewissen Minimums an Distinktheit erfordert.[24] Vor allem aber steht diese in der zweiten Phase der Reflexion gewonnene partikulare Wahrheit unter der notwendigen Bedingung des von dieser partikularen Reflexion eingenommenen Standpunktes. Sie ist insofern nicht nur eine partikulare Wahrheit hinsichtlich eines bestimmten Datums, sondern Wahrheit einer partikularen Theorie, die sich als perspektivische Gegebenheit eines bestimmten Datums darstellt. Dies ist die dritte Gegebenheit des singulären Reflexionsprozesses, die in seinem dritten partikularen Teilprozeß (γ) ein primäres Datum, bzw. Bestandteil eines solchen Datums wird. Hier wird nicht einfach das in Selbstübereinstimmung mit sich gegebene theoretische Element nach seinen beiden Seiten betrachtet, vielmehr gilt der Blick hier vor allem den Bedingungen seiner Wahrheit und deren Zusammenhang. Auch hier handelt es sich um einen analogen Prozeß der Unterscheidung und Verbindung, der sich von den beiden vorangehenden partikularen Teilprozessen (α) und (β) hinsichtlich seines Datums, hinsichtlich seiner primären und sekundären Blickrichtung sowie hinsichtlich seines spezifischen Teilresultates unterscheidet. Das primäre Datum dieses Teilprozesses ist das Ergebnis des unmittelbar vorangehenden zweiten Teilprozesses; und zwar ist dieses Datum im Kontrast zu den jeweiligen primären Daten der vorangehenden Reflexionsphasen gegeben, nämlich als partikulare perspektivische Wahrheit im spezifischen Kontrast zu einem Kontrast von Kontrasten. Dieses Datum weist, verglichen mit den verschiedenen primären Daten der vorangehenden Phasen, wiederum eine erhöhte Komplexität seines realisierten Kontrastes auf. Die primäre Blickrichtung trifft diesmal nicht das singuläre Datum wie in der ersten Phase der singulären Reflexion, auch nicht, wie in der zweiten Phase das theoretische Element, das in allen Phasen der Reflexion eine maßgebliche Rolle spielt (keine

---

24 Zum Begriff des logischen Minimums vgl. H. Rickert, *Das Eine, die Einheit und die Eins,* Tübingen 1924; W. Flach, *Negation und Andersheit. Ein Beitrag zur Problematik der Letztimplikation,* München/Basel 1959.

Reflexion ohne ein theoretisches Minimum, d. h. ohne mindestens ein theoretisches Element, das in einem minimalen Kontrast gegeben ist). Der Blick richtet sich vielmehr primär auf den jeweils eigenen Standpunkt der Reflexion in ihren verschiedenen partikulären Phasen und erst in zweiter Linie auf jene Gegebenheiten, denen der erste Blick der vorangehenden Phasen galt. So unterscheidet die Reflexion hier in ihrer dritten Phase ihren in der zweiten Phase eingenommenen Standpunkt von dem Standpunkt ihrer anfänglichen Phase, und zwar in der Weise der bestimmten Unterscheidung von zwei unterschiedlichen Örtern, die in der Einheit einer spezifischen Lagebeziehung zusammengesehen werden. Diese Unterscheidung von zwei Örtern objektiviert in gewisser Weise den Unterschied der subjektiven Perspektiven, in denen sich die Gegebenheiten der beiden vorangehenden Phasen dargestellt haben; und dementsprechend handelt es sich bei der einheitlichen Lagebeziehung der beiden gegebenen Örter der Reflexion um die Vergegenständlichung des einheitlichen perspektivischen Kontrastes, in dem sich der Zusammenhang der verschiedenen Gegebenheitsweisen der Daten in den jeweiligen Phasen der Reflexion darstellt.[25] Aber die Unterscheidung der beiden verschiedenen Örter in ihrer Lage zueinander steht ihrerseits unter einer bestimmten Bedingung, nämlich unter der des bestimmten Standpunktes, den die Reflexion in dieser dritten Phase ihres singulären Prozesses einnimmt. Daher stellen sich die beiden gegebenen Örter der Reflexion in ihrer bestimmten Lage zueinander in einer spezifischen Perspektive dar. Demnach ist hier in erster Linie der spezifische Kontrast zwischen einem objektivierten perspektivischen Kontrast und einer subjektiven Perspektive gegeben. Insofern geht es hier nicht nur um die Komplexität von Kontrasten, sondern insbesondere um die Komplexität der Perspektivität. Was vorher für das Verhältnis von Wahrheit und Kontrast in abstracto geltend gemacht worden war, gilt auch hinsichtlich ihrer perspektivischen Gegebenheit: Perspektivische Wahrheit ist nicht gleichbedeutend mit perspektivischem Kontrast; aber sie setzt einen solchen Kontrast angesichts der Gegebenheit unter-

25 Einen speziellen Beitrag zu einer Theorie der Loci der singulären Reflexion im Geltungsbereich des Ästhetischen gibt G. Boehm in seinem Aufsatz: »Die Dialektik der ästhetischen Grenze«, in: *Neue Hefte für Philosophie* 5, 1973, S. 118 ff.

schiedlicher Standpunkte partikularer Reflexionen in einem einheitlichen singulären Prozeß voraus.

Hier zeigt sich aber auch umgekehrt dies: Da der dritte partikulare Teilprozeß als solcher und in seinem Ergebnis die anderen partikularen Teilprozesse mit ihren spezifischen Resultaten voraussetzt, so ist demzufolge insbesondere die Selbstübereinstimmung des in der Reflexion gegebenen theoretischen Elementes und insofern Wahrheit vorausgesetzt, wenn zwischen den beiden bestimmten Örtern in ihrer spezifischen Lage zueinander unterschieden wird. Angesichts dieses dritten Teilprozesses wird deutlich, daß Wahrheit nicht unbedingt von jedem Standpunkt aus das oberste Ziel der Reflexion ist.[26] Gegenüber der erreichten Wahrheit in der zweiten Phase ist das nächstliegende Ziel des dritten partikularen Reflexionsprozesses nicht eine neue Wahrheit, sondern die Bestimmtheit der einmal zuvor erreichten Wahrheit durch Bestimmung ihrer spezifischen Bedingtheit. Zwangsläufig stellt sich der oben exponierte Dualismus von Bestimmtheit und Wahrheit von jedem partikularen Standpunkt der Reflexion aus anders dar. Die singuläre Reflexionist ist als solche doppelbödig und doppelgesichtig.[27] Sie ist einerseits rückwärts gerichtet auf eine bestimmte Verwirklichung der Vernunft. An diesem einfachen Richtungsunterschied orientiert sich ihre Entwicklung aus einem singulären Datum in ein singuläres Resultat. Jeder partikulare Teilprozeß mit seinem partikularen Datum und seinem partikularen Ergebnis entspricht auf spezifische Weise dieser allgemeinen Doppelwendung und Doppelorientierung, und zwar durch eine jeweils bestimmte Blickrichtung, durch Betonung dieser Richtung gegenüber der anderen und durch einen mehr oder weniger betonten Wechsel der einmal eingeschlagenen Blickrichtung. So gilt der betonte erste Blick in der dritten Phase der Reflexion den

26 Es ist das Prinzip der Relevanz, welches die auseinanderstrebenden Prinzipien der Wahrheit und Bestimmtheit verbindet. Vgl. vor allem die Arbeit von A. Schütz, *Das Problem der Relevanz*, Frankfurt a. M. 1971. Unter ganz anderen theoretischen Voraussetzungen steht Whiteheads universale Theorie der Relevanz in *Process and Reality*.

27 Hegel kennzeichnet diese ursprüngliche Doppelbödigkeit zunächst als Schein, um sie dann weiter mittels der Differenz von Schein und Erscheinung zu entwickeln. Diese Begriffsentwicklung in der sogen. Wesenslogik kann als eine allgemeine Theorie der Diskursivität überhaupt gelesen werden.

jeweils zuvor eingenommenen Standpunkten und erst der zweite Blick den verschiedenen Gesichtspunkten der vorangehenden Phasen. Werden jene in der Einheit eines Kontrastes von Örtern vereinigt, so diese in der Einheit eines Kontrastes von primären und sekundären Gesichtspunkten. Das Ergebnis des dritten partikularen Teilprozesses der Reflexion läßt sich demnach beschreiben als perspektivische Gegebenheit der bestimmten Lage von zwei verschiedenen Örtern im Kontrast zu einem Kontrast von primären und sekundären Gesichtspunkten; oder auch als perspektivische Gegebenheit eines Kontrastes von objektivierten Standpunkten im spezifischen Kontrast zu einem Kontrast objektivierter Gesichtpunkte. Insofern sind in dieser dritten Phase der Reflexion die beiden verschiedenen in einer einheitlichen Lagebeziehung gegebenen Örter hinsichtlich verschiedener partikularer Gesichtspunkte und ihrer Daten unterschieden. Perspektivische Gegebenheiten sind nicht nur hinsichtlich der Differenz von Subjektivität und Objektivität zu unterscheiden, sondern auch hinsichtlich der Differenz von Standpunkt und Gesichtspunkt.

Von einer *objektiven* Perspektive sprechen wir dann, wenn eine subjektive Gegebenheit in bestimmter Weise objektiviert ist, von *realer* Perspektive dann, wenn ein subjektiver Standpunkt objektiviert ist, und schließlich von einer *ideellen* Perspektive, wenn es sich um die bestimmte Objektivierung eines subjektiven Gesichtspunktes handelt. Das angegebene kontrastreiche Resultat des dritten partikularen Reflexionsprozesses wird wiederum zum primären Datum eines vierten partikularen Teilprozesses (δ) der singulären Reflexion, und zwar wiederum in einem spezifischen Kontrast zu den gegebenen Kontrasten der primären Daten der vorangehenden Reflexionsphasen. Auch dieser Teilprozeß ist analog zu den vorangehenden ein Prozeß der Unterscheidung und Verbindung im Hinblick auf ein spezifisches Datum, auf einen spezifischen komplexen Gesichtspunkt und im Hinblick auf das spezifische Resultat eines bestimmten Standpunktes. Sein spezifisches Datum unterscheidet sich von den vorangehenden partikularen Daten analog wie diese von ihren Vorgängern durch die erhöhte Komplexität des in ihnen realisierten Kontrastes und vor allem durch die spezifische Perspektive des Standpunktes, den die Reflexion in dieser Phase einnimmt. Insofern ist hier der spezifische Kontrast der vorangehenden Phase zwischen einem

Kontrast von Standpunkten und einem Kontrast von Gesichtspunkten in einer modifizierten Perspektive gegeben. Dieser Modifikation entspricht eine veränderte ideelle und reale Perspektive. So unterscheidet sich dieser vierte Teilprozeß von dem unmittelbar vorangehenden dritten durch die stärkere Betonung der sekundären gegenüber der primären Hinsicht, oder wenn man so will, durch einen Wechsel der primären Blickrichtung. Dieser primäre Blick richtet sich nicht so sehr wie zuvor auf den eigenen Standpunkt als vielmehr auf den eigenen Gesichtspunkt. Insofern handelt es sich hier um die stärkere Betonung der ideellen gegenüber der realen Perspektive bzw. um einen Wechsel von dieser zu jener perspektivischen Gegebenheit. Die Reflexion unterscheidet hier nicht primär einen ersten und einen zweiten Standpunkt hinsichtlich gewisser partikularer Daten, Gesichtspunkte und Ergebnisse. Vielmehr ist ihr Blick hier primär auf die gegebenen Gesichtspunkte der früheren Standpunkte gerichtet, um diese hinsichtlich ihres Gewichtes, ihrer spezifischen Betonung als primäre und sekundäre Gesichtspunkte zu unterscheiden. Es ist diese Differenz in der Gewichtung, die Differenz einer Bewertung und das dadurch gegebene »hierarchische Minimum« verschieden bewerteter Aspekte, durch die sich im allgemeinen ideelle von realen Perspektiven unterscheiden. Die singuläre Reflexion kann die gegebene Folge ihrer partikularen Standpunkte als solche nicht direkt verändern. Könnte sie dies, so wäre sie nicht diese singuläre Reflexion. Ihr spezifischer Blick auf den jeweils eigenen Standpunkt ist notwendig an die Bedingung der bestimmten Abfolge dieser partikularen Standpunkte gebunden. Nicht vollständig gebunden ist die Reflexion dagegen durch die vorangehenden Gesichtspunkte. Der singuläre Prozeß der Reflexion, betrachtet als ein Prozeß der Aneignung jeweils vorausgehender Standpunkte in den folgenden Phasen seiner Entwicklung, reduziert sich auf ein äußeres Ereignis dann, wenn von den spezifischen Gesichtspunkten jener Standpunkte abstrahiert wird. Das äußere Ereignis, auf das sich der Reflexionsprozeß in einer solchen Abstraktion reduziert, ist dann auch nur auf äußerliche Weise in verschiedene Phasen unterteilt, und jede Aneignung eines Standpunktes ist dann gleichbedeutend mit der bestimmten Lage einer späteren Phase relativ zu einer früheren. Was aber den singulären Prozeß der Reflexion von einem einzelnen äußeren Ereignis unterscheidet, ist der interne Charakter der Reflexion, in erster Linie bestehend in einer spezifischen Aneignung der Gesichtspunkte der vorgegebenen Standpunkte.[28]

Von einer Aneignung von Standpunkten kann mit Sinn überhaupt nur im Hinblick auf deren Gesichtspunkte gesprochen werden. Das Gleiche gilt analog für die Redeweise der »Vertretung eines Standpunktes«. Die Vertretung eines einmal eingenommenen Standpunktes verlangt die Vertretung der auf diesem Standpunkt dargestellten Gesichtspunkte und schließt eine spezifische Stellungnahme zu diesen ein, und zwar so, daß diese in der Vertretung des Standpunktes irgendwie zum Ausdruck kommt. Dementsprechend sind im Hinblick auf den vierten partikularen Teilprozeß (δ) der singulären Reflexion zwei untergeordnete Teilprozesse (δ 1) und (δ 2) zu unterscheiden, deren Differenz sich auf die jeweils spezifische Aneignung der Gesichtspunkte der vorangehenden Phasen bezieht und von denen der eine (δ 1) dem anderen (δ 2) als dessen Bedingung vorangeht. Dieser erste (δ 1) der beiden untergeordneten Teilprozesse der Reflexion in der vierten Phase (δ) ihres Prozesses ist dadurch gekennzeichnet, daß er primär den Betonungen bzw. Bewertungen der Gesichtspunkte auf den Standpunkten der vorangehenden Phasen folgt. So unterscheidet die Reflexion hier primär die primären Gesichtspunkte der vorangehenden Phasen und erst sekundär deren sekundäre Aspekte; und entsprechend betont sie die Verknüpfung jener primären Gesichtspunkte stärker als die Verbindung der sekundären Aspekte. So sind hier Unterschied und Einheit des primären Datums in der ersten Phase und des theoretischen Elementes in der zweiten Phase stärker betont als Unterschied und Einheit der partikularen Gegebenheit jenes Datums in der zweiten Phase und jenes theoretischen Elementes in der ersten Phase. Das Ergebnis des ersten Teilprozesses der vierten Reflexionsphase kann demnach beschrieben werden als perspektivische Gegebenheit des spezifischen Kontrastes zwischen den primären und sekundären Gesichtspunkten der gegebenen Standpunkte im Kontrast zu diesen Standpunkten bzw. als perspektivische Gegebenheit von zwei unterschiedlich gewichteten partikularen Daten, die sich im Hinblick auf die zwei in einer bestimmten Lage zueinander gegebenen Örter unterscheiden. Dieses Ergebnis setzt ebenso wie die anderen Ergebnisse der vorangehenden Teilprozesse der Reflexion die grundsätz-

---

28 Fichte spricht von »Tätigkeit, der ein Auge eingesetzt ist«. Zu dieser plastischen Formulierung vgl. D. Henrich, a.a.O., S. 206.

liche Nicht-Identität von Standpunkt und Gesichtspunkt voraus. Wenn nun in dieser anfänglichen vierten Phase (δ 1) der Reflexion die ideelle Perspektive stärker als in der unmittelbar vorangehenden Phase betont wird, wenn hier geradezu von einem Wechsel der Perspektive von der realen zur ideellen Perspektive gesprochen werden kann, so ist ein solcher Wechsel der Perspektive von einem bloßen Wechsel des Blickes zu unterscheiden. Eher möchte man bei jenem von einer Veränderung, von einem Wechsel des Blickwechsels sprechen. Der Blick geht hier nicht mehr wie in der dritten Phase von den beiden gegebenen Örtern zu den beiden gegebenen partikularen Daten, sondern von diesen zu jenen. Dieser Wechsel des Blickwinkels ist aber weder nur einfacher noch nur ein zweifacher Wechsel der Blickrichtung wie in den Fällen, in denen der Blick von einem bestimmten Ort zum anderen und wieder zurück oder von einem partikularen Datum zum anderen und von diesem wieder zu jenem zurück geht. In der ideellen Perspektive ist der Blick, anders als in der realen Perspektive, überhaupt nicht primär auf diese und sekundär auf jene Gegebenheit gerichtet. Vielmehr achtet der Blick hier vor allem auf die spezifischen Betonungen der gegebenen Blickrichtungen.

In den früheren Phasen folgte die Reflexion in der Verfolgung ihrer Gesichtspunkte unmittelbar der Folge der Standpunkte. So mußte notwendig aufgrund des Primates des ersten Standpunktes gegenüber dem zweiten ein sekundärer Gesichtspunkt auf dem ersten Standpunkt Vorrang haben gegenüber einem primären Gesichtspunkt auf dem zweiten Standpunkt. In der anfänglichen vierten Phase löst sich die Reflexion aus dieser festen Bindung der Folge der Gesichtspunkte an die Folge der gegebenen Standpunkte, indem sie nunmehr primär den Betonungen der Gesichtspunkte auf den einmal eingenommenen Standpunkt folgt. Die Aneignung dieser Betonungen und Gewichtungen ist insofern in gewisser Hinsicht eine Abweichung vom Gegebenen. Sie enthält eine eigene Stellungnahme, indem sie eine gegebene Betonung bekräftigt, eine vorliegende Bewertung bejaht. Diese Tendenz in der Entwicklung des vierten Teilprozesses (δ) der Reflexion verstärkt sich in seinem zweiten untergeordneten Teilprozeß (δ 2). Hier ist die relative Unabhängigkeit von den Bindungen durch die vorgegebenen Standpunkte erhöht, die relative Selbständigkeit in der Stellungnahme zu den Daten ausdrücklich betont. Die Reflexion löst sich hier nicht nur aus der festen Bindung an die durch die vorhandenen

Standpunkte übermittelte Folge der Gesichtspunkte. Sie distanziert sich darüber hinaus von der spezifischen Betonung dieser Gesichtspunkte auf den jeweils verschiedenen Standpunkten. In dieser fortgeschrittenen vierten Phase (δ 2) ihrer Entwicklung betont und gewichtet die singuläre Reflexion die vorliegenden Gesichtspunkte neu.[29] Insofern ist diese Phase gewissermaßen eine Phase der »Umwertung aller Werte«. Allerdings ist diese primäre Umwertung minimal. Denn die vorhandene Wertordnung, auf die sie sich erstreckt, stellt ihrerseits ein hierarchisches Minimum in Gestalt eines bestimmten Kontrastes von primären und sekundären Gesichtspunkten auf unterschiedlichen Standpunkten dar. Entgegen der ursprünglich durch die Folge dieser Standpunkte mitgegebenen Folge von Gesichtspunkten, aber auch entgegen der ursprünglichen Bewertung dieser Gesichtspunkte auf den vorhandenen Standpunkten werden hier nun durch die Umwertung die primären Gesichtspunkte als sekundär und die sekundären Gesichtspunkte als primär angesehen. Eine Umwertung setzt notwendig eine gegebene primäre Wertung voraus. Insofern bildet die anfängliche Phase (δ 1) der Reflexion eine notwendige Voraussetzung ihrer Fortentwicklung zu einem solchen partikularen Teilprozeß der minimalen Umwertung. Die beiden Ergebnisse dieser untergeordneten Teilprozesse der Reflexion in ihrer vierten Phase verbinden sich ihrerseits zu einem primären Datum, das in spezifischem Kontrast zu den primären Daten der vorangehenden Teilprozesse das spezifische Datum eines weiteren partikularen Reflexionsprozesses bildet. Dieses neue primäre Datum unterscheidet sich von den primären Daten der vorangehenden Phasen analog wie diese Daten von ihren Vorgängern hinsichtlich der in ihnen realisierten Kontraste. Diese Kontraste haben ebenso wie ihre Differenzen ihre quantitative und qualitative Seite. Einmal unterschei-

---

29 Vor allem in den Prozeßtheorien der Moderne, bei Nietzsche, Bergson und Whitehead spielt die grundsätzliche Affinität von Perspektivität und Kreativität eine fundamentale Rolle. Unter gewissen systematischen Voraussetzungen können entsprechende allgemeine und spezielle Konzepte unterschieden werden. So ist in gewisser Hinsicht jeder singuläre Reflexionsprozeß als causa sui »kreativ«. Vor allem aber ist von Kreativität im Hinblick auf eigene Stellungnahmen und Bewertungen und hier insbesondere hinsichtlich von Umwertungen gegebener Werte zu sprechen. Vgl. Whiteheads Unterscheidung zwischen den Kategorien der »conceptual valuation« und der »conceptual reversion«, a.a.O., S. 40.

den sich die Kontraste der jeweiligen Daten in quantitativer Hinsicht durch ihre spezifische Komplexität, dann aber auch in qualitativer Hinsicht. So kontrastierten in den früheren Phasen primär teils verschiedene Gesichtspunkte, teils verschiedene Betonungen derselben, teils kontrastierten die Kontraste von Gesichtspunkten mit den Kontrasten ihrer verschiedenen Betonungen, d. h. mit dem Kontrast ihrer primären und sekundären Bewertung. Hier schließlich im Ergebnis des vierten partikularen Reflexionsprozesses kontrastieren darüber hinaus primär zwei gegebene Kontraste der Bewertung, zwei Kontraste der gegebenen primären und sekundären Gesichtspunkte derart, daß die Akzente derselben Gesichtspunkte in den beiden Kontrasten unterschiedlich gesetzt sind.[30]

III. Teleologische Zusammenhänge[31]

1. Anpassung und Vollkommenheit

Der singuläre Reflexionsprozeß ist nicht unmittelbar als solcher ein Kausalprozeß oder ein teleologischer Prozeß. Aber es wäre verfehlt, ihm jede Affinität zu Kausalität und Teleologie abzuspre-

30 Diese Prozeßanalyse ist in einem doppelten Sinne unvollständig. Einmal beschränkt sie sich auf elementare Gegebenheiten solcher Prozesse; zum anderen abstrahiert sie von der spezifischen Gegebenheit der Mannigfaltigkeit von Reflexionsprozessen, die einem sich entwickelnden Reflexionsprozeß als sein Datum gegeben ist. Unter der Bedingung dieser Abstraktion erscheint das Resultat der Reflexion einseitig in der Form zunehmender Komplexität von Kontrasten. Die Analyse wäre demnach zu ergänzen durch eine Beschreibung der Funktionen, welche die Systemtheoretiker unter dem Stichwort »Reduktion von Komplexität« thematisieren. Vgl. hierzu die beiden Aufsätze von N. Luhmann: »Moderne Systemtheorien als Form gesamtgesellschaftlicher Analyse«, und »Sinn als Grundbegriff der Soziologie«, in: J. Habermas, N. Luhmann, *Theorie der Gesellschaft oder Sozialtechnologie,* Frankfurt a. M. 1971. Allerdings fehlt es diesem Ansatz an einem Instrumentarium, um Grade der Komplexität bestimmen zu können. Auch bleibt die Analogie zu biologischen Systemen, auf der die gesellschaftstheoretische Verwertung des Systembegriffes beruht, dunkel. Whitehead hat in dem Kap. »Organisms and Environment« in *Process and Reality* schon 1929 einen Entwurf zu einer Theorie biologischer Systeme vorgelegt.

31 Zu Recht weist N. Luhmann darauf hin, daß das Mittel-Zweck-Schema unzureichend ist, den komplexen teleologischen Zusammen-

chen und ihn in dieser Hinsicht als indifferent anzusehen. Kausalität und Teleologie haben ihre spezifische Geltung im Bereich der Erscheinung des Verhältnisses zwischen dem Gesamtprozeß und dessen realen und ideellen Teilprozessen.[32] In dieser Hinsicht erscheint der singuläre Reflexionsprozeß als ein Prozeß der Selbstverursachung bzw. der Selbstbegründung. So bietet er (1) die einheitliche Gesamterscheinung eines solchen Prozesses hinsichtlich der Gesamtheit aller seiner realen und ideellen Teilprozesse, die Erscheinung eines Prozesses, der in sich selbst ist und aus sich selbst heraus verstanden werden kann.[33] Als eine solche Ursache, als Grund seiner selbst inhäriert der singuläre Reflexionsprozeß der Gesamtheit aller seiner realen und ideellen Teilprozesse auf spezifische Weise und stellt eine spezifische Synthesis dieser Gesamtheit dar. Spezifische Inhärenz und spezifische Synthesis hinsichtlich der Gesamtheit aller partiellen eigenen Erscheinungen bilden unter diesem Gesichtspunkt die beiden Grundzüge der eigenen Ursächlichkeit der singulären Reflexion. Wird von diesen Grundzügen abstrahiert, so reduziert sich jene Gesamtheit auf eine bloße Mannigfaltigkeit des Gegebenen. Über eine solche Erscheinung der eigenen Ursächlichkeit hinaus aber erscheint (2) der singuläre Reflexionsprozeß in jedem einzelnen seiner realen und

hang einer Handlung zu interpretieren (vgl. *Zweckbegriff und Systemrationalität*, Frankfurt a. M. 1973).

32 Die klassischen philosophischen Erkenntnistheorien interpretieren die grundlegenden Erkenntnisfunktionen der Abstraktion, Perzeption, Imagination teils als reale, teils als ideelle Teilprozesse der Reflexion und lassen sich dementsprechend in realistische und idealistische Theorien einteilen. Doch läßt sich diese Einteilung in keinem Fall ganz streng durchhalten, insbesondere nicht im Hinblick auf die Funktion der Abstraktion. Jedenfalls setzt eine solche Klassifikation voraus, daß sich eine Differenz zwischen realen und ideellen Teilprozessen hinsichtlich des fraglichen Reflexionsprozesses konstituiert hat. Die genannten Erkenntnisfunktionen sind daher primär daraufhin zu untersuchen, ob und in welcher Weise sie zur Konstitution dieser Differenz beitragen und inwiefern sie aufgrund von deren Konstitution so oder so zu interpretieren sind. Bergsons großes erkenntnistheoretisches Werk *Matière et Memoire* kann unter diesem Gesichtspunkt gelesen werden.

33 Vgl. die beiden berühmten Definitionen der causa sui und der Substanz, die Spinoza an den Anfang seiner Ethik stellt, die in den klassischen Handlungstheorien des philosophischen Rationalismus eine maßgebliche Rolle spielen.

ideellen Teilprozesse auf je spezifische Weise. Unter diesem Gesichtspunkt sind die realen und ideellen Teilprozesse spezifische Darstellungen oder Manifestationen des einheitlichen Gesamtprozesses der Reflexion. Als solche sind sie partikulare Prozesse der Begründung und Verursachung, die sich auf den singulären Reflexionsprozeß als eine einheitliche Gesamterscheinung beziehen müssen. Diese Mannigfaltigkeit der spezifischen eigenen Darstellungen und Manifestationen in den eigenen realen und ideellen Teilprozessen muß sich in der Einheit einer einheitlichen Gesamterscheinung verbinden lassen. Auch unter diesem zweiten Gesichtspunkt bietet der singuläre Reflexionsprozeß die einheitliche Gesamterscheinung eines Prozesses der Selbstbegründung und Selbstverursachung. Allerdings unterscheidet sich diese Erscheinung der singulären Reflexion von jener zuvor genannten einheitlichen Gesamterscheinung der spezifischen Inhärenz in der gegebenen Gesamtheit partikularer Erscheinungen und der spezifischen Synthesis dieser Gesamtheit. Denn die einheitliche Gesamterscheinung bezieht sich hier nicht wie dort auf die Gesamtheit der realen und ideellen eigenen Bestandteile, sondern auf diese einzelnen prozessualen Bestandteile selbst als spezifische Selbstdarstellungen und Manifestationen der singulären Reflexion. Diese modifizierte Erscheinung des Reflexionsprozesses der Selbstbegründung und Selbstverursachung (causa sui) ist die des teleologischen Prozesses.[34] Dieser Prozeß verknüpft nicht nur eine gegebene Gesamtheit durch seine Inhärenz und Synthesis, sondern er verbindet hier eine gegebene Mannigfaltigkeit von Begründungs- und Kausalprozessen, die, von der einheitlichen Gesamterscheinung des teleologischen Prozesses abstrahiert, in eine Menge von Einzelbestandteilen der gegebenen Kausal- und Begründungsprozesse zerfallen: in Formen, Inhalte, Gründe, Folgen, Ursachen, Wirkungen. Für sich betrachtet ist der teleologische Prozeß, wie sein Ausdruck besagt, ein Prozeß der Entwicklung eines bestimmten Zieles und Zweckes, und zwar eines bestimmten einheitlichen Gesamtzieles und Zweckes für die partikularen Begründungs- und Kausalprozesse der singulären Reflexion. So ist im teleologischen

34 Den systematischen Zusammenhang von Reflexion und Teleologie im speziellen Hinblick auf Kants Transzendentalphilosophie untersucht W. Bartuschat in seinem Buch: *Zum systematischen Ort von Kants Kritik der Urteilskraft*, Frankfurt a. M. 1972.

Prozeß zunächst ein anfängliches Ziel gegeben, mit einer Tendenz zu seiner eigenen Realisierung. Dieses Ziel aber steht damit unter den Bedingungen dieser bestimmten Realisierung und ist dadurch gezwungen, sich deren Verlauf und Entwicklung anzupassen und sich dementsprechend zu verändern. Erst am Ende dieser Entwicklung wird es die Funktion eines bestimmten endgültigen Gesamtzieles gewonnen haben, welches in dem singulären Reflexionsprozeß die Geltung der Verwirklichung hat.[35] Diese Bewegung oder Entwicklung des anfänglich gegebenen Zieles gehört insofern zur Gesamterscheinung des singulären Reflexionsprozesses notwendig hinzu.

Eine Handlung ist in gewisser Hinsicht als singulärer Reflexionsprozeß anzusehen. Es ist insofern ein falsches Vorurteil anzunehmen, es gehörten zum Wesen einer Handlung allgemein und notwendig die Unveränderlichkeit von Absicht und Zweck. In Wirklichkeit aber ist eine reale Handlung in eine sich verändernde Welt eingebettet. Sie trifft auf eine in Veränderung begriffene Welt, und sie fügt den äußeren Veränderungen derselben einen eigenen Beitrag hinzu, im Hinblick auf den diese Welt ihr als ihre eigene Welt gilt. Dabei kann sie aber den vorgefundenen und den von ihr selbst bewirkten äußeren Veränderungen gegenüber in ihrer eigenen Entwicklung nicht gänzlich unberührt bleiben. Sie muß den bemerkten äußeren Veränderungen in ihrer eigenen internen Entwicklung auf die eine oder andere Weise Rechnung tragen. Soll eine reale Handlung in der äußeren Wirklichkeit selbst wirksam werden können, so muß sie sich den Veränderungen dieser Wirklichkeit so oder so anpassen. Nur unter der Bedingung einer solchen eigenen Anpassung kann die Handlung die natürlichen, immer im Gang befindlichen Veränderungen der Wirklichkeit so überholen, daß sie mit Recht als die Ursache der beobachteten Veränderungen gelten kann. Eine Handlung ist mehr als ein bloßer Anpassungsprozeß und von einem solchen zu unterscheiden, aber sie muß Anpassung als eine spezielle Tätigkeit in sich enthalten.

So gibt es Handlungen, deren anfängliches Ziel sich im Einklang mit den bemerkten äußeren Veränderungen modifiziert, während

---

35 Kant, *Kr. d. U.*, § 66, und Hegel, *Wissensch. d. Logik*, II Teil., 3. Buch, 2. Abschn., 3. Kap., konstatieren demgemäß eine instantane Vertauschbarkeit aller konstitutiven Elemente eines teleologischen Zusammenhangs gemäß der Kohärenz derselben.

sich zugleich eine bestimmte allgemeine Absicht unverändert und im Kontrast zu jenen Veränderungen erhält. Andererseits lassen sich häufig Handlungen finden, in deren Verlauf ein einmal ergriffenes Ziel unverändert festgehalten wird, während es zugleich, sei es unwillkürlich oder willkürlich, zu einer Veränderung der allgemeinen Handlungsmotive kommt. Der Zusammenhang zwischen Veränderungen und Konstanz von Absicht und Ziel innerhalb des Handlungsganzen ist in beiden Fällen teleologischer Art. Dementsprechend läßt sich in dem einen Fall sagen, daß das anfängliche Ziel wegen der beobachteten äußeren Veränderungen und mit Rücksicht auf die gegebene allgemeine Absicht notwendig modifiziert werden muß, um jener Absicht nicht nur überhaupt, sondern im Einklang mit den beobachteten Veränderungen genügen zu können. Im anderen Fall ist geltend zu machen, daß die Veränderung der äußeren Wirklichkeit sich notwendig in der Veränderung der Handlungsabsicht bemerkbar machen muß, weil sie sich überhaupt irgendwo im Innern der Handlung bemerkbar machen muß und weil sie sich aus diesen oder jenen Gründen nicht in einer Veränderung des einmal ergriffenen Zieles auswirken kann. Ein analoger teleologischer Zusammenhang besteht auch dort, wo eine Handlung der Bedingung ihrer Anpassung an die sich verändernde Wirklichkeit in doppelter Weise Rechnung trägt, nämlich sowohl durch Veränderung der Absicht wie auch durch Veränderung des Zieles. Eine solche Handlung kann für sich geltend machen, daß die Veränderung einer Seite der Handlung für sich allein und ohne Veränderung der anderen komplementären Seiten nicht hinreicht, um mit einer sich unaufhörlich verändernden Welt in ständiger Berührung zu bleiben und so in ihr wirksam werden zu können; daß vielmehr Veränderung des einen Handlungsmomentes sich mit einer Veränderung der anderen Momente verbinden muß, und zwar im Einklang mit einer analog sich verändernden Welt: einmal, um einen internen Konflikt der Handlung mit sich selbst zwischen Anpassung und Nicht-Konformität zu vermeiden, und zum anderen, um den Austausch mit der äußeren Wirklichkeit möglichst wirkungsvoll zu gestalten. Ganz anders liegen die Dinge in dem anderen Extremfall einer Handlung, in deren Verlauf nicht nur an einer anfänglichen allgemeinen Absicht, sondern auch an einem anfänglichen speziellen Ziel unverändert festgehalten wird, im Kontrast zu einer sich mehr oder weniger stark verändernden Welt. Zugunsten einer solchen »rigorosen« Handlung können die gleichen Argumente angeführt werden wie für jene Handlungen, deren Momente sich nicht alle insgesamt verändern; daß nämlich in der gegebenen Welt einer Handlung sich nicht schlechthin alles verändern kann; daß es in ihr stabile Elemente der Ordnung geben muß, in Gestalt von Regeln und Gesetzmäßigkeiten der Veränderung überhaupt, sowie Regeln des Zusammenhanges zwischen verschieden geregelten Veränderungen.[36] Außerdem läßt sich sagen, daß es überhaupt nicht Sache einer Handlung ist, sich durch vollständige Anpassung in der Wirklichkeit der eigenen Welt zu verlieren oder diese Welt in schlechthin unspezifischer Weise zu verdoppeln. Eine Handlung ist vielmehr dazu bestimmt, in ihrer Welt etwas zu verändern, was sich in dieser nicht von sich aus verändert, sich nicht von selbst hat verändern können. Andererseits ist eine solche rigorose Handlung, die sich der Bedingung einer notwendigen Anpassung mehr oder weniger verweigert, dem Risiko des Scheiterns in einem hohen Maße ausgesetzt. Denn entweder gewinnt sie durch einen solchen Entzug von vornherein keinen Kontakt mit der eigenen Welt, oder sie verliert diese direkte Berührung im Verlauf ihrer eigenen Entwicklung und bringt sich so oder so um die Möglichkeit, überhaupt in einer Welt direkt wirksam zu werden.[37]

Nun ist allerdings die Aufgabe der Selbstverwirklichung, die jede singuläre Handlung auf je spezifische Weise lösen muß, in sich komplex und besteht aus einer Fülle von Einzelaufgaben, die miteinander zu koordinieren sind. Die Aufgabe der Anpassung der eigenen Entwicklung an die Entwicklung einer äußeren Welt ist nicht die einzige Aufgabe einer Handlung, wenn auch als notwendige Voraussetzung der Gewinnung einer eigenen Nicht-Kon-

---

36 Rigorosität gilt dieser Bestimmung zufolge keineswegs nur für ein spezielles moralisches Verhalten (der unbedingten Befolgung des Sittengesetzes), sondern bezeichnet hier ein bestimmtes Regelverhalten in Anbetracht eines bestimmten Verhältnisses zur Wirklichkeit. Auch legales und technologisches Verhalten kann in dem beschriebenen Sinn rigoros sein und nimmt damit das Risiko des Scheiterns auf sich. So kann sich der rigorose Gebrauch sogenannter Regeln der Klugheit als durchaus unklug erweisen.

37 Vgl. Hegels einzigartige Darstellung dieser Möglichkeit unter dem suggestiven Titel »Die Tugend und der Weltlauf« (in: *Phän. d. Geistes*, Die Verwirklichung des vernünftigen Selbstbewußtseins durch sich selbst).

formität von großer Wichtigkeit. Allgemein muß eine Handlung sich um die Schaffung und Erhaltung günstiger Voraussetzungen für das eigene Gelingen kümmern. Unter den einzelnen Teilaufgaben einer singulären Handlung sind besonders hervorzuheben: die der Setzung und Entwicklung eines bestimmten eigenen Zieles im Einklang mit einer anfänglichen allgemeinen Absicht, die Findung der richtigen Mittel für den selbstgesetzten Zweck und die vorläufige und revidierbare Selbstverwirklichung in der Realisation dieser Mittel; ferner die spontane oder allmähliche Abstimmung der allgemeinen Absicht und des speziellen Zieles aufeinander im Blick auf eine sich verändernde Wirklichkeit, die bewußte oder unbewußte Regulierung und Kontrolle des Zusammenhanges zwischen dieser sich verändernden Wirklichkeit und dem eigenen Verlauf, Selbstgefühl, Wahrnehmung und Selbsterkenntnis, Bewertung dieser und jener Seite der Handlung; weiterhin Erschließung von Möglichkeiten der eigenen Fortsetzung in anderen Handlungen und damit Erzeugung von möglichen relativ allgemeinen Handlungssubjekten, die sowohl Identifikation wie auch Distanzierung ermöglichen.[38] Ebenso wie vom Gelingen einer Handlung, so ist auch von einem Mißlingen und Scheitern derselben nicht nur im allgemeinen, nicht nur hinsichtlich ihrer Selbstverwirklichung überhaupt zu sprechen, sondern im besonderen auch hinsichtlich ihrer einzelnen Teilaufgaben.

Allerdings ist das Gelingen einer singulären Handlung nicht darauf angewiesen, daß alle einzelnen Teilaufgaben in gleichem Maße befriedigend gelöst sind, so wie eine Handlung auch nicht deswegen schon als gescheitert anzusehen ist, weil sie auf dieses oder jenes Teilproblem eine bessere Antwort innerhalb ihrer Beantwortung des Gesamtproblems hätte finden können. In Analogie zu dem elementaren singulären Reflexionsprozeß gilt für singuläre Handlungen, daß diese ihre jeweils bestimmte Schranke haben, gleichsam einen Indikator ihrer Endlichkeit und der Endlichkeit der ihnen zugehörigen Handlungssubjekte. Die Endlichkeit einer

---

38 Wir gehen hier den methodischen Weg von der Handlung zu den möglichen Handlungssubjekten, nicht zuletzt in kritischer Absicht gegen eine naive und unkritische Setzung von Handlungssubjekten. Der Poetik, speziell der Dramentheorie, kommt unter diesem Gesichtspunkt besondere Bedeutung für die Handlungstheorie zu; vgl. R. Wiehl, »Über den Handlungsbegriff als Kategorie der Hegelschen Ästhetik«, in : Hegel-Studien VI, 171, S. 135 ff.

Handlung hat ihre negative und positive Seite.[39] Negativ betrachtet ist diese Endlichkeit gleichbedeutend mit der Unmöglichkeit, Perfektion bei jeder einzelnen Lösung aller partikularen Teilaufgaben zu erreichen. Eine solche totale Perfektion stellt ein falsches und irreführendes Ideal dar; und die singuläre Handlung, die sich dieses Ideal zu eigen und es sich zu ihrem Bestimmungsgrund macht, setzt selbst die Chancen ihres Gelingens wesentlich herab. Der positive Charakter der Endlichkeit besteht in der Unabhängigkeit der Selbstverwirklichung einer Handlung vom Zwang einer totalen Perfektion, darin, daß eine Handlung im Ganzen eine relative Vollkommenheit erreichen kann, ohne daß sie dabei Vollkommenheit in der Verwirklichung aller partikularen Einzelziele gewinnen muß.[40]

Diese Freiheit gegenüber dem Zwang zur totalen Perfektion, dies, daß eine Handlung über einen gewissen Spielraum für die unterschiedliche Gewichtung der von ihr übernommenen Einzelaufgaben verfügt, gehört zu den Bedingungen der Möglichkeit ihrer Fortsetzung in anderen Handlungen. Die Möglichkeit, eine oder mehrere singuläre Handlungen in der Einheit einer anderen singulären Handlung zu verknüpfen, beruht auf dieser Freiheit zur mangelnden Perfektion, von der jede einzelne Handlung auf ihre eigene Weise Gebrauch macht. So kann es vorkommen, daß die äußere Wirksamkeit in der Selbstverwirklichung einer singulären Handlung auf Kosten ihrer inneren Selbstübereinstimmung geht, indem die allgemeine Absicht und das spezielle Handlungsziel an

39 Heideggers philosophisches Schlüsselwort von der Endlichkeit des Menschen, entwickelt an Kants Kritik der reinen Vernunft, trifft in erster Linie für Kants praktische Philosophie zu, sofern nach Kant der Mensch zur Sittlichkeit relativ unabhängig vom Stand seines Wissens befähigt ist.

40 Wittgensteins *Philosophische Untersuchungen* kritisieren nicht nur das Ideal einer perfekten Sprachhandlung, auch nicht nur das Ideal der perfekten Handlung »Ideale Beschreibung der Welt«, sondern das Ideal einer absoluten Perfektion von Handlungen. Ansätze zu einer handlungstheoretischen Deutung von Wittgensteins Spätwerk finden sich vor allem von Kuno Lorenz entwickelt; allerdings, soweit ich sehe, in der oben geschilderten Einseitigkeit einer Transzendentalphilosophie, die Metaphysik in sprachanalytischer Wendung ist, d. h. deren letzte Elemente sprachliche Entitäten sind (vgl.: *Elemente der Sprachkritik*, Frankfurt a. M. 1970; dieser Titel ist hinsichtlich des Dualismus von Kritik und Metaphysik eigentümlich schillernd).

irgendeinem Punkt des Handlungsverlaufes in Widerspruch zueinander geraten. In diesem Fall bleibt die innere Harmonie und
Selbstübereinstimmung der Handlung hinsichtlich allgemeiner
Absicht und speziellem Ziel eine offene Aufgabe, deren Erfüllung
notwendig einer anderen Handlung vorbehalten bleiben muß.
Diese andere Handlung wird eine solche sein müssen, die jene
spezifische Tradition der Selbstverwirklichung und die damit über-
lieferte und unerfüllt gebliebene Aufgabe der Selbstübereinstimmung sich aneignet, um diese zu ihrer allgemeinen Absicht oder zu
ihrem speziellen Ziel zu machen. Auf diese Weise wird ein teleologischer Zusammenhang und Kontinuität möglich zwischen der
gegebenen singulären Handlung und einer für sie verbindlichen
spezifischen Überlieferung, die hier in der Überlieferung einer
anderen endlichen, singulären Handlung besteht. Oder in einem
anderen Fall gelingt es einer endlichen singulären Handlung, eine
relativ vollkommene Selbstübereinstimmung, Anpassung von allgemeiner Absicht und speziellem Ziel aneinander und damit einen
inneren Frieden herzustellen und zu erhalten, dies allerdings nur
auf Kosten der äußeren Wirksamkeit in der eigenen Welt. Diese
Wirksamkeit muß damit einer anderen Handlung in einer analogen
Welt vorbehalten bleiben. Diese wird jene spezifische Tradition der
Selbstversöhnung und Selbstübereinstimmung in ihrer eigenen
Welt auf analoge Weise und mit der allgemeinen Absicht oder
mit dem speziellen Ziel äußerer Wirksamkeit fortzusetzen bestrebt
sein müssen. Jede endliche singuläre Handlung übernimmt als ihr
Datum eine spezifische Mannigfaltigkeit von Einzelaufgaben.[41]
Zugleich aber schafft sie spezifische Möglichkeiten ihrer eigenen
Überlieferung durch die Überlieferung einer Mannigfaltigkeit von
unerfüllten oder unvollkommen erfüllten Aufgaben. Eine Handlung, die jede für sie überhaupt erdenkliche Aufgabe in schlechthin
vollkommener Weise gelöst hat, vermag von sich selbst aus allein
solche Möglichkeiten ihrer eigenen Überlieferung nicht zu schaffen, und sofern sie selbst aus einer bestimmten Überlieferung her-
kommt, wird sie deren Abschluß bilden, zumindest partiell. Dieser
Abschluß muß allerdings nicht unbedingt endgültig sein, sondern
er kann durchaus vorläufigen Charakter haben. Denn auch wenn es
im Fall einer solchen Handlung zunächst den Anschein hat, daß

41 Zur Relation von Zwecken und Problemen vgl. N. Luhmann, *Zweckbegriff und Systemrationalität*, S. 311 ff.

alles getan wurde, was getan werden konnte und was getan werden mußte, so können durchaus neue Umstände eintreten, in denen jene einmal vollendete Vollkommenheit keine Befriedigung mehr gewährt. In diesem Zusammenhang ist aber allgemein zu unterscheiden zwischen Handlungen, die schon begonnen haben und noch im Gang befindlich sind, und Handlungen, die bereits ihren bestimmten Abschluß in einem endgültigen oder zumindest vorläufig endgültigen Handlungsergebnis gefunden haben.

2. Praktische Urteile als Handlungselemente

Diese Unterscheidung zwischen abgeschlossenen und unabgeschlossenen Handlungen sowie zwischen vorläufig und endgültig abgeschlossenen Handlungen spielt für die Bewertung und Beurteilung derselben hinsichtlich ihrer möglichen Vollkommenheit eine äußerst wichtige Rolle. Manche Handlungen lassen schon während ihres Verlaufes spüren oder sie geben auf andere Weise zu erkennen, ob sie vollkommen gelingen werden oder nicht, ob sie in dieser und jener Hinsicht unvollkommen bleiben oder am Ende schließlich sogar mißlingen werden. Ein solches Gespür für das eigene Schicksal, eine solche ahnungsvolle Antizipation ihrer selbst begleitet jede im Gange befindliche Handlung. Emotionen und andere vergleichbare Erkenntnisse sind aber mehr als bloße Begleiterscheinungen von Handlungen. Sie sind gewissermaßen Interpreten·und Kommentatoren des Handlungsverlaufes[42], in gewisser Hinsicht auch elementare Prognosen desselben. Emotionen haben unter Umständen einen solchen prognostischen Charakter. Hoffnung und Resignation sind besonders auffällige häufige Begleiterscheinungen von Handlungen mit einem teils deskriptiven, teils prognostischen Gehalt. In der Regel aber wird eine endgültige Bewertung und Beurteilung der Vollkommenheit einer Handlung erst mit ihrem Abschluß und unter besonderer Berücksichtigung ihres abschließenden Ergebnisses möglich sein. Die Emotionen und die anderen vergleichbaren Erkenntnisse,die dort den Verlauf der Handlung begleiteten, haben hier in der Beziehung auf die

---

42 Zur interpretatorischen Funktion von Emotionen speziell in Dialoghandlungen vgl. R. Wiehl, »Dialog und philosophische Reflexion«, in: *Neue Hefte für Philosophie* 2/3, 1972, S. 43 ff.

abgeschlossene Handlung eine andere Funktion und Bedeutung. Zufriedenheit und Ende einer Handlung hat nicht wie am Anfang und im Verlauf derselben prognostischen Gehalt, sondern sie wird nunmehr zur Bestätigung einer anfänglichen Hoffnung. Unzufriedenheit und Enttäuschung widerlegen in Form von Emotionen anfängliche Erwartungen. Erst am Ende einer abgeschlossenen Handlung und in besonderem Hinblick auf ihr abschließendes Resultat kann, zumindest vorläufig, festgestellt werden, ob alles getan wurde, was getan werden konnte und mußte, oder ob dieses und jenes hätte besser getan werden können und müssen und daher bei anderer Gelegenheit sollte auf bessere Weise getan werden. Die Möglichkeit einer eigenen Überlieferung ist mit dem Begriff einer Handlung im allgemeinen gegeben. Diese Möglichkeit besteht nicht nur für endliche Handlungen in ihrer eigentümlichen Freiheit zur mangelnden Perfektion, sondern auch für diejenigen Handlungen, die im Unterschied zu jenen unendlich genannt werden können, sofern sie die Befähigung zur absoluten Vollkommenheit besitzen, das heißt, sofern sie alle einzelnen Teilaufgaben, die sich ihnen zu der gestellten Gesamtaufgabe zusammenfügen, insgesamt auf vollkommene Weise lösen können, und zwar in vollständigem Einklang mit einer vollkommenen Beantwortung des Gesamtproblems, das sie für sie vorfinden.[43]

Im Hinblick auf diese Möglichkeit einer eigenen Überlieferung lassen sich sowohl an den unendlichen wie auch an den endlichen Handlungen verschiedene Aspekte unterscheiden: Handlungen sind unendlich einmal (1) hinsichtlich ihrer Befähigung und Disposition zur absoluten Vollkommenheit in dem angegebenen

43 Die hermeneutische Theorie H. G. Gadamers enthält in einer Reihe von Prinzipien wie dem eines Überlieferungsgeschehens des wirkungsgeschichtlichen Bewußtseins sowie in der Kritik der Reflexionsphilosophie einen kritischen Zug gegenüber dem klassischen Handlungsbegriff. Es wäre zu prüfen, wieweit diese Kritik den Handlungsbegriff als solchen oder nur den der unmittelbaren Gegebenheit von Handlungen betrifft. Aus dem Topos »Vorgriff der Vollkommenheit« kann jedenfalls nicht gefolgert werden, daß ausschließlich die Überlieferung unendlicher Handlungen Gegenstände der Interpretation sind. Die Explikation eines solchen Vorgriffs greift vielmehr auf einen komplexen Zusammenhang praktischer Urteile, unter denen Urteile der Endlichkeit in dem hier beschriebenen Sinne eine ausgezeichnete Rolle spielen. Vgl. *Wahrheit und Methode*, Tübingen 1960, S. 277 ff. u. 324 ff.

Sinne; ferner (2) als singuläre Prozesse, in denen sich jene Disposition in vollkommener Weise verwirklicht; (3) als absolute Prozesse, deren vollständige Verwirklichung sich nicht einem kontingenten äußeren Anlaß, sondern dem jeweiligen Handlungsprozeß selbst verdankt und die sich insofern frei und aus einer inneren Notwendigkeit heraus entwickeln müssen; (4) schließlich als unbedingte Prozesse, die grundsätzlich als unabschließbar zu denken sind, für die demnach die Disjunktion zwischen Abgeschlossenheit und Unabgeschlossenheit unbedingt gilt; nämlich so, daß zu jedem vorläufigen Abschluß derselben eine neue eigene Überlieferung hinzugedacht werden muß. Verschiedene Überlieferungen unendlicher Handlungen lassen sich danach unterscheiden, welche Seite ihrer Unendlichkeit gegenüber den jeweils anderen besonders betont wird. Diese verschiedenen Überlieferungen sind Bedingungen der Möglichkeit für verschiedene Urteile der Vollkommenheit. So ist etwa (a) hinsichtlich der anfänglich gegebenen Disposition einer unendlichen Handlung und hinsichtlich ihres in Gang kommenden Prozesses das Urteil möglich: es werde alles getan werden, was getan werden könne und müsse. In diesem Urteil sind eine Prognose und ein Versprechen zu einer ungetrennten Einheit verbunden. Oder (b) es läßt sich etwa im Hinblick auf den im Gang befindlichen Prozeß der unendlichen Handlung folgendermaßen urteilen: es werde – gegenwärtig – alles getan, was zu tun sei. Auch dies ist ein Urteil der Vollkommenheit. In ihm verschmelzen zu einer Einheit: die Feststellung eines gegenwärtig bestehenden Tatbestandes, die Übernahme der Verantwortung für ein gegebenes oder nicht-gegebenes Versprechen sowie die Aufgabe einer Garantieerklärung für die Bestätigung einer Prognose. Schließlich ist (c) ein Urteil der Vollkommenheit auch angesichts der abgeschlossenen Überlieferung einer unendlichen Handlung möglich, des Sinnes nämlich, daß alles getan worden sei, das getan werden konnte und mußte. In diesem Urteil finden sich zu einer Einheit verschmolzen: die Feststellung eines abgeschlossenen Tatbestandes, die Rechtfertigung der unendlichen Handlung, die Bestätigung der Einhaltung eines gegebenen Versprechens sowie die Bewährung einer anfänglichen Prognose. Auch Aussagen, die von der »vollen eigenen Verantwortung« sprechen oder auch davon, daß auch bei jeder anderen Gelegenheit und unter den gleichen Umständen nur genau wieder dies getan werden könne und müsse, was hier und jetzt getan worden sei, sind unter gewissen einschränkenden Bedingungen den Urteilen der Vollkommenheit zuzurechnen.

Ebenso wie die unendlichen Handlungen weisen auch die endlichen hinsichtlich ihrer möglichen Überlieferung verschiedene Aspekte auf. So ist eine Handlung als endlich bestimmt einmal (1) hinsichtlich ihrer Nichtbefähigung und Indisposition zu einer absoluten Vollkommenheit, wie sie den unendlichen Handlungen zukommt, bzw. hinsichtlich ihrer Befähigung und Disposition zu einer relativen Vollkommenheit. Ferner (2) als singulärer Prozeß, in dem sich die Disposition zu einer solchen relativen Vollkommenheit auf relativ vollkommene Weise verwirklicht. Und zwar kann dies auf verschiedene Weise geschehen: entweder (2') so, daß alle einzelnen Teilaufgaben, die sich im Rahmen der Gesamtaufgabe stellen, gleichermaßen unvollkommen gelöst werden, daß also zu jeder einzelnen Teillösung eine bessere vorgestellt werden kann, ungeachtet dessen, daß das Gesamtergebnis zufriedenstellend ausfällt und als relativ vollkommen beurteilt wird; oder (2'') die Verwirklichung geschieht so, daß nicht alle einzelnen Teilaufgaben insgesamt gelöst werden können, daß unter diesen also mindestens eine ist, vielleicht nicht nur eine, die nicht nur auf unvollkommene Weise, sondern überhaupt nicht gelöst wird. In diesem Fall geht die relativ befriedigende Gesamtlösung auf Kosten der Lösbarkeit einer oder einiger Teilaufgaben. Hier wird das Gelingen der endlichen Handlung nicht nur mit einer gewissen Vernachlässigung des Details der gestellten Aufgabe erkauft, sondern mit einem partiellen Mißlingen oder Scheitern. Schließlich (2''') kann eine endliche Handlung auch dann noch im ganzen gelingen, wenn sich eine oder einige Teilaufgaben als unlösbar erweisen und die übrigen sich nur relativ unvollkommen lösen lassen. Weiter (3) sind Handlungen endlich als kontingente Prozesse, die nicht absolut frei und aus einer unbedingten inneren Notwendigkeit heraus ihre relative Vollkommenheit erreichen, sondern nur unter der Bedingung kontingenter äußerer Veranlassungen; und schließlich (4) als bedingte Prozesse. Als solche unterscheiden sie sich von den unendlichen Handlungen, die als absolute und unbedingte Prozesse gelten, vor allem dadurch, daß sie als grundsätzlich abschließbar vorzustellen sind. Jede spezifische Erscheinung einer endlichen Handlung als unabgeschlossener Prozeß wird daher notwendig vorläufig sein und keine endgültige Erscheinung darstellen, so wie umgekehrt die Erscheinung einer unendlichen Handlung als abgeschlossener Prozeß eine vorläufige Erscheinung ist, die unter spezifischen Bedingungen einer kontingenten Überlieferung steht. Im Unterschied dazu ist es die unabgeschlossene Erscheinung der endlichen Handlung, die auf eine spezifische Überlieferung als ihre Bedingung verweist. Endliche Handlungen stehen wie die unendlichen in spezifischen Überlieferungen, die von ihnen eine jeweils spezifische Erscheinung überliefern. Diese können danach unterschieden werden, welche bestimmten Aspekte und Züge in ihnen zum Ausdruck kommen. Analog zu den Überlieferungen unendlicher Handlungen fungieren auch diese Überlieferungen als Bedingungen der Möglichkeiten bestimmter Urteile, die im Unterschied zu jenen Urteilen der Vollkommenheit Urteile der Endlichkeit genannt sein sollen.[44]

Diese Urteile der Endlichkeit lassen sich unter verschiedenen Gesichtspunkten betrachten und von jenen Urteilen der Vollkommenheit unterscheiden. So sind sie einmal (a) dadurch gekennzeichnet, daß sie der Relativität der Vollkommenheit, die für die endlichen Handlungen bestimmend ist, auf die eine oder andere Weise Rechnung tragen: sei es dadurch, daß sie die Unvollkommenheit in der relativen Vollkommenheit betonen und damit auf deren Schranke im Gegensatz zu einer reinen und absoluten Vollkommenheit verweisen; sei es, daß sie an der beobachteten Unvollkommenheit eine gewisse relative Vollkommenheit hervorheben und damit eine Verwandtschaft zur absoluten Vollkommenheit evozieren. Urteile der Endlichkeit können wie die Urteile der Vollkommenheit auf begonnene, in Gang befindliche und abgeschlossene Handlungen bezogen werden. Ein solches Urteil der Endlichkeit ist etwa im Hinblick auf eine in Gang gekommene Handlung: »Nicht alles, was getan werden müßte, wird getan werden können.« Hier wird ein

---

44 Komplexe Verbindungen praktischer Urteile in dem hier anvisierten Sinn bilden die Voraussetzung für idealtypische Konstruktionen von Handlungszusammenhängen. Max Webers Hinweis auf die Funktion der Phantasie und auf das Erfolgskriterium bei der Entscheidung zwischen reinem Gedankenspiel und wissenschaftlich-fruchtbarer Begriffsbildung ist, als theoretische Fundierung verstanden, wenig befriedigend (vgl. »Die Objektivität sozialwissenschaftlicher und sozialpolitischer Erkenntnis«, in: *Ges. Aufsätze zur Wissenschaftslehre*, 3. Aufl. Tübingen 1968, S. 192 f.). Praktische Sätze bedürfen bestimmter Beziehungen zu Theorien der Reflexion, um methodisch brauchbar zu sein.

Urteil gefällt über die Grenze des Könnens, die Schranke der Macht der endlichen Handlung. Aber dieses Urteil bringt nur die eine Seite der Unvollkommenheit endlicher Handlungen zum Ausdruck. Die andere wird durch ein komplementäres Urteil formuliert, das etwa so lauten kann: »Nicht alles, was getan werden könnte, wird getan werden müssen.« Hier wird nicht ein Mangel, ein Unvermögen, sondern im Gegenteil ein Überschuß an Können und Macht zum Ausdruck gebracht. Diese beiden Seiten, die in komplementären Urteilen der Endlichkeit formuliert werden, gehören beide zu einer endlichen Handlung hinzu. Analoge Urteile lassen sich auch im Hinblick auf in Gang befindliche oder zum Abschluß gekommene Handlungen formulieren. So läßt sich etwa im Hinblick auf eine bestimmte, zum Abschluß gekommene endliche Handlung das Urteil formulieren: »Mehr war nicht zu tun« oder in einer anderen Formulierung: »Das war alles, was zu tun war.« In beiden Formulierungen weist das hier vorliegende Urteil der Endlichkeit allerdings eine charakteristische Zweideutigkeit hinsichtlich der Differenz von Unmöglichkeit und Unnötigkeit auf. So lassen sich diesem Urteil der Endlichkeit in seiner spezifischen Zweideutigkeit zwei verhältnismäßig unzweideutige komplementäre Urteile entnehmen, die gewissermaßen zusammengehören und von denen das eine auf die relative Macht, das andere auf die relative Ohnmacht der überlieferten abgeschlossenen endlichen Handlung verweist. Das eine Urteil äußert sich etwa so: »Mehr brauchte – bei bestem Willen – nicht getan zu werden.« Das andere wird vielleicht sagen: »Mehr konnte – bei bestem Willen – nicht getan werden.« Auch Aussagen, in denen die bedingte Abhängigkeit einer vorliegenden Schuld von äußeren kontingenten Anlässen in Anspruch genommen oder die Grenzen einer bestimmten Verantwortung behauptet oder anerkannt werden, sind in gewisser Hinsicht zu den Urteilen der Endlichkeit zu rechnen.[45]

Neben den Urteilen der Vollkommenheit und den Urteilen der Endlichkeit ist hier eine dritte Klasse von Urteilen zu nennen, die

---

45 Ein Urteil der Endlichkeit kann insofern eine Handlung provozieren, in der sich Verständnis mit Nachsicht, Verstehen und Verzeihen verbinden. Zum Beispiel sind alle Sätze über die Determiniertheit des menschlichen Verhaltens bei Spinoza praktische Sätze, in deren Verbindung eine Theorie der singulären Reflexion impliziert ist. Ihre Funktion besteht darin, den Menschen (durch diese Theorie des Determinismus allen Geschehens) glücklicher zu machen.

wir zur Unterscheidung von jenen als Urteile der Unvollkommenheit bezeichnen wollen. Diese beziehen sich wie jene auf gegebene Handlungen als Bedingungen ihrer eigenen Möglichkeit und als Gegenstände ihres Tuns, und zwar, ebenfalls wie jene, entweder auf begonnene und in Gang befindliche oder auf abgeschlossene Handlungen. Gemeinsam ist den Urteilen der Unvollkommenheit mit denen der Endlichkeit die direkte Beziehung auf endliche Handlungen. Insofern sind sie auch vorrangig von diesen Urteilen zu unterscheiden und irgendwie abzugrenzen. Urteile der Unvollkommenheit unterscheiden sich von Urteilen der Endlichkeit in erster Linie darin, daß sie ausschließlich den Mangel, das Unvollkommene und Unbefriedigende der endlichen Handlung, nicht aber deren Neigung zu einer gewissen Vollkommenheit betonen. Dieser Unterschied schließt nicht aus, daß unter gewissen Umständen ein Urteil der Endlichkeit ein Urteil der Unvollkommenheit in sich enthält oder daß dieses jenes in sich einschließt. Zumindest verweisen diese unterschiedlichen Urteile in ihrer jeweiligen Gegebenheit auf die Möglichkeit der anderen. Zum Beispiel läßt sich im Hinblick auf eine endliche, in Gang befindliche Handlung sagen: »Hier wird etwas – oder einiges – getan, was nicht getan zu werden braucht«, oder in einer anderen Formulierung: »Was hier getan wird, ist eigentlich überflüssig oder sinnlos.« Ein solches Urteil der Unvollkommenheit sagt anders als ein Urteil der Endlichkeit nicht nur direkt oder indirekt aus, daß ein Überschuß, eine Redundanz des Könnens und der Macht der endlichen Handlung vorliegt. Vielmehr konstatiert es – kritisch – die überflüssige, sinnlose oder mißbräuchliche Verwendung dieses Überschusses. Ein anderes Urteil der Unvollkommenheit lautet in Beziehung auf eine beginnende und in Gang gekommene Handlung etwa: »Hier wird etwas – oder einiges – *nicht* getan, was getan werden müßte und auch getan werden könnte.« So wenig im Fall des zuvor genannten Beispiels einfach nur ein bestehender Überschuß an Können, eine Redundanz der Macht konstatiert wurde, vielmehr die Art der Verwendung dieses Überschusses zur Kritik anstand, so wenig geht es in dem letzten Beispiel um die Feststellung eines bestehenden Mangels an Macht und Können. Das Urteil der Unvollkommenheit trifft hier vielmehr kritisch die Verwendung des vorhandenen Könnens, die Art des Einsatzes der zur Verfügung stehenden Macht. Urteile der Unvollkommenheit sind kritisierende Urteile, Urteile der Kritik. Hierin unterscheiden sie sich nicht nur von den Urteilen der Vollkommenheit, die hinsichtlich der unendlichen Handlungen, auf die sie sich in ihrer Geltung beziehen, eines Grundes der Kritik entbehren. Sie unterscheiden sich durch diesen kritischen Zug aber zum anderen auch von den Urteilen der Endlichkeit, die in den endlichen Handlungen, auf die sich ihre Geltung bezieht, zwar hinreichenden Anlaß zur Kritik finden könnten, die aber von dieser möglichen Kritik absehen und sich vielmehr auf die Formulierung der bestehenden Machtverhältnisse und der Gegebenheiten des Könnens der vorliegenden Handlung beschränken. Urteile der Endlichkeit werden zu Urteilen der Kritik erst dadurch, daß sie sich auf die eine oder andere Weise mit einem Urteil der Unvollkommenheit verbinden. Diese Urteile der Kritik beziehen sich keineswegs nur wie im Fall des letztgenannten Beispiels auf beginnende Handlungen. Vielmehr gelten sie unter Umständen auch abgeschlossenen Handlungen, so wie es auch sein kann, daß sie beginnende Handlungen von Anfang an begleiten oder in deren Verlauf auftauchen, um den Handlungsverlauf von da an kritisch zu verfolgen und zu steuern. Ein Urteil der Unvollkommenheit in dieser Hinsicht lautet etwa so: »Hier wird etwas versäumt, was getan werden könnte und müßte«; oder: »Hier ist dieses und jenes ohne Grund unterlassen worden«, das sich auf eine abgeschlossene Handlung bezieht.

Die drei unterschiedlichen Urteile, das der Vollkommenheit, das der Endlichkeit und das der Unvollkommenheit, beziehen sich nicht unter allen Umständen in direkt erkennbarer Weise auf gegebene Handlungen als solche. Es kann durchaus sein, daß eine solche direkt erkennbare Beziehung zunächst nur zu spezifischen Überlieferungen von Handlungen besteht.[46] So lautet zum Beispiel ein Urteil der Unvollkommenheit, das sich auf eine gegebene Handlungsüberlieferung bezieht: »Angesichts dessen, was geschehen ist, könnte und müßte mehr getan werden« oder: »Es hätte dieses und jenes anders gemacht werden können und besser gemacht werden müssen« oder: »Bei anderer Gelegenheit sollte unter gleichen oder ähnlichen Umständen dieses und jenes besser gemacht werden.« Auch Urteile, die besagen, daß es nicht besser

---

46 Diese Unterscheidung verlangt eine Klärung der Differenz zwischen praktischen Urteilen, die einer Handlung inhärieren, und praktischen Urteilen als Handlungen, die mit gegebenen Handlungen kommunizieren.

wird werden können oder daß es schlimmer hätte kommen können, scheinen sich eher auf eine bestimmte Überlieferung von Handlungen zu beziehen als auf singuläre Handlungen direkt, mögen diese endlich oder unendlich oder endlich-unendlich in einer oder verschiedener Hinsicht sein. Zumindest ist den Formulierungen dieser Urteile der Unvollkommenheit nicht direkt anzusehen, ob sie sich in ihrer Geltung auf Handlungen direkt oder auf bestimmte Überlieferungen derselben beziehen. Aussagen, die eine Unvollkommenheit aussprechen, wie es die angeführten tun, sind insofern vieldeutig nicht nur in der genannten Hinsicht. Sie haben darüber hinaus unterschiedliche Bedeutungen, je nachdem, auf welche bestimmte Art der Überlieferung, und je nachdem, auf welche Art von überlieferter Handlung sie sich beziehen.

Zu den bisher genannten Klassen von Urteilen über Handlungen und deren Überlieferung ist nun aber eine weitere Klasse zu rechnen, die wir Urteile des Scheiterns und Mißlingens nennen wollen. Diese stehen vor allem den Urteilen der Unvollkommenheit nahe und sind deswegen vor allem von diesen abzugrenzen. Sie unterscheiden sich von diesen dadurch, daß sie nicht nur einen Mangel und eine Unvollkommenheit aussprechen, sondern, wie ihr Name besagt, ein grundsätzliches Mißlingen und Scheitern. Diese Urteile haben mit den zuvor erörterten, den Urteilen der Vollkommenheit, der Endlichkeit und der Unvollkommenheit, dies gemeinsam, daß sie sich in ihrer Geltung teils auf beginnende, teils auf in Gang befindliche und teils nur auf abgeschlossene Handlungen beziehen; ferner dies, daß sie sich teils auf diese oder jene Handlungen direkt, teils auf eine bestimmte Überlieferung von Handlungen beziehen. So kann es zum Beispiel sein, daß eine bestimmte Handlung unter gegebenen Umständen als notwendig und zwingend geboten erscheint, daß zugleich aber eine solche geforderte und mehr oder weniger deutlich umrissene Handlung unter den Bedingungen dieser Umstände nicht zustandekommt, daß innere oder äußere Voraussetzungen die gebotene Handlung verhindern. Die geforderte Handlung erweist sich unter den gegebenen Umständen als nicht entwicklungsfähig; sie scheitert in ihrem Beginn und vor ihrer eigentlichen Entfaltung. Von ihrer Art zu scheitern läßt sich nicht sagen, daß dieses das Scheitern einer bereits in vollem Gang befindlichen oder das Scheitern einer endgültig abgeschlossenen Handlung sei. Das Urteil des Scheiterns über eine solche im Ansatz schon scheiternde Handlung lautet etwa: »Hier ist nichts zu machen«, und zwar in dem bestimmten Sinne, daß hier nichts getan werden könne, obwohl dies und jenes eigentlich getan werden müßte, oder in einer anderen Wendung: »Alles, was hier und jetzt getan werden müßte, ist nicht zu verwirklichen«, oder noch anders: »Alles, was man hier tun könnte, würde nichts bessern, sondern die Sache nur schlimmer machen.« Analoge Urteile des Scheiterns und Mißlingens gelten solchen Handlungen, deren anfängliches Scheitern nicht der unmittelbaren Gegenwart der gegebenen Handlung selbst angehört, sondern in eine Vergangenheit fällt, die auf die eine oder andere Weise überliefert wird. So wird dann etwa behauptet, daß »hier« oder »dort«, »in diesem« oder »in jenem Fall nichts zu machen war«; oder es wird gesagt, daß »alles, was man in diesem Fall«, oder »das, was man in allen diesen Fällen hätte tun können« die Sache nicht gebessert, sondern eher nur verschlimmert hätte. Vom Scheitern und Mißlingen einer Handlung ist aber nicht nur hinsichtlich ihres gegenwärtigen, vergangenen oder auch ihres zukünftigen Beginns zu sprechen, sondern ebenso auch im Hinblick auf Gegenwart, Vergangenheit und Zukunft ihres Verlaufes sowie ihres Abschlusses nach einer gewissen Entwicklung. Der bestimmte Verlauf einer Handlung läßt häufig schon vor deren endgültigem Abschluß spüren oder sonstwie erkennen, daß diese im Begriff ist zu mißlingen. Auch im Hinblick auf den überlieferten Verlauf einer Handlung kann man gelegentlich feststellen: »Von diesem Augenblick an war klar, daß die Handlung mißlingen mußte«, oder im Hinblick auf einen erwarteten zukünftigen Verlauf: »Hier werden sich unüberwindliche Schwierigkeiten einstellen, an denen die Sache scheitern wird.« Wendungen zum Schlechten gehören ebenso wie die Wendungen zum Guten zu den Möglichkeiten eines Handlungsverlaufes. Diese Wendungen treten mehr oder weniger plötzlich, erwartet oder unerwartet, im Verlauf der Handlung ein.

Die Urteile des Scheiterns und des Mißlingens von Handlungen gelten nicht nur deren Beginn, dem Verlauf oder Abschluß derselben, sie beziehen sich in ihrer Geltung nicht nur auf Gegenwart, Vergangenheit oder Zukunft von Beginn, Verlauf und Abschluß einer Handlung, nicht nur auf Überlieferung, Präsenz und Erwartung. Aufmerksamkeit verdient auch eine bestimmte Differenz in der Art des Mißlingens, die in ihrer Geltung vor allem bei abgeschlossenen Handlungen zutage tritt. Handlungen, die nach einer gewissen Entwicklung zum Abschluß gekommen sind, sind als mißlungen danach zu beurteilen, ob sie überhaupt irgendeine bestimmte Lösung des ihnen gestellten Problems gefunden haben oder nicht. Im letzteren Fall werden wir eher von einem grundsätzlichen Scheitern sprechen als in dem ersteren Fall. In diesem Fall trifft das Urteil des Mißlingens vor allem das Resultat, die erreichte Lösung des Problems. Diese Lösung wird als unbefriedigend empfunden bzw. als unangemessen oder falsch bewertet. Dieses Urteil des Mißlingens, das sich zunächst auf die Lösung der Gesamtaufgabe bezieht, kann auch auf die einzelnen Teillösungen ausgedehnt werden, die entweder alle insgesamt oder teilweise zusammen mit der Gesamtlösung verworfen werden. Wie immer die Handlung hier im einzelnen verlaufen sein mag, durch das erreichte Ergebnis scheint schließlich an der bestehenden Sachlage nichts gebessert, eher vielleicht einiges oder sogar alles verschlimmert worden. Insofern ergibt sich das Paradox, daß eine so mißlungene Handlung sich von den auf andere Weise gescheiterten Handlungen in einem ganz wesentlichen Punkt unterscheidet, nämlich darin, daß sie es zu einem ganz bestimmten Ergebnis, zu einer, wenn auch unangemessenen Lösung des ihr gestellten Problems gebracht hat; daß aber andererseits diese Differenz nichts zählt, wenn man auf das grundsätzliche Verhältnis der so oder so gescheiterten Handlungen zu ihren spezifischen Welten blickt, um ihr Scheitern in ihren eigenen spezifischen Welten allgemein zu bewerten. Denn wie auch immer diese Handlungen gescheitert und mißlungen sein mögen, von ihnen allen gilt das allgemeine Urteil, daß durch sie nichts an der jeweils bestehenden Sachlage gebessert wurde. Und dies allein, so scheint es, ist es, was wirklich zählt, und so gesehen zählt die Hervorbringung eines Ergebnisses überhaupt nichts und verdient den Namen einer Problemlösung nicht. Und soweit dieses allgemeine Urteil des Mißlingens gilt, gilt ferner auch das Urteil, daß hier, wie überall dort, wo eine Handlung nichts bessert, das allgemeine Risiko besteht, daß durch die ausbleibende Besserung eine entsprechende Verschlechterung heraufbeschworen wird. Was die mißlungene Handlung, die es in ihrem Verlauf zu einer inadäquaten, mißlungenen Lösung gebracht hat, von den anderen Handlungen unterscheidet, die ohne Hervorbringung eines definiten Ergebnisses scheitern, ist die Bestimmtheit ihres Profils, die gewisse Prägnanz einer spezifischen Physiognomie, die durch ihr bestimmtes Ergebnis hervorgerufen wird. Eine solche »Profilierung« geht jenen Handlungen ab, die in der geschilderten anderen Weise scheitern: sowohl den Handlungen, die schon in ihrem Beginn scheitern, wie auch denjenigen, die es innerhalb eines bestimmten Verlaufes zu keinem definiten Ergebnis bringen, deren Wirkung vielmehr in eine zerstreute Mannigfaltigkeit von beziehungslosen Partikularitäten zerfällt. Die Charakteristika der Klarheit und Dunkelheit, der Deutlichkeit und der Verschwommenheit und mangelnder Distinktheit, die wir im allgemeinen auf gegebene Erkenntnisse beziehen, um diese zu typisieren, lassen sich analog auch auf gegebene und der Beurteilung unterworfene Handlungen anwenden. Aber sowenig sie dort etwas über die Grundunterscheidung von Erkenntnissen nach Wahrheit und Falschheit mit Bestimmtheit auszusagen erlauben, sowenig tragen sie hier direkt zur Grundunterscheidung zwischen Gelingen und Mißlingen von Handlungen bei.

Jede Handlung, in gewisser Hinsicht auch die unendliche, nimmt bewußt oder unbewußt das Risiko des Mißlingens auf sich. Insofern läßt sich sagen, daß jede Handlung dem allgemeingültigen Urteil folgt: es sei grundsätzlich besser, etwas zu tun als nichts. Die berühmte, in der rationalen Metaphysik aufgeworfene Frage, warum überhaupt etwas sei und nicht vielmehr nichts, entspringt dieser allgemein geltenden Handlungsmaxime und findet im Hinweis auf deren Allgemeingültigkeit und Notwendigkeit ihre nächstliegende Beantwortung. Allerdings ist die Geltung dieses Urteils, ungeachtet einer gewissen Allgemeingültigkeit und Notwendigkeit, nicht für alle Einzelfälle von Handlungen eindeutig festgelegt. Denn es verändert sich dieses Urteil so oder so zwangsläufig mit der Veränderung der Umstände der zugehörigen fraglichen Handlung und unter der Bedingung, daß diese Beurteilung dieser Umstände sich verändert. Das Urteil, daß es besser sei, etwas überhaupt, als vielmehr nur nichts zu tun, gilt notwendig auf andere Weise dort, wo alles unter der Perspektive der fraglichen Handlung nur besser, nicht aber schlechter werden kann, wenn man diese Umstände mit anderen vergleicht, die ein ganz anderes Urteil nahelegen, nämlich: es sei zwar keine grundsätzliche Besserung zu erwarten, aber eine Verschlechterung der Lage auch nicht von vornherein unbedingt zu befürchten. Die Gefahr, etwas grundsätzlich Falsches zu tun, sei hier gering, oder diese Gefahr sei hier überhaupt nicht gegeben. Wieder ganz anders wird es mit jenem Urteil bestellt sein, welches das Tun gegenüber dem Nichts-tun empfiehlt, dort, wo die näheren Umstände der fraglichen Handlung Veranlassung zu dem Urteil geben, daß alles sich hier nur verschlimmern könne und daß daher im Grunde nur alles verkehrt gemacht werden könne. Das Urteil von der Bevorzugung des Tuns gegenüber dem Nichtstun gilt einmal allgemein für jede mögliche Handlung überhaupt hinsichtlich ihres Impetus, zum anderen bezieht es sich aber im Falle der einzelnen Handlung nicht nur auf diese als solche, sondern auch auf die jeweilige Lage und auf die näheren Umstände in ihrer spezifischen Beurteilung aus der jeweiligen Handlungsperspektive heraus. Diese Beurteilung der allgemeinen Lage und der näheren Umstände der Handlung ist entweder gleichsam selbständig gegeben, oder aber sie ist in jenem Urteil irgendwie mitenthalten. Ein solches Urteil, daß es nicht nur im allgemeinen, sondern auch hier und jetzt besser sei, überhaupt etwas, als vielmehr nur nichts zu tun, ist dort kaum problematisch, wo die fragliche einzelne Handlung sich in eine allgemein fort-schreitende, positiv beurteilte Entwicklung eingebettet sieht. Pro-blematisch wird es zunehmend dort, wo eine solche optimistische Einschätzung der Lage einer kritischen und schließlich einer skep-tischen weicht; vor allem dort, wo einer allgemeinen Besserung der Lage und Umstände überhaupt keine Chance gegeben wird und insofern der umstrittenen Handlung im Grunde auch nicht. In diesem letzteren Fall der mehr oder weniger hoffnungslosen Um-stände in einer gewissermaßen aussichtslosen Lage scheint das entgegengesetzte Urteil sehr viel näher zu liegen. Es drängt sich die Wendung auf, es sei zumindest unter den gegebenen Umstän-den, wenn nicht überhaupt, besser, nichts zu tun als etwas.

iv. Resümee

Der hier unternommene Versuch, ein provisorisches Instrumen-tarium zur Definition und Analyse von Handlungen zu gewin-nen, geht von der Voraussetzung aus, daß weder ein universal gültiger Handlungsbegriff noch ein universaler Anwendungsbe-reich desselben ohne weiteres und apriori definierbar ist. Keine der klassischen Künste und Wissenschaften, die mit Handlungen befaßt sind, sind imstande, von sich aus einen solchen universalen Anwendungsbereich eindeutig festzulegen, über ihren eigenen

Anwendungs- und Geltungsbereich hinaus. Dies trifft ebenso zu für die Philosophische Ethik und die Theologie wie für Jurisprudenz und Politik, für Rhetorik ebenso wie für Poetik. Man muß sich fragen, ob die heutige Sozialwissenschaft, auch dort, wo sie unter dem Namen einer Verhaltens- oder Handlungswissenschaft Anspruch auf die Nachfolge der klassischen Handlungswissenschaften erhebt, in einer grundsätzlich anderen Lage ist, ungeachtet ihrer universalistischen Tendenz. Es gehört zur Eigentümlichkeit des Handlungsbegriffs, daß er seine eigene Problematik mit besonderem Nachdruck provoziert: nämlich, wie er möglich und ob er überhaupt notwendig sei. Insofern hat der Behaviorismus trotz der Schwierigkeiten seiner eigenen Position eine sich aufdrängende Plausibilität. In der naiven und pauschalen Redeweise von Handlungen und Handlungstheorien wird leicht übersehen, inwiefern der Handlungsbegriff ein offener Begriff ist, der sich grundlegenden Wertsetzungen verdankt. Seine Bedeutung schwankt nicht nur in Abhängigkeit von Variationen der geschichtlichen und kulturellen Überlieferung, sondern auch innerhalb einer spezifischen Überlieferung in Abhängigkeit vom theoretisch-praktischen Kontext. Vor allem aber: Der Handlungsbegriff ist selbst in einem ursprünglichen Sinn ein Wertbegriff. Vor aller Bewertung einzelner Handlungen und Handlungstypen ist mit der Setzung einer Handlung als solcher eine grundlegende Wertsetzung vollzogen. Um es paradox zu formulieren: Handlungen konstituieren sich in Handlungen ihrer Setzung, Anerkennung, eventuell auch in Verweigerung ihrer Anerkennung. Handlungen, in denen sich Handlungen konstituieren, ereignen sich in Räumen der menschlichen Kommunikation, geschichtlichen Wirklichkeiten sowie einer allgemeinen wissenschaftlichen Praxis.

Die Konstituierung von Handlungen setzt die Gegebenheit von Merkmalen und Kriterien für Handlungen voraus. Hinsichtlich der Mannigfaltigkeit solcher Kriterien hat die Philosophie der Neuzeit, speziell die Transzendentalphilosophie einem derselben ihre besondere Aufmerksamkeit geschenkt: nämlich dem Kriterium »Bewußtsein« bzw. »Selbstbewußtsein«. Danach soll Bewußtsein alle Handlungen begleiten, die einem identischen Subjekt zugerechnet werden können, wobei diese Begleitung entweder als faktisch gegeben oder als grundsätzlich möglich vorzustellen ist. Aber gegen die unkritische Verwendung dieses Kriteriums spricht einiges: einmal dies, daß Bewußtsein im menschlichen Verhalten nicht die dominierende Rolle spielt, die jenem Kriterium eine mehr als spezielle Anwendbarkeit verschaffen könnte. Die abgründigen Leistungen des Unbewußten, in der Psychoanalyse bewußtgemacht, legen es nahe, das Prädikat »unbewußt« auch auf Handlungen anzuwenden und unbewußte Handlungen als Handlungen anzuerkennen. Insofern wäre nach einem allgemeinen Handlungskriterium Ausschau zu halten. Auch ist nicht ohne weiteres zu sehen, wie ein solches Kriterium des Bewußtseins als Handlungskriterium zu gebrauchen ist. Bewußtsein, für sich genommen und beziehbar auf Empfindungen, Erlebnisse, Handlungen etc., unterscheidet sich nach Graden der Intensität. Daher ist zwangsläufig die Frage, welche Bewußtseinsintensität als Handlungskriterium fungieren soll. Oder aber es wird verlangt, von Bewußtsein überhaupt nur hinsichtlich der Identität eines Handlungssubjektes angesichts einer Mannigfaltigkeit gegebener Handlungen zu reden. Wenn dies heißen soll, daß es diese Identität ist, die den Inhalt des fraglichen Bewußtseins bildet, dann erhebt sich der gleiche Einwand wie zuvor. Andernfalls stellt sich die Frage, wie sonst der Zusammenhang von Bewußtsein und Identität eines Handlungssubjekts vorzustellen ist und ob dabei diese Identität selbst als ein Handlungskriterium fungiert. Angenommen, es sei dies letztere der Fall, so läßt sich leicht ein Gegenkriterium angeben: So wie sich Handlungen nur vorstellen lassen, die durch ihren Zusammenhang in der Einheit eines einzigen Handlungssubjektes definiert sind, so ist es umgekehrt durchaus auch möglich, eine singuläre Handlung in Beziehung auf eine Mannigfaltigkeit von Subjekten zu bestimmen, die als reale oder potentielle Handlungssubjekte in diese Handlung gehören und als solche einen spezifischen Beitrag zu deren Konstitution leisten. Zum Beispiel stellt ein Drama mit mehreren Personen eine Handlung dieses Typus dar. Oder wir postulieren eine Handlung dieses Typus dort, wo wir von einer Gemeinschaftsaufgabe sprechen, die von mehreren Handlungssubjekten gemeinsam zu bewältigen ist. Schließlich ist jede Handlung als Gegenstand möglicher Beurteilung unter diesem Gesichtspunkt zu sehen.

Im Grunde ist das Bewußtseinskriterium nur in Verbindung mit anderen Kriterien als ein solches Handlungskriterium brauchbar. Ein solches anderes Kriterium ist das eines spezifischen Wissens, welches wir als praktisches Wissen bezeichnen können, welches nicht nur in Verbindung mit dem Bewußtseinskriterium, sondern auch selbständig verwendet werden kann und in diesem Gebrauch von allgemeiner Geltung ist. Denn praktisches Wissen muß nicht bewußt sein; es kann unbewußt in eine Handlung eingehen, ohne daß diese sich damit notwendig in einer Instinktreaktion entwickelt. Aber die Anwendung auch dieses Kriteriums hat ihre eigentümlichen Schwierigkeiten. Was alles gehört zu einem praktischen Wissen, um dieses als bestimmtes Handlungskriterium gebrauchen zu können? Wenn wir, wie dies häufig geschieht, praktisches Wissen als ein solches der intendierten Zwecke und der Mittel zu deren Realisierung auffassen, so bleibt zu fragen, was in diesem Wissen mitenthalten sein muß, um eine entsprechende Handlung von anderen Gegebenheiten zu unterscheiden. Auch besteht die Gefahr, daß durch die ausschließliche Geltung dieses Kriteriums all denjenigen menschlichen Tätigkeiten und Aktivitäten die Anerkennung versagt werden muß, die bewußt oder unbewußt auf bestimmte Zielsetzungen und damit auch auf die Eingreifung von Mitteln verzichten. Wer nichts tun will, hat für sein Nichtstun manchmal gute Gründe. Hat er sie nicht, wie dies häufig der Fall ist, wird es andere geben, die ihm eilig und mit Freuden zu Hilfe kommen, ihm die fehlenden Gründe zu verschaffen. Manchem, der nichts tut, scheint überhaupt Wille und Intention zum Tun zu fehlen. Wenn er selbst nicht nach Motivation verlangt, werden andere das Bedürfnis spüren, ihn zu motivieren. Vielleicht wird dadurch aber nur erreicht, daß der Betroffene sich seiner fehlenden Intention bewußt wird. Vielleicht entwickelt er eine Intention des Nichtstuns. Muß ihm ein Ziel unterstellt werden, um sein Verhalten als Handlung anerkennen und bewerten zu können? Schließlich steht die Anwendung des Kriteriums eines praktischen Wissens bei einer bestimmten Handlungsweise vor einem besonderen Problem: Wenn einer, bewußt oder unbewußt, bestreitet, dies und jenes gewollt zu haben, ohne daß er sagen kann, was er statt dessen gewollt hat, werden wir dann seinem Bestreiten den Handlungscharakter aberkennen oder statt dessen lieber seinem Leugnen eine Intention, einen Zweck und ein Motiv unterstellen?

Mit dem Kriterium des praktischen Wissens ist aber eine spezielle Schwierigkeit des Gebrauches vorhanden, nämlich die der Bestimmung seines ontologischen Ortes. So wie das Bewußtsein als eine Art Begleiter vorgestellt wird, so das praktische Wissen als eine Art Stelleninhaber oder Platzhalter. Wir sagen, daß das praktische

Wissen im Bewußtsein oder im Unbewußten eines handelnden Subjektes gegeben ist oder auch direkter im handelnden Subjekt als solchem. Insofern scheint ein bestimmtes Handlungssubjekt als Ort des praktischen Wissens vorausgesetzt, wenn wir dieses Wissen als Handlungskriterium verwenden. Es scheint daher notwendig, daß die Verwendung dieses Kriteriums ein anderes Kriterium voraussetzt, welches die Zugehörigkeit eines handelnden Subjektes zu einer Handlung erlaubt. Aber so, wie wir Bewußtsein als Begleitung von Handlungen, als wirklichen oder als bloß möglichen »Begleiter« vorstellen können, so auch das praktische Wissen als wirklichen oder möglichen »Stelleninhaber« in einem wirklichen oder bloß möglichen Handlungssubjekt. Handelnde Subjekte bilden als reale Entitäten die notwendige Voraussetzung realer Örter für wirkliches und mögliches praktisches Wissen. Aber zum anderen ist es allererst ein bestimmtes reales praktisches Wissen in Gestalt eines Komplexes praktischer Sätze, das es erlaubt, hinsichtlich seiner von verschiedenen vergleichbaren möglichen Handlungssubjekten zu reden, die als reale Handlungssubjekte zur Disposition stehen. Man kann insofern, den Titel des berühmten Theaterstückes von Pirandello »Sechs Personen suchen einen Autor« abwandelnd, sagen: Praktische Sätze suchen ein Handlungssubjekt. Auch gilt es, beim Gebrauch jenes Kriteriums zu bedenken, daß Handlungen die Anwendung des Topos »List der Vernunft« gestatten, in vielen Fällen sogar fordern. Dementsprechend wird das praktische Wissen in erster Linie der Handlung im ganzen selbst zuerkannt, in dieser der reale Ort für jenes Wissen gesehen. Die handelnden Subjekte werden demgegenüber als solche vorgestellt, die nicht nur an der Handlung überhaupt, sondern insbesondere an deren praktischem Wissen teilhaben, im Extremfall in der Weise spezifischer Unwissenheit. Das Problem der Anwendung des Kriteriums des praktischen Wissens als Handlungskriterium ist insofern ein Problem seiner Lokalisierung, seiner Verteilung und seiner Differenzierung. So anerkennen wir Ödipus als einen Handelnden, ungeachtet seines Nichtwissens; und auch der in bestimmte Dialoghandlungen verwickelte Sokrates ist ein Handelnder, wie auch immer wir sein Eingeständnis eigenen Nichtwissens auffassen.

Ebenso wie das Kriterium des Bewußtseins, so ist auch das Kriterium des praktischen Wissens teils in relativer Selbständigkeit, teils in Verbindung mit komplementären Kriterien anzuwenden, ohne daß damit allerdings die allgemeine Anwendungsproblematik ein für allemal gelöst wird. Dies gilt nicht nur für das Kriterium der wechselseitigen Zugehörigkeit von Handlungen und Handlungssubjekten zueinander, sondern insbesondere auch für zwei Kriterien, die beim Gebrauch von Zugehörigkeitskriterien eine besondere und spezifizierende Rolle spielen, nämlich für das Kriterium der Verantwortlichkeit ebenso wie für das des Strebens nach Eudaimonie. Was einem Subjekt bewußt ist oder was es unbewußt oder bewußt weiß, deckt sich keineswegs immer und notwendig mit dem, wofür es manchmal Verantwortung zu übernehmen bereit ist; auch nicht immer mit dem, wofür es – zu Recht oder zu Unrecht – verantwortlich gemacht wird. Der Spielraum eigener Verantwortung ist im allgemeinen teils enger, teils weiter als der Gesichtskreis eigenen Bewußtseins und der eines eigenen unbewußten und bewußten Wissens. Man muß sich nicht notwendig für alles verantwortlich fühlen, was einem zu Bewußtsein oder ins Bewußtsein kommt, ungeachtet eines Gefühls der Zusammengehörigkeit des handelnden Subjekts mit seinem eigenen Bewußtsein. Man ist auch nicht für sein Wissen schlechthin verantwortlich, nicht einmal für seine Aneignung und für seinen Gebrauch im allgemeinen. Aber vieles muß hinsichtlich des eigenen Wissens verantwortet werden, auch und insbesondere unter Umständen spezieller Aneignung und Form der Verwendung. Vor allem auf das praktische Wissen bezieht sich die Verantwortlichkeit des Handelnden. Andererseits wird man, mit welchem Recht auch immer, für manches verantwortlich gemacht, was einem nicht bewußt oder überhaupt unbekannt war. Man kann sich verantwortlich fühlen für unbegangene Handlungen und zur Rechenschaft gezogen werden für unbedachte und nicht selbst verursachte Folgen eigener Handlungen. Manche Menschen fühlen sich sogar für ihre Träume verantwortlich. Das Kriterium der Verantwortlichkeit weist ein großes Spektrum auf und ermöglicht insofern einen sehr vielfältigen Gebrauch, der von einer Zuschreibung von Handlungen überhaupt bis zur Zuerkennung von Schuld und Unschuld reicht. Verantwortlichkeit kann sich mit Gewissenhaftigkeit verbinden. Man kann Mitverantwortung für Handlungen anderer übernehmen und dabei gelten lassen, daß auch geteilte Verantwortung Verantwortung bleibt. Kann man jemandem Verantwortung gänzlich abnehmen? Wie jedes Kriterium, so weist auch das Kriterium der Verantwortlichkeit auf die Möglichkeit von Gegenkriterien: Es gibt die Möglichkeit unverantwortlichen Handelns. Man kann sich absichtlich oder unabsichtlich, bewußt oder unbewußt einer Verantwortung entziehen. Geht auf diese Weise die betreffende Handlung ihrer Anerkennung als Handlung verlustig? Oder wird sie aufgrund der fraglichen Kriterien oder anderer Handlungskriterien gerade in ihrem Handlungscharakter bestätigt? Es gibt Situationen, in denen man jemanden nicht aus seiner Verantwortung entläßt, anders: in denen die Verantwortung ausdrücklich gebietet, eine drohende Flucht aus der Verantwortung zu verhindern. Manchmal wird eine solche beobachtete Flucht nicht verhindert, wohl aber mit Verachtung beantwortet und jenem Kriterium dabei auf spezielle Weise Anerkennung verschafft. Aber man kann nicht allgemein folgern: daß immer und überall dort, wo das Verantwortlichkeitskriterium keine Anwendung findet, damit zugleich kein anderes Handlungskriterium angewendet werden kann, also Unmöglichkeit bzw. Unfähigkeit zum Handeln unterstellt werden muß.

Das Streben nach einem momentanen guten Zustand, nach Erhaltung und Verbesserung desselben und das Streben nach Eudaimonie spielen unter allen möglichen Handlungskriterien eine besondere Rolle. Aber ihre Anwendung hat auch ihre besonderen Schwierigkeiten. So kommt mit dem Kriterium des Strebens nach Wohlbefinden die Frage nach gültigen Unterscheidungskriterien tierischen und menschlichen Verhaltens ins Spiel. Soll man aufgrund der Geltung dieses Kriterium auch Tieren die Handlungsfähigkeit bescheinigen? Oder hat es einen guten, wenn auch nicht offen zutage liegenden Sinn, dem Menschen allein diese Fähigkeit vorzubehalten, und daher nach einem spezielleren und hinreichenden Kriterium Ausschau zu halten? Das Streben nach Eudaimonie galt zumindest in der Tradition der Philosophie als die spezifisch menschliche Form des Strebens nach Wohlbefinden. Aber die Anwendung desselben als Handlungskriterium ist nicht weniger problematisch: einmal, weil bekanntlich mit dem Begriff der Glückseligkeit die unterschiedlichsten Vorstellungen verbunden werden; Dauer, Intensität, Emotionalität, Rationalität des Glücks und entsprechend unterschiedliche bildliche Vorstellungen. Angesichts der Mannigfaltigkeit solcher Vorstellungen kann man zweifeln, ob es einen Sinn hat zu sagen, es sei allen Menschen gemeinsam, nach einem glücklichen Leben zu streben. Die einen ersehnen es nur, andere suchen es zu verwirklichen, und wiederum andere sind des Umgangs mit der Eudaimonie überhaupt nur schwer fähig. Aber es gibt noch eine andere Schwierigkeit: Das Streben nach Eudaimonie gilt überhaupt nicht unmittelbar als eine einzelne singuläre Handlung, auch nicht in einem beliebigen Handlungszusammenhang; es gilt in demjenigen Handlungszusammenhang, dessen Einheit sich im Ganzen eines intentional gelebten Menschenlebens oder im Ganzen des Lebens einer menschlichen Gesellschaft konstituiert. Wie aber kann unter dieser Voraussetzung überhaupt von einzelnen Handlungen gesprochen werden, wenn die Konstitution singulären und allgemeinen Menschenlebens unmöglich Sache einer Handlung sein kann? Hat es Sinn, von einer einheitlichen Intention hinsichtlich eines menschlichen Lebensganzen zu sprechen, auch dann, wenn die Menschen, wie heute, sich in ihrem Verhalten nicht allgemein an den Wertsetzungen eines solchen Ganzen orientieren?

Der Hinweis auf die Mannigfaltigkeit möglicher Handlungskriterien ist kein stichhaltiges Argument gegen die Möglichkeit eines einheitlichen Handlungsbegriffs. Es ist eine Konsequenz im Konzept einer Transzendentalphilosophie, nur Handlungen als solche anzuerkennen, in denen sich wissenschaftliche Methode ausdrückt: also nur Handlungen methodisch-wissenschaftlicher Praxis selbst und andere Handlungen unter der Bedingung ihrer wissenschaftlich-methodischen Darstellung. Aber ungeachtet dieser Konsequenz ist die transzendentale Handlungstheorie so eindeutig nicht, wie ihre Berufung auf wissenschaftliche Methode glauben machen möchte. Die notwendige Zweiteilung aller Handlungen in solche der wissenschaftlichen Praxis und in beliebige, wissenschaftlich dargestellte Handlungen ist nur ein Index für andere, oben entwickelte Dualismen. Vor allem hinsichtlich unwissenschaftlicher Handlungen drängt sich die Versuchung auf, eine Fülle einzelner Handlungskriterien anhand ihrer »Verwandtschaftsbeziehungen« zu durchschreiten, um auf diese Weise zumindest die Ahnung eines einheitlichen Handlungsbegriffes zu erzeugen. Unsere Untersuchung geht keinen dieser beiden erprobten Wege der transzendentalen Handlungstheorie. Sie erörtert das Problem eines einheitlichen Handlungsbegriffs auf dem Wege einer Untersuchung der folgenden Möglichkeiten: 1. der Möglichkeit der *Kongruenz* von Reflexionsprozessen und Handlungen; 2. der Möglichkeit der *Korrespondenz* zwischen Theorien der Reflexion und praktischen Sätzen der Handlung; 3. der Möglichkeit der *Affinität* zwischen den emotionalen Gegebenheiten der Reflexion und den propositionalen Gegebenheiten des praktischen Wissens der Handlung.

Die Zeitlichkeit der Verantwortung

Der Ausdruck »Verantwortung« hat zumindest im deutschen Sprachraum in jüngerer und jüngster Zeit eine wachsende Verbreitung gefunden. Er ist geradezu zu einem Schlüsselbegriff der zeitgenössischen ethisch-politischen Rhetorik geworden, der andere, komplementäre Begriffe, z. B. die der Schuld und des Gewissens, in den Hintergrund gedrängt hat. Im Begriffsgebrauch von »Verantwortung« überschneiden und überkreuzen sich ethische und rechtliche, soziale und politische Konnotationen. Eine wichtige Rolle im Gebrauch des Begriffes spielen auch die psychischen bzw. die mentalen Einstellungen, die mit dem Verhältnis zur Verantwortung einhergehen. Vor allem aber ist der Begriff der Verantwortung ein Rechtsbegriff. So wird der Ausdruck insbesondere in dem Sinne verwendet, daß gesagt wird, jemand müsse sich wegen seiner Schuld bzw. in Anbetracht eines gegen ihn erhobenen Schuldvorwurfs vor einer bestimmten Rechtsinstanz verantworten. Der Betroffene wird demnach im rechtlichen Sinne verantwortlich gemacht für eine ihm zugeschriebene strafbare Handlung oder eine ihm zugeschriebene strafbare Unterlassung, wie zum Beispiel für die Unterlassung einer gesetzlich gebotenen Hilfeleistung. Aber der Begriffsgebrauch des Ausdrucks »Verantwortung« reicht über die Rechtssphäre und über die Bindung an eine bestimmte strafbare Handlung oder Unterlassung hinaus. Die zunehmende Verbreitung des Wortgebrauchs geht Hand in Hand mit einer wachsenden Erweiterung der Referenz des Begriffs. Diese Erweiterung birgt zugleich die Gefahr einer zunehmenden Formalisierung und Rhetorisierung in sich. Unter der letzteren verstehe ich, daß Verantwortung beansprucht und zugeschrieben bzw. abgesprochen wird, um gewisser moralischer oder politischer Ziele willen und von daher lediglich instrumentell betrachtet wird. Die wachsende Erweiterung des Gebrauchs des Ausdrucks »Verantwortung« läßt die folgenden Akzentuierungen erkennen: 1. Eine Verlagerung des Bedeutungsakzentes von den Begriffen »Schuld« und »Gewissen« zum Begriff der Verantwortung hin; 2. in Verbindung damit eine Verlagerung der Perspektive von der Vergangenheit und Gegenwart auf Gegenwart und Zukunft und 3. schließlich eine Erweiterung des Anwendungsbereiches über einen bestimmten und wohlbegrenzten Geltungsbereich hinaus. Nicht, daß diese Akzentverschiebungen absolut zu nehmen wären und eine eindeutige Begriffsveränderung anzeigten. Gleichwohl aber sind jene Verschiebungen deutlich genug erkennbar, um die Frage nach ihrem Sinn und nach ihren Gründen und Konsequenzen aufzuwerfen. Zwei wichtige Buchpublikationen im deutschen Sprachraum seien hier exemplarisch genannt: Zum einen Georg Pichts Aufsatzsammlung *Wahrheit, Vernunft, Verantwortung*.[1] Picht spricht in diesem Buch von einem für die Verantwortung charakteristischen »Überschuß«, der den Verantwortungsbegriff über die Sphäre eines bestimmten Konzepts von Moral und Recht hinaushebt. Picht findet diesen Überschuß letzten Endes in der Vorstellung einer Verantwortung, die jeder einzelne Mensch heute für die gesamte Menschheitsgeschichte hat: »Verantwortung für die Geschichte bedeutet, daß es dem Menschen aufgegeben ist, dafür zu sorgen, daß die Geschichte im Ganzen auch weiterhin Geschichte bleiben kann. Die so verstandene Verantwortung für die Geschichte ist mit der Verantwortung für die Erhaltung der Menschheit identisch.«[2] In eine ähnliche Richtung geht das Denken von Hans Jonas, der mit seinem Buch *Das Prinzip Verantwortung*[3] einen ungewöhnlichen Erfolg und eine außerordentliche Breitenwirkung erzielt hat. Picht ging es um eine neue Verantwortungsethik und mit dieser um eine Neubesinnung auf das Wesen des Menschen. Hans Jonas ging es, wie der Untertitel seines Buches besagt, um den »Versuch einer Ethik für die technologische Zivilisation«.

1. Vom Schuldprinzip zum Prinzip Verantwortung

Die beiden genannten Autoren, Picht und Jonas, sind zu den wichtigsten Protagonisten und Wortführern einer ökologisch orientierten Ethik geworden. Beide suchten in ihrem Denken

---

1 Stuttgart 1969. Darin insbesondere die Aufsätze »Der Begriff der Verantwortung« (S. 318-342) und »Struktur und Verantwortung der Wissenschaft im 20. Jahrhundert« (S. 343-372).

2 Ebd. S. 332.

3 Frankfurt am Main 1979.

eine neue Verantwortungsethik angesichts der neuartigen Gefährdungen der Menschheit durch die modernen technologischen
Möglichkeiten, die nicht länger nur Fortschritte, sondern auch
Möglichkeiten irreversibler Zerstörungen der natürlichen Umwelt
mit sich bringen. Beiden galt die physische und die moralische
Erhaltung der Menschheit als eine in sich unteilbare einheitliche
Aufgabe der neu zu entwerfenden Verantwortungsethik. Hier wie
dort findet sich die bereits erwähnte Akzentuierung der Zukunfts-
orientierung in einer solchen Ethik und die Erweiterung des Kreises der Verantwortlichkeiten vom unmittelbaren und nächsten
Umfeld des Vertrauten und Bekannten hin auf den unbestimmt
unendlichen Bereich der künftigen Menschheitsgeschichte. Hier
wie dort stehen als einflußreiche Denker im Hintergrund Nietzsche und Heidegger. Um die anvisierte Verwandlung der traditionellen Ethik des menschlichen Handelns in eine neue Verantwortungsethik würdigen und beurteilen zu können, bedarf es eines
klärenden historischen Rückblicks in kritischer Absicht. Einer der
wichtigsten Vordenker der neuen Verantwortungsethik ist aus
meiner Sicht Karl Jaspers. Im Jahre 1946 – also unmittelbar nach
dem Ende des Zweiten Weltkriegs – schrieb er seinen berühmten
Essay über *Die Schuldfrage*. Er versuchte damit zur Klärung eines
Problemes beizutragen, hinsichtlich dessen unter den Deutschen
eine Verständigung kaum möglich schien und zuweilen bis heute
kaum möglich erscheint, nämlich hinsichtlich ihrer Schuld angesichts der unfaßbaren Verbrechen unter der Hitler-Diktatur.
Jaspers suchte hier, den wesentlichen Unterschieden in der Einstellung und dem Lebensschicksal der einzelnen Rechnung zu
tragen und sie trotz dieser kommunikativen Barrieren dazu zu
bringen, »miteinander zu reden«. Ausgangspunkt seiner Überlegung war die Feststellung, daß mit dem Ende des Zweiten Weltkrieges »die Geschichte jetzt erst endgültig Weltgeschichte,
Menschheitsgeschichte des Erdballs geworden« sei, und daß »daher die eigene Situation nur zugleich mit der weltgeschichtlichen
Lage« erfaßt werden könne.[4] Jaspers' Mittel zur Klärung der
Schuldfrage im »Miteinanderreden« war die Unterscheidung zwischen vier Schuldbegriffen, die gegeneinander zu differenzieren
nicht weniger wichtig schien als Einsicht in ihre Zusammengehörigkeit zu gewinnen. Diese Unterscheidungen sollten bewahren

4 Karl Jaspers, *Die Schuldfrage*, München 1979, S. 24.

»vor der Flachheit des Schuldgeredes, in dem alles stufenlos auf eine einzige Ebene gezogen wird, um es im groben Zufassen in der Weise eines schlechten Richters zu beurteilen«.[5] Und Jaspers fügte unmittelbar hinzu: »Aber die Unterscheidungen sollen am Ende uns zurückführen zu dem einen Ursprung, von dem als unserer Schuld geradezu zu sprechen unmöglich ist.«[6] Die vier von Jaspers unterschiedenen Schuldbegriffe sind: 1. Die kriminelle Schuld, 2. die politische Schuld, 3. die moralische Schuld, 4. die metaphysische Schuld. Ungeachtet seiner Bemühung um begriffliche und sachliche Differenzierung ist Jaspers in den damaligen Jahren oft in dem Punkt mißverstanden worden, der den Kernpunkt des Problems darstellt, nämlich in der Frage der Kollektivschuld. Jaspers hat eine solche Kollektivschuld nachdrücklich verneint mit Argumenten und Hinweisen, die aus der begrifflichen Unterscheidung der vier Schuldbegriffe entnommen sind: »Eine Kollektivschuld« eines Volkes oder einer Gruppe also kann es nicht geben, weder als verbrecherische noch als moralische noch als metaphysische Schuld. Ein Kollektiv für schuldig zu erklären, das ist ein Irrtum, der der Bequemlichkeit und dem Hochmut durchschnittlichen, unkritischen Denkens naheliegt.«[7]
Jaspers bringt gegen die falsche Vorstellung einer Kollektivschuld im wesentlichen zwei Argumente vor, die zusammengehören. Zum einen sind kriminelle, moralische und metaphysische Schuld immer die Schuld eines je einzelnen menschlichen Individuums, einer Person. Zum anderen gibt es niemals ein Volk oder eine Gruppe als ein vergleichbares Individuum: »Ein Volk als Ganzes gibt es nicht. Alle Abgrenzungen, die wir vornehmen, um es zu bestimmen, werden durch Tatbestände überschritten. Die Sprache, die Staatsbürgerschaft, die Kultur, die gemeinsamen Schicksale – alles dieses koinzidiert nicht, sondern überschneidet sich. Volk und Staat fallen nicht zusammen, auch nicht Sprache und gemeinsames Schicksal und Kultur. Ein Volk kann nicht zu einem Individuum gemacht werden«.[8] Indem aber Jaspers hier die Annahme der Kollektivschuld eines Volkes bzw. einer Gruppe für kriminelle und moralische Vergehen ausdrücklich verneint, hat er um so

5 Ebd., S. 32.
6 Ebd., S. 32 f.
7 Ebd., S. 40.
8 Ebd., S. 39.

entschiedener die politische Verantwortung bzw. Mitverantwortung bejaht. Diese politische Verantwortung und Mitverantwortung beruht auf dem neuzeitlichen Prinzip persönlicher und bürgerlicher Freiheit. Jaspers verwendet in diesem Zusammenhang bewußt die Begriffe Verantwortung und Haftung. Denn politische Verantwortung bzw. Haftung der Bürger eines Staates gibt es auch da, wo es keine persönliche juristische oder moralische Schuld geben mag. Insofern ist die politische Haftung »bestimmt und begrenzt, ohne moralische oder metaphysische Beschuldigung der einzelnen«.[9] Jaspers ist so weit gegangen, in die politische Mitverantwortung auch diejenigen Staatsbürger einzuschließen, welche sich gegen das Unrechtsregime und gegen dessen verbrecherische Handlungen gewehrt haben. Analog zur politischen Mitverantwortung der Staatsbürger gibt es eine »Haftung für die Angehörigkeit zu Organisationen, Parteien und Gruppen«. Für die folgenden Überlegungen ist die hier aufbrechende Unterscheidung zwischen Schuld bzw. Schuldzuschreibung einerseits und Verantwortung und Verantwortlichkeit andererseits wichtig. Nicht weniger wichtig aber ist, daß bei Jaspers ein direkter Zusammenhang zwischen Schuld und Verantwortung gewahrt bleibt. Die Wahrung dieses Zusammenhanges beruht auf der Zusammengehörigkeit der vier Schuldbegriffe hinsichtlich der *conditio humana* im allgemeinen und im Blick auf eine jeweils bestimmte Geschichte, der Menschen zugehören. Dieser maßgebliche Zusammenhang steht auch unmißverständlich da vor Augen, wo Jaspers den Schuldbegriff ins Unbestimmt-Unendliche und zum Begriff einer metaphysischen Schuld erweitert. Gerade in diesem Falle einer metaphysischen Schuld geht es eher um Verantwortung und Mitverantwortung als um Schuld im engeren und eigentlichen Sinne. Allerdings ist dieser Begriff der metaphysischen Schuld nicht so weit gespannt, man möchte sagen: nicht so überspannt, daß er alles Geschehen überhaupt umfaßte. Metaphysische Verantwortlichkeit ist und bleibt auch auf reale Schuld bezogen: »Es gibt eine Solidarität zwischen Menschen als Menschen, welche einen jeden mitverantwortlich macht für alles Unrecht und alle Ungerechtigkeit in der Welt, insbesondere für Verbrechen, die in seiner Gegenwart oder mit seinem Wissen geschahen. Wenn ich nicht tue, was ich kann, um sie zu verhindern, so bin ich mit-

9 Ebd.

schuldig. Wenn ich mein Leben nicht eingesetzt habe zur Verhinderung der Ermordung anderer, sondern dabeigestanden bin, so fühle ich mich auf eine Weise schuldig, die juristisch, politisch und moralisch nicht angemessen begreiflich ist. Daß ich noch lebe, wenn solches geschehen ist, legt sich als untilgbare Schuld auf mich.«[10] Die metaphysische Schuld bzw. die metaphysische Verantwortung und das Wissen um sie als die je eigene bildet den eigentlichen Kern der *conditio humana* und der menschlichen Selbstbesinnung: »Würden wir Menschen von jeder metaphysischen Schuld uns befreien können, wir wären Engel und alle anderen drei Schuldbegriffe würden gegenstandslos.«[11]

Es ist demnach dem Menschen als Menschen und als Person aufgegeben, sich mit diesem vierfachen Sinn von Schuld bzw. Verantwortung im Blick auf die eigene Person und die der anderen Menschen auseinanderzusetzen. Durch die Art und Weise dieser persönlichen Auseinandersetzung bestimmt der je einzelne Mensch sich selbst wesentlich in seinem Sein als Mensch. Dies ist der eigentliche Sinn der Jaspersschen Lehre von den Grenzsituationen. Sein großer Essay über *Die Schuldfrage* stellt in gewisser Hinsicht eine Gelegenheitsschrift dar. Aber zugleich ist jener Essay weit mehr als nur eine Gelegenheitsschrift; er ist ein klassisch zu nennender philosophischer Traktat über die innere Zusammengehörigkeit von Recht und Moral, Politik und Metaphysik im Blick auf die geschichtliche Existenz des Menschen im Zeitalter der Moderne. Vieles, was in die damaligen Nachkriegsjahre hineingesprochen wurde, hat über diese Jahre hinaus Gültigkeit. Dies gilt keineswegs nur für den Begriff der metaphysischen Verantwortung. Es gilt auch für die Beschreibung jenes Unrechts- und Unheilskreises, der zwischen juristischem und moralischem Unrecht einerseits und politischem Unrecht andererseits besteht. In diesem Teufelskreis begünstigt und befördert ein Unrecht das andere: Moralischer Opportunismus und unverhältnismäßige Feigheit angesichts gebotener Hilfeleistung für widerrechtlich Verfolgte begünstigen die Gewaltherrschaft willkürlicher Rechtsbeugung; so wie umgekehrt eine solche Willkürherrschaft durch die gelenkte Verbreitung unverhältnismäßiger Ängste Opportunismus und Feigheit befördert und am Ende nicht nur das

10 Ebd., S. 21 f.
11 Ebd., S. 22.

moralische Unrecht, sondern sogar das Verbrechen begünstigt und belohnt. Auch das Prinzip menschlicher Solidarität angesichts metaphysischer Schuld dürfte Jaspers im Sinne eines stets gültigen Prinzips verstanden haben, auch wenn dieses Prinzip aus bestimmtem zeitlichen Anlaß in bestimmter Form formuliert worden ist. Diese Solidarität ist wesentlich eine menschliche Solidarität; aber nicht eine Solidarität angesichts der Ausgesetztheit der Menschheit im Kosmos und als Solidarität mit der gesamten Schöpfung, wie sie heute von vielen Seiten gefordert wird. Sie ist auch nicht die Solidarität der Sterblichen im Angesicht ihrer Sterblichkeit, wie sie der Philosoph Werner Marx unter dem Eindruck seiner Heidegger-Lektüre formuliert hat.[12] Es ist die Solidarität verantwortlicher Menschen, die sich als Personen für die Wahrung menschlichen Anstandes und menschlicher Gerechtigkeit verantwortlich wissen. In Jaspers' Essay lassen sich zwar Schuld und Verantwortung voneinander unterscheiden, nicht aber definitiv voneinander trennen. Ganz anders liegen die Dinge bei dem Philosophen des ausgehenden letzten Jahrhunderts, der wie kein anderer unsere Epoche durch sein Denken bestimmt hat und dessen Einfluß sich keiner der hier erwähnten Autoren entziehen konnte, auch Jaspers nicht. Ich meine Friedrich Nietzsche. Er ist es gewesen, der nicht nur die Begriffe »Schuld« und »Verantwortung«, sondern auch die korrespondierenden Sachverhalte scharf voneinander getrennt und die erste Seite an die Vergangenheit und die letztere an die Zukunft verwiesen hat. So vollzieht sich in Nietzsches Denken eine grundlegende Umgewichtung, eine Umwertung des anthropologischen, des moralischen und politischen Prinzips der Schuld auf das Prinzip der Verantwortung. Hand in Hand mit dieser Umgewichtung und Umwertung verlagert sich der Akzent von der Bedeutsamkeit von Gegenwart und Vergangenheit auf die Bedeutsamkeit von Zukunft und Gegenwart. So wie Schuldbewußtsein und Gedächtnis zusammengehören, so konstituiert sich eine wesentliche Zusammengehörigkeit zwischen Verantwortlichkeit und Wille.

Diese Umgewichtung und Umwertung vom Schuldprinzip zum Prinzip der Verantwortung vollzieht sich innerhalb einer radikalen Kritik an den überlieferten Wertzusammenhängen der traditionel-

---

12 Vgl. Werner Marx, *Gibt es auf Erden ein Maß?*, Hamburg 1983; sowie ders., *Ethos und Lebenswelt*, Hamburg 1986.

len europäischen Kultur, deren wesentliche Ingredienzen – Nietzsche zufolge – dem Platonismus und seiner popularisierten Gestalt: dem Christentum entstammen. Dementsprechend zielt diese Kritik in einer bis dahin unbekannten Schärfe auf den Traditionszusammenhang der höchsten Werte des Wahren und Guten, auf deren göttlich zu nennende Vereinigung. In dieser radikalen Wertkritik kommt der Kritik des Gewissens eine Schlüsselrolle zu, sofern das Gewissen die im menschlichen Bewußtsein vorfindliche Kontrollinstanz für die Zusammengehörigkeit des Wahren und Guten, die Stimme des Göttlichen im Menschen zu sein beansprucht: die christliche Version der von Plato gedachten Zusammengehörigkeit des Wahren und Guten. Nietzsche hat ein ebenso reiches wie scharfgeschliffenes Instrumentarium für seine Wert- und Moralkritik entwickelt. Hierher gehört der Verweis darauf, daß es die eine und einzig gültige, die allein wahre Moral nicht gebe; daß die mannigfachen Moralen vielmehr an jeweils bestimmte geschichtlich gewachsene Lebensformen und Lebensstile gebunden sind. Hierher gehört ebenso die Erinnerung, daß eine bestimmte Moral innerhalb einer Lebensform höchst unterschiedliche Funktionen übernehmen kann und diesen verschiedenen Funktionen entsprechend in unterschiedlicher Gestalt auftritt: »Moral als Folge, als Symptom, als Maske, als Tartüfferie, als Krankheit, als Mißverständnis; aber auch Moral als Ursache, als Heilmittel, als Stimulans, als Hemmung, als Gift«.[13] Alle diese Funktionen lassen sich nicht zuletzt im guten Funktionieren des Gewissens entdecken: Das Gewissen als Folge, als Symptom, als Maske, als Tartüfferie, als Krankheit, als Mißverständnis, aber auch als Ursache, als Heilmitel, als Stimulans, als Hemmung, als Gift . . .
Das andere, nicht weniger wirkungsvolle Instrument der Wertkritik ist die genealogische Betrachtung. Diese wird nachdrücklich von aller Historie und Geschichtswissenschaft unterschieden, der es um die objektive Feststellung gewesenen Geschehens geht. Unter den drei von Nietzsche unterschiedenen Weisen, Geschichte zu betreiben, der monumentalen, der antiquarischen und der kritischen, gehört die Genealogie zu der letzteren Betrachtungsweise. Die Genealogie ist insofern auch nicht einfach Entstehungs- oder Entwicklungsgeschichte, nicht Evolutionstheorie, die beschreibt,

---

13 *Zur Genealogie der Moral*, »Vorrede 6.«, in: *Sämtliche Werke*, Bd.. 5., S. 253.

wie etwas entstanden und zu dem geworden ist, was es nunmehr in der Gegenwart zu sein beansprucht. Genealogie ist historische Betrachtung im Zeichen des ständigen Entstehens und Vergehens, und zwar in kritischer Absicht. Die Kritik dieser Betrachtungsweise betrifft zunächst einmal geltend gemachte Ansprüche auf überzeitliche Gültigkeit; und sie betrifft in erster Linie die ursprünglichen Werte und Wertzusammenhänge selbst. Insofern hat es die Genealogie vorrangig mit den Werten des Wahren und Guten zu tun. Sie zeigt, wie solche Werte ihre geschichtliche Entstehung und ihr Vergehen und in dieser Geschichtlichkeit keinen eigentlichen Selbstzweck haben, sondern gewisse Funktionen im Spielraum von Chaos und Ordnung erfüllen. Ihre eigentliche wertkritische Funktion gewinnt die genealogische Betrachtungsweise dort, wo sie sich mit dem ursprünglichsten aller Vorurteile der platonisch-christlichen Überlieferung auseinandersetzt: mit der Idee, daß es ein Absolut-Gutes gäbe, das transzendent und jenseits der mannigfachen Verwicklungen zwischen dem relativ Guten und Schlechten wahrhaft seiend ist: ein An-und-für-sich-Seiendes und als ein solches nicht aus einem anderen Seienden und schon gar nicht aus seinem Gegensatz entsprungen.

Nietzsche hat diesem Vorurteil der Philosophen ein großes »Vielleicht« im Sinne eines möglichen Andersseins gegenüber jener Idee des Absoluten entgegengesetzt: »Bei allem Werte, der dem Wahren, dem Wahrhaftigen, dem Selbstlosen zukommen mag: es wäre möglich, daß dem Scheine, dem Willen zur Täuschung, dem Eigennutz und der Begierde ein für alles Leben höherer und grundsätzlicherer Wert zugeschrieben werden müßte. Es wäre sogar noch möglich, daß, was den Wert jener guten und verehrten Dinge ausmacht, gerade darin bestünde, mit jenen schlimmen, scheinbar entgegengesetzten Dingen auf verfängliche Weise verwandt, verknüpft, verhäkelt, vielleicht gar wesensgleich zu sein.«[14] Das wichtigste und am schärfsten kritisch wirkende Instrument innerhalb seines Instrumentariums aber hat Nietzsche in Form einer bewußten, methodischen Psychologisierung und Politisierung gefunden. Nicht von ungefähr hat er sich immer wieder als den Psychologen bezeichnet, und wenn er über Politik spricht, geschieht dies nicht von ungefähr häufig im Blick auf Plato. Aber die Psychologisie-

14 *Jenseits von Gut und Böse*, »Von den Vorurteilen der Philosophen«, in: *Sämtliche Werke*, Bd.. 5, S. 16 f.

rung und die Politisierung gewinnen bei ihm eine höchst eigentümliche methodische Eigenständigkeit, nicht zuletzt durch ihre methodische Verbindung. Psychologisierung ist hier nicht jene Orientierung der Erkenntnistheorie, welche die Logik und Erkenntnis unter der Bedingung ihrer psychischen Gegebenheiten als empirische Realitäten betrachtet und damit eine philosophische Kritik an diesem empiristischen Psychologismus heraufbeschworen hat. Nietzsches Psychologisierung bedeutet vielmehr die Betrachtung jeglichen psychischen menschlichen Verhaltens hinsichtlich seines Wertes für die Erhaltung und Steigerung der Lebensmöglichkeiten; und so auch des wertenden Verhaltens des Menschen als Verhalten gegenüber Recht und Moral. Andererseits ist auch die methodisch verstandene Politisierung vom gewöhnlichen Verständnis der Politisierung unterschieden: sie ist nicht eine Vermischung von Wahrheits- und Geltungsansprüchen mit impliziten oder expliziten Ideologien. Nietzsches Begriffe des Psychischen und des Politischen sind gleichermaßen extrem allgemein und formal. Die psychologische Betrachtung verlangt die Betrachtung der Werte nicht an sich, sondern als Werte im Dienste des Lebens und unter Bedingungen gelebten Lebens. Die politisierende Betrachtung verlangt die Betrachtung des Wertverhaltens unter der Bedingung des Prinzips des ›Willens zur Macht‹. Psychologisierung und Politisierung – in dieser extremen Formalität – sind demnach untrennbar zusammengehörige Betrachtungsweisen im Dienste der radikalen Kritik an der europäischen Tradition letztgültiger Wertzusammenhänge. Jene beiden Betrachtungsweisen gehen zusammen ein in die von Nietzsche skizzierte Genealogie des Gewissens. Unter den Bedingungen jener Psychologisierung und Politisierung wird diese Genealogie erweitert und verschärft zu einer Genealogie des Ressentiments. Daß das Gewissen des Menschen keine untrügliche Instanz ist, daß hier vielmehr Schein und Maske, Mißverständnis und Tartüfferie immer hereinspielen, – nicht dies ist Nietzsches eigenste Entdeckung. In dieser Kritik des Gewissens sah er sich als den Nachfolger Spinozas. Die Entdeckung Nietzsches liegt vielmehr in der Beziehung zwischen Gewissen und Ressentiment, die sich der genealogischen Betrachtung aufdrängt. Das archaische Verhältnis, von dem diese Betrachtung ausgeht, ist das der Entsprechung von Schuld und Strafe (bzw. Sühne). Der Prozeß der Kultur stellt sich unter diesem Gesichtspunkt als geschichtlich-kultureller Prozeß einer wachsenden Ausdifferenzierung der Außen- und Innenwelt des Menschen dar. Die gesellschaftlichen Verhältnisse menschlicher Vergehen und ihrer Bestrafung entwickeln sich weiter, in dem das menschliche Bewußtsein (*conscientia*) eine Eigenwelt ausbildet, in der sich Schuld und schlechtes Gewissen in ihrer Zusammengehörigkeit verselbständigen. Nietzsches Kritik hinsichtlich dieser Entwicklung besagt: Durch die Verinnerlichung äußerer Verhältnisse von Vergehen und Bestrafung entsteht für die Sache der Gerechtigkeit, für die fragliche Sache des Guten, kein echter Zugewinn. Was anstelle einer möglichen Vermehrung der Gerechtigkeit allein statt hat, ist eine Transformation ihrer Gestalt.

11. Die Zeitlichkeit der Verantwortung

Die neuzeitliche Kritik am menschlichen Gewissen als einer ursprünglichen Instanz der Wahrheit und der Gerechtigkeit ist vielfältig. Sie betrifft die Erscheinungen des guten und schlechten Gewissens gleichermaßen, aber auch die Phänomene des offenkundigen Mangels jeglicher Gewissenhaftigkeit und der beliebigen Täuschung und Manipulation einer Instanz, die im Grunde Unbestechlichkeit des Richteramtes für sich beansprucht. Gerade die *Genealogie der Moral* zeigt, wie das Gewissen durch die Gewinnung eines eigenständigen Weltinnenraums einen zusätzlichen Freiraum gewinnt, die eigenen Taten und Handlungen beliebig darzustellen und denselben eine Wertung im Dienste der Selbstgerechtigkeit zu verleihen. Nietzsche ist unter den modernen Kritikern des Gewissens zweifellos der radikalste. Seine Kritik beschränkt sich nicht auf den Hinweis, daß das Gewissen zu einer Instanz selbstherrlicher Selbstgerechtigkeit zu werden vermag. Die andere Ursprungsgeschichte, die Genealogie des Ressentiments aus gegebenen sozialen Machtverhältnissen zeigt, wie nahe in den sich entwickelnden Eigenwelten des Bewußtseins Liebe und Haß beieinanderliegen und wie sich hinter scheinhafter Menschenliebe Selbsthaß und mißlungene Kompensation eines schlechten Gewissens verbergen können, welche die schönste aller menschlichen Lebensmöglichkeiten verderben. Nicht nur, daß das Gewissen täuscht, sich auf vielfältige Weise täuscht, um die gute Meinung seines Subjektes von sich selbst hervorzubringen; das Gewissen ist keineswegs immer nur ein Hemmschuh des Schlechten und eine

Brücke zum Guten. Es kann vielmehr selbst zu einer Quelle des Bösen werden. Hier liegt der tiefere Anlaß für Nietzsches Verlagerung des Prinzips des Schuldbewußtseins auf das Prinzip Verantwortung. Man wird nicht sagen können, daß in Nietzsches Verantwortungsbegriff jegliche moralische Konnotation getilgt sei. In einem gewissen Sinne ist der Verantwortungsbegriff gerade einer der wichtigsten Träger der Umwertung der Werte. Was in diesem Begriff anklingt, ist unter anderem: eine Befreiung von einer Belastung durch die Vergangenheit, die keine höhere Gerechtigkeit ermöglicht; eine Tugend, die in der Sprache der klassischen Ethik mit Mut bzw. Tapferkeit zu umschreiben wäre: Verantwortung nicht als ein soziales Faktum, sondern als eine Aufgabe, die über den Mut hinaus auch ein Können verlangt, also eine Verbindung ethischer und dianoetischer Tugenden. Vor allem aber verweist das Prinzip Verantwortung den Menschen auf die Zukunft. Die Bereitschaft zur Verantwortung ist die Bereitschaft, Aufgaben zu übernehmen, die vor dem Menschen liegen. Nietzsche ist mit seinem neuen Verantwortungsprinzip zugleich auch der Entdecker einer Ethik, die man in Anknüpfung an Hans Jonas die Ethik des Entfernten, genauer die Ethik der ferneren Zukunft nennen mag. Aber andes als Jonas hat Nietzsche in seiner »Fernstenethik« nicht nur die Aufgabe der Verantwortung für die zukünftige Menschheit vor Augen, sondern auch die Verantwortung des je einzelnen Menschen für seine personale Zukunft. Das eine läßt sich nicht vom anderen trennen. Der Mensch ist als Mensch ein Selbst. Er kann zu sich »Ich« sagen. Aber zugleich ist er in diesem seinem Selbstsein sich selbst möglicherweise das Fernste. Könnte der Mensch nicht in dieser Ferne von sich selbst er selbst sein, könnte er nicht in seinem Selbstsein sich selbst das Fernste sein, so könnte die Verantwortung für so etwas unendlich Fernes wie die zukünftige Menschheit für ihn niemals eine sinnvolle und verantwortlich wahrzunehmende Aufgabe werden.

Durch seinen Gedanken der notwendigen Transposition und Transformation des Prinzips Schuld in das Prinzip Verantwortung hat Nietzsche eine außerordentliche Wirkung hervorgerufen, teils direkt, teils indirekt. Er hat diese Transformation selbst wohl in erster Linie im Rahmen seiner Idee einer notwendigen Umwertung der Werte bedacht. Aber diese Umwertung war keineswegs nur – auch für ihn selbst nicht – »prophetische Philosophie« (Jaspers), also keineswegs nur eine neue willkürliche Wertschöpfung des schöpferischen Philosophen. Sie war vielmehr ebenso eine Konsequenz der analytisch-diagnostischen Auseinandersetzung mit den Kulturphänomenen der eigenen Epoche. Die Aufgabe, an der gemeinsamen Zukunft der Menschheit mitzuwirken, ist seit der Epoche der Aufklärung ein Prinzip der Ethik, auf dem die Möglichkeit der Individualethik beruht. Insbesondere in der Tradition des Kantianismus und des Neukantianismus ist diesem Prinzip eine grundlegende Bedeutung zuerkannt worden. Heute wächst weithin das Bewußtsein, daß es sich hier nicht um ein formales spekulatives Prinzip einer rein philosophischen Betrachtung, sondern um die aktuellste empirisch-praktische Aufgabe der Menschheit handelt. Aber diese Aufgabe ist keineswegs darauf beschränkt, einen neuen Sinn der Verantwortlichkeit für unsere Erde und für die Erhaltung der Lebensbedingungen der modernen technisch-wissenschaftlichen Welt zu wecken und diesen Sinn zu pflegen. Es kann auch nicht nur um die Entwicklung von Technologien gehen, die imstande sind, ihre eigenen Lebens- und Existenzbedingungen zu sichern. Die Aufgaben und die mit ihnen verknüpften Verantwortlichkeiten verweisen auf die eigentliche Aufgabe und eigentliche Verantwortlichkeit des heutigen Menschen: die Bewahrung der Menschheit als Menschheit – und dies angesichts eines dramatischen Wandels im Wesen des Menschen durch den von der wissenschaftlich-technischen Entwicklung beförderten Wandel. Die beiden großen Fragen, vor denen die Menschheit hier wie vor einer undurchsichtigen Wand steht, sind: Was ist der Mensch und wie wollen wir, daß er sein soll? Wo beginnen Züge des Wandels, die uns beunruhigt fragen lassen, ob diese Züge dem Bild dessen entsprechen, welches wir uns vom Menschen machen wollen. In dem von Nietzsche ins Auge gefaßten Prinzip Verantwortung sind es vor allem die folgenden Züge, die die zeitgenössischen Diskussionen um die ethische und rechtliche, die politische und die metaphysische Seite jenes Prinzips betreffen: (a) Die Orientierung des Prinzips Verantwortung im Blick auf die Zukunft; (b) die Funktionalisierung bzw. Entmoralisierung des Prinzips Verantwortung; (c) die Erweiterung des Spielraums der Verantwortungen. Was den ersten Punkt betrifft, so hat es den Anschein, als ob die Gestaltung unserer heutigen Welt durch Technologie und sozialpolitische Organisation die Geltung dessen, was Jaspers moralische und metaphysische Schuld nannte, immer mehr in den Bereich des Privaten und der persönlichen Beziehungen eingrenzt. Der Begriff einer metaphysischen Schuld wird ohnehin nicht jedem Menschen in seiner moralischen, rechtlichen und politischen Bedeutsamkeit zu vermitteln sein, – in einer Epoche, die sich einiges darauf zugute hält, jenseits der Metaphysik zu stehen. Max Webers berühmte und immer wieder zitierte Grundunterscheidung zwischen Gesinnungs- und Verantwortungsethik ist in dem Vortrag »Politik als Beruf« so formuliert, daß sie dem heutigen Zeitgenossen fraglos als Plädoyer für den zweitgenannten Typus einer Ethik erscheinen wird. In der Gesinnungsethik gilt der »gute Wille« (Kant), der Wert der Gesinnung alles, nicht, weil die Handlung keinen Wert haben könnte, sondern weil die Handlung mitsamt ihren Folgen sich im Gefüge der Welt der Verfügungsmacht des je einzelnen Willens entzieht. Demgegenüber zählt für die Verantwortungsethik die reine Gesinnung für sich nichts, sie ist sogar in ihrem Reinheitsanspruch fragwürdig, um nicht zu sagen gefährlich. Die Losung dieser Ethik ist: *Hic Rhodus, hic salta*: auf die Handlung allein und ihre Folgen kommt es an, wie immer es um Gesinnung und Motivation stehen mag. Im Vergleich zwischen Gesinnungs- und Verantwortungsethik geht es demnach nicht um einen Wertvergleich zwischen den Werten einer Gesinnung und denen einer feststellbaren Handlung in ihrer Wirksamkeit, nicht um die Vergleichung eines Unvergleichbaren. Vielmehr liegt den beiden unterschiedlichen Idealtypen einer Ethik eine unterschiedliche Einschätzung des menschlichen Willens hinsichtlich seiner Macht und Ohnmacht zugrunde.

Besonders deutlich tritt Nietzsches Einfluß in Heideggers fundamentalontologischem Ansatz in *Sein und Zeit* hervor. Wilhelm Weischedel hat darauf hingewiesen, daß es hier im § 60 um die Explikation des Prinzips Verantwortung geht[15], auch wenn Heidegger sehr bewußt auf die traditionellen Begriffe der Schuld und des Gewissens zurückgreift, um diese gänzlich neu, nämlich existentiell zu interpretieren. Schuld und Gewissen werden nicht als vergangenheitsbezogene psychische Gegebenheiten genommen. Vielmehr wird ihnen ein ursprünglicher und entscheidender Wille vorgeordnet: ein »Wille zum Gewissen«, eine Bereitschaft zum eigenen Schuldig-Werden-Können. Diesem Willen erschließen

15 Wilhelm Weischedel, *Das Wesen der Verantwortung*, Frankfurt am Main ²1958.

sich allererst Möglichkeiten des je eigenen Seins – Möglichkeiten eigener Wahrhaftigkeit, die im alltäglichen Dahinleben verborgen bleiben. Heideggers hermeneutische Analytik des Daseins hat ihrerseits wesentlich zur Aktualisierung der aristotelischen Ethik beigetragen, wesentlich mehr als die Berufung Nicolai Hartmanns auf diese Ethik. In der gegenwärtigen Diskussion der philosophischen Ethik spielen zwei Paradigmen eine ausgezeichnete Rolle. Auf der einen Seite die genannte aristotelische Ethik, auf der anderen Seite die praktische Philosophie Kants. Wie im Falle der idealtypischen Unterscheidung zwischen Gesinnungs- und Verantwortungsethik handelt es sich auch hier um eine eher idealtypisierende abstrakte Entgegensetzung, obwohl maßgebliche Protagonisten dieser Diskussion dies nicht wahrhaben wollen. Es geht bei dem fraglichen Gegensatz nicht so sehr um die vieldiskutierte Unterscheidung zwischen einer deskriptiven und einer normativen bzw. zwischen einer teleologischen und einer deontologischen Ethik, als vielmehr um die Differenz des philosophischen Zugangs und der Betrachtung des Faktums des Ethos. Im einen Falle geht es um die Verbindlichkeit des Ethos in Relation zu einer bestimmten Lebens- und Kulturwelt. Die Art und Weise dieser Verbindlichkeit gilt hier als Bestandteil des bestehenden Ethos selbst und ist wie dieses in seinem Bestehen geschichtlichen Bedingungen seiner Abwandlung unterworfen. Im anderen Falle geht es um die philosophische Aufgabe einer universalen Begründung möglicher und wirklicher Verbindlichkeiten überhaupt: um die Legitimation ethischer, rechtlicher und politischer Verbindlichkeiten. Wie immer diese beiden Paradigmen der ethischen Reflexion aufeinander bezogen werden, eine formale Gemeinsamkeit beider springt ins Auge und spielt dementsprechend in den Diskussionen eine zentrale Rolle. In beiden Paradigmen steht der Begriff der Handlung im Mittelpunkt. Handlung ist in der Philosophie – übrigens ähnlich wie Verantwortung – zu einem Allerweltswort geworden, unter dem sich höchst unterschiedliche Begriffsgehalte verbergen. Wesentlich für den klassischen Handlungsbegriff – von Aristoteles bis Kant – ist die Bindung desselben an die Idee einer bewußten und vernünftigen Lebensgestaltung (Bios), mag diese die Form der *vita activa* oder die der *vita contemplativa* annehmen. Spinoza, in dessen *Ethik* der Zusammenhang zwischen menschlichem Handeln und einer vernünftigen Lebensführung die Grundlage bildet, hat in seinem *Tractatus de Emendatione Intellectus* in diesem Sinne von dem *institutum vitae* gesprochen. Demgegenüber zeigt sich in Kants praktischer Philosophie, daß für unsere Moderne dieser Zusammenhang fragwürdig geworden ist. Diese Fragwürdigkeit wird sichtbar in den konstruktiven Begriffsanstrengungen, sie nicht ganz aus dem Auge zu verlieren.

Was den hier in den Vordergrund gerückten Begriff: das Prinzip Verantwortung von dem Prinzip Handlung unterscheidet, ist nicht primär seine konstitutive Bezogenheit auf Zukunft. Zum einen ist diese Bezogenheit auch für den Begriff der Handlung konstitutiv und wird im Rahmen der Handlungstheorie mit größtem Scharfsinn hin- und hergewendet. Zum anderen habe ich unter Berufung auf Jaspers angedeutet, daß der Begriff Verantwortung durchaus mit Sinn, ja unverzichtbar auch auf Gegenwart und Vergangenheit anwendbar ist. Wenn es eine Differenz zwischen den beiden ethischen Grundbegriffen auszumachen gilt, so wird diese zunächst zu suchen sein im Blick auf die angedeutete traditionelle Bindung des Handlungsbegriffes an die Idee eines einheitlichen Lebens aus praktischer Vernunft. Die Würde des Menschen ist nicht nur die Würde angesichts einer jeweils bestimmten Handlung, so wenig wie nur die Achtung dieser Würde in der humanen Gesinnung. Die menschliche Würde bezieht sich auf den Zusammenhang von Handlung und Lebensgestaltung im Ganzen. Der Begriff der Verantwortung in seinem heutigen Gebrauch scheint ohne diese Beziehung auf das Ganze des gelebten menschlichen Lebens auszukommen. Verantwortung ist immer zunächst hier und jetzt wahrgenommene oder nicht wahrgenommene Verantwortung, mag immer sie Verantwortung für ein Zukünftiges sein. Zu Recht wird im Gebrauch des Prinzips Verantwortung eine Struktur hervorgehoben, die im wesentlichen aus drei bzw. vier Strukturelementen besteht: Verantwortung ist 1. Verantwortung von jemandem; 2. Verantwortung für etwas, bzw. 3. Verantwortung für jemanden und 4. Verantwortung vor jemandem.[16] So ist die Verantwortung immer die Verantwortung eines menschlichen Subjektes, einer Person, einer natürlichen oder juristischen Person. Verantwortlichkeit setzt insofern die Bedingungen von Personalität voraus. Verantwortung für etwas, ist nicht notwendig auf Handlungen

---

16 Vgl. hierzu Otfried Höffe, *Sittlich-politische Diskurse*, Frankfurt am Main 1981, insbes. S. 33 ff.

beschränkt, nicht auf begangene oder unterlassene Handlungen, obwohl diese Verantwortlichkeit von besonderer Bedeutung ist und bleibt. Insofern ist das Prinzip Handlung in dem weiteren Prinzip Verantwortung enthalten. Wichtig ist, daß Verantwortlichkeit sich nicht nur auf Handlungen bezieht. Es gibt Verantwortlichkeiten für die Herstellung oder Bewahrung einer guten, freundschaftlichen, humanen Atmosphäre; auch eine Verantwortung und Mitverantwortung für gute und freundliche Gesinnung. Solche Verantwortlichkeiten gibt es ebenso im privaten wie im öffentlichen Leben. Vor allem aber gibt es eine Verantwortlichkeit für andere Menschen, für Menschen der näheren und der weiteren Umgebung, und wie schon gesagt, eine Verantwortlichkeit des Menschen für die Menschheit insgesamt. Es gibt auch eine Verantwortlichkeit gegenüber den Verstorbenen, eine Verantwortung für die Wahrung der Würde ihres Andenkens. Das gegenwärtige Bewußtsein der Menschen geht dahin, die beschriebene Verantwortung über den Kreis des Menschen hinaus zu erweitern. Die stellvertretende Verantwortung für unmündige Kinder auszudehnen auf die Verantwortlichkeit für lebendige Wesen, für Tiere, insbesondere in dem Sinne, daß diesen bei ihrem Opfergang für den Menschen wenigstens die schlimmste Quälerei erspart bleibt. Es läßt sich nicht ein für alle Male statuieren, wo die Grenzen zwischen moralischer und rechtlicher Verantwortlichkeit verlaufen. Ethische und rechtliche Wertvorstellungen unterliegen dem geschichtlichen Wandel. Schließlich ist das dritte Strukturmoment der Verantwortung: Verantwortung ist Verantwortung vor jemandem. Im Falle moralischer Verantwortlichkeiten heißt dies, sie ist Verantwortung vor anderen Menschen und zwar zunächst und in erster Linie vor denjenigen, die von einer wahrgenommenen oder nicht wahrgenommenen Verantwortung für eine Sache oder für eine Person direkt oder indirekt betroffen sind. Es kann aber auch eine stellvertretende Verantwortung vor Dritten geben, die von der fraglichen Verantwortung bzw. von einer Unverantwortlichkeit überhaupt nicht betroffen sind. Um Jaspers' Begriff der metaphysischen Verantwortung metaphysisch weiterzudenken: Gott vertritt alle diejenigen Menschen, vor denen Verantwortung nicht wahrgenommen werden kann, obwohl sie vor ihnen wahrgenommen werden müßte.

iii. Rechtzeitigkeit

Die moralische Gemeinschaft der Menschen, die im Begriff der metaphysischen Schuld gedacht ist, ist demnach eine Gemeinschaft verantwortlicher Personen, die voreinander verantwortlich sind für ihre wahrgenommenen und versäumten Verantwortlichkeiten. Das Prinzip der Verantwortung ist demnach, wie Otfried Höffe zu Recht unterstrichen hat, mehrschichtig[17]. Es gibt zunächst die gehabte Verantwortung, ob sie nun von jemandem übernommen worden ist oder ob jemand in sie hineingewachsen ist. Und es gibt im Blick auf die Wahrnehmung dieser gehabten Verantwortung die Verantwortlichkeit für diese Wahrnehmung bzw. Nicht-Wahrnehmung. Dies ist nur eine andere Formulierung für die vorherige Unterscheidung zwischen Verantwortung für jemanden oder etwas und Verantwortung vor jemandem oder etwas. In den rechtlichen und rechtsstaatlichen Institutionen sind diese beiden Verantwortlichkeiten nach jeweiligen Zuständigkeiten und im Blick auf jeweils zuständige rechtliche Instanzen geregelt. Die Zeitlichkeit der Verantwortung ist nach allem bisherigen nicht hinreichend dadurch bestimmt, daß sie die Zeitlichkeit des Zukünftigen ist. Nicht nur, daß es auch eine Verantwortung für vergangenes Geschehen, für vergangenes Tun gibt; eine Verantwortung nicht nur für die Lebenden, sondern auch für die Ungeborenen, die nachkommenden Generationen und für die Verstorbenen. Das Prinzip Verantwortung hebt das Prinzip Schuld nicht auf. Es läßt dieses nur teilhaben und eingehen in die Perspektive der Verantwortlichkeit für das Zukünftige. Aber die Verantwortlichkeit für das Zukünftige ist selbst hinsichtlich der zukünftigen Zeit vielfältig gegliedert. So ist zwar einerseits das Strukturverhältnis zwischen Verantwortlichkeit für... und Verantwortlichkeit vor... ein zeitloses Verhältnis, sofern die eine Verantwortlichkeit von der anderen nicht zu trennen ist. Aber in der geschichtlichen Wirklichkeit liegt die Verantwortlichkeit für wahrgenommene bzw. für nicht-wahrgenommene Verantwortung dieser gegenüber in der Zukunft. Oft liegt diese Zukunft gegenüber der Zukünftigkeit der »ersten« Verantwortlichkeit in weiter Ferne. Moralische Verantwortlichkeit verjährt ebensowenig wie politische. Jene unterliegt dem Prinzip Verzeihung, diese dem Prinzip des Vergessens

17 Höffe, a.a.O.

oder der geschichtlich objektivierenden Erinnerung. Die Prinzipien der Verzeihung und die des Vergessens sind durchaus verschieden, auch wenn es eine glückliche Naturbegabung zum Vergessen gibt, die dem Verzeihen zum Verwechseln ähnlich sieht. Das Prinzip der Verjährung im geltenden Recht ist wichtig im Sinne der Einfügung in die Prinzipien des Verzeihens und des Vergessens im Sinne der historisierenden Erinnerungen. Aber die Zukünftigkeit der Verantwortung ist komplex nicht nur im Blick auf die Strukturdifferenz von Verantwortung für ... und Verantwortung vor ... Sie ist auch schon komplex im Blick auf die Verantwortung für ...: Verantwortung für Sachen und Personen. Diese Verantwortung für das Bevorstehende ist zeitlich strukturiert. Aber die Differenzen zwischen dem Näher- und Ferner-Bevorstehenden fallen keineswegs immer mit der Differenz der Prioritäten der Verantwortlichkeiten zusammen. Manchmal verlangt die Verantwortlichkeit, den zweiten Schritt vor dem ersten zu tun. Manchmal wird dies zum leichtsinnigen Umgang mit der Verantwortung. Manchmal wird Verantwortung für das Ferner-Bevorstehende so belastend, daß darüber die alltäglichsten Verantwortlichkeiten versäumt werden. Es gibt eine Flucht aus der Verantwortung durch willkürliche Verwirrung der Regeln ihrer Zeitlichkeit.

Man kann die Verantwortlichkeit am besten beschreiben durch die Beschreibung der Aufgabe, für deren Erfüllung jemand verantwortlich ist, und durch die Beschreibung einer möglichst perfekten Erfüllungsweise derselben. In dieser Beschreibungsmöglichkeit zeigt sich die im Prinzip Verantwortung gelegene Tendenz einer Funktionalisierung und der Befreiung von spezifisch moralischen Konnotationen. Auf der anderen Seite wird auf diese Weise deutlich, wieviel Ethos das alltägliche menschliche Berufsleben enthält – Ethos im großen und kleinen, bestehend in der möglichst gewissenhaften Erfüllung der jeweiligen Aufgabe. Gewissenhaftigkeit ist im Zeichen des Prinzips Verantwortung eine Tugend – allerdings eine Tugend, die wie jede andere auch – nicht gefeit ist gegen ihre mögliche Entgleisung. Das moderne Alltagsleben zeigt sich dem Menschen als ein Netz von Verantwortlichkeiten, dessen Maschen durch die zunehmende Vernetzung aller menschlichen Angelegenheiten durch soziale und rechtliche Regelungen immer enger geknüpft werden. Es macht keinen Sinn, allgemein und pauschal von einer zunehmenden Last der Verantwortlichkeit des einzelnen Menschen zu sprechen. Nicht nur, daß sich Spielräume der erlaubten Freiheit von Verantwortlichkeit im Privatleben und in der Freizeitgestaltung erhalten und neu bilden. Vielmehr gibt es über zunehmende Belastung durch Verantwortlichkeit hinaus auch komplementäre Entwicklungen der Entlastung durch Automatisierung von Verantwortlichkeit und durch Verlagerung persönlicher Verantwortung auf die Verantwortung von Institutionen des rechtlich-öffentlichen Lebens. Was allenfalls beobachtet werden kann ist dies, daß persönliche Verantwortung als solche schwer zu erkennen wird und deswegen auch schwerer anzuerkennen ist. Unter diesem Gesichtspunkt kommt der Moral und der Metaphysik im Prinzip Verantwortung eine ganz besondere, vielleicht sogar neuartige Bedeutung zu. Denn die moralische und die metaphysische Verantwortung ist und bleibt persönliche Verantwortung. Persönliche Verantwortung aber ist schlechthin unteilbar. Dieser hohe Wert der persönlichen Verantwortung schließt den Wert geteilter bzw. gemeinschaftlich getragener Verantwortung keineswegs aus. Die Verantwortlichkeit für das Zukünftige ist nicht Verantwortung für das Bevorstehende überhaupt, sondern Verantwortlichkeit für Rechtzeitigkeit, Verantwortlichkeit für die richtige Zeit. Damit möchte ich weder auf den existentiellen Begriff des Augenblicks (Kierkegaard) noch auf den theologischen Begriff der erfüllten Zeit (Tillich) anspielen. Verantwortlichkeit für die richtige Zeit bedeutet vielmehr dies, daß das Versäumen der richtigen Zeit unter den gegebenen Umständen der Vernachlässigung der Verantwortlichkeit selbst gleichkommt. Man mag es mit der Pünktlichkeit halten wie mit der Gewissenhaftigkeit. Sicher ist, daß dies beides, kleinlich praktiziert, zur Manie werden kann. Aber andererseits besteht kein Zweifel, daß die kleinen alltäglichen ebenso wie die großen, die Menschheit betreffenden Aufgaben an die Bedingung der Rechtzeitigkeit gebunden sind. Diese Rechtzeitigkeit ist nicht die beste aller Zeiten, sondern diejenige Zeit, die noch bleibt, ehe es zu spät ist und die ausstehende Aufgabe damit hinfällig wird. Verantwortlichkeit ist unter diesem Gesichtspunkt immer Verantwortlichkeit für Rechtzeitigkeit. Das öffentliche Bewußtsein der Dringlichkeit dieser Rechtzeitigkeit angesichts der gewaltigen ungelösten politischen und sozialen Aufgaben wächst ständig.

Die bezeichnete Rechtzeitigkeit ist die Zeitbestimmung der Rettung. Diese Rettung kann sein: die Rettung menschlicher Beziehungen, die Rettung des bedrohten Friedens zwischen Gruppen,

Völkern oder Nationen. Rettung des einzelnen oder ungezählter vom Hungertod bedrohter Menschenleben, Rettung der Bewohnbarkeit der Erde für den Menschen, Rettung des Menschen als Menschen. Die Rettung des Menschen als Menschen will bedeuten: Rettung der Erkennbarkeit des Menschen als Menschen durch seine Mitmenschen und Rettung der wechselseitigen Anerkennung der menschlichen Würde unter den Menschen. Es gibt wohl keinen Menschen, der nicht irgendwann die Erfahrung geglückter oder mißglückter Rettung gemacht hätte. Geglückte Rettung erscheint oft wie ein Wunder, welches die Verantwortlichkeit des Menschen im Guten übersteigt. Und doch lehrt diese Erfahrung – auch wenn sie die Erfahrung eines solchen Wunders nicht missen mag: die Zeit der Rettung, diese Rechtzeitigkeit ist nicht die beste menschliche Zeit. Eine bessere Zeit ist die einer geringeren oder einer gänzlich fehlenden Bedrohung. Auf sie hinzuarbeiten, Aufgaben in diesem Sinne zu entwickeln und mit ihr neue Verantwortlichkeiten und eine neue Bereitschaft, solche zu übernehmen, dies ist der Kern im Prinzip Verantwortung.

Kultur und Vergessen

1. Das Prinzip der Vernunft
in der menschlichen Kultur

Immer dann wird der Mensch vor allem um die für ihn wichtigen Güter des Lebens besorgt sein, wenn er sich von dem Verlust ihres Besitzes bedroht oder sich in der Nutzung und im Genuß dieses Besitzes beeinträchtigt sieht. Wenn er unter solchen ungünstigen oder sogar bedrohlichen Umständen seine Anstrengungen vervielfacht, um die gefährdeten Güter zu erhalten und die verlorenen zu ersetzen, so liegt dies ebenso in der Natur der Sache wie im menschlichen Wesen. Praktische Bemühungen um eine Sache werden eher durch die Möglichkeit einer Beraubung als durch die Wirklichkeit einer vertrauten Gegenwart veranlaßt. Zu den wahren und vermeintlichen Gütern des Daseins gehören nun nicht nur die elementaren materiellen Güter, deren der Mensch ständig und notwendig zu seiner Selbsterhaltung bedarf und die er sich täglich und stündlich neu erarbeiten muß. Es gehören hierzu auch die ideellen Gegebenheiten, die es ihm ermöglichen, seines Strebens nach Selbsterhaltung froh zu werden. Das Streben nach Selbsterhaltung und die Bejahung dieses Strebens gehören untrennbar zusammen. Dementsprechend bilden auch die materiellen und die immateriellen Güter im Hinblick auf das menschliche Dasein einen untrennbaren Zusammenhang; und so wenig eine absolute Unterscheidung zwischen dem Selbsterhaltungsstreben und der Bejahung dieses Strebens getroffen werden kann, so wenig läßt sich ein absoluter Trennungsstrich ziehen zwischen materiellen und ideellen Gütern, der für alle erdenklichen menschlichen Lebensumstände Gültigkeit hätte. Unversehens gehen materielle und immaterielle Lebensgüter ineinander über. Wenn irgend etwas, so sind Speise und Trank elementare materielle Lebensgüter. Aber da, wo diese bewußt genossen und für die Möglichkeit eines solchen Genusses Sorge getragen wird, haben diese Güter bereits immateriellen und ideellen Charakter angenommen. Ähnlich sind so lebenswichtige Güter wie Gesundheit und Freundschaft bzw. menschliche Geselligkeit zu betrachten. Wegen ihrer fundamentalen Lebenswichtigkeit gehören sie zu den materiellen Gütern, während das Bewußtsein ihres Besitzes und die Freude an diesem Besitz gleichermaßen unter die materiellen wie die ideellen Güter gerechnet werden können. Und ähnlich ist es wiederum mit den großen und kleinen Errungenschaften der Technik bestellt, mit deren Hilfe der Mensch sich selbst sein Selbsterhaltungsstreben und dessen Bejahung erleichtert, indem er sich mit Hilfe dieser selbsterschaffenen Technik den Erwerb und die Erhaltung anderer Güter sichert. Selbst die großen Güter, die am ehesten rein geistige Güter sind, wie die Werke der Kunst und die großen Schöpfungen des religiösen Glaubens und des philosophischen Wissens, bleiben an die Voraussetzung einer materiellen Güterwelt gebunden. Für alle diese Güter und Güterwelten gilt prinzipiell, daß die Grenze zwischen Materialität und Immaterialität auf mehr als nur eine einzige, allein gültige Weise gezogen werden kann. Was nun die theoretische Bemühung der Philosophie um die wahren und vermeintlichen Güter des Lebens betrifft, so ist diese Bemühung keineswegs nur als Verlängerung einer alltäglichen Lebenspraxis anzusehen. Wie immer einer solchen Lebenspraxis entsprungen, befreit sich die philosophische Erkenntnis aus der ursprünglichen Bindung an diese Praxis und an deren kontingente Veranlassungen. Im Gegensatz zur alltäglichen Lebenspraxis aber ist die philosophische Theorie nie gefährdet genug, um auf eine unmittelbare Bedrohung reagieren zu müssen. Wohl aber hält sie an einer theoretischen Verbindung mit jener Praxis fest, indem sie die prinzipielle Möglichkeit der Beraubung bedenkt, die in alle Zusammenhänge zwischen dem menschlichen Dasein und seiner Güterwelt hineinspielt.

Kultur gehört, von diesem Standpunkt der menschlichen Güterwelt aus betrachtet, zu den wichtigsten, um nicht zu sagen elementarsten Gütern des Lebens. Diese Elementarität, die von einer Kulturbedürftigkeit des Menschen zu reden erlaubt, legt es nahe, die Kultur selbst als ein materielles Gut anzusehen, ohne daß damit mögliche Idealisierungen dieses Gutes ausgeschlossen werden. Wie auch immer der Begriff der Kultur durch eine Philosophie der Kultur bestimmt werden mag, stets ist mit jenem Standpunkt die Anerkennung der Kultur als eines menschlichen Gutes verbunden. Daran vermag auch eine wie immer beschaffene Kritik der Kultur nichts zu ändern. Zwar kann eine solche Kritik mannigfache Phänomene der Kultur in ihrem vermeintlichen Wert herabsetzen. Sie kann dem »Kulturmenschen« kritisch vorhalten, daß er wichtige Güter der Kultur nicht richtig verwende, indem er sie nicht zu seinem Besten gebraucht. Die Kritik der Kultur kann an einer ganzheitlichen Entwicklung der Kultur Mißfallen finden und den Anspruch auf Fortschritt, der im Begriffe der Kultur selbst gelegen scheint, prinzipiell in Zweifel ziehen. Und sie kann schließlich den Wert des Gutes »Kultur« für den Menschen grundsätzlich verneinen und die Abschaffung aller Kultur und die Rückkehr zu einer reinen, unberührten Natur postulieren. Aber mit alldem ist die Anerkennung der Kultur als eines menschlichen Gutes nicht prinzipiell in Frage gestellt. Nie wird der Kulturkritiker alle Phänomene der Kultur insgesamt verurteilen, nie jeden möglichen Gebrauch von Kulturgütern als verkehrt ansehen können. Wenn ihm eine gewisse Entwicklungstendenz der Kultur mißfällt, so hat er andere Möglichkeiten der Entwicklung im Auge; und selbst an dem revolutionären Kulturkritiker, der die Abschaffung der ganzen Kultur fordert, wird man die Ausdrucksformen einer Enttäuschung oder gar Verzweiflung erkennen können, die sich nicht damit abfinden will, daß Ideal und Wirklichkeit des Guten so wenig zusammenstimmen. Die menschliche Kultur als ein Gut des menschlichen Lebens anzusehen, kann zweierlei bedeuten: Man kann die Kultur als ein Gut neben anderen Gütern ansehen. In diesem Falle wird sie sich mit anderen Gütern vergleichen lassen, gegebenenfalls diesen anderen Gütern unterordnen lassen müssen. So stellt so manche Kulturkritik die Natur als ein Gut neben die Kultur oder sogar über dieselbe. In ähnlicher Weise wird der gläubige Mensch den Gegenstand und Inhalt seines Glaubens als ein Gut betrachten, das er über alle erdenklichen Kulturgüter stellt. Anders der Kulturwissenschaftler, der die Kultur zum Gegenstand seiner wissenschaftlichen Forschung macht und der im Naturbegriff des Kulturkritikers ebenso wie im Glaubensgehalt des religiösen Menschen eine jeweils bestimmte Kulturabhängigkeit erkennt. Auf der anderen Seite aber läßt die Kultur sich auch als Inbegriff, als das Ganze aller Güter des Lebens überhaupt betrachten, als Totalität der materiellen und ideellen Güter, deren der Mensch zu seiner Selbsterhaltung und zu deren Bejahung bedarf. Diese zweite Betrachtungsweise ist keineswegs ein Privileg des Kulturwissenschaftlers. Jeder gebildete, kultivierte Mensch wird einer solchen Betrachtungsweise ebenso zuneigen wie der Philosoph der Kultur, der das Feld der Kulturforschung nicht dem Kulturwissenschaftler allein überlassen möchte. Die beiden genannten Betrachtungsweisen der Kultur lassen sich nun nicht ohne weiteres auf eine einzige, allein gültige Betrachtung reduzieren. Gegen eine solche Reduktion spricht die Überlegung, daß Kultur prinzipiell nicht als das höchste Gut schlechthin (summum bonum) begriffen werden kann, wie hoch auch immer ihr Wert als ein besonderes menschliches Gut veranschlagt werden mag.

Jeder mögliche Begriff der Kultur setzt eine bestimmte Kultur als Bedingung seiner Möglichkeit voraus. Diese kulturspezifische Abhängigkeit und Bedingtheit ist es, welche eine unmittelbare Identifikation mit dem Begriffe eines höchsten Gutes verbietet, sofern wir in diesem ein Unbedingtes und Absolutes vorstellen, welches alle relativen Güter und alle relativen Güterwelten transzendiert. Die Frage, ob es mehr Kulturen als Kulturbegriffe gebe oder umgekehrt mehr Kulturbegriffe als Kulturen, erscheint müßig angesichts der Tatsache, daß mehr als ein einziger Kulturbegriff denkbar ist, und angesichts der Erkenntnisaufgabe, die möglichen Zusammenhänge zwischen den Kulturen und ihren Kulturbegriffen, ihrem Kulturverständnis, zu erforschen. Wenn die philosophische Erkenntnis dem Wesen der Kultur als einem menschlichen Gute nachsinnt, so verfährt sie dabei am besten gemäß dem Prinzip der Erkenntnis von Gütern überhaupt und im allgemeinen. Diesem Erkenntnisprinzip gemäß wird man Wesen und Wert eines menschlichen Gutes dann am besten begreifen, wenn man es nicht nur an ihm selbst hinsichtlich seiner Brauchbarkeit zu diesem und jenem Guten betrachtet, sondern wenn man darüber hinaus die Möglichkeiten seiner Abwesenheit in ihren Ursachen und Wirkungen und die Realitäten seines Gegenteils zu erkennen versucht. So versteht man zum Beispiel das Wesen und den Wert der Gesundheit erst dann eigentlich, wenn man nicht nur den Genuß ihres Besitzes, sondern auch ihre Ausfallerscheinungen, die Phänomene des Krankseins, in ihrer Unsächlichkeit und Wirksamkeit in Betracht zieht. Ebenso ist es mit der Erkenntnis eines so hohen Gutes wie der Freundschaft bestellt. Auch hier reicht es nicht aus, die Vorzüge derselben als solche und hinsichtlich ihrer Gründe und Folgen zu rühmen. Auch hier verlangt die Erkenntnis, daß der Blick sich den gegenteiligen Realitäten zuwendet. Dementsprechend ist von der philosophischen Erkenntnis der Kultur gefordert, daß sie die Phänomene der Kulturlosigkeit und die Realitäten einer vielfältigen Unkultur in die Erkenntnis einbezieht, daß sie in der Erkenntnis der Kulturentwicklung auch den Verfall, im Verfall die Entwicklung miterkennt. Die Philosophie der Kultur ist so gesehen immer und notwendig eine Kritik der Kultur. Als philosophische Kritik muß sie dabei dem Prinzip der Vernunft folgen, welches sie an eine sehr allgemeine Maxime vernünftiger Kritik bindet. Dieser Maxime zufolge kann ein vernünftiger Kritiker nicht alles zugleich, überhaupt nicht alles schlechthin kritisieren oder in Zweifel ziehen. Eine vernünftige Kritik setzt immer Maßstäbe oder Kriterien voraus, und sie muß von sich selbst eine gewisse innere Konsequenz fordern. Im Jahre 1871 hat Friedrich Nietzsche die erste seiner »Unzeitgemäßen Betrachtungen« veröffentlicht. Die kulturkritische Perspektive dieser Schrift weist weit über den kontingenten Anlaß und den begrenzten Gegenstand der Kritik hinaus. Sie führt hinein in die radikale philosophische Kritik der Kultur, durch die ihr Verfasser das Kulturbewußtsein unseres Jahrhunderts maßgeblich geprägt hat. Unmittelbarer Gegenstand einer spöttisch-bissigen Kritik in jener ›Betrachtung‹ ist der dümmliche Überlegenheitsanspruch einer deutschen Nationalkultur angesichts des militärischen Sieges über den französischen Nachbarn im Krieg 1870/71. Zum Zweck einer unmißverständlichen Charakterisierung jenes bornierten Überlegenheitsgefühls hat Nietzsche jene Figur beschworen, die schon der Kunst- und Kulturkritik der Romantik dazu gedient hatte, den fehlenden Sinn für die tiefe Wahrheit der Kunst und damit Unkultur schlechthin zu repräsentieren, nämlich die Figur des Philisters.

Der Philister ist für Nietzsche nicht nur derjenige, dem der Sinn für schöpferische Genialität abgeht. Er ist einer, der nichts ahnt von den Höhen und Tiefen des Daseins. Der Philister nimmt die Kultur als Kulturbesitz, den er als seinen Besitz beansprucht, um aus diesem sein von keinen Skrupeln geplagtes Selbstbewußtsein zu ziehen. Der Philister ist im Genusse seines Kulturbesitzes wohl gesättigt. Sein bescheidenes Kultur- und Machtbewußtsein fallen in eines zusammen. Er weiß nichts von dem prekären Status der menschlichen Kultur im Spannungsfeld zwischen Macht und Ohnmacht. Gegen ein solches philiströses Kulturbewußtsein hat Nietzsche die geschichtliche Erinnerung ins Spiel gebracht, derzufolge die wahre Kultur, wie in dem besonderen Falle, so auch im allgemeinen, keineswegs mit Notwendigkeit auf der Seite der Sieger und der Machthaber ist. Deswegen auch sein Hinweis auf den Dichter

Hölderlin, dessen hohe Dichtkunst mit dem Glück des Lebens bezahlt ist. Der Philister, als Kategorie der Kulturkritik gebraucht, dient hier zur Warnung vor einer philiströsen Philosophie der Kultur, für welche die Kultur als selbstverständlicher immerwährender Besitz der Menschheit und somit als das höchste menschliche Gut gilt. Indem Nietzsche die enge Verflechtung seiner eigenen, der europäischen Kultur mit deren grundlegenden Wertvorstellungen durchschaut hat, hat er zugleich die theoretischen Voraussetzungen dafür geschaffen, die Zusammenhänge zwischen Kultur- und Wertentwicklung ebenso wie die Abhängigkeit zwischen Kultur- und Wertverfall zu erforschen; mehr noch: Die Einsicht in diese Zusammenhänge hat am Ende die Grundfrage auf den Plan rufen müssen, was eigentlich mit dem Anspruch der Kultur auf das höchste menschliche Gut gedacht sei. Aus dieser Perspektive gesehen ist das Philistertum die Karikatur des Kulturbegriffs der europäischen Aufklärung. Diesem Kulturbegriff zufolge ist die Kultur das Ganze der menschlichen Bemühungen, die eigenen, von der Natur verliehenen Kräfte zum Zwecke der Selbsterhaltung und des Daseinsgenusses zu entwickeln; oder in einer abgewandelten Formulierung: Kultur ist das Ganze aller Lebensgüter, die der Mensch als Geschöpf der Natur diesem seinem Ursprung durch Nutzung seiner Vermögen zu seinem eigenen Besten abringt. Diesem Kulturbegriff zufolge bilden Natur und Kultur einen einheitlichen Sinn- und Zweckzusammenhang, in dessen Mitte der Mensch als Vernunftwesen hineingestellt ist und in welchem in Grunde alles wohlgeordnet und gut ist. Gut ist hier zunächst und vor allem die Natur als Ursprung und Schöpfer des Menschen, indem sie nach Art eines ebenso klugen wie gütigen Hausvaters Sorge getragen hat, daß ihr so besonderes und von ihr selbst bevorzugtes Geschöpf mit allem wohl ausgestattet ist, was es zur Bewältigung des Daseins benötigt. Die Natur gilt dabei in ihrer Fürsorge für den Menschen als klug und uneigennützig genug, um ihrem Geschöpf den Besitz aller Güter des Lebens vorzuenthalten, um dieses dazu zu zwingen, sich diesen Besitz selbst zu schaffen. Denn ein Wesen wie dieses vermag sich nur des Selbstgeschaffenen zu erfreuen. So hat die Natur daraufhingewirkt, daß der Mensch seine Kräfte selbst entfalte und die Kultur als sein eigenes Werk hervorbringe. Schließlich hat diese Natur sich ihrem Geschöpf als Grund und Boden, als Rohstoff und als Gegenstand möglicher Kultivierung zur Verfügung gestellt. So ist die Natur in ihrer klugen

Fürsorglichkeit auf mannigfache Weise gut. Sie ist gut als Ursprung aller Geschöpfe, speziell des Menschen, und als natürlicher Zusammenhang aller Naturwesen unter allgemeinen Naturgesetzen. Sie ist gut als Natur außerhalb des Menschen und als Natur im Menschen. Und sie ist gut als Bedingung einer möglichen und als Mitursache einer wirklichen Kultur. Dank dieser guten Natur gilt in diesem Zusammenhang auch der Mensch als prinzipiell gut. Er ist gut und wohlgelungen als Geschöpf der Natur und dank der guten Natur, die in ihm waltet.

Gut aber ist in diesem Sinn- und Zweckzusammenhang vor allem die Kultur. Dies ist das Bestmögliche, welches darin besteht, alle guten Anlagen zum Besten zu entwickeln, sie also nicht ungenutzt brachliegen zu lassen. Dieser umfassende Sinn- und Zweckzusammenhang, den die Kultur nach den Vorstellungen der neuzeitlichen europäischen Aufklärung darstellt, trägt nun den Namen der Vernunft, dieses Losungswort der Aufklärung. Die Vernunft gilt hier als das Gute selbst, als das Prinzip des Guten. In dieser Funktion stiftet sie das gemeinsame Band, welches Natur und Kultur in der Einheit des menschlichen Wesens zusammenhält. So ist die Vernunft nicht nur Prinzip des Guten in der Natur und in der Kultur. Sie bestimmt in dieser Funktion zugleich die zentrale Stellung des Menschenwesens in jenem Zweckzusammenhang. So ist die Vernunft auch und insbesondere eine Wesensbestimmung des Menschen. Das aber heißt, daß die Vernunft dem Menschen von der Natur nicht nur als ein spezielles Vermögen neben anderen verliehen worden ist. Wenn wir den Menschen gegenüber allen anderen Geschöpfen der Natur durch die Gabe der Vernunft ausgezeichnet finden, so heißt dies vielmehr, daß alle Fähigkeiten und Kräfte, die den Menschen als Naturwesen eignen, dem Prinzip der Vernunft unterstellt sind, welches diese Fähigkeiten und Kräfte zu spezifisch menschlichen macht, wie immer dieselben sich ohne Vernunft zu den Fähigkeiten und Kräften der anderen vergleichbaren Naturwesen verhalten mögen. Die Vernunft ist demnach die Grundkraft aller menschlichen Kräfte, welche diesen zu ihrer bestmöglichen Entfaltung um der menschlichen Selbsterhaltung und um deren Bejahung willen verhilft; das heißt, die Vernunft ist das Prinzip der menschlichen Kulturfähigkeit und Kulturbestimmung. Sie fungiert im Menschen als Bedingung der Möglichkeit der menschlichen Kultur, indem sie den Menschen zum Kulturwesen bestimmt. Dank des ihr innewohnenden Vernunftprinzips ist die

Kultur (1) anthropozentrisch, (2) universal und (3) teleologisch ausgerichtet. Sie ist *anthropozentrisch*, sofern alle Kultur menschliche Kultur, menschliche Kultur außerhalb des Menschen und im Menschen ist. Wo wir von nicht-menschlichen und außermenschlichen Kulturen sprechen, wie zum Beispiel der Agrikultur oder von Bakterienkulturen, da geschieht dies entweder in direkter Beziehung auf die menschliche Kultur und als deren Werk betrachtet oder aber nach Analogie zum Begriffe der menschlichen Kultur. *Universal* ist diese menschliche Kultur dank der Universalität des in ihr wirksamen Vernunftprinzips. Die Vernunft geht in ihrem theoretischen und praktischen Gebrauch im Dienste der menschlichen Kultur über jede begrenzte partikulare Umwelt hinaus. Sie treibt die Kultur bis an die Grenze der bewohnten Erde und von dort bis in die fernsten Regionen unseres Kosmos, die sie zumindest in der Phantasie und mittels der wissenschaftlichen Erkenntnis der Kosmologie und Astronomie zu erreichen vermag. Schließlich ist die menschliche Kultur in ihrer Universalität *teleologisch* bestimmt. Und diese teleologische Bestimmtheit gilt keineswegs nur vom Standpunkt der Natur aus und im Hinblick auf ihre Übereinstimmung mit dieser Natur und mit dem Wesen des Menschen; sie gilt auch für die Kultur als solche und im Hinblick auf die Vernunft, die sie und das Wesen des Menschen mit der Natur verbindet.

Diese teleologische Bestimmung der menschlichen Kultur ist nun aber unter einem zweifachen Gesichtspunkt zu betrachten. Zum einen stellt die Kultur ihrer Möglichkeit nach ein wohlgeordnetes Ganzes, einen umfassenden Sinn- und Bedeutungszusammenhang bzw. einen menschlichen Kosmos dar. Kultur als einen solchen Kosmos zu betrachten heißt, daß in diesem Kosmos die mannigfachen möglichen Kulturgüter so untereinander verbunden gedacht sind, daß sie alle wechselseitig aufeinander verweisen und allererst in diesem wechselseitigen »Verweisungszusammenhang« als Kulturgüter bestimmbar sind. Ein solcher Verweisungszusammenhang, der auch als ein Zeichenzusammenhang gedacht werden kann, genügt den allgemeinen Regeln einer hermeneutischen bzw. semiotischen Logik des Ganzen und der Teile, die sich auf ein Prinzip der inneren Zweckmäßigkeit gründet. Zum zweiten aber hat die Kultur einen teleologischen Charakter in dem Sinne, daß die in ihr wirksame Vernunft der Natur und des Menschen auf die menschliche Selbsterhaltung und Selbstbejahung ausgerichtet und um dieses Endzweckes willen tätig ist. Die auf die Kultivierung des Menschen zielende Vernunft, ja die Kulturfähigkeit und Kulturbestimmung des Menschen wird hier demnach als ein Gut um eines anderen Gutes willen, als Mittel zu einem bestimmten höheren Zwecke vorgestellt. Die kulturschaffende und kultivierende Vernunft hat demnach ebenso wie die durch sie gestiftete Kultur einen technisch-pragmatischen und moralisch-pädagogischen Charakter. Vernunft und Kultur dienen gemeinsam einer höheren Humanität. Im Unterschied zur ersten teleologischen Bestimmtheit ist hier die bestimmende Form der Zweckmäßigkeit eine äußere, auf einen äußeren Zweck bezogene. In beiden teleologischen Bstimmungen der Kultur aber ist sowohl theoretische wie auch praktische Vernunft am Werke, bald mehr in der einen, bald mehr in der anderen Weise der Selbstbetätigung. Zugleich aber gilt von diesen beiden Kulturbestimmungen, daß die erste Teleologie der zweiten untergeordnet und damit der erste teleologische Kulturbegriff ohne den zweiten lediglich als abstraktes Gebilde gilt. Das Kulturverständnis der neuzeitlichen Aufklärung ist demnach technisch-pragmatisch, moralisch-pädagogisch und humanistisch. Der Vergleich der beiden teleologischen Kulturbestimmungen läßt nun aber hinsichtlich der genannten Prorität der äußeren gegenüber der inneren Zweckmäßigkeit einen schwerwiegenden Widerspruch in den Grundbestimmungen der Vernunft und der Kultur sichtbar werden. Einerseits gilt hier die Vernunft als natürliche Ausstattung des Menschen, die zwischen diesem und der Natur ein harmonischs Band um einer möglichen Kultur willen stiftet. Andererseits aber ist diese natürliche Ausstattung zu einem Gebrauche bestimmt, durch den der Mensch sich aus der zwanghaften Bindung an die Natur befreit, Distanz zu der Natur in ihm und außer ihm zu gewinnen sucht, um so Kultur aus eigener Kraft, aus dem eigenen Vernunftvermögen der Freiheit heraus selbst zu schaffen und zu gestalten, und sei es auch auf Kosten der Natur und im Gegensatz zu deren ursprünglichen Bestrebungen. Die Vernunft erweist sich hier als ein widersprüchliches Prinzip, als ein Prinzip des Widerspruchs, indem sie einerseits für Harmonie und Eintracht, andererseits für Disharmonie und Zwietracht im Verhältnis von Natur und Kultur Sorge trägt. Aber indem sie zugleich das eigentliche, durch den Menschen hindurch wirkende Prinzip der Kultur ist, trägt sie diesen von ihr hervorgerufenen Widerspruch in das Ganze der Kultur hinein, deren Gebilde untereinander teils in harmonischen und einträchtigen Verbindungen, teils in Disharmonie und Zwietracht verknüpft existieren. So scheint ein höheres, der Vernunft vor- und übergeordnetes Prinzip gefordert, welches die universale Vernunft in ihre Schranken weist und durch ihre Beschränkung den Widerspruch ausräumt. Der Begriff dieses höheren Prinzips ist der Begriff des Geistes.

2. Die Allgegenwart der Kultur und das Gedächtnis des Geistes

Jener Widerspruch im Vernunft- und Kulturbgriff der neuzeitlichen Aufklärung hat mannigfache Formen des Umganges mit ihm auf den Plan gerufen. Solche Umgangsformen sind etwa die der Kritik dieses Widerspruches und die der theoretischen Versuche, denselben auszuräumen, ebenso aber auch die Bemühungen, demzuvor den Widerspruch selbst in seinem eigentümlichen Wesen und hinsichtlich seiner unterschiedlichen Gründe und Folgen zu verstehen. Die Philosophie der Aufklärung hat ebenso wie ihre Kritik durch Zeitgenossen und Nachfolger versucht, auf die eine oder andere Art und Weise mit jenem Widerspruch fertig zu werden und das Grundverhältnis von Natur und Kultur auf eine verbesserte begriffliche Grundlage zu stellen. Eine solche Verbesserung scheint nun dadurch erreichbar, daß man den Ausdehnungsbereich jenes Widerspruches begrenzt, indem man seine Wirksamkeit ganz auf das menschliche Wesen einschränkt und in dessen Innerlichkeit verbannt. So zeigt sich der von der Vernunft erzeugte Widerspruch zwischen Natur und Kultur allein als Widerspruch zwischen den menschlichen Grundbestrebungen, sich einerseits der Natur gemäß in seinem Sein zu erhalten und andererseits der Kultur gemäß sich des Daseins zu erfreuen. Dabei gilt die eine Art von Bestrebung als natürlich und zur Natur gehörig, während die andere der Kultur zugeschlagen wird. So gesehen versammelt das menschliche Wesen in sich alle seine Kräfte und Bestrebungen unter dem Doppelaspekt einer natürlichen und einer kultivierenden und kultivierten Vernunft. Die ausgezeichnete Stellung des Menschen in der Welt besteht demnach darin, daß dem Widerspruchsprinzip der Vernunft in dem menschlichen Wesen ein privilegierter Ort eingeräumt wird. Für das Ganze der menschlichen Kräfte und Bestrebungen gilt demnach: einerseits sind sie für ihre mögliche Entwicklung an die notwendige Bedingung einer unter ihnen herrschenden Harmonie und Einheit gebunden, andererseits besteht zwischen ihnen eine unvermeidliche, aus Vernunft entspringende Disharmonie und Zwietracht. Hier nun, angesichts dieser Identität der Vernunft mit dem menschlichen Wesen, kann die Vernunft als solche nicht länger den Anspruch erheben, uneingeschränkt Prinzip des Guten zu sein. Vielmehr erweist sich diese Vernunft im Menschen nicht anders als das menschliche Wesen selbst bald als gut, bald als schlecht und in dieser Hinsicht als gut, in jener als schlecht. Dieses Schwanken der Werte und der Wertbeurteilung erstreckt sich auf alle menschlichen Kräfte und Entwicklungsmöglichkeiten, sofern diese durch den ihnen innewohnenden Vernunftwiderspruch in der einen oder anderen Weise polarisiert sind. Dabei schwanken keineswegs nur die Werte und die Bewertungen, es schwanken im Zusammenhang damit auch die Maßstäbe der Bewertung. Denn angesichts der grundsätzlichen Widersprüchlichkeit der menschlichen Vernunft kann es nicht bei dem so einfachen und natürlichen Wertmaßstab bleiben, für den Harmonie und Eintracht »das Natürlich-Gute« und ihr Gegenteil das »Natürlich-Schlechte« sind. Denn überall da, wo mit Notwendigkeit immer auch Disharmonie und Zwietracht herrschen, wie hier im Zusammenspiel der menschlichen Kräfte und Bestrebungen, da ist jede mögliche Bewertung des Guten und Schlechten in diesen gezwungen, für die eine oder andere der einander widerstrebenden Seiten Partei zu ergreifen. Als gut gilt dann unvermeidlich für die eine Partei die eine Seite, aber diese gerade und vorzüglich in ihrer Streitbarkeit und Strittigkeit. Und wo eine Partei ist, da ist immer auch eine andere.

Die Bemühung, die Macht des Widerspruches im Vernunft- und Kulturbegriff der neuzeitlichen Aufklärung auf das menschliche Wesen einzuschränken, geht infolgedessen Hand in Hand mit einer allgemeinen Verwirrung der Wertvorstellungen und Wertmaßstäbe. Infolgedessen verwirren sich die Unterschiede zwischen dem, was in den menschlichen Kulturbestrebungen als gut und als schlecht gelten soll, bis zur Gleichgültigkeit und Unentscheidbarkeit. Und ebenso verwischt sich die Differenz zwischen den natürlichen Kräften der Selbsterhaltung und den Kulturbestrebungen der Daseinsbejahung bis zur Unkenntlichkeit. Was notwendig zu bejahen scheint, gilt als notwendig für die Selbsterhaltung, und was als notwendig zu gelten scheint für die Selbsterhaltung, wird vorbehaltlos bejaht. Aber der eine bejaht dieses, der andere jenes; und so schließt der Streit zwischen den verschiedenen Bejahungen immer von vornherein und notwendig die Frage der Existenz ein; wie umgekehrt der Streit um die Existenz den Streit um die richtige Bejahung. Angesichts dieses Ausfalls aller Bestimmtheit eröffnet sich ein weites Feld für mögliche philosophische und unphilosophische Kulturkritik. Eine solche Kritik wird immer neue Vorschläge zur Güte machen, wie die menschlichen Kulturbestrebungen eigentlich und in Wahrheit bewertet werden sollen und wie sie im Spannungsfeld von Selbsterhaltung und Daseinsbejahung einzuordnen sind. Aber sie wird immer dem Streit der Parteien um Gut und Schlecht ausgesetzt bleiben. Um hier nun den ursprünglichen Zusammenhalt der Vernunft mit dem Prinzip des Guten zu retten, scheint nur ein ganz einfacher Gedanke vonnöten. Es muß nicht nur das »Natürlich-Gute«, sondern auch das »Natürlich-Schlechte« als ein Gutes angesehen werden, und zwar als ein Gutes, welches um jenes Guten willen da ist. Dieser Kulturbestimmung zufolge bedürfen die menschlichen Fähigkeiten und Kräfte notwendig eines »natürlichen« Widerstandes, um an diesem wachsen und sich entfalten zu können. Dabei ist es nicht nur der Widerstand der äußeren Natur, sondern hier vor allem der Widerstand der Natur im Menschen in Form von Disharmonie und Zwietracht, der zu Entfaltung aller Kräfte und Bestrebungen verhilft. So muß die Vernunft, um als Prinzip der menschlichen Kultur gelten zu können, nicht nur als ein Prinzip des Guten und der Eintracht, sondern ebenso als ein Prinzip der Disharmonie und der Zwietracht begriffen werden. Doch dabei zeigt sich erneut, daß die Vernunft als ein universales Prinzip der menschlichen Kultur nicht hinreicht. Denn wenn die menschlichen Kräfte und Bestrebungen aufgrund äußeren und inneren Widerstandes zum eigenen Besten sich sollen entwickeln können, so müssen sie hierfür hinreichend qualifiziert sein. Was hier die einzelnen menschlichen Individuen in ihrer Endlichkeit und in der Begrenztheit ihrer jeweiligen Lebenswelten betrifft, so wird man eine solche hinreichende Qualifikation kaum als allgemein und in allen Fällen gegeben unterstellen dürfen. Denn nicht alle Einzelindividuen sind mit denjenigen Kräften ausgestattet, die geeignet sind, aus vorgefundenen Widerständen neue eigene Kräfte zu ziehen und mit deren Hilfe auch die schon vorhandenen weiterzuentwickeln. Viele zerbrechen an den widrigen Umständen ihres

Lebens. Andere sind durch solche Lebensumstände in ihrer Entfaltung gehemmt oder zur Einseitigkeit verurteilt und auf die eine oder andere Weise um ihre eigentliche Entwicklung gebracht. Aber auch für die menschliche Gattung insgesamt kann eine solche allgemeine und allseitige hinreichende Qualifikation zur Kultur nicht ohne weiteres angenommen werden. Eine solche Annahme kann bestenfalls allgemein postuliert werden.

Dieses Postulat einer allgemeinen hinreichenden Kulturfähigkeit des Menschen ist ein Postulat der theoretisch-praktischen Vernunft, die ihre Forderung direkt an die menschliche Vernunft richtet. Dabei kann eine solche Vernunftforderung aus dem Begriff der Vernunft und dem mit diesem Begriff verknüpften Prinzip der Autonomie begründet werden. Einer solchen wohlbegründeten Gesetzmäßigkeit entsprechend ist vom Menschen gefordert, daß er, als Individuum und als Gattungswesen, seine Kultivierung, d. i. die bestmögliche Entwicklung aller seiner physischen und moralischen Anlagen, um des Allgemein-Besten willen wollen soll. In dieser gesetzmäßigen Forderung ist ein allgemeiner Grundsatz eingeschlossen, demzufolge die Vernunft dem Menschen sagt: »Du kannst, was du sollst; und du mußt dies können, weil du es sollst«. Aber eben diesen in ihrer allgemeinen Gesetzmäßigkeit eingeschlossenen Grundsatz kann die Vernunft weder begründen noch demselben aus eigener Kraft zur Wirklichkeit verhelfen. Deswegen aber muß die theoretisch-praktische Vernunft bei der bloßen Forderung ihrer Gesetzmäßigkeit stehenbleiben. Sie ist für sich allein nicht hinreichend, dieser ihrer eigenen Gesetzmäßigkeit Genüge zu tun. Sie ist lediglich ein Prinzip der Ermöglichung von etwas, nicht wie das komplementäre Prinzip des Geistes ein Prinzip der Verwirklichung. Von jeder konkreten Verwirklichung aus gesehen, die immer zugleich Ermöglichung ist, ist das Prinzip der Vernunft nur das Prinzip einer abstrakten, inhaltsleeren Kultur, Prinzip einer möglichen Kultur. Das heißt: Die Gesetzmäßigkeit dieser abstrakten Vernunft taugt nicht als Gesetzmäßigkeit einer verwirklichten, einer wirklichen Kultur. Und selbst wenn diese Gesetzmäßigkeit in ihrer Anwendung darauf beschränkt wird, als Maßstab einer philosophischen Kulturkritik zu fungieren, wird die an diesem Maßstab gemessene Kultur zwangsläufig als Unkultur erscheinen oder als ein Gebilde, welches sich gegen die Unterscheidung zwischen Unkultur und Kultur indifferent verhält. Kultur ist, an diesem Maßstab gemessen, wesentlich zukünftige Kultur und als solche Sache der zukünftigen Generationen der Menschheit. Mag die Gegenwart für die gegenwärtige Menschheit noch so viele dringliche Kulturaufgaben bereithalten, ihre zureichende und allseitig befriedigende Lösung scheint der Zukunft vorbehalten bleiben zu müssen. Ganz anders dort, wo das Prinzip des Geistes das Prinzip der Vernunft in seiner universalen Gültigkeit einschränkt und der eigenen konkreten Wirkungsmächtigkeit unterordnet. So ist hier nun Verwirklichung ursprünglicher als Ermöglichung, Wirklichkeit gültiger als Möglichkeit. Was möglich ist und wirklich werden kann, ist nur zu verstehen auf der Grundlage dessen, was wirklich werden konnte und Wirklichkeit geworden ist. Was vernünftig ist, wird erst aus einer geistigen Tätigkeit heraus begreiflich. So gilt die menschliche Kultur in der Philosophie des Geistes als wirkliche und im Hier und Heute verwirklichte Kultur. Sie ist als solche eine Kultur der Gegenwart, und es ist eine kulturelle Gegenwart, in welcher der menschliche Geist in Form von Tätigkeit und Selbsttätigkeit sein Werk der Kultur verwirklicht. Hier liegt die menschliche Kultur nicht in einer näheren oder ferneren Zukunft; und sie verbirgt sich auch nicht hinter einer Gegenwart und Vergangenheit, in denen allein das Wirken roher, barbarischer Kräfte auszumachen ist. Die Kultur des Geistes ist eine allgegenwärtige. Die menschlichen Bestrebungen sind hier in ihrer vollständigen Entfaltung in den Werken und Gütern der Kultur manifest. Die Allgegenwart verschlingt in ihrer geistigen Lebendigkeit Zukunft und Gegenwart gleichermaßen. Die Vollendung des Werkes der Kultur in der Gegenwart bedarf keines Blickes auf eine wie immer beschaffene Zukunft. Und die Vergangenheit ist nur soweit real, wie sie gegenwärtige und vergegenwärtigte Tradition dieser allgegenwärtigen Kultur ist. In der Helligkeit dieser Geisteskultur lassen sich die Verdunkelungen der Unkultur und der Kulturlosigkeit nur als Schatten einer nicht mehr gegenwärtigen Überlieferung ausmachen.

Die Philosophie des Geistes hat demnach an die Stelle einer Kultur der Vernunft und der Zukunft eine Kultur des Geistes und der Gegenwart gesetzt. Aus ihrer Sicht ist jede Kultur nur ein bestimmtes Kulturphänomen innerhalb der Gegenwartskultur. Dieser kulturphilosopische Zusammenhang, diese philosophische Auseinandersetzung zwischen den Vorstellungen einer Kultur der Zukunft und der Gegenwart ist exemplarisch in der Auseinandersetzung der Hegelschen Philosophie des Geistes mit Kants

Philosophie der Vernunft verkörpert. Spuren dieser Auseinandersetzung lassen sich bis in die zeitgenössischen Ortsbestimmungen unserer heutigen Kultur bzw. Kulturlosigkeit verfolgen. Dabei ist eines klar: Wo anstelle des Vernunftprinzips das Prinzip »Geist« der menschlichen Kultur zu deren besserem Verständnis zugrundegelegt wird, da ändern sich zwangsläufig die wesentlichen Bestimmungen derselben entsprechend den unterschiedlichen Bestimmungen der beiden Prinzipien. Dies gilt vorrangig für die teleologische Bestimmtheit der Kultur, aber auch für deren anthropozentrischen und universalen Charakter. Galt für die Vernunft und für ihre Kultur die Form der äußeren Zweckmäßigkeit, hatten sie also ihren eigentlichen Zweck, die Erhaltung der menschlichen Gattung, außer sich, waren sie dementsprechend von technisch-pragmatischem bzw. von moralisch-pädagogischem Charakter, so gilt für das Wesen des Geistes, daß dieser seinen Zweck in sich selbst hat, also sich in seiner Selbsttätigkeit Selbstzweck ist. Die durch geistige Tätigkeit geschaffene Kultur der Allgegenwart ist demnach kein Gut um eines anderen Gutes willen, sondern ein Gut, das sich selbst genügt. So gesehen herrscht hier auch nicht jener Widerspruch zwischen Natur und Kultur, weder ein Vernunftwiderspruch außer dem Menschen noch im Menschen. Die geistige Tätigkeit sieht in der Natur nur sich selbst, nämlich dasjenige, dessen sie bedarf, um für das Werk der Kultur tätig sein zu können. In der Kultur einer vollendeten Gegenwart bejaht der Mensch sich selbst und das Werk der Kultur. In diesem Werk sieht er die Lösung des Problems der natürlichen Selbsterhaltung. In allen diesen verschiedenen Grundzügen scheint die Philosophie des Geistes dem Kulturideal der Aufklärungsphilosophie voll und ganz zu entsprechen. Die Kultur des Geistes erscheint als Vollendung der Kultur der Vernunft, als Vollendung einer zukünftigen Idee in der wirklichen Gegenwart. Aber indem hier nun der alte Widerspruch der Vernunft im Menschen und außer diesem ausgeräumt scheint, macht sich ein anderer Widerspruch bemerkbar, der sich nun seinerseits nicht ohne weiteres ausräumen läßt; ein Widerspruch zwischen Vernunft und Geist, der aus deren gegensätzlichen Bestimmungen entspringt. Durch diesen Widerspruch nehmen die Vernunftbestimmungen der Kultur eine veränderte und keineswegs nur positive Bedeutung an. So ist die Kultur des Geistes anthropozentrisch, ähnlich wie die Kultur der Vernunft. Aber der Mensch ist hier nun nicht mehr bloß die unteilbare Mitte zwischen Natur und Kultur, nicht mehr nur der ursprüngliche Ausgangspunkt für eine im Entstehen begriffene Kultur der Zukunft. Vielmehr ist der Mensch nunmehr als geistiges Wesen in seiner allgegenwärtigen Kultur selbst allgegenwärtig. Er ist hier überall und in allem und alles. Alles Seiende trägt hier den Stempel der Kultur, den der Mensch ihm aufgeprägt hat; alles, was ist, ist ein Produkt der Kultur. Aber indem der Mensch hier nun überall, in allen seinen Werken ist, ist er eigentlich nirgendwo. Er verliert die Ursprünglichkeit seines Wesens an seine Kultur; und sein ursprünglich einheitliches Wesen geht in der ungeordneten Mannigfaltigkeit seiner Kulturgüter verloren.

Nicht anders steht es mit der Kulturbestimmung der Universalität. Auch diese läuft, wie schon die vorherige Kulturbestimmung, Gefahr, sich in ihr Gegenteil zu verkehren, nämlich in Partikularität und Vereinzelung. Einerseits scheint eine universale Kultur überhaupt erst dank des Prinzips des Geistes möglich zu werden, sofern auf dieser Grundlage die Natur nicht länger den Gegenpol, die Gegenwelt zur Welt der menschlichen Kultur ausmacht, sondern als nicht-vergeistigte, naturhafte oder natürliche Gegenständlichkeit in die allgemeinen Zusammenhänge der Kultur integriert ist. Andererseits ist eine wirkliche, gegenwärtige Kultur notwendig in bestimmter Weise, so und nicht anders verwirklicht. Zu jeder Bestimmtheit, auch zur Bestimmtheit des Wirklichen gehört Begrenztheit. Selbst wenn die bestimmte, wirkliche und allgegenwärtige Kultur nur so und nichts anders sich entwickeln konnte, so ist mit der Vollendung ihrer Bestimmtheit in ihrer Gegenwart notwendig die Möglichkeit anderer wirklicher Kulturen gegeben, sei es in ihr, sei es außer ihr. Hier gilt vor allem: Eine Kultur ohne eigentliche Vergangenheit, Gegenwart und Zukunft kann keine wirklich-lebendige, keine eigentlich-wirkliche Kultur sein. Vielmehr muß auch eine Allgegenwart Raum lassen für Vergangenheit und Zukunft: für eine Vergangenheit, die nicht darin aufgeht, vergegenwärtigte Vergangenheit zu sein; und für eine Zukunft, die sich nicht in vergangenen und gegenwärtigen Antizipationen erschöpft. Umgekehrt müssen auch Vergangenheit und Zukunft Raum lassen für eine Entfaltung der Kultur in einer dauerhaften Gegenwart, die nicht in ein einfaches Jetzt und Heute zusammengedrängt ist. Die Kultur der Allgegenwart des Geistes ist, ohne echte Vergangenheit und Zukunft, eine sterbende und schließlich eine tote Kultur. Wie das menschliche Wesen innerhalb einer solchen in sich geschlossenen Gegenwartskultur ohne eigentliche Vergangenheit und Zukunft sich in zahllose kulturelle Partikularitäten zerstreut, so verliert diese Kultur selbst ihren ganzheitlichen Sinn- und Bedeutungszusammenhang als einheitliche Gesamtkultur. An die Stelle ihrer lebendigen kulturellen Einheit treten vereinzelte Kulturkreise und Kulturbereiche, die sich gegenüber dem Ganzen verselbständigen und sich gegeneinander isolieren. Was wie echte Kultur aussah, erweist sich so als eine Scheinkultur, bestehend aus pseudokulturellen Gebilden und Aggregaten. In dieser Scheinkultur werden die verschiedenen Objekte hinsichtlich ihrer Kulturbedeutung durch und durch vieldeutig, oder sie verlieren den Charakter von Kulturgütern überhaupt. Einer ungeordneten Mannigfaltigkeit pseudokultureller Objekte entspricht ein Chaos der pseudokulturellen Wertvorstellungen und Gleichgültigkeiten. Unter diesen Umständen erscheint die innere und äußere Sammlung der vorhandenen Werte und Ideen, die Sammlung der Güter in der Einheit des Guten als die wichtigste Aufgabe einer solchen Gegenwartskultur. Wie der Mensch als Individuum und als Gattungswesen von dem Bedürfnis getrieben wird, die Einheit seines Wesens in der Mannigfaltigkeit der vorhandenen Kulturprodukte zu suchen und in der Einheit seines Bewußtseins zu versammeln, so erzeugt auch die in sich zerstreute Kultur ein entsprechendes Einheitsverlangen.

3. Kulturentwicklung und Kulturgeschichte in den Formen des Vergessens

Die Bestrebungen in der Kultur der Allgegenwart gehen demnach letzten Endes auf die Einheit des menschlichen Bewußtseins und seines kulturellen Selbstverständnisses. Eine solche innere und äußere Sammlung beruht auf den geistigen Tätigkeiten der Synthesis und der Reproduktion. In den Ergebnissen dieser Tätigkeiten findet das menschliche Bewußtsein seine kulturelle Identität. Aber, wo nur Sammlung und reproduktive Synthesis ist, da nimmt die Gegenwartskultur starre, unbewegliche Züge an. Der museale Charakter findet sich überall ausgebreitet, und die Kultur erscheint am Ende selbst als ein gigantisches Museum und Schatzhaus, das sich zur Plünderung und Selbstbedienung anbietet. In dieser Form des Museums und des Schatzhauses ist die Kultur der absoluten Gegenwart eine Kultur der Vergangenheit und eine vergangene Kultur. Eine vergangene Kultur aber kann dort Gegenwart werden, wo sie in eine andere allgegenwärtige Kultur einzutreten vermag, in deren Allgegenwärtigkeit sie selbst vergegenwärtigt und zu einer vergegenwärtigten Vergangenheit wird. Als eine solche vergegenwärtigte Vergangenheit bildet sie die kulturelle Tradition für die vergegenwärtigende Kultur. Tradierung und Vergegenwärtigung bedeutet in diesem Falle: Besichtigung des Museums und Plünderung des Schatzhauses, Umwertung und Neubewertung der überlieferten Kulturprodukte, Verwendung derselben als Materialien zur Herstellung neuer Kulturgüter. Die Vergegenwärtigung einer Gegenwartskultur in einer anderen stellt einen extrem einfachen geschichtlichen Zusammenhang dar. In diesem Zusammenhang sind zwei Gegenwartskulturen füreinander offen und in ihrer gegenseitigen Offenheit aufeinander abgestimmt, als Offenheit einer vergangenen, gegenwärtigen und zukünftigen Gegenwart füreinander. Jene Einfachheit des geschichtlichen Zusammenhangs sichert dem Begriff dieses Zusammenhanges eine ausgezeichnete methodische Bedeutung in einer Philosophie der Kultur und der Kulturwissenschaften. Diese methodische Bedeutung entspricht der allgemeinen theoretischen Bedeutung des Begriffs des Einfachen als eines Prinzips der Vereinfachung und der Komplexion. Extrem einfach ist jener geschichtliche Kulturzusammenhang einmal durch die minimale Anzahl von zwei Kulturen, die hier miteinander verbunden gedacht sind, während doch im allgemeinen sehr viele partielle Einzelkulturen in einen solchen gesamten Kulturzusammenhang eingehen, und zwar ebenso auf der Seite der vergegenwärtigten als auch auf der Seite der vergegenwärtigenden Kultur. Äußerst einfach ist jener geschichtliche Kulturzusammenhang aber auch durch seine Beschränkung auf einen einfachen Traditionszusammenhang , d. i. die Verknüpfung zwischen einer vergangenen und einer gegenwärtigen Gegenwartskultur, während doch in Wahrheit die Möglichkeit eines eindeutigen Schnittes zwischen Vergangenheit und Gegenwart in einem geschichtlichen Zusammenhang einen extremen Ausnahmefall bildet. Statt dessen finden wir neben mannigfachen Ungleichzeitigkeiten entsprechende Gleichzeitigkeiten und vielfältige Überschneidungen zwischen den mannigfachen Formen der Zeitlichkeit. Schließlich stellt der Gegensatz zwischen dem Toten und dem Lebendigen, in dem sich hier zwei Kulturen begegnen, eine spezielle Form der Abstraktion dar. Diese beruht darauf, daß sowohl von der Vorgeschichte dieser bestimmten Kulturbegegnung als auch von dem geschichtlichen Zusammenhang abstrahiert ist, zu dem diese Begegnung als eine Teilgeschichte gehört.

Vor allem aber ist die Geschichtlichkeit des Zusammenhanges zwischen verschiedenen Kulturen durch einen historischen Abstand bestimmt, durch eine Distanz, die allererst eine Differenz zwischen den verschiedenen Kulturen ermöglicht und aus der allererst die Möglichkeit eines geschichtlichen Bewußtseins und eines kulturellen Selbstverständnisses entspringt. Die Entwicklung aller menschlichen Kräfte und Bestrebungen – und zwar der physischen ebenso wie der geistigen und moralischen –, diese Entwicklung, die wir menschliche Kultur nennen, verleiht dieser Kultur den Charakter des Geschichtlichen. Jede Kultur ist geschichtlich, mag sie nun als offene oder geschlossene, als statische oder dynamische Kultur in Erscheinung treten. Offenheit und Geschlossenheit, Dynamik und Statik sind hinsichtlich der menschlichen Kultur, wie überhaupt, relationale und relativ gültige Bestimmungen. Sie gelten in jeweils bestimmter Hinsicht und hier im Vergleich zwischen einer Kultur und einer anderen. Insofern ist in jenen Bestimmungen notwendig die Gegebenheit eines geschichtlichen Zusammenhanges vorausgesetzt. Geschichtlichkeit ist nun eine Grundbestimmung der menschlichen Kultur, die deren Begriff nicht nur äußerlich und nebenbei anhaftet. Vielmehr sind die Begriffe der Kultur und der Geschichte mittels des Entwicklungsbegriffes notwendig verknüpft. Allerdings ist der Begriff der Geschichte anders als der Begriff der Entwicklung nicht im Begriff der Kultur analytisch enthalten. Die Begriffe der Geschichte und der Entwicklung sind nicht identisch. Insofern bilden Kultur und Geschichte ihren Begriffen nach eine Synthesis a priori. Dieser Synthesis zufolge bedarf es einer zweifachen Betrachtung: Zum einen ist die Geschichte eine Form der Kultur, und zum anderen ist die Kultur eine Form der Geschichte. Diese beiden Betrachtungsweisen lassen sich nicht ohne weiteres auf eine einzige und alleingültige Betrachtung reduzieren. Vielmehr sind die beiden Betrachtungsweisen notwendig aufeinander angewiesen, um sich sinnvollerweise zu ergänzen. Die theoretische

Unzulänglichkeit jener beiden zuvor skizzierten philosophischen Kulturbegriffe, einer Kultur aus Vernunft und einer Kultur aus dem Ursprung des Geistes, besteht übereinstimmend in einer solchen Reduktion einer komplexen Geschichtlichkeit der Kultur auf das ideale Faktum einer eindimensionalen und einsinnig gerichteten Evolution. Im einen Falle reduziert sich die Geschichte der Kultur auf eine zukünftige, im anderen Fall auf eine gegenwärtige Entwicklung. In Wahrheit aber geht die Geschichtlichkeit der Kultur nicht in einer solchen Eindimensionalität und Geradlinigkeit auf: weder in einer eindimensionalen Evolution der Natur bis zur Entstehung des Naturwesens »Mensch« und bis zur Entwicklung dieser menschlichen Natur durch die Natur; noch in einer eindimensionalen und gradlinigen Fortsetzung dieser natürlichen in eine kulturelle Evolution aller physischen und geistigen Anlagen des Menschen, im Individuum und über das Individuum hinaus. Die Geschichtlichkeit der Kultur ist vieldimensional. Es gibt nicht nur eine Fülle von Kulturen, sondern auch eine Fülle von Geschichten der Kultur, wie es eine Fülle allgemeiner und spezieller kultureller und geschichtlicher Formen gibt. Die eindimensionale Entwicklung einer fortschreitenden menschlichen Kultur ist eine Idee der Kultur und eine geschichtliche Möglichkeit im Blick auf die Fülle mannigfacher Zusammenhänge von Kulturen und Geschichten.

An dieser Idee eines Fortschritts in der Kultur muß die Menschheit das ernsthafteste Interesse nehmen, vorausgesetzt, sie verfügt über die Wahrheit hinsichtlich der bestmöglichen Entfaltung aller Anlagen und Kräfte. Daher muß das Interesse an dieser Wahrheit zumindest so stark sein wie das an der Verwirklichung des Fortschritts in der Kultur. So leicht sich diese Grundinteressen in den mannigfachen Kulturen wachrufen lassen, so schwer ist es, diesem wachgerufenen Interesse im Sinne des Bestmöglichen zu entsprechen. Geschichtlichkeit ist demnach die Grundform des Zusammenhanges zwischen den verschiedenen Kulturen. Diese Grundform verbindet demnach mannigfache Entwicklungen. Die Geschichte ist gewissermaßen die Außenseite, die Entwicklung die Innenseite der Kultur. Die allgemeine Grundform der Geschichtlichkeit enthält eine Vielfalt von partikularen Formen in sich, aus denen sich Regeln der geschichtlichen Synthesis gewinnen lassen, die, dem allgemeinen philosophischen Sprachgebrauch entsprechend, kulturgeschichtliche Kategorien genannt werden können.

Diese Kategorien sind keine anderen als die traditionellen, so oder so revidierbaren Kategorien, die hier in kulturgeschichtlicher Funktion gegeben sind, Kategorien wie die von Raum und Zeit, von Substantialität, Kausalität und Wechselwirkung etc. Die Eigentümlichkeit der kulturgeschichtlichen Funktion dieser Kategorien ist darin zu sehen, daß diesen Kategorien hier in ihrem synthetischen Gebrauch eine Zweideutigkeit anhaftet, die aber ihre Funktion der Synthesis in keiner Weise beeinträchtigt. Die zwei Seiten in diese synthetischen Funktion der Kategorien, die hier immer ineinanderfließen, sind die der Natur und der Kultur. Während die kategoriale Funktion der historischen Synthesis nach der Seite der Natur sich auf den Begriff und auf die Möglichkeit der Kenntnis einer Natur überhaupt bezieht, steht dieselbe Funktion nach der Seite der Kultur unter der Bedingung spezieller kultureller Gegebenheiten, die als solche kontingent sind und die sich als partikulare Zusammenhänge von Produkten, Gütern und Werten einer gegebenen menschlichen Kultur darstellen. Nehmen wir die Zeit als Beispiel für eine solche kategoriale Form der kulturgeschichtlichen Synthesis, so steht diese Zeit einerseits unter der allgemeinen Voraussetzung des Ganzen der Natur und einer unendlichen Mannigfaltigkeit natürlicher Geschehnisse hinsichtlich dieses Ganzen. So gesehen ermöglicht die Form der Zeit einen Einklang der Geschichte der Kultur mit der allumfassenden Naturgeschichte. Andererseits aber steht die allgemeine Zeit unter der Bedingung spezieller Daten der Kultur, nämlich unter der Bedingung des Wandels bestimmter Kulturgüter und Kulturwerte. Auf diese Weise zwingt die kontingente Zeit einer Kultur das universale Naturgeschehen unter die eigene kulturelle Gesetzmäßigkeit. So wie mit der Kategorie der Zeit ist es mit den anderen Kategorien der geschichtlichen Synthesis bestellt, mit den Kategorien des Raumes, der Substantialität und der Kausalität. Alle diese Kategorien verknüpfen Natur und Kultur, und dies so, daß sie Einklang und Bruch zwischen beiden Seiten gleichermaßen ermöglichen. Geburt und Tod der Individuen und der Spezies vollziehen sich so teils in Einklang zwischen Natur und Kultur, teils im Widerstreit zwischen dieser und jener.

Was für die kategorialen Formen der existierenden Dinge gilt, gilt auch für ein jedes dieser Dinge, sofern diese durch jene Formen miteinander verbunden sind. Jedes einzelne Ding kann so als ein Ort angesehen werden, an dem Natur und Kultur in mögliche

Berührung miteinander treten. Dies gilt für die Sonne unseres Planetensystems ebenso wie für irgendein von Menschenhand geschaffenes Werk der Kultur. Während die Natur im Prinzip auf die Berührung mit der Kultur warten muß, hat die Kultur immer je schon ihre spezifische Verbindung mit der Natur vollzogen. Was nun die Seite der Kultur in den mannigfachen Formen der geschichtlichen Synthesis betrifft, so eignet diesen Formen und den durch sie geprägten Dingen ein bestimmter historischer Abstand gegeneinander, ein wechselweises geschichtliches Anderssein. In diesem geschichtlichen Anderssein ist der Grund eines möglichen kulturellen Selbstverständnisses und Selbstbewußtseins zu suchen. Jede kulturgeschichtliche Kategorie enthält für ihre synthetische Funktion in sich ein entsprechendes Formelement des geschichtlichen Andersseins. Die einheitliche Grundform für diese Formelemente ist das Gedächtnis. Das Gedächtnis ist demnach ein kulturelles Gedächtnis und als solches wie die Kultur selbst in ein individuelles und ein allgemeines Gedächtnis unterscheidbar. In dem einen kulturellen Gedächtnis vereinigen sich Entwicklungen eines Individuums, im anderen Entwicklungen der menschlichen Gattung. Die Form des Gedächtnisses verbindet in ihrer Formeinheit verschiedene Funktionen. Das Gedächtnis erhält und bewahrt ein Gegebenes im Wechsel der Zeiten, es wiederholt und reproduziert das Erhaltene, und es erhält seine Wiederholungen und Reproduktionen in der Erinnerung zu bestimmten Zwecken und Absichten. Die oben beschriebene extrem einfache Form einer kulturgeschichtlichen Tradition, die Form der Begegnung einer lebendigen mit einer toten Gegenwartskultur, stellt nun eine entsprechend einfache Form der Synthesis des kulturellen Gedächtnisses dar. Indem das Gedächtnis hier die tote mit der lebendigen Gegenwartskultur verbindet, ist es auf je spezifische Weise in jeder der beiden verknüpften Kulturen präsent. So ist es einerseits in der toten Kultur in Form der Erhaltung der einzelnen Produkte und Güter derselben. Es wirkt insbesondere aber auch in der lebendigen Kultur, die ihre kulturelle Tradition in Form eines Museums und Schatzhauses bewahrt, um die verschiedenen Stücke daraus für sich und ihre eigenen Absichten zu reproduzieren und zu erinnern. Das Gedächtnis als Grundform der geschichtlichen Synthesis bildet in diesem Falle der Verknüpfung der beiden gegebenen Kulturen einen einfachen Kontrast von unterschiedlichen Formen der Erhaltung, von denen die eine vereinzelte Bruchstücke, die andere das Ganze dieser Bruchstücke und in diesem Ganzen die vereinzelten Teile für sich bewahrt. Die Einfachheit dieses Gedächtniskontrastes entspricht der Einfachheit der hier vorliegenden geschichtlichen Synthesis. Die erwähnte methodische Bedeutung dieser Einfachheit besteht nun insbesondere darin, daß sie über die bloße Einfachheit als solche hinaus die möglichen Bedingungen einer solchen Einfachheit sichtbar zu machen geeignet ist: Bedingungen der Vereinfachung und vereinfachende Bedingungen. Unter diesen Bedingungen ist die Vergessenheit die wichtigste. Für die menschliche Entwicklung gilt im einzelnen ebenso wie im allgemeinen: kein Gedächtnis ohne Vergessenheit und Vergeßlichkeit, keine Erhaltung ohne Möglichkeiten der Zerstörung, keine Reproduktion ohne mannigfache Unwiederholbarkeiten. Daher stellt jene einfache Begegnung zwischen einer toten und einer lebendigen Kultur nicht nur einen bestimmten Gedächtniszusammenhang dar. Vielmehr begegnen sich die beiden Kulturen ebenso in der Form bestimmter Vergessenheiten und Vergeßlichkeiten.

Wie das Gedächtnis, so bildet Vergessenheit eine Grundform des Zusammenhanges zwischen Kulturen. Die Form des Gedächtnisses schließt Formen der Vergessenheit und der Vergeßlichkeit in ihrer Funktion der geschichtlichen Synthesis in sich ein. Eine tote Kultur existiert, sofern ihr überhaupt irgendeine kulturelle Existenz zugestanden wird, in absoluter Selbstvergessenheit. Diese Selbstvergessenheit ist nicht nur mangelndes kulturelles Selbstbewußtsein und Selbstverständnis. Sie ist vielmehr dem Verlust des eigenen kulturellen Lebens gleichzusetzen. Selbstvergessenheit ist hier Selbstverlorenheit. Wenn dieser selbstverlorenen Kultur überhaupt irgendeine Form der Existenz zukommt, so ist es die des Fragmentarischen, Bruchstückhaften ohne innere Einheit und Lebendigkeit. Zu einer solchen Selbstvergessenheit gehören mannigfache Vergessenheiten und Vergeßlichkeiten im einzelnen und besonderen. Was die tote Kultur nicht in ihrem Museum und Schatzhaus zu erhalten wußte, muß als verloren und vergessen betrachtet werden. Vergessen sind hier alle die ungezählten Kulturschicksale der einzelnen Kulturgüter und Kulturwerte, mögen diese im Kulturmuseum bewahrt sein oder nicht. Das heißt, vergessen ist, wie diese Güter und Werte wurden und was aus ihnen wurde. Niemand kann vom Standpunkt einer toten Kultur aus sagen, was aus den geretteten Bruchstücken eines Tages vielleicht

werden könnte. Eine museale Kultur ist angesichts ihrer Vergessenheiten die Herausforderung eines kulturellen Gedächtnisses in
einer lebendigen Kultur. Aber eine lebendige Kultur, die, wie hier,
einer toten, rein museal gewordenen Kultur begegnet, ist, wenn sie
sich durch diese zur Erinnerung provozieren läßt, keineswegs von
vornherein und in jeder Hinsicht Gedächtnis. Sie hat ihre eigenen
Vergessenheiten und Vergeßlichkeiten, und zwar überhaupt und
hinsichtlich ihrer kulturellen Tradition. Indem sie diese Tradition
bewahrt, lebt sie in der Vergessenheit des ursprünglich gegenwärtigen, nunmehr vergangenen Lebens dieser überlieferten Kultur.
Nicht zuletzt deswegen teilt sie zunächst mit ihrer kulturellen
Überlieferung Gedächtnis und Vergeßlichkeit gleichermaßen, indem sie die tradierten musealen Erbstücke bewahrt. Ihre eigene
spezifische Erinnerung und ihre eigene Vergeßlichkeit beginnen
mit der spezifischen Eigenart dieser Bewahrung und Erinnerung,
und sie setzen sich fort, wo sie für ihre eigenen Absichten wäh-
lerisch wird und nur noch dasjenige reproduziert und erinnert, was
ihren eigenen kulturellen Schöpfungen dienlich ist oder längerfri-
stig förderlich werden kann. Die Selbstvergessenheit einer solchen
einfachen lebendigen Kultur ist von der Selbstvergessenheit der
vergangenen und toten Kultur wohl zu unterscheiden. Existiert
diese in der Form gänzlichen Selbstverlustes, so ist jene Selbstvergessenheit zunächst nur fehlendes oder unzulängliches kulturelles
Selbstbewußtsein und Selbstverständnis. Die Begegnung zwischen
einer toten und einer lebendigen Kultur schafft durch ihre Vergessenheiten und Vergeßlichkeiten einen Spielraum für Möglichkeiten des kulturellen Gedächtnisses. Wieweit diese Möglichkeiten benutzt werden und zu welchen Zwecken, hängt ab von den
Bedingungen und Anlässen dieser Begegnung sowie von der lebendigen Kultur selbst als solcher. Wieweit eine lebendige Gegenwartskultur ein kulturelles Selbstverständnis und Selbstbewußtsein zu entwickeln vermag, hängt nicht zuletzt von der Komplexität des Kontrastes zwischen ihr und den Kulturen ab, die in ihre
kulturelle Tradition eingehen.

4. Leben und Wahrheit
in der Begegnung der Kulturen

In der Tat ist eine einfache museale Tradition bzw. die Form der einfachen Begegnung zwischen einer toten und einer lebendigen Kultur keine zureichende Bedingung für ein kulturelles Selbstverständnis. Eine solche Tradition stellt vielmehr eine Versuchung dar, auf die Gegebenheiten musealer Bestandstücke mit einer entsprechenden Tätigkeit des Sammelns, des Katalogisierens und des Reproduzierens zu reagieren und es bei diesem Verhalten bewenden zu lassen. Die Gegenwartskultur unseres zu Ende gehenden Jahrhunderts bietet, in diesem Zusammenhang gesehen, das Bild eines eigentümlichen Nebeneinanders von technologischen Großleistungen und musealen Gedächtnisaktivitäten, deren Mißverhältnis kompensatorischen Charakter hat. Nun muß man allerdings bedenken, daß die beschriebene Form der Verbindung zwischen einer toten und einer lebendigen Kultur nicht nur eine quantitative, sondern auch eine qualitative Abstraktion darstellt. Der Unterschied zwischen Leben und Tod ist nicht so eindeutig, die gebräuchlichen Unterscheidungskriterien zwischen dem einen und dem anderen sind im Bereich der Kultur nicht so ohne weiteres anwendbar, um eine gegebene Kultur einfach als tot zu qualifizieren. Dies gilt insbesondere für eine museale Kultur, deren Lebensqualitäten verborgen sind. Zumindest dann, wenn eine solche Kultur Bestandteil einer lebendigen Kultur wird, gewinnt sie zwangsläufig irgendwie Anteil an deren Leben. Gedächtnis und Vergessen bilden also eine untrennbare Einheit der Form der kulturgeschichtlichen Synthesis. In ihrer Untrennbarkeit kommt zum Ausdruck, daß das Tote und das Lebendige in einer Kultur bzw. im Vergleich verschiedener Kulturen nicht so leicht geschieden werden können, wie es zunächst den Anschein hat. Auch im reinsten Museum und Schatzhaus wird man irgendwelche Spuren des Lebens entdecken können, und seien es auch nur die Spuren des Lebens der Natur, aus dem neue Möglichkeiten der Kultur entspringen. Gedächtnis und Vergessenheit gehören in der menschlichen Kultur zusammen, so wie Leben und Tod. Und wie hier, so ist auch die Grenze zwischen dem einen und dem anderen nicht eindeutig zu ziehen und das eine vom anderen nicht ohne weiteres unterscheidbar. Daher wirkt auch in diesen scheinbar spezifischen Formen einer kulturgeschichtlichen Synthesis die Natur weiter, um sich, wie nah und fern auch immer, mit der menschlichen Kultur zu berühren und auseinanderzusetzen. In dieser Berührung und Auseinandersetzung ist die Natur nicht nur Ursprung und Grund der Kultur, nicht nur das einfache Gute, welches die Kultur als solche und ihre bewahrenden Kräfte bewahrt. Denn mit dem Gedächtnis und mit der Vergessenheit sind immer Möglichkeiten der Zerstörung und mannigfache, ungezählte unwiederholbarkeiten gegeben. Und diese Möglichkeiten sind ebensoviele Gegenkräfte der Natur oder aus solchen Gegenkräften entsprungen. Aber die menschliche Kultur hat an der Natur nicht nur den Grund ihrer Bewahrung; sie findet in ihr nicht nur die Gegenmacht, die sie in fortschreitender Entwicklung ebenso herauszufordern wie zu hemmen und am Ende sogar zu zerstören vermag. Die menschliche Kultur trägt vielmehr ihre gegenstrebenden Kräfte in sich selbst. Und diese Kräfte wirken in ihr nach Analogie von Naturkräften: beschleunigend und verlangsamend, schöpferisch und zerstörerisch.

So hat die menschliche Kultur im einzelnen ebenso wie im allgemeinen die Barbarei in sich. Und dieses Barbarische richtet sich nicht nur gegen andere Kulturen, sondern insbesondere gegen sich selbst. Gedächtnis und Vergessenheit sind mehr als nur Formen der kulturgeschichtlichen Synthesis. Wie alle Gaben der Natur, so nehmen auch sie teil an der menschlichen Kulturentwicklung im einzelnen und im allgemeinen. So kultivieren sich Gedächtnis und Vergessenheit unter diesen und jenen spezifischen Bedingungen und Normen einer bestimmten menschlichen Kultur. Im Gedächtnis und im Vergessen wirken die polaren Kräfte der Natur weiter. Gedächtnis und Vergessen sind aber nicht nur Medien und Produkte einer ständigen Auseinandersetzung zwischen Natur und Kultur. Sie entwickeln sich selbst zu gestaltenden Kräften der Kultur im Guten und im Bösen. Sie vermögen in ihrer Zusammengehörigkeit, teils miteinander, teils gegeneinander wirkend, die Kulturentwicklung zu fördern und zu hemmen; und sie dienen schließlich auch als Vehikel der zerstörerischen Kräfte der Kultur. So sind die kulturellen und kultivierten Mächte des Gedächtnisses und des Vergessens am Ende nicht gefeit gegen die Macht der Barbarei. Unsere zeitgenössische Kultur des ausgehenden 20. Jahrhunderts lebt in der Vorstellung eines ungewöhnlich hochentwikkelten kulturellen Selbstbewußtseins und Selbstverständnisses.

Wie in jeglichem hochentwickelten Selbstbewußtsein, so findet sich auch in diesem eine besondere Unruhe und Zerrissenheit. Einerseits glaubt diese Kultur auf keine ihrer großen technologisch-zivilisatorischen Errungenschaften verzichten zu können, und dies keineswegs nur um eines immer besseren Lebens, sondern um des bloßen Überlebens willen. Und eben dieses Überlebens wegen scheint es unvermeidlich geworden, immer neue und neuartige technologisch-zivilisatorische Güter zu erfinden und vermehrt Güter dieser Art zu produzieren. Andererseits sieht sich dieselbe Kultur zunehmend durch die von ihr erzeugten Kulturgüter in ihrer Lebensexistenz gefährdet, und zwar durch eben dieselben Güter, die ihr Überleben sichern sollen. Das Selbstbewußtsein dieser Kultur entwickelt angesichts dieser Antinomie die Vorstellung einer schlechthin einmaligen geschichtlichen Weltkonstellation. Zu dieser Antinomie gehört, daß die Kultur, indem sie die ganze Natur zum Rohstoff ihres Selbsterhaltungsstrebens macht, eben diese Natur als absolute Gegenmacht freisetzt. Zu dieser Antinomie gehört aber auch, daß die Unterscheidung zwischen technologisch-zivilisatorischen Gütern, die der bloßen Sicherung der Existenz dienen, und eigentlichen Gütern der Kultur, die das menschliche Leben schön und wertvoll machen, immer unklarer wird, daß die Güter der Kultur und die Mittel der bloßen Existenzsicherung einer allgemeinen Verwechselbarkeit anheimfallen. Jedes Gut der Kultur gerät am Ende in den Bann jener Antinomie und wird so eingespannt in den zwiespältigen Dienst einer Rettung und einer Zerstörung der menschlichen Kultur zugleich. Jene Antinomie also ist es, welche für die Zerrissenheit des kulturellen Selbstbewußtseins der Gegenwart verantwortlich ist. Wo aber eine solche Zerrissenheit herrscht, da kann sich ein Selbstbewußtsein wie dieses nur in eine spezifische Selbstvergessenheit retten.

Die Selbstvergessenheit im Selbstbewußtsein der gegenwärtigen Kultur zeichnet sich dadurch aus, daß sie eine Vielfalt einzelner Formen der kulturellen Selbstvergessenheit bruchstückhaft in sich versammelt. Solche einzelnen Formen der Selbstvergessenheit sind: partikulare Selbstverlorenheit in der Kultur, in die Irre führende Wege der kulturellen Selbstverständigung, illusionäre Bemühungen, eindeutig und endgültig zu unterscheiden zwischen dem Lebendigen und dem Toten, zwischen dem, was das Gedächtnis vermag, und dem, was der Vergessenheit anheimfallen muß,

Versuche, die eigene Kultur und die Kultur der Anderen zu retten im reinen Gedächtnis und im absoluten Vergessen. Auch die Sucht nach musealer Verehrung und nach sensationellen Neuigkeiten gehört in diesen spezifischen Zusammenhang von Selbstbewußtsein und Selbstvergessenheit. Diese Selbstvergessenheit eines zerrissenen Selbstbewußtseins einer Kultur ist wie alle Formen der Vergessenheit und des Gedächtnisses nicht nur ein Produkt der Auseinandersetzung zwischen Natur und Kultur, sondern auch eine Grundkraft der Kultur selbst. Ob diese Kraft am Ende schöpferisch oder zerstörerisch wirkt, läßt sich wie im allgemeinen so auch in diesem Falle allererst von einer bestimmten Nach- und Wirkungsgeschichte aus beurteilen. Sicher aber ist eine solche spezifische Selbstvergessenheit ein Hemmnis der Kultur, solange es die Antinomie nicht aufzulösen weiß, in die es gebannt ist, und solange es nicht erkennt, daß eine Kultur, der es allein um ihre Selbsterhaltung zu tun ist, im Widerspruch mit sich selbst verharren muß. Die oben beschriebene einfache Form der Begegnung zwischen einer lebendigen und einer toten Kultur gewinnt in diesem Zusammenhang eine weitere methodische Pointe. Diese zeigt sich angesichts der großen Kulturmacht der europäischen Tradition: der Macht der rationalen Erkenntnis in ihren unterschiedlichen Instanzen und Institutionen. Philosophie und Einzelwissenschaft gelten in dieser Kultur von alters her als maßgebliche Sachwalter dieser Rationalität, die – in der Absicht ihrer Bewahrung und Fortentwicklung – teils nebeneinander, teils miteinander und teils gegeneinander gewirkt haben und weiterhin wirken. In der Geschichte der europäischen Kultur, die eine unendlich vielfältige Geschichte von Geschichten ist, spielen die Geschichten der Philosophie und der einzelnen Wissenschaften, insbesondere aber auch die Geschichte der mannigfachen Bedeutungen des ›Und‹ im Verhältnis von Philosophie und Wissenschaft eine überragende Rolle. Diese entspricht der Bedeutung der Rationalität und der rationalen Erkenntnis in dieser Kultur, die immer mehr eine wissenschaftliche Kultur und eine Kultur der Wissenschaften geworden ist. Im Verlaufe dieser Geschichten haben sich eindrucksvolle Bestände an rationaler Erkenntnis angesammelt, andere sind im Laufe der Entwicklung von Philosophie und Wissenschaft als nicht hinreichend rational kritisiert und wieder verworfen worden. Gewandelt haben sich im Verlauf der verschiedenen Entwicklungen die allgemeinen Wertmaßstäbe der Rationalität. Nachdem die Philosophie über weite Epochen der europäischen Kulturgeschichte hinweg als zuständig galt für die Setzung solcher Wertmaßstäbe, ist diese Verantwortung, insbesondere im Verlauf des vergangenen Jahrhunderts, immer mehr an die einzelnen Wissenschaften, insbesondere an die der Mathematik und der mathematischen Physik, übergegangen. In der Zwischenzeit wird auch der normative Anspruch dieser exaktesten aller Wissenschaften auf alleinige Maßgabe wissenschaftlicher Rationalität zweifelhaft.

Gewandelt haben sich im Verlauf der europäischen Kulturgeschichte aber nicht nur die Inhalte und Normen wissenschaftlicher Rationalität. Indem sich die Maßstäbe dieser wissenschaftlichen Rationalität und mit ihnen die verantwortlichen Instanzen und Institutionen verändern, die für die Wahrung solcher Maßstäbe zuständig sind, verändert sich auch das kulturelle Umfeld von Philosophie und Wissenschaft, und dies nicht ohne Rückwirkung auf deren eigenes Verständnis von Rationalität. Was die europäische Kultur betrifft, so sind immer mehr traditionelle Instanzen und Institutionen bemüht, sich eine Überlebenschance in dieser Kultur zu sichern, indem sie sich Schritt für Schritt der wissenschaftlichen Rationalität anzupassen versuchen. Dies gilt für so bedeutende Mächte der europäischen Kultur wie die Religion und die Kunst. Während diese zu großen Teilen immer mehr die wissenschaftliche Rationalität nachzuahmen bemüht sind, beginnen die in der Tradition festumrissenen Konturen dieser Rationalität immer mehr zu verschwimmen. Überall, wo auch nur der leiseste Anschein methodischen Vorgehens entsteht, wird zugleich der Anspruch auf wissenschaftliche Rationalität ins Spiel gebracht. Mit der inflationären Ausdehnung des Geltungsbereiches dieser Rationalität muß deren kultureller Wert jedoch zwangsläufig sinken. Die Diffusion und Verschwommenheit der Rationalität findet sich schließlich erfolgreich gebündelt in einer rein technischen bzw. technologischen Rationalität, für die vernünftig ist, was sich durch Technik verwirklichen läßt. Angesichts dieser Reduktion aller überlieferten Formen der Rationalität auf »instrumentelle Vernunft« scheinen die Zeiten einer allumfassenden Philosophie der Vernunft und des Geistes vorüber. Schon das ausgehende 19. Jahrhundert hat diese Entwicklung antizipiert, indem es die Philosophie der Kultur auf eine Philosophie der Kulturwissenschaft reduziert und in dieser Reduktion einer vermeintlichen

Notwendigkeit Rechnung getragen hat. Dieser zufolge sollten die einzelnen Wissenschaften sich nicht länger nach einer philosophischen Rationalität richten, wohl aber die Philosophie sich an der Rationalität dieser Wissenschaften orientieren. Eine solche Philosophie der Kulturwissenschaften, wie sie vor allem in der Schulphilosophie des Neukantianismus kultiviert worden ist, lebt, wie übrigens die Kulturwissenschaften selbst, meistenteils in der Vergessenheit, daß sie Bestandteil einer bestimmten Kulturentwicklung ist. Sie läuft damit wie die Kulturwissenschaften Gefahr zu vergessen, daß sie an einer spezifischen Selbstvergessenheit partizipiert, die ihrer Kultur eigentümlich ist. Bei allen Bemühungen, dem Wandel der Rationalität in den Wissenschaften, der veränderten Stellung der Wissenschaften zueinander und insbesondere der Relativierung der cartesischen Grunddifferenz zwischen Natur- und Geisteswissenschaften Rechnung zu tragen, besteht die Gefahr zu vergessen, daß alledem das Grundverhältnis von Natur und Kultur zugrunde liegt. Dieses ist in gewisser Hinsicht unveränderlich, wie tiefgreifend auch immer die von den Wissenschaften ausgehenden Veränderungen der menschlichen Kultur sein mögen. Schließlich werden die Philosophie der Wissenschaften und die Wissenschaften selbst gut daran tun, sich gelegentlich von einer Philosophie der Kultur erinnern zu lassen, daß sie möglicherweise fragmentarische Bestandstücke einer museal gewordenen Kultur sind.

Nachweise

»Zeitwelten – Philosophisches Denken an den Rändern von Natur und Geschichte«. Unveröffentlicht.

»Zeit und Zeitlosigkeit in der Philosophie Whiteheads«. Zuerst erschienen in: *Natur und Geschichte. Festschrift für Karl Löwith.* Stuttgart: Metzler 1967. S. 373-405.

»Prozesse und Kontraste. Überlegungen zur Ästhetik«. Zuerst erschienen in: *Whitehead und der Prozessbegriff.* Hrsg. von H. Holz und E. Wolf-Gazo. Freiburg/München: Alber 1984. S. 315-341.

»Whiteheads Kosmologie der Gefühle zwischen Ontologie und Anthropologie«. Zuerst erschienen in: *Whiteheads Metaphysik der Kreativität.* Hrsg. von F. Rapp und R. Wiehl. Freiburg/München: Alber 1986. S. 141-167.

»Nietzsches Anti-Platonismus und Spinoza«. Unter dem Titel »Nietzsches Anti-Platonismus« zuerst erschienen in: *Hermeneutique et ontologie. Hommage à Pierre Aubenque.* Hrsg. von R. Brague und J.-F. Courtine. Paris: PUF 1990. S. 275-299.

»Das jüdische Denken von Hermann Cohen und Franz Rosenzweig – ein neues Denken in der Philosophie des 20. Jahrhunderts«. Zuerst erschienen in: *Dialogdenken – Gesellschaftsethik.* Hrsg. von A. Bäumer und M. Benedikt. Wien: Passagen-Verlag 1991. S. 171-191.

»Die Hoffnung zwischen Zeit und Ewigkeit. Zum Ewigkeitsdenken Franz Rosenzweigs«. Vortrag, gehalten am 5. Februar 1997 an der Hochschule für Jüdische Studien in Heidelberg. Unveröffentlicht.

»Reflexionsprozesse und Handlungen«. Zuerst erschienen in: *Neue Hefte für Philosophie.* Heft 9 (1976). S. 17-65.

»Die Zeitlichkeit der Verantwortung«. Vortrag, gehalten am 13. März 1995 an der Universität Athen. Unveröffentlicht.

»Kultur und Vergessen«. Zuerst erschienen in: *Kultur und Gedächtnis.* Hrsg. von J. Assmann und T. Hölscher. Frankfurt am Main: Suhrkamp 1988. S. 20-49.